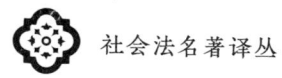

社会法名著译丛

田思路 主编

欧洲劳动法的形成
欧洲九国1945年前的发展轨迹比较

Bob Hepple

〔英〕鲍勃·赫普尔 主编

李满奎 译

商务印书馆
创学1897　The Commercial Press

Edited by Bob Hepple

THE MAKING OF LABOUR LAW IN EUROPE
A Comparative Study of Nine Countries up to 1945

This translation is published by arrangement with Bloomsbury Publishing Plc.

© Bob Hepple and the Contributors, 1986

First published and printed in 1986 by Mansell Publishing Ltd,

Reprinted by Hart Publishing in 2010

本书根据英国哈特出版社 2010 年版译出

"社会法名著译丛"

总序

在法律缘起与建构的历史进程中，与民法等传统学科相比，社会法无疑是后来者。然而，社会法从产生之日起，就以昂扬的姿态和蓬勃的生命力独树一帜。因为她与工业革命共生，与人类价值共存，与社会发展共进。她见证着文明的枯荣，彰显着人格的尊严，保障着公平的底线。

就学术研究而言，几百年来，社会法从未停止艰辛探索的脚步。在每一次世界历史巨变中，社会法都成为各国重要的研究领域，一大批绩学之士，循是以论，鸿篇巨帙，奠定了社会法的理论基础和学科地位，极大地丰富了人类法学思想宝库，光辉薄星辰。

我国社会法研究起步较晚，特别是一直以来囿于相关专业人才的匮乏，在有效组织和系统翻译世界社会法经典著作方面有些滞后。然而可喜的是，近年来，我国社会法研究呈现开放繁荣、蓬勃发展的局面，在比较社会法领域亦新人辈出，成果斐然，由此，译介社会法经典著作的工作终于提上了日程。

2019年，正值国际劳工组织（ILO）成立100周年，商务印书馆以卓越的学术洞见和高远的人文品格，决定组织出版"社会法名著译丛"，可谓应际而生，与时合契，对我国社会法学术研究无疑将起到重要的影响和推动作用。

为此，我们组建了优秀的研究团队，系统梳理了社会法百年学术发展史，特别关注和遴选在社会法基础理论、社会法史、比较社会法等方面具有世界影响力的著作，并分头进行翻译。这是一次发掘经典、呈现经典、致敬经典的学术传承，同时也内化和滋养着我们的学识、涵养、修功和境界。也许正是那遥远的跨越时空的点点烛火，使我们有勇气一步步走进大师们的世界。

在谦逊中学习，在包容中互鉴，在比较中创新。

如果本译丛能对我国社会法的学术发展有所贡献，那将是我们所有参与者的深愿。

错谬之处，恳请指正。

田思路

2022 年 12 月 14 日

译者序

我自2008年开始从事劳动法的教学与研究工作，至今已十五年有余，在这一过程中，时时感到对国外劳动法的历史缺乏了解，而现有的劳动法教材对这一问题又往往"惜墨如金"，以至于每学期在为本科同学讲授《劳动与社会保障法学》课程时，常常有一种捉襟见肘的窘迫感。为了改变这一状况，从2017年开始，我组织自己指导的硕士研究生对外国劳动法，特别是欧洲劳动法的历史进行系统的梳理。在那段时间，每周六晚上在中国市场经济法治研究中心的3008会议室，我们都会召开组会，讨论梳理这一周挖掘的外国劳动法的历史事件。这一过程持续了一年左右的时间，形成了较为详细的外国劳动法的历史年表，这一历史年表至今还安静地躺在我的电脑里。这一段难忘的指导经历丰富了大家对外国劳动法历史的理解，也让我有幸与同学们度过了一段非常宝贵的"不以发表为目的"的时光。

2018年前后，我开始着手翻译英国鲍勃·赫普尔教授的著作《平等法》（Equality: The Legal Framework）一书。作为职业习惯，为了提升翻译的准确度，我通常都会检索作者的其他著述，以加深对被翻译作品的了解。在了解赫普尔教授的著述过程中，他著作列表中的一本书的题目引起了我极大的兴趣，即 The Making of Labour Law in Europe（《欧洲劳动法的形成》）。之所以对这本书特别感兴趣，缘于本科阶段对我影响比较大的一本书，即著名比较法学家艾伦·沃森的著作《民法法系的演变及形成》

(*The Making of the Civil Law*)。我当即决定把这本书找来认真阅读。

这本书的副标题是"欧洲九国1945年前的发展轨迹比较",给人的感觉是它会对九个欧洲国家(比利时、英国、爱尔兰、丹麦、法国、德国、意大利、荷兰与卢森堡)的劳动法历史进行国别研究。初读以后发现并非如此,该书围绕近代劳动法上的四大主题即个体劳动关系法(劳动合同的演进)、集体劳动关系法(集体自治)、劳动标准法(劳动者的国家保护)以及社会保障法(福利立法与失业问题)展开比较研究,揭示劳动法制度在前述国家之间传播、流动的历史图景。它把劳动法作为一个过程加以理解,既研究法律移植意义上的直接历史关系,又研究劳动法演进背后内在的社会、经济和政治关系。对应前者的例证是英国工厂立法对欧陆国家劳动法的影响;对应后者的例证是社会保险制度在德国的诞生,尽管德国的工业化程度在当时的欧洲国家中并不算太高。

该书是赫普尔教授整合多国研究者集体协作的结晶,作者们先后于1979年在德国的黑森州、1980年在英国的坎特伯雷和意大利的巴里、1981年在法国的波尔多、1982年在荷兰的菲赫特、1985年在意大利的巴里召开专题会议讨论修改研究成果,历时八年,方才成书。主编赫普尔教授除对该书各章进行整合、润色外,还执笔写就了极具理论深度的导论。他在展现欧洲不同国家的劳动法律制度之间的外在联系之余,还力图揭示不同劳动法律制度之间的更为复杂的内在联系,强调各国劳动法律制度是一系列复杂历史因素相互作用的结果。应该说,赫普尔教授执笔的导论正是该书的点睛之笔。该书贯彻读者友好理念,在正文之后,还附上了各国情况概览、劳动法事件的历史年表、比较数据,以及劳动法历史文件的摘编,即便对于那些对欧洲历史了解甚少的读者,该书也不会存在太大的阅读障碍。

2020年8月,华东政法大学田思路教授与我联系,告知其正在与商务印书馆筹划一套"社会法名著译丛",力邀我参加。在申报选题的时

译者序

viii

悟,我产生了翻译《欧洲劳动法教程》一书作为送别赠礼之意,并附初稿的复印件于所论文中。这书的翻译并并并者,翻译难度是必很高的,特别是对于国家务的系统,机构相关用语的翻译难度极为巨大,且图书本身具有难度上所限,只能运用英文文献资料对其内容进行校对。所以,尽管我对该稿纸历行了反反复复的校对,但深知错误在所难免,仍然有待议的余地。

该书获得到出版,要感谢的人有很多。其中,要感谢加留根教授,他等知并支持我的"社会法教授"对于未来社会发展有一种深水溶料在建构他研究方向的重要意义,没有这一信念,本书或许也可能以另一种"未知的命运"为人所知。

要感谢北京印书馆的秦素香编辑,作为本书暴的责任编辑,她在该稿提交校确立,哪不厌其烦,整理修阅校对本书,付出了大量的心力,特别是事稿插图,她还要为书稿的编辑加工意见,经过了加几北此较深稿校出后才发现的错误,她为确保本书工作任质做了不少家道。

还需要感谢我的工作单位,同时也是我的母校——的成政法大学,和——如同其他成绩接一下非常家松和包容的工作环境,让我在家完稿工作之余,可以较为从容地从事本书稿的翻译。我所供职的自动知道上研究生和博士生参与了本书稿的校对工作,他们以清澈的身心之多与耐心的校对活动中,发是最属欣让我感到关怀的。本书暴的顾问出版也不开他们的精彩。

这里是从我来翻译的第三本书,有次翻译示一本书,就像都完成一场与自我的对话与表达。当然,以果我自己不愿再去和"水乎"了,再一种迷茫的内心情念,又总有一种无力孤独的。其实没有一个人从事物题是关系经历的一种,2009年,我受国家国家资源派派到加拿大法大学历学。当时翻译了哲伯特·布罗(Robert Bureau)、凯瑟琳·丽佩尔(Katherine Lippel)和露西·拉马什(Lucie Lamarche)三位教授撰写的《加拿大社会法的著作》[Development and Trends in Canadian Social Law (1940-1984)] 一文，翻译的难度很高，就是在当时国内网络技术及资讯的内涵和外延有所不同的情形下，周真小姐一下国外的资料还是要费一些力气的。这篇译文后来发表在《经济法论丛》第 7 卷。我与周真作者后联系核实意图，与其并没有什么利害关系。2011 年春季的中文图书馆，按照惯例，将中文图书更新一遍再工作。2012 年春季更新开水作，有名的编辑编辑核查，最终由于最终核查了 2011 年新增本目，任贸易核查以 LC 来保持使其部分一致性，她又来是各世界收到了文本书，看到自己的文字论发翻译成中文，开心了好一阵子。这大概就是翻译者的独有魅力吧。

我时常自问为"真死灾"的英美法学习爱好者，于是而言，翻译本专业原文，又是一个速度学习的过程。在翻译该书的过程中，时常感慨些英与原作者展开跨时空的对话。其和伦文化交流对于国家劳动法律制度之间的对比借鉴、沟通和改善都是有不可知少的。都有利的借鉴意义和书中各位作者是具有意义，感谢他们为我们欧洲劳动法的发展历史绘制了一幅浓郁画卷。

李炳安

2024 年 1 月 1 日

作　者

鲍勃·赫普尔（Bob Hepple），**英国伦敦大学学院英国法教授。**

安托万·雅各布斯（Antoine Jacobs），**荷兰蒂尔堡大学社会法和社会政策讲师。**

蒂洛·拉姆（Thilo Ramm），**德国海根远程教育大学民法与劳动法教授。**

布鲁诺·韦尼齐亚尼（Bruno Veneziani），**意大利巴里大学劳动法与比较工会法教授。**

伊莱恩·沃格尔–波斯基（Eliane Vogel-Polsky），**比利时布鲁塞尔大学劳动法与比较劳动法教授。**

协助者

奥利·哈塞尔巴尔赫（Ole Hasselbalch），**丹麦奥胡斯大学经济学院私法与商法学教授。**

让–克劳德·佳维列（Jean-Claude Javillier），**法国波尔多第一大学比较劳动法与社会保障中心主任、劳动法学教授。**

目 录

序言 1

致谢 3

导论 .... 鲍勃·赫普尔 6

  第一节 目标、方法与范围 6

  第二节 "社会问题"与劳动法的出现 12

  第三节 经济发展与工业化 19

  第四节 国家的现代化 23

  第五节 雇主和劳工运动的特点 31

  第六节 思想观念与劳动关系中法律理性的增进 36

第一章 劳动合同的演进 .... 布鲁诺·韦尼齐亚尼 42

  第一节 导论 42

  第二节 对合同自由限制的移除 44

    一、迁徙自由、劳动权以及救助权 44

    二、行会制度 48

    三、行会制度中的学徒制 50

  第三节 刑法与新的社会秩序 53

    一、工人手册与刑事制裁 53

二、违约与私法 ··· 57

第四节　工业社会前的残余 ·· 58

　　一、家政工人 ··· 58

　　二、农业工人 ··· 60

　　三、公务员 ··· 63

第五节　劳务租赁与劳动合同 ·· 67

　　一、从身份到契约 ··· 67

　　二、大陆法系国家中劳务租赁模式的演进 ····························· 69

　　三、英国的劳动合同 ··· 73

第六节　合同自由与劳动法的新观念 ···································· 76

　　一、缔约当事人的不平等 ··· 76

　　二、从属性的概念 ··· 78

　　三、劳动合同的新观念 ··· 81

结语 ··· 85

第二章　自由放任与劳动者的国家保护 ························ 蒂洛·拉姆　88

第一节　自由放任与国家保护 ·· 88

第二节　榜样：英国"一战"前的保护性立法 ····························· 92

第三节　其他国家对特殊群体的保护 ··································· 106

　　一、儿童与年轻人 ·· 107

　　二、妇女 ·· 113

　　三、残疾人 ·· 115

　　四、家庭手工业者 ·· 116

第四节　对所有劳动者的保护 ··· 119

　　一、工资保护 ·· 119

　　二、安全与健康标准 ·· 123

    三、工作日时长 ······125
    第五节　国家监察的发展 ······128
    结语 ······132

第三章　福利立法与薪资劳动 ················鲍勃·赫普尔　136

  第一节　导论 ······136
  第二节　工业革命的影响 ······140
    一、古代的济贫制度 ······140
    二、工业化的经济与社会后果 ······143
    三、自由主义和个人主义的观念 ······144
    四、新的济贫体系 ······145
    五、雇主就事故和疾病承担的民事责任 ······147
    六、互助 ······152
  第三节　德国俾斯麦的改革 ······158
    一、经济与观念的背景 ······158
    二、立法 ······160
    三、对其他国家的影响 ······163
  第四节　工伤事故与疾病相关立法的进展 ······168
    一、具体立法的出现 ······168
    二、立法的拓展延伸 ······170
    三、保险的传播 ······172
  第五节　防范非职业风险的保护的进展 ······172
    一、年老、残疾与死亡 ······172
    二、疾病与生育 ······175
    三、家庭支持 ······177
  结语 ······179

第四章　失业问题 ················ 伊莱恩·沃格尔-波斯基 181

第一节　导论 ··· 181
第二节　与失业问题有关的具体政策 ································ 186
一、职业介绍所 ·· 186
二、公共工程项目 ·· 194
三、引入移民计划 ·· 195
四、对失业后果的救济：失业保险 ····························· 201
第三节　解雇保护 ·· 209
一、一般规则 ·· 210
二、对特定群体的保护 ··· 213
三、对解除合同权利的限制 ····································· 215
结语 ··· 219

第五章　集体自治 ···················· 安托万·雅各布斯 223

第一节　导论 ··· 223
第二节　从压制到默许 ·· 226
一、结社禁令的起源与性质 ····································· 226
二、结社禁令的废止 ··· 231
三、专门的工会立法 ··· 239
四、劳动争议与刑法 ··· 244
第三节　从默许到认可 ·· 248
一、现代工会的崛起 ··· 248
二、雇主协会的发展 ··· 256
三、争取认可的运动 ··· 257
四、调停、调解与仲裁 ·· 263

五、集体谈判与法律⋯⋯⋯⋯⋯⋯⋯⋯⋯⋯⋯⋯⋯⋯⋯⋯⋯⋯ 267
　　六、劳动争端与民法⋯⋯⋯⋯⋯⋯⋯⋯⋯⋯⋯⋯⋯⋯⋯⋯⋯⋯ 272
　结语⋯⋯⋯⋯⋯⋯⋯⋯⋯⋯⋯⋯⋯⋯⋯⋯⋯⋯⋯⋯⋯⋯⋯⋯⋯⋯ 275

第六章　雇员参与、劳工代表与专门劳动法院⋯⋯⋯⋯蒂洛·拉姆 278

　第一节　问题的提出⋯⋯⋯⋯⋯⋯⋯⋯⋯⋯⋯⋯⋯⋯⋯⋯⋯⋯⋯ 278
　第二节　工厂层面⋯⋯⋯⋯⋯⋯⋯⋯⋯⋯⋯⋯⋯⋯⋯⋯⋯⋯⋯⋯ 279
　第三节　地区和全国劳工代表⋯⋯⋯⋯⋯⋯⋯⋯⋯⋯⋯⋯⋯⋯⋯ 298
　第四节　迈向一个综合体系的方法⋯⋯⋯⋯⋯⋯⋯⋯⋯⋯⋯⋯⋯ 304
　第五节　专门劳动法院⋯⋯⋯⋯⋯⋯⋯⋯⋯⋯⋯⋯⋯⋯⋯⋯⋯⋯ 308
　结语⋯⋯⋯⋯⋯⋯⋯⋯⋯⋯⋯⋯⋯⋯⋯⋯⋯⋯⋯⋯⋯⋯⋯⋯⋯⋯ 314

第七章　余论：劳动法的新秩序（1918—1945）⋯⋯⋯⋯蒂洛·拉姆 316

　第一节　"一战"前劳动法的结构⋯⋯⋯⋯⋯⋯⋯⋯⋯⋯⋯⋯⋯⋯ 316
　第二节　国际劳动法的出现⋯⋯⋯⋯⋯⋯⋯⋯⋯⋯⋯⋯⋯⋯⋯⋯ 318
　第三节　民主国家与劳动法⋯⋯⋯⋯⋯⋯⋯⋯⋯⋯⋯⋯⋯⋯⋯⋯ 324
　第四节　极权国家与劳动法⋯⋯⋯⋯⋯⋯⋯⋯⋯⋯⋯⋯⋯⋯⋯⋯ 329
　第五节　"二战"与劳动法⋯⋯⋯⋯⋯⋯⋯⋯⋯⋯⋯⋯⋯⋯⋯⋯⋯ 336

附录一　各国概览⋯⋯⋯⋯⋯⋯⋯⋯⋯⋯⋯⋯⋯⋯⋯⋯⋯⋯⋯⋯⋯ 340
附录二　1789—1945年劳动法年表⋯⋯⋯⋯⋯⋯⋯⋯⋯⋯⋯⋯⋯⋯ 378
附录三　相关数据⋯⋯⋯⋯⋯⋯⋯⋯⋯⋯⋯⋯⋯⋯⋯⋯⋯⋯⋯⋯⋯ 396
附录四　相关法律文件摘编⋯⋯⋯⋯⋯⋯⋯⋯⋯⋯⋯⋯⋯⋯⋯⋯⋯ 401
参考文献⋯⋯⋯⋯⋯⋯⋯⋯⋯⋯⋯⋯⋯⋯⋯⋯⋯⋯⋯⋯⋯⋯⋯⋯⋯ 421
索引⋯⋯⋯⋯⋯⋯⋯⋯⋯⋯⋯⋯⋯⋯⋯⋯⋯⋯⋯⋯⋯⋯⋯⋯⋯⋯⋯ 436

序 言

　　这一比较法研究已经计划了很长时间。1978年，蒂洛·拉姆准备了一份研究提纲，并遴选了一批来自各国的法律学者，由他们根据统一的调查问卷就本国的情况准备一份国别报告。这些国别报告涵盖了当时欧洲经济共同体的成员国：比利时（伊莱恩·沃格尔-波斯基），英国和爱尔兰（鲍勃·赫普尔），丹麦（奥利·哈塞尔巴尔赫），法国（让-克劳德·佳维列），德国（蒂洛·拉姆），意大利（布鲁诺·韦尼齐亚尼），荷兰（安托万·雅各布斯），同时也适当考虑了卢森堡的情况。这些国别报告于1979年12月在德国黑森州召开的会议上进行了讨论，并且参会人员被安排在此基础上撰写相应的章节。章节初稿在随后举行的一系列会议上进行反复讨论，这些会议包括1980年9月在英国坎特伯雷、1980年12月在意大利巴里、1981年9月在法国波尔多、1982年5月在荷兰菲赫特、1985年5月在意大利巴里先后举办的专题会议。本书的各章节最后由鲍勃·赫普尔从语言角度进行了重新组织、润色，并对全书进行了编校，准备了本书的附录材料。因此，本书显然是一项多方合作的成果，当然，文责自负。

　　正如我们在导论部分阐述的那样，我们的目的是从比较法的角度，解释欧洲九国从工业革命初期到1945年这一形成阶段劳动法的起源以及相互之间的关系。这不是传统意义上的"历史"研究，但很明显我们的论述又在很大程度上汲取了诸多历史学家、社会学家和其他社会科学学者的著述以及许多已被尘封的法学著作的养分。我们冒着被历史学家批评为浅尝辄止的危险，被社会学家批评为以规则和制度先入为主的风险，以及被法学家批评为缺少制度细节的风险。但是，很遗憾的是，这一研究主题在很大程度上被遗忘，如果我们的研究能够引发对比较法以及比较劳动关系在更广阔视野层面上的讨论，那将是非常令人欣慰的。我们希望那些在本研究开始后又加入欧洲经济共同体的成员国的同事们，以及其他国家的同事们，能够对照本书中所讨论的趋势对其本国的劳动法状况进行检视。这一研究完成之后，也可延伸对1945年之后欧洲各国劳动法的历史开展比较研究。

本书可能被那些对相关国家的宪法、法律体系、政党以及工会的进展缺少了解的学生所使用。基于这一考虑，我们针对这些事项撰写了一个简短的"各国概览"（附录一），"1789—1945年劳动法年表"（附录二），以及比较数据（附录三）。附录四选取了部分劳动法历史文件，以英文语言的形式呈现出来，向我们展示了这一时期劳动法律的多样性。参考文献部分不仅包括本书直接引用的文献，也包括作者们在写作时所参考的其他文献。

鲍勃·赫普尔
1985年9月于伦敦

致　谢

本书的作者们希望对奥利·哈塞尔巴尔赫表示感谢，他为我们提供了有关丹麦的信息，并且参加了我们组织的所有专题研讨会，并对历次书稿提出了评论意见。我们还想对让-克劳德·佳维列表示感谢，他提交了法国的劳动法国别报告，参加了四次专题研讨，其中在波尔多的那次是由他亲自组织的。我们还要对下列人员表示感谢：弗里德里希·梅尔霍夫（Friedrich Mehrhoff）和卡罗尔·贝利（Carole Bailey）提供了研究协助；弗伦克尔教授（B. S. Frenkel）、维克·乔治教授（Vic George）、大卫·内尔肯博士（David Nelken）、保罗·奥希金斯博士（Paul O'Higgins）、格里·鲁宾博士（Gerry Rubin）、桑德拉·弗莱德曼博士（Sandra Fredman）以及策恩先生（J. Zeyen）提供了评论意见和修改建议；布莱恩·纳皮尔博士（Brian Napier）允许我们参考他尚未发表的以劳动合同（contract of service）为主题的论文；莎拉·盖尔（Sarah Gale）、约瑟芬·肖（Josephine Shaw）、罗伯特·莱斯（Robert Leurs）以及克里斯多弗·威廉姆斯（Christopher Williams）[1]提供了翻译协助；安·刘易斯（Ann Lewis）键入转誊了本书的三章内容，伯纳黛特·赫德（Bernadette Hurd）

1　特别提请注意克里斯多弗·威廉姆斯基于本书翻译的经历而撰写的论文，"劳动法术语的英语-意大利语转换"〔*The Incorporated Linguist*, vol. 22 (1983), pp. 70-7〕；以及马丁·维斯顿（Martin Weston）在该刊物的同一期所作的评论（pp. 207-11）。

键入转誊了其他内容（拿给她的经常是一些无法看清字迹的草稿），并为本书的出版准备提供帮助。

麦克米兰出版社授权我们在本书中使用由 B.R. 米切尔（B.R. Mitchell）编撰的《欧洲历史数据（1750—1970）》，以及由克里斯·库克（Chris Cook）和约翰·帕克斯顿（John Paxton）编撰的《欧洲政治史实（1848—1918）》《欧洲政治史实（1918—1973）》中的数据，对此我们表示感谢。

在开展此项研究过程中，我们从不同渠道获得了一些经费支持，涵盖了我们的会议差旅费用和其他研究费用。我们对英国科学院、欧共体委员会（成员国间高等教育机构联合研究项目资助）、意大利公共教育部、德国北莱茵－威斯特法伦州科学与研究部、英国社会科学研究理事会／德国科学基金会社会科学家研究交换项目，以及丹麦雇主联合会研究基金提供的研究资助表示感谢。

在本研究项目的筹划酝酿过程中，我们有幸得到了奥托·卡恩-弗罗因德勋爵（Sir Otto Kahn-Freund）的点拨。在征得他的遗孀同意后，我们决定将本书题献给卡恩-弗罗因德勋爵以及与他有关的美好回忆。

导 论

鲍勃·赫普尔

第一节 目标、方法与范围

本书的标题用了"形成"(making)一词,目的是为了强调劳动法是某种**过程**的一部分。这一认识与将劳动法视为一套调整劳动关系的相对静止中立的规则和制度的认识形成鲜明对比。本书作者认为,规则与制度是受到历史条件影响的,在这些历史条件之下,各种群体都在追求通常相互冲突的目标。劳动法是由社会中的人们所创造的,而人们所处的社会又并非出自他们的选择。

这一观点并不新颖。近些年来,这一观点或直接或间接地影响了许多有关国别劳动法的研究。不过,除了一些大师级的人物,如卡恩-弗罗因德勋爵外,大多数学者所开展的比较法研究通常都聚焦于一定时间段内的范围狭窄的主题。有时候这些研究中会有一段比较简短的"历史简介",随后作者便会沉浸于现行制度的细枝末节之中,所有其他有关过程的认识都被抛诸脑后。有关比较法的研究大多仍然停留在静止图片阶段,而刚刚开始发现有动画的存在。

本书通过解释几个欧洲国家的劳动法在形成阶段即工业革命初期至"二战"末期的相互关系,旨在加深对劳动法作为一个过程的理解。这些关系包括两类:第一类是在法律移植意义上的直接历史关系;第二类是不同国家同一时期劳动法发展背后的"内在"社会、经济和政治关系。

斯蒂芬·鲍尔(Stephan Bauer, 1924:401)围绕其他国家对英国19世纪工厂立法模式的借鉴进行了研究,他认为这一过程对人类的重要性,不亚于对古罗马物权法和债法的借鉴。鲍尔(1865—1934)曾担任工人法定保护国际协会(International Association for Statutory Workers' Protection)的会长，该协会成立于1901年；后又出任国际劳工办公室(International Labour Office)*的主任，而这一机构**则在1919年摇身一变，成了国际联盟(League of Nations)的专门机构。他的这一观点稍显夸张，因为英国的立法与罗马法的立法技术无法相提并论，而后者促进了各国民法的蓬勃发展(参见本书第二章)。不过他的类比突出了不同国家的劳动法之间的历史关系。

在本书的不同章节还能发现很多类似的例证。这些例证包括：在法国占领结束很长时间以后，《法国民法典》(第一帝国和第二帝国期间又被称为《拿破仑法典》)对比利时、荷兰、卢森堡、意大利以及德国莱茵河以西地区劳动关系契约观念的巨大影响(参见本书第一章)；俾斯麦式的强制保险模式在荷兰、卢森堡、英国以及随后大多数欧洲国家的落地生根(参见本书第三章)；英国对源自德国的职业介绍制度的借鉴与调试；发端于比利时的政府补贴自愿失业保险模式在荷兰、德国、意大利和法国的盛行；以及魏玛共和国1920年《工厂委员会法》第84条对欧洲范围内不公平解雇概念的启示(参见本书第四章)。劳动法的国际化，特别是自国际劳工组织(International Labour Organization, ILO)建立以来，加速了"向上统一"(harmonization upwards)的进程。国际劳工组织的公约和建议书是建立在先进国家的操作实践基础之上的，对各国劳动法的发展产生了重要影响(参见本书第七章)。

这里的要点是，各国劳动法体系中的许多制度要么是从其他国家的

---

* 此处的国际劳工办公室为设立在瑞士巴塞尔的学术研究机构，下文有详细介绍。——译者

** 英文名仍为International Labour Office，但后世多将其翻译为"国际劳工局"。——译者

体系中衍生而来的，要么受到了其他体系的重要影响。一般认为，"借鉴（加调试）"是法律发展的通常路径(Watson, 1974：7)，这一点不仅在其他法律部门适用，在劳动法领域更是如此。这些借鉴也引发我们进一步思考：移植的法律活下来了吗？如果活下来了，是在什么条件以及做了哪些调试以后活下来的？有两个理论会对我们回答这一问题有帮助。第一个是勒内(Renner, 1949)的理论：随着所处物质社会的变化，相同的规则会在不同的时代发挥不同的功能。在这一点上，沃森增加了一个比较法学家的观点，即"从一个国家移植到另一个国家的规则……尽管二者在表述上明显相似，但是仍然会产生不同的结果"(Watson, 1974：20)。当代研究提供的一个例证（参见本书第一章）是罗马法上的"租赁"(locatio conductio)概念在大陆法系国家所发生的功能上的重大变化，被用来支持雇主在大型资本主义企业中对依附工人行使支配和控制的权力。

第二个是卡恩-弗罗因德勋爵提出的理论(Kahn-Freund, 1974：294-319)：尽管有关个体劳动关系的规则移植起来相对简单，但那些与集体劳动关系相关的规则和制度通常因与特定环境中的政治和社会权力的结构与组织联系太过紧密，而无法成功地出口到其他地方。工会从最初的非法组织到最后获得合法性，不是借鉴某种"模式"的结果，而是一系列因素综合作用的结果；有关结社与罢工禁令的废除的时机与状况都在很大程度上受到各国国情的影响，比如当时盛行的思想观念、工人运动的力量、工人阶级获得选举权的阶段，以及在普通法系国家和大陆法系国家司法系统的权力大小等。并且，工会获得承认有不同的路径，在一些国家如德国(1918—1923年)、法国(1936—1939年)，是通过赋予实体法律权利的方式加以承认的；而在英国和丹麦，则是通过责任豁免以及自愿的方式加以承认的（参见本书第五章）。但是，这并不排除在一些具体事项上受到国外的影响。例如，德国和法国的模式形塑了荷兰有关集体谈判协议的法律（参见本书第五章）；而卢森堡则照搬了德国的工厂委员会法（参见本书第六章）。

　　前述的历史关系是法律体系之间，包括劳动法律体系之间的比较外在的联系。第二种，也是比较研究的更为复杂的对象，是被称为法律体系之间的"内在关系"（inner relationship）（Watson，1974：8）。对此类关系的探寻通常是建立在一种时至今日已被证伪的理念之上的，即"心智相同的人类在任何事情上的发展路径都是一样的，不论地域与种族"（Zweigert & Kötz，1977：8）。这种认为所有早期的法律体系之间存在着天然联系，且每一种体系都遵循着相同的发展路径直到被打上各国独特印记的观点，在19世纪影响巨大，并通过法律人类学家如亨利·梅因勋爵的著作（Maine，1861）得到广泛传播。及至近代，爱德华·兰贝赫于1933年写道，法律的比较历史旨在"找出……法律制度演进背后的社会现象更替的规律或者自然之法"（Lambert，1933：127）。这一观点时至今日仍然主导着一些当代的劳动法理论学说，比如认为在民主工业社会中存在着"法律化"（juridification）的普遍趋势（Simitis，1984）；受到诸多批评的趋同论（convergency thesis）认为，"工业主义的逻辑"（即工业化的结构性要求）必然涉及政府角色的扩张以及复杂的"规则之网"的形成（Kerr et al.，1960）。

　　另外一种我们赞同的替代观点是，一种法律体系的发展，特别是劳动法，是一系列历史因素相互作用的结果，这些历史因素既非"必然如此"，也非"水到渠成"。西欧的资本主义工业化提供了一系列选项，有些选项比其他选项更有说服力。这些选项并不是应对市场运作中出现社会问题的不可避免的解决方案。如果社会结构被认为是劳动法的唯一决定因素，那就无法解释为什么工业化进程相对滞后的德国，却率先认识到强制性社会保险的"必要性"（参见本书第三章）；或者为什么在很长时间内最"发达"的资本主义国家英国，在赋予工会以实体法律权利这一点上，非但没有先于欧陆国家，且在欧陆国家这么做的时候也没有进行借鉴（参见本书第五章）。比较劳动法学者需要检视历史变革的具体特点，以解释为什么在欧陆国家中，工人手册（work-book, livret d'ouvrier）和警察监督是所谓的"自由"劳动力市场的一个重要特点，而在英国却不是（参见本书第一章）；为什么在有些国家，特别是在一些行业，八小时工作制是通过集体谈判实现的，而在其他国家，则总体上或者在特定行业中，是作为个体工人的法定保护的一部分而出台的（参见本书第二章）；为什么在有的时期"保护"被作为国家的"恩赐"来对待，而在其他时期则被作为一项"权利"（参见本书第二、三章）；以及为什么"工人参与"在英国和丹麦采取的是工会干事（shop steward）的形式，而在德国和卢森堡则采取的是工厂委员会的形式（参见本书第六章）。

在对这些问题寻求答案时，我们需要分析特定的措施是如何被引入各个国家的。劳动立法被视为不同社会群体（王室、官僚和中产阶级，资产阶级与贵族，资产阶级与工人阶级，城市人与乡下人）之间斗争过程的结果，相互竞争的观念如保守主义、自由主义和社会主义之间斗争的结果，以及宗教群体与世俗群体相互竞争的结果。但是，"特定群体能够得到的东西并不仅仅是他们选择或者需要的结果，而是他们能够迫使或者说服其他群体让他们拥有什么的结果"（Abrams, 1982：15）。劳动法形成过程中的关键因素是实力（power）。劳工运动与社会改革家提出的诉求之所以未被满足的原因在于，它们无法为那些经济和政治实力更为雄厚的群体所接受。从这一点来看，劳动法在欧洲的形成，可以被看作是对自由放任资本主义和取消薪资劳工、建立某种形式的社会主义的一种替代。改革反对者的强大是劳动法形成的决定性因素。正是在这种根植于社会结构的力量对比关系中，我们发现了理解不同资本主义工业化社会的劳动法的共同趋势与差异之处的关键。

很明显，我们否定了纯粹功能主义的方法，将劳动法的发展视为应对工业化需求的一系列进化的阶段。然而，演绎模式对于比较分析而言是一种有用的工具。本书的作者也利用理论上的"理想类型",比如"身份"与"契约"的类型,来理解劳动关系的变迁(参见本书第一章);比如"压迫""容忍""承认""融合"等来解释集体自治与工人参与(参见本书第五、六、七章)。此类抽象模型,不受具体国情的影响,有助于解释不同国家间的共同趋势与差异,但这并不能取代现实事件的实证证据。本书作者采用的另一种方法是将某个特定国家作为"模式"。特定的规则与制度,例如英国的保护性立法(参见本书第二章)和德国的社会保险(参见本书第三章),是被放置于本国的背景中进行解释的。然后这些规则与制度又被拿来与其他国家在功能上相近(functional equivalent)的规则与制度(Zweigert & Kötz, 1977:25)放到具体的时空背景中进行比较。

这一比较在地理空间上被限定于比利时、英国、丹麦、法国、德国、爱尔兰、意大利、卢森堡和荷兰。[1] 把这九个国家称为"欧洲"未免有些夸大其词,但即使用"西欧"一词来表述也不甚准确,因为在本研究范围的时间内,这些国家的领土曾延伸至中欧和东欧。在 1945 年,也就是本研究截止时间,上述国家中没有一个国家保有与 1789 年相同的边界或者政府体制。这九个国家代表了在不同时段、不同政治体制下经历资本主义工业化的国家。但是选择这九个国家绝非随意,而是出于一个现实的原因。这些国家目前均为欧洲经济共同体的成员国。在欧洲经济共同体内,存在着对劳动法体系进行统一和协调的压力;确实,《罗马条约》的几个条款明确提到了这一点。但是,为此采取的措施是有限的,并且反应不一。这意味着在统一的市场内试行统一的劳动法规则面临着结构性的掣肘,从而限制了统一劳动法的现实可能性。为什么相较于公司法或

---

[1] 下文第 301 页(该页码为原书页码,即本书边码。下同。——译者)的附录一包含了每个国家在领土、宪法进展、法律体系、政党和工会方面的历史资料;第 330 页附录二是对 1789—1945 年间各国劳动法历史的比较梳理;第 360 页附录三是对各国人口、移民和经济活动的比较数据。

者商法而言，统一劳动法遇到了更大的阻力？本研究的一大动力，便是去探寻统一劳动法所面临的障碍，而这些障碍深植于劳动法与特定国家的社会结构之间的"有机"关系之中。

此类的比较研究取决于两个前提。第一是寻找到一个"劳动法"的共同定义，这是本书研究的中心。第二是能够识别出与劳动法现象有重要因果关系的因素。这两个前提与梅特兰（Maitland）的老生常谈是相互冲突的，他认为所有的历史都是一张"无缝连接的网"。将劳动法从其他法律部门中析出，将法律与经济、政治与思想观念因素分离，会扭曲甚至破坏一个复杂的范式。但是，如果比较者想要弄清楚劳动法在一个变动不居的社会中所处的地位，那么某种分析框架便是必要的。

首先，有必要探究自治劳动法的理念；其次，有必要分析构成劳动法与社会结构之间关系的假设基础的四个因素。这四个因素分别是：工业化与经济发展；国家的现代化；雇主运动与劳工运动的特点；以及思想观念与劳动关系中法律理性的增进。

第二节 "社会问题"与劳动法的出现

本书的研究主题，即现在通常被称为"劳动法"的事物，是晚近才出现的。在多数国家，劳动法只是在"二战"以后才被认可为独立的法律部门。在这之前，除了德国和丹麦以外，劳动法通常都等同于劳动合同，偶尔会涉及保护性立法的内容。集体谈判与集体谈判协议则很少被研究。韦德伯恩对英国的情况做过如下评论：

> 韦伯夫妇（Sidney and Beatrice Webb）在 1902 年的时候就法律与集体谈判的关系发表过一篇短评[载于《产业民主》(*Industrial*

Democracy）第 2 版，附录一］，但即使到了 1962 年，在一本劳动法的主流教材中也只用了两页的篇幅来讲述集体谈判协议；而另外一本有关"主仆关系法"的重要著述在其长达 600 页的篇幅中，讨论集体谈判的内容甚至占不到一页。而这些都发生在集体谈判的发源地。（Wedderburn，1983：31）

在劳动法的发展上，英国滞后于欧陆国家；但即使在欧洲大陆，集体劳动问题也通常被法律专家所忽略。例如，在意大利，巴拉西（Barassi）在世纪之交写了第一本有关个体劳动合同的专著，但是他提出的问题在法西斯主义盛行的年代被搁置，劳动法被吸收到公司法中。即使在"二战"后，意大利劳动法仍然被一种形式主义和技术路线所支配；直到 1960 年代中期，劳动法的社会学和政治学才成为新的研究焦点。

德国和丹麦则是例外。在丹麦，最高法院法官卡尔·乌辛（Carl Ussing）主持了"八月委员会"（1908—1910），结合其学术与实务专长，发表了一份颇具见地的报告，为丹麦的集体劳动法奠定了基础。除此之外，埃尔姆奎斯特（Elmquist，1918）、克鲁泽（Kruse，1920）、伊利昂（Illum，1938）也对此开展过重要的研究，不过由于语言的原因，丹麦制度创新的影响多局限于北欧地区。

不过，德国的学者在欧洲范围内产生了深远的影响，可以被视为这一现代主题的奠基者。从 1874 年起的系列研究，开始将重点从传统狭隘的关注点，比如服务租赁合同和家政工人法律，转向更抽象的方法，将产业工人也涵盖在内。"工人法"（the law of the workers）（Bornhak，1892）将工人保险与工人保护的主题放在一起。同时，学者们也开始对一些重要的主题如规章制度（Arbeitsordnung）产生兴趣（参见本书第六章）。最重要的进展是对法律政策的讨论。社会政策委员会（The Vereinigung für

Sozialpolitik，或者如对手所称的学术社会主义者），它的大多数会员是受过法学训练的经济学家；社会改革学会（Gesellschaft für Soziale Reform），以及德国法学家协会（Deutscher Juristentag）均对"社会问题"开始感兴趣。"社会问题"这一表述指称由工业化所引发的各种问题，包括对儿童和女性保护的弱化、贫穷、失业、罢工，以及对工会和集体谈判协议的法律待遇。这些协会的会员，有些偏保守，有些偏自由，在官僚机构中不乏支持者，他们传播了这一理念，这一理念在德国的影响如此之大以至于这些问题需要国家干预。同时，他们认为纯粹的警察措施是反生产力的，他们希望促进工会的发展，并提升法律对集体谈判协议的认可。

正如我们随后会谈到的，用波吉的话来讲，"社会问题"变得：

> 逐步与政治程序密不可分，主要通过（1）赋予社会群体以投票权，这些群体期望国家解决这些问题；（2）由此衍生了公民的"社会"权利观念；以及（3）承担一些改善社会问题所反映现象的责任。但是在这一长期发展过程中所涉及的各种决策则是经过激烈且广泛的争执的。在19世纪围绕自由主义、民主与社会主义三者关系的复杂叙事中，大多数是围绕这些决策展开的。（Poggi，1978：114）

正是在这一宏大的背景下，诞生了几位地位显赫的法学家。其中之一便是菲利普·洛玛（Philipp Lotmar）。在1900年发表的论文和1907/1908年出版的专著中，他通过将精准的法律分析与社会学方法相结合，提出了集体谈判协议理论，并给出了广泛且深入的实证分析。另外一位是胡果·辛茨海默（Hugo Sinzheimer，1875—1945），他本人将洛玛奉为劳动法学科的奠基人，在此基础上，他"为德国的劳动法特别是集体谈判法律填上了形式和内容"（Kahn-Freund，1981：73）。德国法律对集体谈判协议的承认，以及《魏玛宪法》中规定的很多社会权利，特别是第 165 条，[2] 都是受到了辛茨海默的启发。"劳动法作为一个统一、独立的法学学科的理念"便源自辛茨海默（Kahn-Freund, 1981：75）。在一篇名为《劳动法的发展及法学理论的任务》的论文中（Sinzheimer, 1910—11：1237），他提出了将劳动法作为一个独立的法律学科并加以研究的若干理由：

1. 研究主题的重要性。依附于劳动合同的人数变得越来越多，对于这些人而言，劳动法变成了他们生活的基础。劳动法是他们社会存在的核心。

2. 研究主题的特殊性质。没有任何其他法律领域像劳动法这样，公法与私法紧密地交织在一起。法学理论通常会区分公法与私法。而劳动法只能被视为公法与私法的融合。

3. 劳动法所要求的特殊待遇。这必须遵守社会原则，允许人们去发现法律的现状，并形成未来的规则。主导的法学理论都是教条式的，只研究实证法。劳动法背后的理论则必须同时关注社会学与社会政策议题。

4. 对具体配套科学的需求。这些配套科学包括社会学、社会政策以及商业组织的理论。法学理论必须涵盖所有这些主题。一种将劳动法研究与其他部门法研究捆绑的理论做不到这一点。

5. 最后，目标的统一性。这是建立在将劳动力视为人格表现的主导原则，以及法律在物欲横流的时代作为人类的监护人的特殊功能之上的。在我们的时代，这是一个纯粹建立在劳动关系的需要之上，而非财产法或者商业法之上的统一劳动法。

2　《魏玛宪法》第 157 条、第 159 条和第 165 条的内容在本书附录四的第 385 页中进行了翻译摘录。

在这篇论文以及随后的著作中，辛茨海默放下了"公法与私法分野"的执念，也不再推崇"对劳动者进行分类的不可靠做法"（Kahn-Freund, 1981：75-6），因为这两点都阻滞了劳动法的发展。另外一位学者，波特霍夫（Potthoff，与辛茨海默从 1914 年起合编了一本名为《劳动法》的杂志）引入了组织关系（*Organisationsverhältnis*）的概念，这不同于对这一关系所作的个体化传统理解，他试图在 1919 年《魏玛宪法》所规定的社会"权利"基础上推演出劳动合同。正是这一部宪法和宪法中作出的编纂《劳动法典》的承诺，以及许多单行法的通过（比如，集体谈判协议、工厂委员会、劳动法院以及社会保险方面的法律），使得德国的劳动法在"二战"前达到了任何其他国家都无法企及的高度。即使在法国，自拿破仑时代以来就有成立劳动法庭（*conseils de prud'hommes*，又称劳资调解委员会）的传统，从 1910 年开始就启动了将现有立法汇编整理成《劳动法典》的努力，1936 年的《马提尼翁协议》（Matignon Agreement）[3] 奠定了从法律层面提升集体谈判的基础，以及有些学者已经开始提出有关集体谈判协议的新观念，这与德国仍然无法相提并论，因为后者将劳动法作为一个综合性的理念有机融入到了一个政治与经济民主体之中。

纳粹政权的出现使得魏玛共和国劳动法的发展戛然而止，其实在此之前，在德国经济与政治的双重危机之下，劳动法已经被司法系统所削弱（参见本书第七章）。辛茨海默及他所创立的学派不得不流亡海外。尽管离开了祖国，但是他们的影响仍然可以在欧洲感受得到。在辛茨海默的流亡地，荷兰的莱顿市，于 1936 年建立了荷兰的第一个劳动法研究教席［利文巴赫（M.G. Levenbach）从 1926 年起开始在阿姆斯特丹大学担任劳动法的高级讲师，随后才获得教席］，并且随后荷兰的集体谈判协议法依据德国和法国的理念进行了修改。辛茨海默的学生，卡恩-弗罗

---

3 该协议的文本参见本书附录四，第 380 页。

因德，来到伦敦经济学院，用他老师的理论和自己的观察与分析对英国的劳动法进行了改头换面。辛茨海默有关劳动法的理论，特别是有关集体谈判协议功能的理论，包括规范功能、义务功能和组织功能（参见本书第五章），成为"欧洲范围内法律人共同财产的一部分"（Kahn-Freund, 1981：82）。

那么这一劳动法理念有哪些具体的特点呢？首先，劳动法不仅是由国家（立法、行政与司法机构）创设的，也是由自治组织特别是雇主组织和工会创设的。雇主的规章，工会的"惯例与操作实践"（custom and practice），互助组织与集体谈判协议等，与立法、行政命令和司法判决一样，构成劳动关系的命令、控制与组织的一部分。自治规范［自我帮助、自助（self-help）］与国家法律［国家干预，或者用德语的表述，国家"帮助"（state "help"）］之间的互动是劳动法研究的中心议题（参见本书第五、七章）。当分析国家的劳动法时，特别重要的是区分直接强制（刑法是主要的例证）与所谓的"促进性或者授权性立法"，后者赋予"当事各方以制定自己规则（私人立法）的机会，甚至有时候赋予当事各方以规避或者削弱国家法律适用的机会"（Sugarman & Rubin, 1984：10）。促进性立法，比如支持集体谈判的立法，在劳动法形成过程中对于提升自治领域并赋予其合法地位，发挥着特别重要的作用。对于这些促进性立法，我们还需要加入国际法律规则的内容，这一规则在 20 世纪对于提升直接国家规制和促进性立法都已经发挥了重要作用（参见本书第七章）。

现代劳动法理念的第二个特点是将劳动合同与其他普通的合同区别开来。这一区别的过程将在本书第一章中仔细分析。在大陆法系中，"将劳动力作为一个法律概念从物权法的各种关系中解放出来"具有至关重要的意义（Kahn-Freund, 1981：78）。劳动法发展程度的一个指标是在某个法律体系中将劳动合同视为合同法或者物权法的附庸的程度。在大陆法系国家，大概在20世纪初期才发展到这一阶段*。

然而，此类形式的自治合同取决于欧洲劳动法的第三个特点。这个特点便是个体劳动者对资本主义企业的依附。这一观点在很大程度上是由德国历史法学派的奥托·基尔克（Otto Gierke）（洛玛本人也是罗马法学者），以及安托·门格尔（Anton Menger）提出的，后者是《德国民法典》的尖锐批评者。辛茨海默对"依附"（dependency）这一概念的阐释也受到了"马克思与卡尔·勒内观点的影响，他们认为资本主义财产是对人身的支配"（Kahn-Freund, 1981：79）。一旦劳动法被视为"依附性"劳动的法律，会产生两方面的后果。第一个后果是劳动法的适用范围会排除掉独立的工人（持有土地的农民和自雇人员），仅限于那些符合"依附"劳动定义的劳动者。所以，劳动法发展程度的另一个指标是，各种类型的依附劳动者纳入劳动法保护的程度，这些劳动者包括手工业者、白领、家政工人、农业工人以及政府官员（参见本书第一、二章）。

依附概念产生的第二个后果是，试图命令或者控制工人对雇主指挥之依从的各项规制，变成了劳动法的核心议题。衡量这一议题发展程度的主要指标包括：

1. 对工厂、矿山及其他工作场所的童工和年轻工人的保护；
2. 对女工的保护；
3. 对所有工人免于受到薪资拖欠的保护；
4. 对所有工人免于受到职业伤害的保护；
5. 对工作日时间的限制以及对带薪假期的提供；
6. 最低工资立法（第1—6项参见本书第二章）；
7. 对事故伤害的赔偿、疾病待遇、残疾抚恤、养老金、家庭津

---

* 将劳动合同与其他普通合同相区分的阶段。——译者

贴（family allowances）（参见本书第三章）；

8. 提供免于失业的救济措施，比如公益性岗位安置、失业收容所（labour colonies）、职业介绍所、失业保险；

9. 提供免遭劳动合同终止的保护（第8—9项参见本书第四章）；

10. 通过容忍自由结社和自由采取产业行动的方式促进自我规制的措施；

11. 通过雇主组织和工会积极促进自我规制的措施，既包括出台自愿措施也包括赋予实体法律权利（第10—11项参见本书第五章）；

12. 在工厂或者企业层面提升工人对管理决策参与程度的措施；

13. 积极提升此类参与的措施；

14. 将工人代表融入经济管理（即地区或者全国理事会等）或者国家管理（如特别劳动法院）的措施（第12—14项参见本书第六章）。

这一列举并非穷尽性的，但是它确实提供了一系列评价这一自治现象的指标。有关其重要性的各种假设可以应用到这些指标上来。其中第一个假设便是关于劳动法与经济发展之间关系的假设。

第三节　经济发展与工业化[4]

根据兰德斯的说法，"法律制度变迁的时机能够并且也会在很大程度上影响经济发展的进度和特点"（Landes, 1969：199）。那么，这一说法在多大程度上能适用于劳动法呢？劳动法是工业革命的产物，是在农业

---

[4] 在本书所研究的时间段内的人口与经济活动的变化情况，可以在本书第360页的附录三中找到。

手工业经济向工厂时代以机械化大生产为主导的经济转型的过程中产生的。兰德斯解释道：

> 工厂不仅仅是大一号的工作单元。它是一种生产体系，其运作取决于对生产过程中的不同参与者的功能和责任的清晰界定。一端是雇主，他不仅需要雇佣劳动力和推销终端产品，还需要提供资本、设备并监督其使用。另一端是劳动者，其已无法再拥有或者提供生产工具，徒剩双手（"手"这个词很重要，很好地表达了劳动者从生产者到纯劳力的转变）。将他们联系在一起的是经济关系——"工资联系"（wage nexus），以及监督管理的功能关系。（Landes，1969：2）

经济关系是建立在私有财产概念之上的（现在变成了资本）；而功能关系则需要一套劳动法体系来实现，它对雇主的监督和管理权力未加干涉，而这一权力是财产权不可分割的一部分。稍微关注一下劳动法的发展历史，[5] 便会发现每个国家的经济"起飞"［take-off，用罗斯托（Rostow）的著名表述］与其通过立法控制雇主权力之间存在巨大的时间差。检视这些时间差面临的难题之一在于，工业化通常局限于一个国家的某个地区或者横跨国家边境的某个地区，而劳动法则是与主权国家联系在一起的。另外一个难题在于经济学家们通常无法就（经济）"起飞"这一概念达成共识，也无法就某一现象在某些特定国家发生的时间达成共识。

所谓的"第一次工业革命"（以蒸汽、机器、工厂和铁路为代表）于1780年左右肇端于英国，然后在较长的一段时间内传播到欧洲大陆。在比利时，工业革命的高潮通常认为发生在法国统治时期（1794—1814

---

5 参见本书附录二，第330页。

年)。尽管这一判断在根特的棉纺织行业和韦尔维耶的羊毛行业总体适用,但是对于煤炭和钢铁行业,真正的工业革命巅峰发生在1820—1830年间。在法国,及至1790年,都存在对英国技术的源源不断的进口;然后在法国大革命时期和拿破仑统治时期,这一进程被放缓;而在1815—1850年间工业化进程逐步恢复,在1850年后又开始对外传播。在德国,工业革命究竟是在1833年关税联盟成立的时候开始的,还是在1842—1843年工业大发展时期开始的,抑或是1850年以后才开始的,是一个尚无定论的话题。毫无争议的一点是,从1870年代中期开始,德国已经甩掉了工业化相对落后的帽子,一举成为工业化强国。但是在德国国内,工业化的节奏是不均衡的,有些地区,如萨克森地区在1850年之前便已经实现了工业化;而其他地区如东普鲁士地区则继续被以容克地主为代表的农业财团所主导。荷兰在1870年之前基本上是与第一次工业革命绝缘的,此后由于德国鲁尔工业繁荣才获得了一定的经济发展。北意大利地区(1896—1915年)和丹麦(1901—1940年)的发展更晚,直到所谓的"第二次工业革命"时期才实现了起飞,第二次工业革命是以电力、石油、内燃机、机动车以及以科学为基础的化工(合成材料)制造为标志的。

  如果将这些经济"起飞"的时间与前述劳动法发展的关键指标进行对照,唯一可以得出的结论是,相比于工业化比较晚的国家,在那些工业化比较早的国家,这一时间差更长。不过,在所有的国家,劳动法的关键指标都是在工业化进程开始以后的时间段才出现的。这表明,劳动法并不直接构成生产关系的一部分,相反,它通常会滞后于生产关系,并且最终反映经济结构,尽管有时会存在较长的时间滞后。工业化进程较早而劳动法出现较晚的典型例证是比利时。在比利时,1884年才出现第一部保护性立法(也仅限于在煤矿中工作的12岁以下的男童和14岁以下的女童);克扣薪酬的现象也只是在1887年之后才得到了一定的控制。对于劳动法发展比较滞后这一点，有多种解释，包括比较强大的合同自由理念，以及宗教对工人的控制等。皮雷纳给出的例子是，根特地区的工人在 1846 年认为参加弥撒活动是预防工伤事故的唯一有效方式 (Pirenne, 1920)。直到 1903 年，在经历若干次政治大罢工后，享有选举权的民众范围得到扩展，比利时工人党顺利进入议会以后，劳动法才真正得到了发展。在另外一个极端，工业化起步较晚的国家，如意大利和丹麦，劳动法发展的关键指标在经济"起飞"后相对较短的时间内便得以出现。法国、德国和荷兰的情况则处在这两极之间；而英国作为第一次工业革命的发祥地，地位则比较独特。在前述所有国家中，非常突出的一个现象是，劳动合同这一概念的出现都花了很长的时间（参见本书第一章）。

如果不可能在经济"基础"与"上层建筑"之间确立一些机械的联系，那么我们不得不在一些法律与经济发展呈"叠瓦状"(imbricated) 交织[6] (Sugarman, 1983：223) 的具体背景下来探寻这些联系。举例来讲，是立法宣告了童工现象的终结，还是因为立法当时的科技进步本身已经使得童工的使用变得过时，而立法仅仅具有象征意义？（参见本书第二章）实物工资制 (truck system) 的式微是经济繁荣和大型企业发展的结果，还是立法使然？（参见本书第二章）社会福利制度究竟是经济发展的反映，抑或是一种提高劳动生产率以及收入再分配、刺激国内市场的尝试，还是为征召身强力壮的士兵以进行帝国主义扩张的需要？（参见本书第三章）工业化进程缓慢是否为法国社会福利出现相对较晚（1928—1930 年）的原因？（参见本书第三章）在资本主义制度下对失业的"必然性"的社会接纳是否使得创设某种社会救济措施成为必要？若是如此，为什么这

---

[6] "imbricate"释义："像屋顶的瓦片一样重叠摆放"［来源:《简明牛津英语词典》(Shorter OED)］。

一问题只是在周期性危机开始出现以后才被"发现"？（参见本书第四章）为何英国对结社自由的承认发生在经济腾飞时期，而德国《反社会主义法》却生效于经济快速增长时期，法国承认工会合法化的《瓦尔戴克–卢梭法》（Waldeck-Rousseau Act）则是在金融危机之后通过的？（参见本书第五章）工厂委员会和其他形式的劳工代表制是不是对"一战"后经济大萧条的回应？（参见本书第六章）

对于此类问题并不存在简单的答案。最自由的法律也可能因为经济因素而受到阻滞。最经典的例证是法国，1791 年《夏勒里埃法令》(*Loi Le Chapelier*) 禁止结社、集会，而同一时期的《法国民法典》则创设了保护财产、积累资本的最有利条件，但在拿破仑兵败后，法国海外市场和殖民地的流失，以及法国大革命后大量拥有土地的农村人口持续存在，造成了法国无药可救的落后状态。只有看到法律和经济增长的互动，我们才能了解全貌。需要特别指出的是，理解国家的性质及其在工业化过程中的角色至关重要。

第四节　国家的现代化

工业化发生时期的国家形式为自由宪政政体。日益崛起的中产阶级要求与上层阶级共同分享政治权力的权利得到了法律和宪政体制的保证。[7]

这一形式的构架最初出现在联省共和国（Republic of the United Provinces，即荷兰），这为 17 世纪荷兰的商业资本主义拥有的"黄金年代"打下了基础。在英国，17 世纪的内战和 1688 年"光荣革命"的结果

7　各个国家的宪法进展列于本书附录一，第 301 页。

是达成了一个相对稳定的政治妥协。拥有土地的士绅阶级增加了他们在议会中的权力；大的地主阶级主导了上议院（其重要性持续到了 19 世纪，因为内阁成员在此之前都是由上议院议员担任）和军队、教会以及公务员队伍。商人和金融阶级享有贸易自由，并且在贵族与商人的护佑之下，职业阶层具有一种自由与反叛的精神。克里斯多弗·希尔（Christopher Hill）说道："从 1688 年开始，对于有产阶级而言，即使按照当代欧洲的标准来看，英国也是一个极度自由的社会。"（Hill, 1969：29）从实质上讲，尽管不是从形式上看，贵族阶层已经取代王室而成为国家的主导力量。英国从由富裕地主、乡绅、教区长主导的农业国，转变为一个由工业和金融资本家主导的工业国，是在议会至上的宪政框架内实现的，尽管没有成文宪法但得到了普通法律师的支持。

议会的这种变化可以由工业革命时期第一批劳动法律的通过得到揭示，即 1799 年和 1800 年的《禁止结社法》（Combination Acts），这一故事无法在此处详述（参见本书第五章），但是核心点在于直到 18 世纪中叶，当时的议会，基本上清一色由地主组成，对日益崛起的工业雇主缺乏同情，而倾向于支持那些向议会请愿的手工业者。手工业者的诉求包括反对降低产品的单价或者引入新的生产工序，因为这样会降低他们的生活水平或者让他们失业。但是在 1750 年之后，由于地主对产业的投资，以及富有商人阶层对土地的购买，阶级结构出现了变化，使得对手工业者的保护态度开始出现变化。随着过去实行的工资规制体系开始土崩瓦解，对于工会和罢工的压制开始多了起来，包括 1799 年和 1800 年通过的《禁止结社法》。哈蒙德夫妇（J. L. and Barbara Hammond）认为，这些立法代表了劳动立法的全新原则。此前，劳工的结社在特定的行业中是违法的，因为他们挑战了国家对这些行业的垄断。在 1800 年之后，法律试图保护雇主的垄断，而非国家的垄断。劳动法在历史上第一次开始维护单个雇主的单方面确定工资和劳动条件的权力（雇主的结社从名义上讲也是违法的，但现实中未予追究）。自由国家开始登上历史舞台。

与英国不同，欧陆国家均有成文宪法。1830年的比利时革命是一个信号，并且代表了这些国家中的变化的开端。1831年《比利时宪法》是当时欧洲国家中最自由的宪法，但当时的选举资格是通过财产权限定的，因此政治权力主要把持在地主、工业资本家和职业精英阶层手中。在法国，1815—1830年的复辟王朝在形式上是实行宪政和议会制的（只是没有英国意义上的反对党），但是，与当时的英国一样，选举投票的权利仅限于富裕阶层，其出台的各项政策均偏保守。1830年七月革命，路易·菲力浦（Louis Philippe）上台，用汤姆森的话说，"他具备在1830年你所能期望的自由国王的一切特质：出身中产阶级、受人尊重又朴实无华"（Thomson, 1966：168）。在1848年革命的背景下，自由宪政理念经传播至荷兰（1848年，最终于1866—1868年得到宪法确认），丹麦（1849年），以及皮埃蒙特–萨伏依地区（Piedmont-Savoy, 1848年），而该地区的自由主义宪法构成了1861年意大利王国宪法的模板。

德国的地位比较特殊。作为一个"后进国家"，错过了16世纪国家统一的机会，建立了一种"开明绝对主义"（enlightened absolutism），避免了相对不发达的中产阶级与王室的冲突。普鲁士王国的腓特烈大帝，称呼自己为"国家的第一仆人"，成为德意志其他王国国王的典范。军队是他引入的现代国家治理体系的灵感之源。在普鲁士于1806年被拿破仑领导的军队打败后，贵族中的知识精英和中产阶级中的新晋贵族开始推行改革政策，包括解放农奴（1806年），建立相对独立的法院。1815年之后，普鲁士王国国王腓特烈·威廉三世逐步对改革失去兴趣，开始倚重东普鲁士地区的保守容克地主的支持，后者的权力日益增加。有关普鲁士实行代议制的自由主义宪法的允诺，并未得到兑现。德国南部的一些州，如萨克森–魏玛、巴伐利亚、符腾堡、巴登以及黑森州，虽然以法国1814年宪章为模板，通过了全新的自由主义宪法，但是即使在自由主义倾向最强的宪法版本中，也只有富有的男性阶层才享有投票权，议会对政府享有极少的权力。德国的自由主义传统是虚弱且分裂的，特别是在北方地区。

1830年的自由主义革命并未触及政治架构，但规模较小的州除外，特别是布伦瑞克、萨克森以及汉诺威州，它们都通过了自由主义的宪法。进行改革的社会压力比较小，因为人口中超过三分之二是农业人口，中产阶级的规模较小且颇为分散。普鲁士直到1850年才通过了一部自由主义的宪法。即使在君主立宪制之下，王室的传统权力仍然很重要：立法需要在王室与议会之间达成一致，王室保留了行政权力以及对军队的最高指挥权。更关键的是，王室充当了贵族与中产阶级，以及中产阶级与日益崛起的工人阶级之间的调停人的角色。贵族的地主身份让他们继续拥有经济权力，因为农民为了获得解放需要向他们支付费用。中产阶级在贸易自由化（最先在1807—1810年和1845年的普鲁士实现）和关税联盟立法的背景下得以壮大。1866年成立的北德意志联邦统一了贸易法规则，通过了1869年《帝国贸易法》（全称为《北德意志联邦工商业管理条例》），其中也包括了统一的劳动法规则，满足了中产阶级长期以来的要求。

1871年《德意志帝国宪法》规定，总理需要获得德意志皇帝（Kaiser）的信任，而非议会的信任。国家权力的真正核心是军队以及大量的公务员（Beamte），他们均被普鲁士的官僚体系所主导，且忠于王室与国家。这确保了德国父爱主义"开明"国家传统的延续，尽管出现了自由主义的情形。这一"王室社会主义"（socialism of the throne）有助于解释德国保护性立法的历史（参见本书第二章），以及俾斯麦的福利立法的来龙去脉（参见本书第三章）。在德国，劳动法构成了具有父爱传统的国家解决社会问题的努力的一部分。

抛开德国的特点不说，自由主义宪政国家的主要特征是什么，这些特征又如何影响到劳动法的发展呢？首先，这些国家都积极倡导自由主义的原则，致力于不干预经济发展，让其受到以自愿合同的法律机制为表现形式的市场力量的调整。当然，这也是某种形式的"干预"，因为它给予了（以资本为表现形式的）财产权以不受控制的支持。但是，这种形式的"干预"与重商主义的干预并不相同，重商主义是专制国家的主要经济政策，对经济和劳动关系进行直接干预。自由主义国家清除了行会的规制以及其他对自由劳动力市场的障碍（参见本书第一章），利用《济贫法》来促进这些劳动力市场的发展（参见本书第三、四章），并且维持了"秩序"以及欧陆国家雇主通过工人手册制度享有的惩戒权力，和在英国及多数其他国家对擅离岗位工人的刑事处罚权力，这一权力一直存续到19世纪后半叶。在结社自由被容忍之前，在工厂这一"私域"之内，工人受到雇主的主导支配；而在"公域"之内，则受到警察和《济贫法》执法机构的监视。

自由主义社会的第二个特点在于经济生活这一"私人"领域与那些受到国家直接控制和管理的"公共"领域的人为划分，前者又被亚当·斯密称为"市民社会"。在欧陆国家的法律上，这一划分反映在"公"法与"私"法的分野。国家并不会介入"社会"。它让各种经济力量自己做主，除了防范欺诈、促进合同的执行及类似的事务外，它不会加以干涉。国家在儿童和妇女保护上的干预，与前述社会的概念是可以相互兼容的，因为这两个群体缺乏以"平等主体"缔结合同的能力，提供保护以避免欠薪等现象可以视为助力"自由"市场运行的手段之一（参见本书第二章）。

对"自由放任"理念以及"国家"与"社会"之间界分的挑战来自那些受到国家和"社会"主导支配的人群。这一挑战最后以多种形式表现出来，比如1831年里昂纺织工人的暴动，英国宪章运动（1836—1854年），以及1848年的革命。

波吉指出，维护有产者支配地位的最安全的方式是"将那些可能会主张取消资本所有制、改变分配方式或者对获利机会或资本积累的控制进行干预的群体，排除在宪政过程之外"(Poggi, 1978：122)。在19世纪和20世纪初，实现这一点的主要手段是限制选举权的范围。自由主义的国家将选举权限于那些有财产、交税以及/或者有一定受教育水平的男性；而这些人正是现有秩序的利益相关人。为获得选举权所进行的长期斗争并未改变自由国家的基本结构，但确实对其进行了修正，催生了自由-民主国家。

在德国，北德意志联邦的下院(Reichstag)，是由普遍拥有选举权的男性选民选举产生的；而帝国议会(1871年)的选举方式也大致相同。官僚体系视此为将工人阶级融入国家的一种方式。尽管帝国议会可以就财政预算进行投票表决，但俾斯麦实现了分而治之，将自由党分裂为两个派系，在其发动的针对天主教的文化战争中取胜，在1878—1890年间通过《反社会主义法》将社会民主党和工会宣布为非法。从1871年起，法国实现了男性的普选(重新启用了1848年的法律)，将投票权赋予1000万左右的法国男性。在英国，1867年《改革法》将选举权拓展至在城镇工作的男性，选举人的人数由此实现了翻番，增至200万人；而1884年《改革法》将选举权拓展至许多农业工人，进而将选举人的人数增加至500万人。但是，直到1918年之前，仍然有将近四分之一的成年男性没有选举权。在比利时，1893年实现了男性的普选权，并且符合特定条件的男性选民可以投多票(plural voting)。在荷兰，1887年和1897年的改革意味着选民的人数从原来总人口的2%提高到14%，但是普选直到1917年才得以实现。在意大利，1882年的改革将投票权赋予7%的人口，而男性的普选权直到1912年才实现。

丹麦是在本书所研究的国家中第一个将选举权赋予女性的国家(1915年)，紧随着挪威和芬兰的步伐；随后，英国于1918年(1928年之前仍然存在基于年龄与婚姻状况的限制)，荷兰、德国和卢森堡于1919

年，爱尔兰于 1921 年相继实现了普选；而意大利、法国与比利时直到"二战"后才实现普选。

自由民主政体是如何影响到劳动法的？新的选民对国家提出了新的要求，要求其解决因资本主义工业化所产生的一系列社会问题。在这一时期，因人口的急剧增长、[8]公共健康与住房等城镇化带来的问题，国家本身就面临着提升行政管理水平的压力。不同的政党面临着获取工人阶级选票的压力，工人阶级政党和社会主义政党应运而生。[9] 19 世纪早期英国工厂立法运动从政治上讲太过弱势，无法确保适用于所有工人的一般立法得以通过，因此，他们只有通过集体行动来确保最低的保护标准。而从另一方面讲，欧陆国家的工人则能够利用手中的选票确保其劳动条件得以改善（参见本书第二章）。比利时的例子上文已提及。在英国，新生政治力量的重要性主要体现在废除对违约的刑事制裁，实现结社自由（1871 年）和罢工自由（1875 年和 1906 年）免受司法打压（参见本书第五章），以及避免在特定行业出现"血汗"（sweating）工厂使集体谈判制度受到削弱（参见本书第二章）。在德国，俾斯麦试图通过成功的社会福利立法（1883—1889 年，参见本书第三章）让工人阶级对社会主义断绝念想；这一策略被英国的自由党政府所复制，当然也做了一些改变（1906—1911 年）。在法国，相对较慢的工业化与人口增长速度，大量小手工业者的存在（他们有些是自我雇佣的，有些拥有小作坊），大一统的无产阶级的缺失，以及作为统治阶级的政党的分崩离析，阻碍了法国对社会问题进行回应的脚步。汤姆森评论道，最有效的法国劳动法规则完全不是来源于政治，而是来源于官僚机构的活动（Thomson，1966：357）。这些立法包括废止工人手册的法律（1890 年），在矿山建立工人代表的法律

---

8 参见本书附录三，第 360 页。

9 参见本书附录一，第 301 页。

（1890年），建立劳动监察署的法律（1892年），建立工伤赔偿体系的法律（1898年），以及将工作时间限制为每天十小时（1900年）、每周六天的法律（1906年）。在荷兰和意大利，主要的劳动立法诞生于"一战"以后，作为对新选民提出的社会要求的回应。

工人为了改善他们在经济的"私人"领域的处境而对"公共"领域的参与，产生了两个后果，并使公法和私法的分野变得模糊。第一个后果是社会公民"权"（social 'rights' citizenship）的发展，这也包括劳动法。保护性劳动立法的特征发生了改变，其定位从最初的自由资本主义国家或者开明官僚体系的馈赠，变成了工人的权利（参见本书第二章）。这些新型"权利"与个体在法国大革命中所主张并写入大多数自由主义宪法（不包括德国宪法）的"权利与自由"并不相同。这些宪法是建立在这一理论基础上的，即个体与国家建立"社会契约"以换来对这些权利与自由的保护，这些权利和自由被认为是"天赋的"，比如贸易自由与工作自由。1848年革命将权利的理念提升到了新高度，比如"劳动权"（right to work），迫使国家作出承诺提供工作（参见本书第一、四章）。在自由民主国家，资本主义的生产方式仍占主导，决定了社会问题的解决方案的范围，因此劳动权无法得到保障。但是国家可以基于对集体利益的保护而承认新型"权利"，如组织权与罢工权。

第二个后果是集体团体现在可以组织起来向国家施加压力，甚至与国家进行谈判，以实现自己的利益。自由主义原则，最先在英国，开始伴随着工人的结社自由出没。在"私人"领域，这涉及对"自由"市场的经典自由主义理念进行修正。在"公共"领域，这意味着劳动立法需要容忍，随后积极促进集体谈判（参见本书第五章）。国家自身在20世纪开始将雇主和工人群体融入到自身的活动之中，就经济和社会政策征求他们的意见，并吸收他们加入政府机构（参见本书第六章）。

因此，国家的现代化可以看作是劳动法产生的主要决定因素之一。

这一现代化过程因"一战"而加速，在"一战"期间，国家承担了对经济和劳动力进行配置的责任。极权主义国家是对社会问题的另外一种"解决方案"（参见本书第七章）。"福利国家"尽管起源于20世纪早期和两次世界大战期间的改革，但是直到1945年后，随着一波新的劳动立法的出台，才达到巅峰。

第五节　雇主和劳工运动的特点[10]

在自由民主国家，雇主和劳工组织通常有力量去影响劳动法的特点。这一影响可以是直接的，比如当它们支持的政党执政或者参政的时候；也可以是间接的，比如那些执政的政党可以提前出台它们对手所倡导的政策，以便能够获得选票。即使在深具父爱主义传统的德国，这一点也出现过，社会主义者的间接影响对于社会立法的出现至关重要（参见本书第三章）。

在雇主一端，技术变革以及限制竞争的驱动使得资本出现了日益集中的趋势。到1890年代，比利时、英国和德国的过半数劳动力都在20人以上的工厂中工作。一个极端的例子是德国的电器行业，在该行业中，AEG和西门子两家公司控制了德国电器产量的90%以上，并且在国外也有业务。这些公司也掌握了劳工管理的新技巧，且公司这一组织形式的日益普及改变了所有权的性质，降低了股东对公司的个人控制，赋予了职业经理人以新的地位与权力。具有垄断地位的卡特尔意味着竞争的减少，这使得许多职业经理人可以提高劳动者的工资和福利待遇，并将他

10　关于各国的政党与工会的详细信息，参见本书附录一，第301页；还可参见本书第五章。

们与公司捆绑在一起。这些父爱主义的福利措施随后也影响了国家提供的福利内容（比如家庭津贴，参见本书第三章）。与此同时，大规模的组织意味着在生产线上大量工人被强制性地联系起来。工人受到生产过程的约束，必须接受相同的规则，且也要作为集体的一分子开展行动。工人与资本所有人之间的私人联系逐步减少，他们不得不成立独立的组织，以便为提升自身的工作和社会条件而努力。但是，新的大型公司的权力如此之大，以至于工人通过集体行动获得的成果往往不会持续太久。但当工人转向政治运动时，雇主不仅继续通过其政党保有传统的权力杠杆，同时还形成游说群体，如法国的铁匠委员会（Comité des Forges），以协调雇主与政府的关系。雇主协会的发展（参见本书第五章）不仅影响到集体自治，也影响到雇主与国家的关系。

而在劳工一端，第一反应便是对自由主义秩序的完全拒斥，以及提出根据"乌托邦"社会主义、"科学"社会主义、无政府主义、工团主义（syndicalism）等理念建立全新社会的要求。乌托邦社会主义者如罗伯特·欧文（Robert Owen）、圣西门（Henri Comte de Saint-Simon）、夏尔·傅立叶（Charles Fourier）倡导合作、和谐与连带的理念，影响了规模相对较小但较为活跃的劳工群体，他们对社会和政治权利提出了要求。在英国，1830年代的英国宪章运动时期，社会主义者产生了一定的影响。在法国，路易·勃朗在1839年的《劳工组织》（L'Organisation du travail）一书中指出，国家是实现"劳动权"的关键工具，并且这一观念在法国1848年革命中得以凸显（参见本书第四章）。由马克思、恩格斯共同起草并于1848年2月在伦敦发布的《共产党宣言》，虽然对于当年的革命未起到作用，但是在面世后不到20年的时间内，成为欧洲范围内致力于建立无产阶级国家并最终建立无阶级社会的运动的灵感来源。国际工人协会（第一国际）于1864年成立，旨在传播马克思主义理念，此后，1871年，被马克思称为"新社会光辉先驱"的巴黎公社运动受到镇压，两年后，第一国际也随之走向衰败。

在接下来的几十年内，随着工业化在欧陆国家的推进，社会主义政党也得到了发展，其中有些政党是革命性的，有些则遵循改良主义趋势。[11] 这些政党的势力和特点对于劳动法出台的时机和内容来讲是非常重要的。这些政党对有效政治权力的攫取被认为是难以捉摸的。在德国，1919—1932年间的魏玛共和国时期，社会民主党（SPD）是最大的政党；在丹麦，社会民主党从1924年便在政府中占据了主导地位；在卢森堡，基督教社会主义者从1914年起开始执政；在法国，社会主义者、共产主义者和激进社会主义者在1936—1939年间组成了人民阵线政府。这些政党都是被当时的一大波罢工和占领运动推上前台的，而在这些国家对于集体劳动关系体系都有着重要的法律支持。这些进展在德国和法国被证明是短命的，分别被纳粹政权和维希政权（Régime de Vichy）所蚕食，但是在"二战"以后又得以恢复并发展壮大。

在比利时，工人党（Parti Ouvrier Belge：POB）在1919年议会选举中赢得了超过三分之一的席位，但却从未能单独组阁并开展重大的社会变革，只是在1919—1939年间三次参与组成联合政府。在荷兰，社会民主工人党（SDAP）在1939年的战争威胁下加入政府之前，均为反对党。在英国，1924年以及1929—1931年间，工党先后两次组成了少数党政府，但并未出台任何重要的劳动立法。确实，它们未能获得足够的议员支持，连保守党政府在1926年总罢工后为了限制工会于1927年通过的《劳动争议与工会法》（Trade Disputes and Trade Unions Act）都无法废除，尽管该法非常不受欢迎。该法直到1946年工党组成多数党政府后才被废除。在意大利，社会党（Partito Socialista Italiano：PSI）在1919年的选举中获得了大众选票的32%（156名代表），但从未进入政府，并且随着法西斯

11　参见本书附录一，第301页。

势力上台而受到压制。

　　社会主义者取得的这些时有反复的胜利可以归结于许多原因。最重要的是它们无法改变资本主义的基本经济和社会结构，尽管资本主义在"一战"后爆发了经济危机，但是仍被证明具有韧性，并且随着1930年代的公共投资和重整军备而被重新激发了活力。魏玛共和国时期的劳动法，与其他的劳动法一样，是为了解决失业问题。辛茨海默于1933年反问道："如果劳动法只是工人中的精英群体的法律，这些人一直有工可做；如果在劳动法存在的同时，开启了'结构性失业'的经济墓场，那么，劳动法到底还有什么意义？"（Sinzheimer, 1933）将劳动法与经济政策分割开来的做法，使得改良派的社会主义政府不得不迫于大萧条的压力而降低生活标准。

　　第二个问题在于，用肯德尔的话讲，"社会主义者有一个资本主义改革的议程，也有一个社会主义革命的议程，但这二者之间并无充足的沟通桥梁"（Kendall, 1975：20-21）。德国的社会民主党是欧陆国家中第一个大规模的社会主义政党，也成为其他国家社会主义政党的典范。该党在其1891年《埃尔福特纲领》（Erfurt program）中将建立无产阶级国家的远期目标，与建立八小时工作制、扩充社会保险的近期目标相结合。"一战"被证明是一个转折点。社会主义者和工会领袖纷纷进入政府，并在爱国主义的旗帜下团结起来，助力形成了"战争社会主义"的国家机器，对劳动关系进行直接调整。它们实现了与统治阶级的和解，统治阶级也开始愿意接受社会主义者的一些近期目标，特别是那些在劳动法领域内的目标。这一点反映在《凡尔赛和约》第13章（参见本书第七章），以及1919年的一大波（国际）劳工立法中，1919年又被称为劳工立法的奇迹之年（annus mirabilis）。对于那些仍然抱持革命主张的人而言，他们的灵感来源是1917年布尔什维克革命。社会主义政党出现了分裂，共产主义政党得以建立，不过相比之下势力较弱。在两次世界大战期间，对布尔什维克主义的担忧成为对政府的一种主要影响，构成了诸如德国的工厂委员会以及英国的怀特利改革（Whitley reforms）的背景。劳动关系的基调变成了工会领袖、雇主和政府之间的合作与经济和平。

社会主义运动的第三方面是政党与工会进行互动的方式，[12] 特别是在劳动法的形成方面。在德国、比利时、荷兰和意大利，工会逐步变成了社会主义政党的附庸，而社会主义政党又被动员起来以发动政治改革和出台劳动立法。而在英国和爱尔兰，工党则是工会与社会主义者形成联盟后共同推动的结果。从1850年开始，工人阶级的精力主要放在建立工会上。而这些工会则通常愿意充分利用法律，如果这些法律能够使其会员获益的话；当雇主用法律来对工会进行打压时，工会会支持任何愿意推动改革立法的政党的候选人。1901年的塔甫河谷案（*Taff Vale*，参见本书第五章）促使英国工会联盟（Trades Union Congress：TUC）参与到劳工代表委员会（Labour Representation Committee）的成立工作中，这一委员会便是工党的前身。一旦工会认为它们已经通过1906年《劳动争议法》（Trade Disputes Act 1906）最大程度地实现了它们的目的，它们便开始回到产业活动的轨道上来。值得注意的是，即使在工党组成少数党政府的时期，工会通常也更倾向于通过集体谈判而非立法来达到自身目的。

在法国，由于工会势力较弱且呈分裂状，法国总工会（Confédération Générale du Travail：CGT，又译法国劳工总联盟）采取了一项革命性无政府工联主义（anarcho-syndicalist）的政策，与各种政党保持距离，并且拒绝参加议会活动，直到1914年，法国总工会的领导才开始参与到国家机构的领导职位。1921年发生分裂，无政府主义者与共产主义者从法国总工会中脱离，成立了具有竞争关系的联合劳工总联盟（Confédération Générale du Travail Unitaire：CGTU），这也创设了一种新型的工会，由共

12　参见本书附录一，第301页。

产主义者领导（1924年以后），旨在组织一支纪律严明的革命队伍。但是，1936年的罢工和占领浪潮催生的《马提尼翁协议》，却并不是共产主义者和社会主义者所发动的。泽尔丁说道："工人们通过自己的行为昭示，依靠工会甚至依靠政府都是没有用的；他们需要把命运掌握在自己手里。"（Zeldin, 1973-77：281）他们与自己的雇主进行谈判；几乎没有任何一场占领运动"看似幻想过破坏资本主义制度"（Zeldin, 1973-77：281）。《马提尼翁协议》试图将这种自发的运动置于控制之下。

有一种很知名的假设，即当工人的政治力量超过他们的产业力量时，劳动立法更容易出台。如果有人将这一假设应用于前述劳动法的各项指标，那么必须做两个限定。第一个限定是"工人的政治力量"必须在广义上理解。劳动立法并不专属于，甚至并不主要是那些公然宣称的工人阶级政党推动的结果。确实，一些最重要的劳动立法既在自由党政府时期得以通过，也在保守党政府时期得以通过，甚至还在一些强烈反对社会主义的政权如俾斯麦担任宰相时期的德国得以通过。劳动立法是对那些感受到工业化不利影响的人的直接和间接压力的一种回应。

第二个限定是这一假设对于法律作为思想观念的角色考虑不足。

第六节　思想观念与劳动关系中法律理性的增进

在每一种支配体系中，统治者需要说服被统治者服从权威不仅是必要的，因为可以避免不愉快的后果，并且也是正确的选择。在威权体制下，这一道德义务观取决于韦伯所称的"传统权力"（traditional power）。这种思想观念的影响在深具父爱主义传统的德意志帝国及其社会立法中得以存续。不过，在自由宪政国家，获取合法性的典型形式是法律理性。之所以要求遵守规则是因为它们是经由正当程序发布，且建立在适用于所有公民甚至也包括国家的合理普遍规范基础之上的。因此，法律看起来像一套中立且理性的规则体系，由客观原则所指引，进而要求获得普遍的遵守。

作为支配利益的权力在国家体系中获得合法化基础的理性，与在劳动关系领域的理性大致相同，尽管后者的增长速度较慢。资本的支配地位是通过雇主在"他的"工厂中的绝对统治这一工具来实现的，这反映在劳动规章制度，以及类似于工厂领域刑法的罚款与各种处罚中。但是，正如卡森在英国工厂立法问题上所揭示的那样，很多规模较大的雇主急切地想消除与他们的营利活动相关的耻辱印记，比如戕害生命、残害肢体、摧残妇女儿童等，因此他们支持保护性立法运动（Carson，1974）。工厂体系的惩戒不仅仅通过刑罚措施得以实现，还通过对工厂童工的教育，以及基于人道主义关切而对雇主"自然"权威的信任不断得到强化来实现。

劳动法不是统治阶级的单一思想观念的结果，而是不同观念之间相互作用的结果。在这些观念中，最重要的包括市场主义观念、自我帮助观念、国家帮助观念、父权制观念、社会基督教观念，以及社会主义观念。

市场主义观念在资本主义工业化初期处于上升阶段。这体现在自由放任观念、法国的个人主义观念，以及英国古典自由主义和功利主义的观念中。合同自由原则（参见本书第一章），对国家直接干预劳动力市场的反对（比如对最低工资立法的反对，参见本书第二章），以及以劳动合同作为社会保险体系的基础（参见本书第三章）等皆为其具体体现。市场的失灵不会归因于市场，而是归因于游手好闲且"不值得同情的"穷人（参见本书第四章），以及工会和其他组合，是它们阻碍了自由市场的运行。当杰里米·边沁（Jeremy Bentham）的追随者提倡结社自由时，他们是建立在功利主义的算计之上的（被证明并无依据），合法化会使这些结社对于工人而言失去吸引力（参见本书第五章）。

自我帮助观念与市场主义观念是紧密关联的。这一观念在卡恩-弗罗因德所称的"集体自治"（collective *laissez-faire*）时期达到顶点（Kahn-Freund, 1959：224）。这体现在1899年的丹麦《九月协议》中，[13]体现在英国和丹麦劳动关系中所谓的法律"缺位"中（似乎并不准确，因为即使在直接规制缺位的情况下法律仍然作为规则的框架而存在），还体现在为了促进调解、仲裁和集体谈判而广泛使用的促进性立法中（参见本书第五章）。自我帮助在各种互助组织形成时期也是占主导地位的观念。这是工人在工业体制早期应对各种传统支持手段的瓦解而做出的必要回应，并且随着对互助组织的法律认可以及在社会保险发展过程中"对自我帮助的国家帮助"而获得正当性（参见本书第三章）。

国家帮助观念也建立在上文述及的传统权力理念之上，在德国影响尤其深远，因为黑格尔的国家至上原则发挥过支配作用。这不仅反映在具有父爱主义特征的社会立法上，也体现在拉萨尔社会主义者的国家主义理念上（statist ideas）。在法国，尽管路易·勃朗对国家工具论（state instrumentality）赞赏有加，但在英国和其他的自由民主国家，这些理念远未流行。不过，在这些国家，工业社会之前的理念，如国家官员对国家负有忠诚义务、家政工个人在家庭中的地位，以及农业工人在农业经济中的地位等幸存了下来（参见本书第一章）。有时，一些封建的观念也得以死灰复燃［比如荷兰"遗产"（estate）原则被用来论证劳工代表的合理性，参见本书第六章］。

父权制观念不仅在工业化时期保护性立法的形成上发挥了关键作用（参见本书第二章），在20世纪国际劳工标准的形成上也发挥了重要作用，比如在女职工的夜班劳动问题上（参见本书第七章）。在工业化的早

13　丹麦《九月协议》的文本参见本书附录四，第383页。

期，工人阶级家庭倾向于作为一个单元来工作。儿童要么在工厂里为父母工作提供必要的帮助，要么独立工作以帮助维持家庭的生计。妇女在纺织业的劳动力中占有较大比例，也是家庭收入的重要来源。工厂所有人对女工和童工的权威被认为是父亲和丈夫对家庭权威的延伸，在后者，儿童和妇女处于被支配的地位。但是这也构成了对家庭观念以及在家庭单位内男性主导理念的一种颠覆。随着科技变化威胁到男性的半技术化工作，他们试图通过支持对女性劳动力的各种限制的方式，将妇女排除在劳动力市场的竞争之外。这可以通过日益流行的中产阶级理念加以论证，如妇女的角色应该是家务劳动者、母亲和家庭的仆人。"一战"是一个转折点，为女性在战备和其他制造业中的就业提供了机会。尽管在大萧条的年代，这些就业机会出现了衰减，妇女已越来越习惯于主张她们相对于男性同工同酬、相同待遇的权利。对父权制的挑战开始出现。

社会基督教观念在1891年教皇利奥十三世的《新事物通谕》(*Rerum Novarum*)* 发表后开始变得极端重要，强化了基督教工会的发展，并促使基督教政党提出了社会改革政策。社会主义观念在劳动法中也有体现。为通过特定法律而进行的斗争成为工人阶级和社会主义活动的关注重心。英国的《十小时工作制法》被马克思和恩格斯称为"通过利用资产阶级自身的分裂而实现的对工人阶级特定利益的立法认可"(Marx & Engels, 1848：76)。"劳动权"尽管被马克思斥为"在资本主义意义上，毫无意义，是一种可悲的、伪善的愿望"(Marx, 1850：69)，却是许多社会主义者在法国1848年6月的斗争中为之献身的东西。这些例子以及本书中所举的很多其他例子都表明，劳动法，除了被认为具有工具价值以外，还被很多参与者认为是追求社会主义努力的关键部分，即使这些法律并未取消薪资劳动(wage-labour)。

---

* 又被称为《劳工问题通谕》。——译者

劳动法作为一个过程并未随着特定立法的通过而终止。法律的工具层面的价值要求执法及对纠纷进行裁决。在这一阶段，各种思想观念继续发挥着重要作用。国家监察官员并不强调立法的刑罚功能，而是强调其作为实现和谐劳动关系路径的"和解"功能便是明证（参见本书第二章）。这也是理解劳动关系中司法角色的关键之处。

司法在影响劳动法方面，在普通法系国家远比在大陆法系国家重要。"法治"（rule of law），按照戴雪的说法，在英国，与普通法院的治理（rule of ordinary courts）同义（Dicey, 1914）。普通法承认司法系统进行裁决的固有权力，而这一点在欧陆国家是被拒斥的。这反映在个人色彩浓厚和非正式的裁决中，以及在这些裁决中对古典自由主义理念的鲜明表态中［比如1837年普利斯特利诉弗勒（*Priestley v. Fowler*）一案，参见本书第三章］。

总体而言，在本书所研究范围内的国家中，法律的实证理论强调法律规则作为明确的"游戏规则"，在保护所有群体的利益上的中立角色。法官是这些规则的裁判。当劳动关系仲裁得以确立之时，其目的通常是发现一个妥协的点，以便能够赢得最广泛的共识。将雇主和工人的代表纳入专门劳动法院的做法，使得自由民主的理念能够长久存续，根据这一理念，各种独立的价值能够超越相互冲突的社会群体而存在。这些法院，尤其是专门劳动法院，被视为共同体利益的监护人。

评估法律在将社会秩序合法化问题上的角色时，有必要探讨一下雇主和工人究竟在多大程度上受到劳动法理念的影响。他们是否认为他们自己是自由且平等的缔约一方？他们是否将个体法律权利视为对集体力量的一种替代？工人会否因寻求法院救济的不畅以及教育程度较低而不太愿意拿起法律的武器？即使最广泛的法律规制也有可能无法改变社会态度和社会实践，因为法律所代表的观念有可能并未能影响到其目标人群。

滥觞于欧洲工业化进程中的劳动法体系,首先是一种控制雇主与工人之间冲突并将这些冲突置于法律理性体系之下的尝试。从一方面讲,国家承认这些冲突的不可避免性;从另一方面讲,国家试图避免选边站队。在1932年,当时还很年轻的卡恩-弗罗因德问道:

> 在一个按阶级划分的社会中是否有可能将阶级体系合法化,并将其作为法律体系的组成部分?国家能否承认阶级的概念却仍然保持"中立"?冲突一定不会击垮法律体系还是法律体系一定不会压制冲突?(Kahn-Freund,1981:190-191)

这些问题很快在纳粹对魏玛共和国劳动法的打压中得到了回答。但是,正如他所展示的,在此之前,工会、雇主和司法系统之间形成的统合主义理论得以发展。在自由民主国家,正是合作与劳资和谐的理念共识,使得劳动法能够在"二战"以后大放异彩。

"二战"的结果带来了一个新的希望,开启了普遍社会正义的时期。四十年后,随着本书所研究范围内的国家进入放松规制与新自由放任阶段,对于那些试图通过构建劳动法体系来对我们至今尚未完全解决的社会问题提供答案的先贤们,研究他们失败与成功之处,对于后来者来讲,会从中获益。

第一章　劳动合同的演进

布鲁诺·韦尼齐亚尼

第一节　导论

本章的主要目的是梳理劳动合同的观念自行会制度衰落到 20 世纪初这一段时间中的演进过程。

这一观念在 20 世纪初已日趋成熟，并且在西欧国家，雇主-雇员关系不再与屈从性租赁（servile hiring）的观念相捆绑，而是被归于劳动合同项下。尽管它在很大程度上仍然受到与其他合同相同的法律原则的调整，但劳动合同开始变得独特且自洽。从司法的观点看，这一观念几乎在所有国家都获得了重视。截至 20 世纪初期，至少合同模型的基本轮廓已经在大陆法系国家的立法和普通法系国家的司法判例中得以确立。

从理论上讲，生产者作为个体，以平等法律主体的身份缔结协议。在大陆法系国家，这是纳入到租赁契约的框架下处理的，比如，1804 年《法国民法典》（第 1710、1779、1780、1781 条），1865 年《意大利民法典》（第 1625、1627、1628 条）以及在意大利统一之前的法典，1804 年《比利时法典》（第 1710 条），丹麦《1878 年法》（第 65 条），1838 年《荷兰民法典》（第 1583、1585，1637—1639 条），以及 1896 年《德国民法典》（第 611—630 条），只有《德国民法典》的规定有些特殊。不过，这些法典并未为劳动合同创设一种独立自洽的合同类型，而是将劳动关系界定为承揽租赁关系（locatio conductio operis faciendi），认为其与租赁物品相类似，只是从事某项工作与租赁土地或者财产是上位概念"租赁"项下的两种不同类型而已。

罗马法的影响还体现在这一概念在实践中被应用的方式，尽管这一概念所涵摄的现象已经与罗马时期迥异。它解释了一种不同类型的功能。事实上，在罗马法哲学上，劳务租赁是奴隶使用权租赁的延伸，因此表达了一种价值判断，在欧洲大革命后，各个国家已无法接受这一概念。罗马法上的观念认为，雇佣工作将一个自由人的身份降等，将其贬损至像奴隶一样被其主人支配的地步："自由人将自己出租的行为与奴隶主将奴隶出租的行为并无二致。"(Mengoni, 1971: 10) 有意思的是，法典在规定这一模型的时候所依赖的法律拟制(legal fiction)，只是与过去的租赁契约在名字上相同而已。事实上，在罗马法上，它是一种初始的法律形式，一种单一的范畴，用来界定某种简单的经济交易，其中一方将某种物品暂时转让给另一方，而另一方承诺支付金钱回报。

对罗马法上模型的第一次重大修正发生在中世纪继受时期，法学家们如居雅斯(Cuiacius)、卡罗修斯(Carocius)、阿佐(Azo)等，增加了另外一个因素，即使用与享用(*uti frui*, use and enjoyment)，这一点对于罗马法学家而言是不在商业交易(*negotium*)的范围之内的。然而，这一概念也与人有关，尚未与客体化的工作内容(*operae*)发生关系。并且，这一概念仍然是一元化的，并未试图区分不同类型的租赁，在潘德克顿法学的用法中，这意味着给予一定的东西让你使用(*dare aliquid utendum*)。

这一模型肯定不是欧洲大革命后各国法典中所采取的模型。不过，在对这一模型类型化和细分的过程中，使用与享用因素与劳动关系的日益客体化的趋势得以展现。物品的租赁与服务的租赁开始被区分对待，劳动者是在出租他的劳动力。罗马法上的租赁契约模型开始被另外一个概念所取代，这一概念只是在名义上与罗马法上的概念相似而已，但其背后的经济关系已完全不同。换句话说，它经历了"内容的更新换代"，因为它现在指称"平等"主体之间的自由交换，他们在出租和使用劳动者的服务问题上行使自由意志(Mengoni, 1965: 675)。

在普通法系国家，罗马法理念并没有产生影响，合同自由和缔约主体之间的平等是通过不同的路径实现的。直至 18 世纪，劳动法的范围不是由一个人受雇的合同类型决定的，而是由其工作性质决定的。规制工资和其他事项的立法适用于特定类别的工人，如农业工人、手工业者、矿工等。直至 1827 年，当工业革命已经进展得如火如荼的时候，就"主人和仆人"之间的劳动合同，仍然没有清晰的描述。只有在 19 世纪中叶，当禁止遗弃仆人的刑事立法，以及《济贫法》不得不适用于新的工作类型时，法院才形成了一套劳动合同的概念。在 1875 年，英国议会最终废除了《主仆法》以及这些法律中的刑事处罚措施，彼时的法律看起来才开始允许平等的缔约主体之间进行自由的磋商和交换。

及至 20 世纪开端，这一新的劳动法观念，在大陆法系国家和普通法系国家经由不同的路径发展，体现了合同自由的理念，包括雇主与劳动者之间在劳动力市场上免于国家干预的自由、选择缔约主体的自由，以及确定合同内容的自由。然而，一个很"有趣的事实"（Atiyah，1979：523）是尽管合同自由具有普世性，从身份到契约的运动却从未真正完成。合同模型，非但没有带来真正的平等，反而强化了雇主的财产权及其确定合同内容的较强经济实力。在大陆法的租赁契约与英美法的劳动合同框架之外，集体谈判和保护性立法得以发展。

第二节　对合同自由限制的移除

一、迁徙自由、劳动权以及救助权

毫无疑问，在欧洲诸国，对劳动力市场僵化的国家干预持续存在，构成了在劳动领域形成合同关系的障碍，并且这也拖延了对"劳动权"的认可。自由劳动力市场的存在是劳动力需求方与提供方之间进行自由交换的经济前提。对劳动力自由迁徙，以及后来的"劳动权"的法律或者事实上的认可，是这种合同自由在实践中得以实现的前提。

但是这些条件并不是同时具备的。具备流动性的劳动力市场的形成与劳动权获得有效认可并不是同时发生的。受到新教社会哲学的影响，"劳动权"的观念于16世纪在英国得到广泛的传播。这也启发了法国的重农主义者杜尔哥（Turgot）和德国的费希特（Fichte）坚持人为了存活必须工作的原则。但是，这一意义上的"劳动权"具有特定的含义，与现代的用法并不相同。在实践中，它主要是指称某种通过将强制性工作分配给有需要的人的方式，为维持一种灵活性缺失的劳动力市场而进行的国家干预。这一观念又因欧洲特别是英国在由封建主义向重商主义转型过程中出现的失业潮而得以强化。这催生了制止劳动力内部流动的必要，以确保农业部门不出现劳动力的缺乏。对穷人进行规制的制度，即后来的《济贫法》，最早在英国出现，随后传播到荷兰以及经过宗教改革的莱茵兰教区（reformed parishes of the Rhineland）。丹麦1683年编纂的《丹麦律法汇编》（Danske lov of 1683）尽管采用了不同的技术路径，但背后的动因仍然是为了控制劳动力的流动并确保具有满足农业需求的足够劳动力。

在英国重商主义经济中，调整劳动关系的立法基本上否认了合同自由的理念，站到了劳动力自由流动与劳动权的对立面。事实上，这些立法背后的原则是"劳动的义务"。1563年英国《工匠法》（Elizabethan Statute of Artificers），以及整个济贫法体系都是建立在规定那些能够工作的人的普遍劳动义务，以及将劳动力引导到合适的工作岗位的基础上。二者背后的基本原则之所以完全相同，可以通过以下两个原因加以解释：一是缺乏一个流动的劳动力市场，二是出于创设劳动与发展农业之间紧密联系的需要。

这一时期是救助与援助的哲学得到扩张的时期，这一扩张受到了杜尔哥的加尔文主义、路德教原则，以及法国革命者通过其慈善院(ateliers de charité)彰显的平等主义精神的启发，劳动仍然被认为是帮助穷人与有需要的人的一种手段，而非一种需要在实证法中加以体现的理想价值。劳动被认为是一种包含在共同体对有需要的成员的义务之中的价值，而非对获得工作机会的权利，或者劳动者在劳动力市场上以自由人的身份提供劳动力的自由的一种正面保证。这正是1794年《普鲁士普通邦法》(Allgemeines Landrecht，又称《普鲁士法典》)和1798年荷兰巴达维亚共和国《宪法》所规定的"劳动权"背后的哲理基础。

其他障碍的存在也使得劳动者无法被视为能够通过自己的努力创造财富的人。除了国家政策，特别是建立在为有需要者提供救助和援助基础上的政策外，我们还应当考虑僵化封闭的重商主义经济和行会组织的影响，后者是建立在对其自身利益分行业进行倾斜保护的原则基础上的。

这些因素是劳动合同法律模型产生与演进的重大障碍。在那些法律体系以罗马法为基础的国家，劳动合同在租赁合同的名义下，在工业革命后开始得到发展。在英国，1349年和1351年的《劳工法规》以及1563年的《工匠法》中包含有对劳工自由流动的刑事处罚措施，再加上济贫法体系，解释了"为什么《主仆法》在很大程度上是……身份法(the law of status)"(Kahn-Freund, 1977b: 513)，而非有关劳动合同的法律。

对劳动合同的法律认可，有一个前提假设，即社会是由法律上"平等的人"所组成的。同时还有另外一个假设，即对"劳动权"即劳动自由的基本原则的肯认，而劳动自由是在法国大革命以后才得以普及的。这些理念的最重要的立法先兆是法国1776年杜尔哥法令(Turgot's edict of 1776)，该法令废除了行会制度，并且是建立在"保证型"国家理念("我们必须确保我们的臣民充分、完全地享受其权利")的基础之上的，这一"保证型"国家保护那些只拥有自己的劳动力和勤奋的人（Fohlen and Bedarida, 1962：47）。

经历了法国大革命的国家开始反对旧制度（ancien régime），致力于将控制劳动力供给和援助弱者的义务从行会制度中移除。新的劳动自由被认为是独立于所有公司或者组织的联系之外的，但这在实践中并不意味通过对劳动力供求的调控来提供具体的工作机会。尽管劳动权这一基本权利在法国 1793 年宪法中被界定为"天赋的"，但并未规定各种具体的工作机会，只是每个个体可以在劳动力市场中自由地提供他的服务或者劳动力，由此所形成的法律关系不会暗含一种能够"将个人排除在外"的合同链接。

但是，法国宪法的起草者们在 19 世纪中叶时无限接近对劳动权予以宪法认可：1848 年国民议会在二月的革命起义后，对这一议题进行了长时间的讨论。但是，1849 年六月的宪法草案并未提及劳动权，而是规定了获得公共救助的权利。不过，1848 年的法国代表了当时各国对劳动力市场进行改造的最高承诺，至少在宪法层面是这样的。这是法兰西共和国的根基之一（《宪法》序言，第 4 条）。公民的劳动自由和努力得到保证（第 13 条），并且实在法通过提供免费基础教育、工作培训以及为各郡区、乡社中无工作的人提供公共工作岗位等方式，促进工作机会的开发（第 13 条）。

欧洲的君主立宪制国家从来没有（像法国一样）走这么远。它们或者完全无视这一原则 [1848 年《意大利宪法》（Albertine Statute in Italy），1831 年《比利时宪法》，1871 年《德意志帝国宪法》，1850 年《普鲁士宪法》，1818 年《巴伐利亚宪法》，1818 年《巴登州宪法》]，或者仅承认获得慈善救助的权利（1887 年《荷兰宪法》第 92 条），或者承认自由选择和从事某一行业或职业的自由（1831 年《萨克森州宪法》第 28 条，1819 年《符腾堡州宪法》第 29 条），或者最多承认获得救助的权利（1849 年《丹麦宪法》第 84 条）。在英国，由劳工运动在 1907 年《失业法案》中所倡导的劳动权未获回应，"其消失所造成的空白为 1911 年《国民保险法》中的强制性社会保险的新原则所填补"（Hepple, 1981：65）。尽管该法受到戴雪的激烈批评，认为其撤回了"社会主义者在 1848 年 6 月革命中为之献身的劳动权（the droit au travail）"（Dicey, 1914：38），但它确实代表了从劳动权理念向以互助保险为基础的生活维持权（the right to maintenance）理念的转变。

真相是法国大革命时期的宪法以及欧洲君主立宪制国家的宪法的理念，尽管表述不同，基本上仍然是以个人主义为基础，建诸自由与平等的假想之上，尽管所处社会的根本特征是权力不平等与资本主义财产制。劳动权直到"二战"以后才上升为欧陆国家的宪法保障（法国于 1946 年，见宪法序言；意大利于 1948 年，见宪法第 4 条；德国于 1949 年，见宪法第 14—18 条；丹麦于 1953 年，见宪法第 75 条；荷兰于 1983 年，见宪法第 1.18 条），尽管此前曾出现于《魏玛宪法》之中（第 163 条）。

二、行会制度

如前所述，在欧洲 18 世纪存在的行会制度构成了引入合同自由理念的主要障碍。但行会制度的销声匿迹并没有自然引发合同关系网络的蓬勃发展，甚至连劳动合同的萌芽制度都没有。要理解为何劳动合同的概念在行会时期未能得到发展，必须对法国大革命之前和法国大革命期间各国行会制度所处的经济、政治、社会以及法律环境进行比较研究。

行会制度通过一系列规则来调整雇主和劳动者之间的关系，这些规则一方面对某一行业或者职业的从业人员人数进行严格控制，包括准入规则；另一方面又对新加入者的技能与能力进行严格检视，规定所使用的工具和工作方法，要求较长时间的培训，或者通过某种考试，或者提交"代表作"（masterpiece）。此后，从业者需要以熟练工身份（journeyman,

源自法语 *journée*)＊带薪工作一段时间。前述规则还调整成员的行为。这些规则通常是由某个行会的内部法令所确立的，而这些行会通常由最富有的雇主(master)把持，他们经常滥用其优势地位，在所在城市对相关行业进行垄断，将作学徒工的机会仅留给会员的儿子。这一过程在意大利、法国和英国特别突出。

阻碍自由劳动力市场产生的另外一个障碍是政治体制与行会之间的紧密联系。这使得政府可以对劳动力市场施加控制，并通过将劳动者引流至劳动力密度比较低的行业以满足家庭经济生产需要的方式来达致"社会和平"。比如，在意大利，皮埃蒙特的同业协会(Universities)早就放弃了任何独立于政治权力的自由空间，非但没有行使必要的地方权力并作为一定的制约力量，而且直到 18 世纪它们都是控制和规制劳动力的有效工具。与此类似，在法国，行会的规则只有通过皇室同意(*emaner de la royauté*)，才能获得完全认可；在德国，行会是市政府的一部分。这些行会的规则事实上处于市政府的直接控制之下，也因此处于皇室的最终控制之中，在各国最有势力的行会如法国商人行会(Frecnh Corps Marchands)、意大利律师行会(Arti Maggiori)以及英国伦敦同业公会(English livery companies)的帮助下，有力地确保了各个国家的社会和平。在英国，1563 年《工匠法》对行会法令的适用范围进行了拓展和补充。已经由诸多行会实行的七年学徒期，经由该法，得到普遍实施并可强制执行。

在法国旧制度下的行会制度中，这一关系的起源可以从熟练工(journeyman, *compagnon*)与雇主(master, *maître*)之间明确的自由意愿中找到。但是这些合同是由行会以及政府所制定的规则所调整的，它们的目

＊ 本书中的"熟练工"，是中世纪行会制度中工人的一种类别，通常位列学徒工(apprentice)之上，又被称为"计日工"，下同。——译者

的是对劳动力的供给与流动进行严格限制。比如，在法国，如果熟练工在合同期限届满之前离开，可能会因为违反合同而面临刑事制裁措施如罚金和监禁，同时，"最高工资，以及比较少见的最低工资水平，均由治安条例加以规定"（Durand and Jaussaud，1947：45）。

三、行会制度中的学徒制

行会制度背后的垄断逻辑决定了职业培训的类型，这种职业培训是以一种受到严格约束的学徒制的方式提供的。"学徒制的组织被认为首先要满足行会的利益"（Durand and Jaussaud，1947：50），因此主要是一种身份关系。这也是劳动合同的观念未能产生的原因之一。在行会制度之下，对某种具有合同约束力的关系的认可意味着承认合同自由，以及与之相伴随的劳动力自由流动。随之而来的薪资劳动者阶层将削弱行会制度及政治制度的基础。

在18世纪晚期的德国、意大利和法国，行会法令规定了严苛的规则：起草的书面合同需要在行会的档案室备案，而雇主的义务不仅包括提供职业培训，还包括更宽泛的保护义务。学徒除了需要宣誓服从与效忠，并同意不要求任何报酬以外，还要向雇主支付一笔费用。此类合同不能归为服务租赁类，甚至都称不上屈从性雇佣的一种形式。它更像在封建时期的手工作坊中以身份为基础的家庭从属劳动，需要的投资很少。随着经济结构开始变迁，这一关系的结构也开始出现变化。

学徒制是那些正在经历工业革命的国家需要面对的首要问题之一。新的机器需要无技能水平的劳工，特别是那些年轻劳动力的柔韧体格。正式的培训并非必要。同时，需要能工巧匠来制造和维修机器，因此学徒制得以继续存在，只是换了一种全新的形式，雇主变成了工厂主，而学徒在经过培训后变成了工厂中的技术工人。在英国，工匠工会继承了行会的传统，通过控制学徒的招聘和标准来达到对技术工人进行保护的目的。在这一点上，欧陆国家无法匹敌。工人群体试图执行伊丽莎白时期通过的《工匠法》中被弃之不用的学徒条款，不过这些尝试并不成功。1814年，尽管工会及一些小工匠作坊主极力反对，这些条款还是被议会废除了。1814年《学徒法》废除了此前存在的强制制度。与以前规定学徒必须不计薪酬、在雇主的严格控制之下生活不同，根据这一法律，学徒可以住在家里，有时在雇主不包吃住的情况下要支付薪酬，并且他的义务是通过合同加以约定的。自由放任原则在欧洲大陆却并不成功。在法国，规定行会对相应行业进行管理的立法于1791年被国民议会废除，但是法国各界对自由加入某一行业的做法反应并不积极，对学徒制进行调整的立法于1803年被重新引入，并通过1851年3月4日的法律加以强化，这一法律直到19世纪末才被修正。类似的趋势在其他国家也存在，比如丹麦（1881—1889年）、德国（1897年），以及意大利［1893年有关劳动仲裁（probiviri）的法律，不过更主要体现在1902年议会有关劳动合同的法案中］。在德国，1897年的法律规定根据重新恢复的新公司制度，合同需要在行会处备案。这强化了皇室对劳动力市场的重新控制，以对规模较小的产业及其获得有竞争力的劳动者的共同需求进行支持。

不过，尽管国家重新进行了管制，这些立法的共同特征是对行会为控制劳动力队伍而创设的规则进行了放松。第一个应声而倒的障碍是雇主与学徒之间在时间上的联系。这一最长的期限要么是由法律确定的（在德国为三或四年，在丹麦为五年），要么是由当地的习俗确立的。法国1803年的法律规定了合同的终止，并规定向那些被迫超期服役的学徒支付赔偿金。书面形式（的合同）基本上在各地均取得了优势地位。

因此，在合同义务方面出现了变化，这些合同义务揭示了前述法律背后的保护动机。这一点在法国体现得很明显，有关合同终止事由的立法甚至比民法典规定的还要全面。如果学徒生病了，其雇主有义务支付医疗费用（比如丹麦）；而根据法国法，学徒不得被使唤去做家务活。学徒被认为不同于家政工人，而更接近于产业工人。同时，学徒被认为是小产业时代的特色产物。根据德国在 1897 年重新恢复的新公司制（参见本书第六章），对于大规模的产业而言，学徒制并非是强制性的，与此同时，学徒制在小产业中的地位得到强化。在意大利，1902 年有关劳动合同的议会法案将学徒视为在产业部门中工作，通常是在中小规模的产业中工作，以获得培训作为薪酬替代的一类工人；而法国的立法则规定了与小规模产业相关的合同类型。在荷兰，1919 年《学徒法》规定了学徒合同的基本要求，并通过提供补贴的方式鼓励签订学徒合同。

立法规定了详细的规则，但是并未明确学徒合同需要采取的具体形式。此类立法仅适用于工业部门的事实，是立法者们为了支持制造业发展而作出决定的结果，但是并未明确此类关系应当归属的合同类型或者范畴。这一例子表明，当时的制度不愿意对这一关系进行界定，原因是它无法与其他类型的合同进行比较。如果学徒为了获得培训而需要支付费用，那这就是租赁；如果雇主有义务为其提供住处，那这就是房屋租赁（bail à loyer）；如果雇主有义务为其提供膳食，那这就是买卖合同。但是如果我们从产业规模的角度来看待这一问题，似乎很容易给出一个定义。也正是在这个意义上，在 20 世纪初，这一问题的答案得以明晰：如果它发生在大规模的产业，就是劳动合同；如果发生在小规模的产业，则是租赁契约。在意大利（鉴于 1893 年有关劳动仲裁的法律以及 1898 年有关工伤事故的法律将学徒界定为劳动者），这一困境通过确定基础交易关系（causa negotii）而得以解决：这究竟是一个混合型的合同，抑或仅仅是租赁契约？不过，在英国普通法上，学徒合同仍然与劳动合同有区别：在前者，雇主有对学徒进行培训和照料的特殊义务，但除非这一合同以书面形式签订，否则学徒无法要求执行这些义务。（合同类型）依所在产业的规模大小进行区分的做法在英国并未被采纳。

第三节　刑法与新的社会秩序

一、工人手册[1]与刑事制裁

在行会制度衰落以后，旧制度的影响仍然存在，这可以通过工业化进程初期法国大革命后制度框架中的劳动法特征加以解释。除了缔约双方的意思表示被越来越多地用来调整劳动关系以外，公法（主要是刑法）继续发挥着重要的作用。

合同自由的扩张过程时常为新兴政权确保适度稳定以保护其自身利益的需求所打断。政府对劳动力自由流动的限制，对违约行为的刑事制裁，以及对结社行为的限制，均为处在工业化过程中的社会所采取的常见政策。这无法通过"观念的改变"进行解释，而更多地需要通过"工厂体系的大幅扩张"来加以解释（Atiyah，1979：523）。有必要在国家与日益崛起的工商业中产阶级之间签订的"社会契约"中加入调整劳动力、职业培训和学徒制的立法。该政策的表达形式是在除英国外的所有欧洲国家都出现的立法，即有关工人手册的立法。这是一种对自由政体的政治自我保护目标进行捍卫，且对自由贸易给予间接立法支持的绝佳方式。

对劳动力市场进行类似控制的蛛丝马迹可以追溯到18世纪中叶：1764年，意大利通过法律强制要求劳动者提供推荐意见（benservito, reference or testimonial）。在法国，截至1749年，立法"倾向于通过各种途径将劳动者与他的工作场所（atelier）捆绑在一起"（Levasseur，1903：509）。劳动者有义务与其雇主待在一起直到他们收到了"书面假条或者

---

[1] 当时的工人手册模板可参见本书附录四，第367页。

许可",证明他们"已经履行了所有义务"(Pic, 1903：842)。与此相类似,在劳动者受到虐待的情形下,他也只有在获得所在城市的警察的书面许可后,方能进行流动。但是,在法国,"手册"(livret)一词直到1781年国王诏书(Lettres Patentes)颁布之后才出现,手册主要实现两个功能:由警察对这一关系进行外部控制,以及作为劳动者忠诚度保障的内部控制。

重要的是,法国在拿破仑担任第一执政时期通过的1803年4月12日法律和1803年4月9日法令开启了一个新时代,强化了工人手册作为控制劳动力市场、避免冲突的一种手段的作用,而不是相反;它也强化了对结社权的持续否认,总体上对不断壮大的工业资产阶级的需要进行了回应。这些规定至少构成了三个国家的模式:比利时、荷兰与意大利,其中比利时和荷兰分别于1795年与1810年被吞并入法国。我们也不应该忘记1810年、1846年和1854年的普鲁士立法,它们与丹麦的1854年《有关农业工人与家仆的法律》一样,遵从了相同的模式。丹麦的立法将适用范围限定于家政工人与农业工人,反映了丹麦相对滞后的工业化进程。

工人手册意味着对劳动者合同自由的限制,特别是对合同终止自由的限制,因为在有些情况下,劳动者有义务持续工作到与雇主预付工资相当的期限届满为止。比利时1810年10月3日和1813年11月6日的帝国法令背后的逻辑也一样,它们要求受聘的家政工人在专门的登记簿册上进行登记,雇主的变更也要通过登记来完成;同时强制要求使用工人手册,因此将此类劳动者完全置于雇主的控制之下。雇主可以在家政工人完成工作任务或者偿清债务之前拒绝其离职的请求。但是工人手册中带有的类似警察权力性质的内容很显然源自立法规则(1803年法律第3条),这些立法规则禁止劳动者寻找新的工作,除非市长在他的手册上签字授权,且标明他试图寻求新工作的区域。

随着欧洲进入 19 世纪下半叶，工人手册的重要性总体上并未减弱，因为这些法律的刑法方面的特征仍然存在，使得那些调整劳动领域合同关系的法律基本原则具有了一些独一无二的特征。因此，法国 1851 年 5 月 14 日和 1854 年 6 月 22 日的法律，作为拿破仑三世称帝以后和独裁帝国第一阶段的表达，一方面，废除了雇主将工人手册保管到劳动者的工作义务完成为止的权利；但是，另一方面，在治安调查（依据 1854 年法律通过的 1865 年 4 月 30 日法令）的工具性质，或者公法因素的持续存在，即对于未遵守立法要求的劳动者和雇主施以罚金和监禁的刑事处罚措施上，与之前的做法并未有太大差别。

在普鲁士法上，工人手册构成了"政府对私法上合同履行加以关注的唯一情形"（Menger，1894：125）。背后的基本原则是对处于从属地位的劳动者"明显缺乏信任"（Pic，1903：88），因为立法倾向于在有些情况下将工人手册作为劳动者所欠雇主债务的凭证。工人手册从未被完全废除，但是它的社会功能发生了转变，比如，在法国 1890 年的法律中它变成了保护 18 岁以下未成年人的工具，以及在德国立法中，它变成了界定劳动者概念的一种方式。

但是这一新型立法是除英国外的所有欧洲国家因法典化技术而形成的法律框架变革的一部分；在英国，欧陆国家形式的工人手册并不存在。法典规定了法律的基本原则，而有关工人手册的新立法则是对这些原则的具体克减（derogation）。

不过，工人手册制度在 19 世纪的大部分时间里得以存续。在德国，1869 年《帝国贸易法》将其废除，并且根据 1878 年 7 月 17 日的法律，它只适用于 21 岁以下的未成年人；在意大利，在有关警察立法的修订法中（第 130 条），工人手册得以修正；在比利时，根据 1883 年 7 月 10 日的法律，有关工人手册的要求不再具有强制性；在法国，强制性的要求被 1890 年 7 月 2 日的法律所废除；而在荷兰的北部省份，在 1815 年后有关工人手册的制度旋即被搁置，并且再未被重新引入。在这些国家中，工人手册被转变为与合同关系的内部运作相关的东西，作为对此前从事活动的一种认证。在法国，如果雇主拒绝遵守立法的规定，劳动者甚至还有权要求损害赔偿。

英国并未经历过欧陆国家的工人手册制度安排（尽管英国殖民统治者在一些欧陆国家割让的殖民地如开普殖民地采用并扩展了类似的证件法律）。不过，在英国，如荷兰以外的欧陆国家一样，直到 19 世纪末期，对劳动者采取刑事制裁措施都仍然是法律的特征之一。英国 1823 年的法律表明，在 19 世纪中叶对手工劳动者的罪行进行追诉的依据，主要是如遗弃、玩忽职守或者"任何其他不端或者不轨行为"。如果被定罪，劳动者可以被处以三个月的苦力劳动，薪资被削减，劳动关系被解除。在另一方面，雇主违反了劳动合同的约定，则仅需要承担支付损害赔偿金或者按照约定偿付应付金额的责任。如果雇主因违约被诉，可以以自己的名义提交证据进行抗辩；而劳动者如果在刑事法院［通常由太平绅士（Justice of the Peace）审理，他们中很多人是雇主或者地主］被追诉，则不能以自己的名义应诉。被判处监禁并不能免除债务，所以劳动者有可能因为同一个违约行为而被反复判处监禁。《主仆法》是对抗罢工的有力武器："它是雇主公认的策略，特别是在对付小范围罢工时，能让所有罢工的工人因违反合同约定而被逮捕，然后雇主可以给他们提条件，要么复工，要么面临三个月的监禁。"（Bagwell，1974：30）（还可参见本书第五章）在 1858—1875 年间，在英格兰和威尔士，平均每年有一万名劳动者因为违约而被刑事追诉（Simon，1954：160）。反对这些法律的声音来自工会，并且各个工会联合起来召开了历史上首次全国性的会议，讨论立法的改革问题。虽然由工会提出的法案并未通过，但是在 1866 年，议会成立了特别委员会对这一问题进行研究，并于 1867 年通过了法律，将旧法中最糟糕的部分予以剔除。针对"严重不端行为"的监禁处罚得以保留，并对日益好斗的工会主义者又提起了一波刑事追诉。但是，迪斯雷利（Disraeli）领导的保守党政府为了得到新取得投票权的城市男性工人阶级的支持，于 1875 年废除了针对劳动者违约进行刑事处罚的规定。1875 年《共谋与财产保护法》（Conspiracy and Protection of Property Act）中所保留的内容只剩下针对在明知或者有正当理由相信违反劳动合同将对人身或者财产造成损害的前提下，仍然故意或者恶意违反合同约定行为的刑事制裁，而这一规定在现实中从未使用过。

二、违约与私法

截至 19 世纪末，对违反劳动合同的行为施加刑事制裁的做法在欧洲所有国家已经消失。取而代之的是在调整私人缔约主体的总体法律框架内设置违反劳动合同的赔偿或者补偿金制度。

1838 年《荷兰民法典》、1875 年英国《雇主与劳动者法》、1865 年《意大利民法典》、1878 年 7 月 17 日德国法、1890 年 12 月 27 日法国法，以及 1900 年 3 月 10 日比利时法，扩大了劳动关系的适用范围。刑事制裁被移除，剩下的是赔偿或者补偿的私法救济，在有些案件中同时伴有详细的指示，允许不经事先通知而解除劳动合同（1878 年德国法，1900 年比利时法）。这一改变是由政治因素和经济选择所决定的；因此通过 1875 年《共谋与财产保护法》废除了具有刑事性质的英国《主仆法》，是议会通过 1867 年《人民代表法》（Representation of the People Act of 1867）将选举权扩展至城镇工人阶层中的大部分男性的结果。在 1890 年法国法背后，我们看到了第三共和国的精神，激进党和社会主义党实力日益壮大并进入议会；而与此同时，1900 年 3 月 10 日的比利时法则是在议会选举权的扩张引发社会冲突，并使得工党得以成立以后才通过的。1878 年 7 月 17 日德国法也是相同社会情势的产物；丹麦《有关农业工人与家仆的法律》早在 1854 年就废除了主仆关系中的刑事制裁，将其适用范围限定为违反合同的金钱制裁。这是在 1849 年新宪法将议会选举权范围扩展至全体男性人口（有个别例外）不久后实现的。这一趋势也存在例外，比如德国，对家政工人的体罚（corporal punishments）直到 1896 年才取消，这一点可以通过前资本主义时期的残余在主仆关系中的继续存在加以解释。这些残余对三类特殊的主体至关重要：家政工人、农业工人和公务员，我们将逐一检视。

第四节 工业社会前的残余

一、家政工人

《法国民法典》并未界定家政工人，荷兰、比利时和意大利的民法典也并未进行界定，但是租赁契约的原则是适用于他们的。家政工人劳动关系的特征决定了需要立法规范对其进行调整。这些特征包括：对一家之主的直接依赖、父爱主义、屈从（即使是在人身层面），以及对忠诚和可靠的要求。这就解释了为什么劳动关系不论是在大陆法系国家还是在英美法系国家最初均是由家庭法所调整的。对一家之主对家政工人人身的至高无上权威的事实上的认可，在很长时间内确认了他们的从属地位，1793 年 7 月 24 日公布的《人权宣言》（the Declaration of the Rights of Man）第 18 条力图克服这一点。

1865 年《意大利民法典》对这一问题未作规定，受到了批评，因为这一关系似乎留给当地的习俗和一家之主的良心去处理。在德国，直到 19 世纪末，法律和社会方面的不公平现象仍然存在。德国各州的《奴仆规约》（Gesindeordnungen）（普鲁士 1810 年 11 月 8 日以及萨克森 1835 年 1 月 10 日）反映了中世纪的原则，即家政工人，尽管被归类为雇主家庭之内的工人，但仍然是干粗活的仆从或者服侍。德国受封建主义遗毒束缚的时间比其他国家都要长。1869年5月通过的北德意志联邦《帝国贸易法》允许自由结社，但是将家政工人、海员和公务员排除在这一自由之外（参见本书第五章）。

《法国民法典》将家政工人纳入家政工人租赁的范畴，并且为他们的工作义务设定了一个时间限制，这就意味着家政工人可以在不经雇主同意的情况下流动，且不会承受反流浪法所设定的不利后果。不过，这一法典所确立的平等很明显是形式上的。在法国和意大利，家政工人在法律程序中无权作证或者进行宣誓。即使这些例外和限制被取消以后，在1868年7月2日的法国法律和1865年《意大利民法典》中，家政工人承担的举证责任也比其雇主要重。正如之前提到的，至少在1867年之前，在英国，对不同类别的家政工人在法律程序中都存在类似的不公待遇。

除了《德国民法典》和《丹麦民法典》外（《意大利民法典》第1628条、《法国民法典》第1789条以及《荷兰民法典》第1637—1639条），在各国的民法典中很少提及家政工人。原因在于《法国民法典》以及受其影响的其他法典更关注宏大的原则而非具体的合同模型。这些模型的存在确实强化了商品市场自由的理念。在劳动力市场上，家政工人被剥夺了决定其工作条件的机会，因此也就无法融入这些合同模型之中。

并且，社会立法取得的所有重要进展都几乎完全忽视了家政工人这一类别。在那些工业化突飞猛进的国家，家政工人的重要性位列次席。在英国，1875年《雇主与劳动者法》正式承认了缔约双方的平等地位，适用于手工劳动者，但与其他保护性立法[如《实物工资法》（Truck Acts）]一样，将家政工人和家仆排除在外。工厂法只调整工业部门，最初主要是纺织业，在英国，针对家政工人从未出台过保护立法。与此相类似，在法国，家政工人也未被纳入到限制工作时间和保障周休息时间立法的适用范围之中；在比利时，1900年有关劳动合同的法律将家政工人排除在适用范围之外；在荷兰，家政工人被排除在限制工作时间以及保护女工和童工的立法适用范围之外（但没有被排除在 1907 年有关劳动合同法律的适用范围之外）。在意大利，不论是 1893 年有关劳动仲裁的法律，还是 1903 年 9 月 26 日和 1904 年 1 月 31 日有关工伤事故的法律，均未提及家政工人，因此他们也是被排除在适用范围之外的。

真相是立法者的关注点都集中在工厂体系，而工厂体系又在劳动者之间催生了新的社会分层。在大陆法系国家，在家事领域（domestic sphere），旧的租赁契约制度安排不得不适用，尽管这一制度安排只有在比较高级的仆从上才有意义，他们通过从属性的链接纽带，能够"为那些雇佣他们的人提供服务，但又并非随叫随到"（Vita Levi，1876：xliv）。在英国，即使赋予了合同的外衣，法官也不愿意干预一家之主在家庭之内的家长权威。只有一部立法，即 1851 年《学徒与仆从法》，保护家政工人免于受到最恶劣形式的虐待。

二、农业工人

在欧洲，针对从属性的农业工人出台保护性立法是比较晚近的事情。首次出现在 20 世纪初，在有些国家出现的甚至更晚。其中的一个障碍便是根植于旧制度的陈规陋俗的存在，具体的影响表现为：在意大利、法国、比利时、荷兰以及丹麦这些以农业为主的国家形成的是与这种经济形态相对应的陈旧合同关系。即使在 19 世纪中叶，在法国和比利时，农业工人作为自由人的身份也只是在部分程度上得以实现。

由于实物工资的持续存在，以及将农业工人排除在保护性立法的适用范围之外，如 1887 年比利时的法律和 1893 年意大利的议会法案，阻碍了进步的取得。

经济条件会影响立法的表现形式，而立法更倾向于对国民经济的保护，而非改变处于从属地位的农业工人的处境。几乎在所有国家，立法都采取了通过设立各种强制劳动措施来对劳动力市场进行控制的形式。最古老的例子是英国 1349 年和 1351 年《劳工法规》，为了应对黑死病后的劳动力短缺问题，设立了一个确立最高工资水平的机制，违反规定将面临重罚，同时还限制了劳动力的自由流动。其他立法紧随其后，并且在 1563 年《工匠法》之前，在事实上已经形成了一套全国性的劳动力导流机制。这一机制以劳动的义务为基础，优先考虑农业领域的劳动力需求。最短的工作时间为一年。

地主阶级希望通过使用刑事制裁的方式来保护现有的社会秩序不会被破坏。这就是 1683 年《丹麦律法汇编》中针对流浪行为规定刑事制裁背后的逻辑。类似的还包括试图通过规定劳动关系的法定最短期限（不低于六个月）、引入强制劳动，以及对违反上述规定科以严重处罚的方式，来保证农业获得充足的劳动力供应。另一个例子是意大利托斯卡纳大区于 1785 年 8 月 2 日通过的法律，明确佃农（share-cropper）合同中通知的期限与条件，并对离职佃农和入职佃农的关系作出规定。政府担心的是劳动力队伍的稳定及数量。农业中的警察国家制度安排，直到 1925 年，都在很大程度上掌握在德国的大地主阶级手中。革命运动风起云涌的法国并未经历过英国的圈地运动。资产阶级取代了牧师或者贵族，成了食利阶层（rentier），而地租制度和农场的管理方式基本上未受影响。所以，法律关系并未受到新的合同自由观念或者保护性立法的影响。

社会领域的变革速度远超立法领域。工业革命带来的人口增长使得劳动力市场的人口数量明显增加。农业劳动的数量并未按照相同的比例增加，而在以农业为主的国家，非农行业的工作岗位的增长速度又不足以吸收多余的劳动力。除了保有足以支持其生计土地的劳动者，以及那些与地主之间存在所谓的组合联系的劳动者外，现在形成了一个劳动力市场，由那些土地保有量太小不足以维持生计的劳动者，以及由地主直接招聘的劳动者所组成。社会从属性在很大程度上限制了他们的合同自由。这些特殊的雇主-劳动者关系在欧洲法典化过程中被赋予了特殊的地位：我们在《法国民法典》第 1800 条和《意大利民法典》第 1665 条中发现了"牲畜租赁条款"（agistment or bail à cheptel）；农民以实物交租的分成租佃制（metayage）（《意大利民法典》第 1647 条以下）；以及农田租赁（《意大利民法典》第 1614 条）。这些类别并未规定在"劳务租赁"项下（locatio conductio operarum），而是规定在更广义的"租赁"项下，即使是 1865 年《意大利民法典》为了强调交易的经济性质，将分成租佃制规定在"租赁"项下，但就其自身而言，仍然是有别于物的租赁（locatio conductio rerum）和劳务租赁。同时，在法国，1889 年的法律未就分成租佃制的性质作出规定，其究竟属于租赁的一种，还是属于合伙协议，并不明朗。

在农业领域处于萌芽状态的劳动关系并未受到足够的激励，能够让它们在自治性的劳动合同图景上增添一抹颜色。立法只是通过规制一些关键特征，比如工作时间和工资，将自己的作用范围限定于试图给予这一关系一定的稳定性。1919 年的德国法与工时、工资和解雇有关，而 1900 年比利时有关劳动合同的法律也同样适用于农业工人。在法国，1889 年《农业法典》（Code Rural）（第 15 条）规定农业工人就业的期限由当地的习俗决定；而 1929 年 1 月 18 日的法律则保护学徒、工资和工作场所中发生的事故。1907 年意大利有关稻田工人的法律禁止 14 岁以下的童工工作，将工作时间限定于每天 9—10 小时，并禁止雇主克扣工人工资。

然而，在农业无产阶级已经基本形成的时候，此类立法中的大部分均姗姗来迟，这也反映了立法者在处理农业劳动力问题上行动迟缓。这些态度可能是某种观念造成的，即农业中的劳动关系性质比较特殊，是建立在残存的主仆间信任与屈从因素之上的，并且跟工业中形成的合同模型相比，居于次要地位。将这些工人重新纳入到统一的立法之中予以调整，是工业化进程后期才发生的事情。荷兰 1907 年立法，比利时

1900年有关劳动合同的立法，以及意大利1902年和1908年的议会法案，均将农业工人纳入调整范围。但是这一点也与农业工人彼时已经实现了工会化的事实有关。在这一方面，必须进行严格的区分。在意大利，农业工人的工会化发生在19世纪末，除此之外，哪怕到了"一战"之前的时期，农业领域的集体谈判都很少发生，即使有，农业工人也缺乏足够的实力对劳动条件施加长久性的影响。在英国便是如此，尽管农业工人工会发展得比较早，有效集体谈判的缺乏促使了从1924年开始三方委员会确定最低工资机制的建立。在荷兰截至1908年，在德国截至1912年，均在地方层面存在一些（农业工人）集体谈判机制。

三、公务员

在所有国家，公务员行业在很多方面都要受到一套不同于私营部门的劳动法规则的调整。德国公务员（*Beamte*）、法国公务员（*fonctionnaire*）或者英国的公务员（Crown servant），都在很大程度上游离于劳动合同立法调整范围之外。

至少在20世纪初期之前，公务人员与国家之间的关系无法按照私营部门的关系进行认定。这背后的原因可以在欧洲国家的政治和制度历史中找到，也可以在这些国家于法国大革命前后的相应政府形式中找到。法国大革命的影响是终结了贵族社会，但是并未取消贵族式的社会位阶；确实，由拿破仑创设的高贵的掌权者（*noblesse de charge*），加入到旧的贵族阶层，形成了最受信任的官员阶层。同样的情况也发生在意大利。

我们可以考虑把20世纪初作为分界线，因为只有从那时开始，许多欧洲国家才开始对照私营部门的劳动合同，认真考虑政府部门的劳动关系问题。

（一）去人格化与中立性

在极权主义的王权制国家，国王授予政府官员以头衔，政府官员并不领薪，而是接受一种具有人身性质且可继承的惠赐，这一关系可以用韦伯"传统权力"的"理想类型"来概括（Weber, 1954：256, 338）。这一点在普鲁士的公务员，以及更早时候由英国王室授予的公职持有人上表现得很明显。这一公职是自由持有性质的，持有人可以出售。另外一个例子是封建时期的意大利，官员作为封臣（*fidelis*）与其领主之间保持着一种人身关系。

这一历史过程的第二个阶段可以描述为对忠诚义务的去人格化（depersonalisation）的尝试，这又恰好伴随着国家组织形式的变化。在君主立宪制政体下，对某一政府官员的提名开始按照某一个特定的职业方向进行考虑。这一关系的变化是两个因素发生作用的结果。第一个因素是创设一个与国家而非王室相联系的官员阶层的需要，这些官员与国家之间存在稳定可靠的关系。另一个因素是新的宪法章程（constitutional charters）的至高无上地位。1795 年《法国宪法》已经开始废除各种封建特权。19 世纪中期的各种革命起义后出现的宪法废除了贵族在提名或者推荐人选担任公职方面的特权。这些宪法也确立了特定的关键原则；比如，尽管国家元首被认可有权提名人选担任所有政府官职，但是所有公民均有资格担任民事或者军事的官职。

第三个阶段是公职的完全去人格化，以及官僚机器的政治中立。正如韦伯所言，这是从"传统权力"到"法律权力"的转折点。从德国魏玛共和国时期（1919 年）中立公务员，同一时期的丹麦公务员（*embedsmaend*），1909 年的法国公务员，1900 年比利时和荷兰的公务员（*ambtenaar*），以及 1908 年意大利的公务员中，我们能够发现这一转折的"理想类型"。

这一进程在英国发生得稍早。中世纪的政府雇员只不过是王室家庭的成员而已。国王可以像赐予土地一样对外授予官职。这一授予行为赋予了对这一官职的财产权益（estate）及其利润，而这又是受到国王的法院的保护的。公职被包括在可以自由持有的利益一类，可买卖、可继承、可终身、可固定期限或者国王确定的任意限期。任意创设官职的权力被17世纪的革命者斥为人民"不可忍受的弊端"之一（Hepple & O'Higgins, 1971：88）。1689年宪法改革确立了议会的至高无上地位，作为这一宪法安排的一部分，那些持有营利性职位的人从议会中被清理出去。尽管与王室的封建制联系在形式上得以保留，对公职人员的最终权力现在由议会行使。在17和18世纪，公职仍然可以买卖，且这些职位通常是作为政治服务的奖励而被授予的。大英帝国的扩张，特别是扩张到印度以后，使它有必要取消腐败的旧制度，用精英领导的公务员制度取而代之；并且在1870年之后引入了一个竞争性的公务员入职考试。但是，王室与官员联系的历史根源意味着这一关系永远无法完全纳入到方兴未艾的劳动合同框架之中。

德国的纳粹主义和意大利的法西斯主义暂时中止了去人格化的趋势。用韦伯的话说，"法律权力"又一次变成了，或者试图变成，建立在"领主的自由意志"基础上的"传统权力"。官僚主义机器在那些以"人身信任关系"为联系基础的个体中（Weber, 1954：256），以一种"非继承／遗传"的方式来招聘新人，尽管这一过程是通过立法的方式加以程式化的。这些历史经历，是与公共官僚权力与领导人–政党官僚体系紧密交织的时期相重合的。在德国，纳粹政党对公共管理的渗透是通过1933年的法律实现的，该法通过要求对职员的教化以及对所有新职位任命权的垄断，排除了所有的非雅利安人（non-Aryans）。这便是党国的理念，通过一种"道德关系"（ethical relationship）将公职人员捆绑在一起。意大利1932年12月17日和1938年6月3日法令（第827号），将国家法西斯党党员的身份作为公务员入职条件的规定，也能在德国1937年1月26日有关公务员的法律中找到踪迹，该法规定，"公务员的所有行为需要由作为德国国家理念践行者的纳粹党与人民之间存在不可阻隔的联系这一事实确定"。

(二)公共服务的法律定义

就调整公务员与国家之间关系的法律框架而言，我们应该使用两个相互独立的阶段。第一个阶段是由于行政权力与立法权力的分离而导致的将这一关系"去人格化"。在这一阶段中，作为公共服务官僚组织之镜像的职业的存在，行政机构的日益增加，为这些机构安排人手，以及并不直接参加那些代表国家权力的行为的职员的存在，构成了以劳务租赁的旧模式为基础的特殊私法关系的特征。这便是比利时在1932年之前的状况，在意大利统一后也存在类似的情形，职业被划分为若干类别或等级。有关同工同酬的规范，以及创设新职位的限制，是由对政府工作进行控制的需要而决定的。但是，在公共部门的劳动关系这一模式背后，存在一种因素，使得租赁的合同范畴在有些情况下变成了一种法律拟制。这便是道德和法律方面的考量因素，即德国所称的"特殊的权力关系"。因此，当终止劳动关系可以根据特殊的法律规则决定时，我们便不能声称存在劳动合同；比如，英国的公务员被认为可以被任意解雇，并且，有一种学术观点认为，他们不得追索欠薪或者拖欠的养老金。与此类似，在丹麦，公务员违反岗位职责，并不会被认为是违反合同，而是应受到纪律处罚。

在第二个阶段，这一关系的性质在法律理论和判例法中被详细讨论。这是各种因素综合的结果，这些因素有理论上的：在意大利，职位被认为是法律产品（因此允许职位持有人诉诸法院以寻求保护）；在部分程度上是工会运动的结果（因为公共部门实现了工会化）；在部分程度上具有规范性质（对私营部门劳动合同的综合性立法会对公共部门产生影响）。在法国的讨论是对将与私营部门工作条件相似的公职人员排除在保护性立法的适用范围之外这一做法的反思。在英国，王室并不受到那些保护雇员的法律的约束，而公务员在普通法上的地位是一个存在争议的问题。然而，意大利国政院（Council of State）的法官创设了司法先例，构成了1908年法律的基础，成为有关公共部门劳动关系立法的首个单一立法渊源，承认劳务租赁无法解释公共部门的劳动关系，也无法为其提供正当性基础。1909年，法国行政法院（Conseil d'Etat）接受了国家机构工作人员公职合同的概念，这一概念不同于以往的租赁概念。荷兰高等法院在1920—1930年间，重申了这一关系并不是建立在合同基础上的，而是受到公法的调整，因此，根据1929年法律，有关私营部门劳动关系的规范不再适用（于公共部门）。德国判例法和理论则呈现摇摆态势：有些认为公共部门的劳动关系应受劳动法调整，因为劳动法适用于"人类活动"；而其他人则不认可这一点，认为这一关系与公法有关，强调的是忠诚的道德义务。

然而，新的因素出现，消弭了私营部门的劳动法与公共部门的劳动法在事实上的间隙。这一因素便是工会化过程，这一过程通过社会压力和集体谈判，实现了公共部门雇员与私营部门雇员的同等待遇。举例来讲，在英国，通过谈判达成的惩戒程序使得确定公务员能否被任意解雇这一问题变得毫无必要。不过，这并未回答公共劳动关系的性质这一根本性问题。

第五节　劳务租赁与劳动合同

一、从身份到契约

到目前为止，我们检视了"自由"劳动力市场发展所面临障碍的逐步消除：行会制度、国家对劳动力的直接分派，以及警察或者刑事法律。

我们也注意到前资本主义时期法律形式在特定传统关系中的持续重要性：家政工人、农业工人和公务员。我们现在可以转向工业化过程中出现的核心法律概念的发展问题，即劳动合同。这一概念在 20 世纪初被应用到绝大多数雇主-劳动者关系上。

没有什么法律部门（比劳动法）更能证明梅因论断的正确性，即进步社会的运动到目前为止是从身份到契约的运动（Maine，1961：ch.9）。但与此同时，这并不意味着单个的劳动者对决定合同的内容有控制权。单个劳动者，或从警察权力的蜘蛛网中解脱出来（欧洲大陆），或从《主仆法》的限制中解放出来（英国），现在在合同的伪装之下受到雇主调整其工作生活的权力的约束。

劳动合同的观念并无法轻易地融入基于身份观念而建立的社会制度中。在这种情形下，劳动关系是由物权法（the law of things）调整的。这并不意味着在强制性的劳动关系之外无法发现一些"自由"的劳动合同，但它们并不是"劳动制度的经典表达"（Sinzheimer, 1928：218）。充其量，它们受到家事法的调整，如在德国熟练工、家政工和矿工的劳动关系便是如此。但是，仅有这些并不足以支撑一整套劳动关系体系，以及建诸其上的完整劳动法体系。与此相类似，在英格兰，在 18 世纪末布莱克斯通对劳动合同概念的理解仍然根植于人法和家庭关系，这一理解远远落后于当时发生在身边的挣取薪资的无产阶级所处的经济与社会发展现实。

为了找寻与新型社会形式相对应的表达，我们需要把目光投向 19 世纪初期的法典化运动，特别是 1804 年《法国民法典》。将雇主与劳动者之间的关系视为自由且平等的缔约主体之间的交换关系的理念，与此前数十年的政治与经济现象，特别是法国大革命密不可分。旧制度下的立法的典型特征是基于社会阶层形成差序格局。而新型社会则是建立在以"社会契约"或者共同意志为纽带的共同体公民的形式平等基础之上的，并非由中间机构进行调整，而是能够形成最大程度的选择自由的表达。

就法律关系而言，这些原则被转换成经济行为自主（贸易自由）和合同自由，而这些都是现代法治信仰的基石。当事人的这些自由为《夏勃里埃法令》[2]（第二条和第四条，参见本书第五章）所重申，而在各国的民法典中，当事人之间的合同具有最高的法律效力，这成为法律的基本原则（《法国民法典》第1134条和《意大利民法典》第1123条）。合同是唯一既能够赋予缔约各方的形式自由与平等以法律效力，与此同时，又能够让自由资产阶级规划和监管资本积累过程的法律设置。

但是在合同框架下劳动关系的性质为何？总而言之，19世纪民法典中规定的租赁和英国法官通过判例所形成的劳动合同，与工业社会中存在的真实的雇主-劳动者关系之间究竟是什么关系？

二、大陆法系国家中劳务租赁模式的演进

从根本上讲，三个因素引发了租赁范畴的演进，而租赁范畴的重要性已经在本书的导论中讨论过。首先，立法者想要消除所有封建制残余，并防范行会制度的死灰复燃。其次，存在肯认个人自由意志作为"免受其他约束的自由"的至高无上地位的需要。最后，存在强调合同自由价值的需要。合同自由作为缔约方选择自由的体现，与身份制度相比，具有重要的意义。这反映在有关禁止创设永久性法律关系的规定中。事实上，《法国民法典》第1780条规定，只能约定雇员工作一段时间，或者为某一特定的任务而工作。类似的表述还可以从1865年《意大利民法典》第1628条和《荷兰民法典》第1637条中找到。《德国民法典》第624条规定：如果合同约定某一服务关系持续某个人的终身或者超过五年，那么在五年期满以后，承担义务的一方可以选择终止这一关系。终止需要提前六个月发出通知。更早的规定可见于1810年《奴仆规约》第40条

---

2 文本内容可以参见本书附录四，第376页。

以及1811年9月14日法令的第7条，禁止农业劳动力租赁的时间超过12年。这一原则的价值在于，对于防止此前为劳动者规定各种苛刻服务条件的封建做法（*usages anciennes*）的死灰复燃，具有一定的威慑力。通过确立使用劳动者的时间界限，使得期限成为合同联系的一个重要特征。这一类型的立法对于需要流动性更强的劳动力市场的经济而言，是非常有用的；同时，它也反映了自由主义的理念，即应当通过避免工人在同一工资水平受约束从事超长时间工作的方式，来保护工人的工资免于受到生活成本上涨的影响。

与此相对，尽管在英国，强制劳动的形式持续到18世纪末（比如在苏格兰的煤矿行业），但却从未有对终身或者无限期合同的禁止性规定。在农业中，存在年度聘用的法律推定，但是到19世纪中叶，法官已经开始允许在一些新兴的行业中，基于"合理期限"通知而终止合同；而何为"合理"则取决于所在行业的惯常做法，可以短至一个小时；在其他行业中，聘用相对随意，有时候是按天聘用，因此也就不存在提前通知的问题。

在大陆法系国家中将劳动关系界定为"劳务租赁"本身即暗含了对这一关系的去人格化，因为这一合同的内容并不在于这个人本身，而在于那个将劳动力置于劳动力市场中的劳动者的劳动能力，就像商品的所有人，根据商品交换价值的变化确定一个不断变动的价格。这是可能的，因为当事人的"平等"是交换商品的等价的一种反映。这一过程与土地的自由化与流动性过程相并列，都是《法国民法典》背后所暗含的保护地主中产阶级逻辑的一部分。类似的观念也存在于统一前的《意大利民法典》、丹麦《有关农业工人与家仆的法律》以及荷兰和比利时的民法典。劳动力因此被视为一种商品，可以像金钱与土地一样交换，而作为对价的工资则受到决定所有商品交易价格的供求关系规则的调整。

至于在民法典框架下的基本概念问题，各式民法典之所以在劳动者提供的服务类型上给予甚少关注，原因非常明了。事实上，所有东西都被"租赁"模型所吸收，而租赁在民法上被认为是与买卖合同、物的租赁合同相并列的特殊合同之一，而在解释上面临的困难可以通过适用（《法国民法典》）第三编第三章"契约与合意之债的一般规定"来解决。之所以赋予租赁范畴以决定性的重要性，源于理念的力量，正如波蒂埃（Pothier）和多玛（Domat）所解释的那样。当然也有经济方面的原因，比如灵活性方面的考虑，允许实力更强的一方当事人决定将劳动者的劳动力作何用途。如果我们看看在债法中"劳务租赁"合同的结构，这一点就变得很明显了。波蒂埃和多玛将这一类别与物的租赁合同联系起来，二者唯一的区别是出租人（*conductor operis*）的义务不同。这两类租赁被认为是在同一个层面上的，它们的相似之处在于均有一物（*res*）作为合同的核心特征。建筑合同（*Insula aedifacanda*）或者徭役（*operae*）并不被认为是单独的范畴；确实，它们之所以被客体化（objectivised），原因在于劳动力能够与出借其服务的人相分离。但是也存在一个术语上的区别：提供人（*locator*）总是那个给出一些东西让别人使用的人；而购买者（*conductor*）则是那个通过支付对价获得交易对象的人。劳动力是劳务提供人（*locator operarum*）所承担义务的客体，如果放到社会经济关系的框架之下，它是一个所有人可以自由决定出借并换取金钱对价的商品。他（劳务出借人）是绝对的所有人，就如同商品所有人一样。将劳动力作为可以交易的商品对待这一点，受到了法国重农主义者和亚当·斯密理论的影响，而波蒂埃本人则认为此类合同"与买卖合同有诸多可类比之处"。

　　《法国民法典》与意大利、比利时、卢森堡以及荷兰的民法典一样，创设了三种主要的劳动力租赁（*operae*）类型：为他人提供劳务的劳动力租赁（the *locatio* of *gens de travail*），他们承诺为其他人提供服务；水陆运输旅客或者货物的劳动力租赁（the *locatio* of *voituriers*）；以及以包工或者承揽从事工程建筑的劳动力租赁（the *locatio* of *entrepreneurs* of *services par suite de devis ou marches*)(《法国民法典》第 1779 条，1865 年《意大利民法典》第 1627 条，以及比利时和卢森堡民法典第 1779 条）。其中，根据《法国民法典》的逻辑，第一类是指《法国民法典》第 1780—1781 条所规定的家政工人和产业工人；第二类是指因为从事交通运输业（*voiturier*）而未被包含在第一类中的工人；第三类是指那些需要完成特定任务（*entrepreneur*）以换取报酬的人。

因此，与英国对劳动合同（contract of service）与劳务合同（contract for service）进行区分的做法不同，这些国家不大可能对雇佣劳动者与各种不同类型的自雇者进行区分。民法典中劳务租赁的一元化框架，为波蒂埃和多玛所传承，将其作为他们自己的理论框架。根据他们的理论，需要有三个基本要素：需要完成的工作任务、价格，以及合同当事方的同意（《法国民法典》第 1710 条）。不过，后来，承揽租赁与劳务租赁之间确实在未履行义务一方的责任承担与风险分配方面出现了差别。从这一点上看，有点像英文里对"劳动者"（servant）与"独立承包人"（independent contractor）的区分。

将英国普通法与大陆法系的民法区别开来的特征是，在前者，不存在手段义务与结果义务的区分，而这一区分是将承揽租赁与劳务租赁进行区分的理论工具。事实上，《法国民法典》和《德国民法典》中已经存在此类区分，即合同所约定的标的究竟是一种生产有价值事物的活动本身，还是由工作而得出的结果。我们在法国和意大利民法典中均发现了这一区分（前者为第 1779 条，后者为第 1627 条），以及《德国民法典》第 611 条和第 631 条，这些条文通过破坏这一框架的一元属性，并根据任意法规则（*jus dispositivum*）对雇佣合同 / 劳务租赁和加工承揽合同 / 承揽租赁进行调整的方式，肢解了租赁的框架。1794 年《普鲁士普通邦法》中规定的劳动合同，尝试与租赁进行区分，尽管这是首次将劳动关系界定为劳动合同这一自治性法律概念并纳入民法典的尝试，然而，它仍然是被放在更上位的债的概念之下的。它要受到双务合同规则的约束,并且是与委任合同与保证合同放在一起的。它试图将劳动合同从罗马法的传统中解脱出来,但是又将其送回了习惯法的领地。

1896年《德国民法典》,接近于规定统一的劳动合同概念(第611—630条),又一次将交换合同规定在"单一合同关系"项下,不过,这一次是与买卖、租赁和出租合同并列的。跟其他欧陆国家的法典一样,德国也接受了劳务租赁的模式,但是在德国历史法学派掌门人基尔克的影响下,加入了社会保护的理念,特别是在罹患疾病和失去劳动能力情况下的社会保护。这实际上是家事关系原则的复苏。在家事关系之中,主人需要对仆人尽到照顾义务,而仆人的工作并不会被视为一种商品。因此,劳动关系被视为是一种民法上的威权型关系,这一范畴还包括父母与子女的关系。

作为法国、比利时、荷兰、卢森堡、意大利、德国民法典,以及丹麦《有关农业工人与家仆的法律》的一个共同特征,劳动关系的价值长期持续性地被低估,可能背后都存在相同的原因。这些法典所处的现实世界仍然是一个以手工作坊和家族企业为主的经济结构。如果说在欧洲大陆,立法迟迟未能就劳动关系的调整形成一个合理的法律框架的原因是工业化进程迟缓,那么我们就不得不回答另外一个问题,为什么在英国这个当时工业化程度最高的国家,这一概念也姗姗来迟?

三、英国的劳动合同

尽管波蒂埃的《债法论》(*Traité des obligations*)在1806年被翻译成英语,不过他的合同一元化理论对英国的普通法并无直接影响。相反,英国的理论家,特别是布莱克斯通,以及法官,仍然认为主仆关系属于人法的范围。

原因之一是1349年和1351年《劳工法规》,以及1563年《工匠法》

的历史影响。前者对特定行业的劳动者,即"农业工人、家政工人与工匠"的工资与流动性进行了限制。法院将这些法律解释为并不适用于那些无"服务"义务的人,如牧师、骑士与"绅士"。1563年的法律仅适用于"农牧业的劳动者"。后来的立法也采取了这一方式,将适用范围限定于某些具有特定身份的劳动者,而非规定一种通用的劳动合同范畴。正如在本章的导论部分所提到的,只有到了19世纪中期,当《主仆法》不得不适用于新型产业劳动关系时,一个通用的概念才通过司法解释的方式得以出现。

法院确立的标准是:要想形成此类合同,仆人需要向其主人提供"排他性的服务"(exclusive service),结果是向多人提供服务的仆人,无法成为任何一个主人的仆人!不过,相关的解释并不总是一致,因为有些仆人被纳入刑法性质的《主仆法》调整,却得不到《实物工资法》的保护。事实上,这与贫困救济的问题相关(工人是否获得了"定居点"以确定地方政府是否对其负有救助义务),也正是因为与这一问题的关联,使得劳动合同这一新概念得以产生。法院认为,核心标准应当是仆人在整个时间段处于主人的权力和威慑之下,并且主人还有"要求仆人在白天或者黑夜的任何时间提供服务的保留权力"(Napier, 1975:120)。尽管这一点后来被修正,排他性服务的内容消失不见了,但控制或者从属性的标准变成了劳动合同的法律基础。这一概念的演进在体力劳动者与非体力劳动者群体上并无区别。直到1950年后,对控制因素的强调才开始受到猛烈的批判,因为它在处理职业劳动者与公司经理之间的关系时显得力有不逮。

英国缺乏劳动合同一元化理论的另一个解释是,缺乏拿破仑时代欧洲大陆所盛行的法典化技巧。法典相当于各种法律概念的词典,对各种法律术语均有界定。英格兰的普通法,以及非法典化的苏格兰法,都是建立在案件判决基础之上的。工业化社会之前的社会人物阻碍了法律思维的发展，这种影响一直持续到工业革命后的很长一段时间。

这一捉摸不定的方法（casuistic approach），又因为英国议会在通过保护性立法时的选择技巧（参见本书第二章），而加剧了它的不可捉摸程度。不仅立法倾向于限定特定行业或者行业中的工种（如棉纺织业），以及特定的设施（如工厂），而且属人管辖（ratione personae）也只限于特定阶层的劳动者。换句话说，身份，而非任何服务的一般概念，主导了当时的立法。并且，合同模式的缺陷意味着法院倾向于将义务视为"非基于合同产生，而是强加一些合同外的义务，可以通过刑事追诉和侵权诉讼的方式加以执行"（Kahn-Freund, 1967：641）。1831 年到 1940 年间的《实物工资法》，以及 1802 年至 1961 年间的《工厂法》恰为例证。

因此，英国此时距离欧陆国家就强行法（jus cogens）和任意法（jus dispositivum）进行区分的发展阶段相去甚远。在英国，立法基本上在合同的范围之外游荡。同时，值得注意的是，在英国普通法上，劳动合同与新出现的劳动者结社自由之间存在着固有的紧张关系。《主仆法》继续被用来对那些罢工的人以违反劳动合同为由施加刑事制裁，尽管禁止结社的法律在 1824 年被废除（参见本书第五章）。即使在 1875 年后，刑事法律被废止，且集体罢工自由获得认可，参加罢工的雇员仍然无法获得解雇保护或者免于受到雇主以违反合同为由施加的其他制裁。英国劳动合同与立法之间的间隙，个体与集体劳动法之间的冲突，反映了布莱克斯通等人所赋予身份及前工业社会劳动关系中的义务概念的过分重要性。英国也没有产生与劳动关系有关的特别司法机构，如法国拿破仑于 1806 年创设的劳动法庭（1848 年后发展成联合委员会*），并于 1859 年被比利时引入，或者是意大利在 1893 年之后创设的劳动仲裁，这一点也在某种程度上导致劳动合同概念发展迟缓。

---

* 本书中的联合委员会通常是指由雇主和雇员的代表共同组成的委员会，下同。——译者

第六节　合同自由与劳动法的新观念

一、缔约当事人的不平等

合同自由原则，先是经法国大革命的启蒙，随后又被欧陆各国的民法典加以规定，但很快被证明不过是一个虚幻的梦境。《法国民法典》浸淫于18世纪末期法学家们所吹嘘的个人主义原则，在现在看来，已成为阶级不平等的例证。《法国民法典》的起草者或多或少都忽视了工业的兴起。他们主要的关注对象是土地财产。在劳动关系中，合同自由的社会功能是强化财产权利（当今的表现形式是资本）与货物的流通。换句话说，财产变得"个体化"（Solari，1980：9）了，并且展现了其作为社会权力来源之一的内在性质。这一新的"自由"并未将劳动者从压迫性的劳动关系体系中解放出来。

此外，民法典的内在冲突也不言自明：一方面，终身的劳务租赁是被禁止的，目的是避免封建农奴制的死灰复燃；另一方面，以《法国民法典》为蓝本的其他民法典，基本复制了其第1781条的规定，即工资的数额（*quotité des gages*）以及上年度的工资是否支付，以雇主的说法为准。正是这一规则，展示了在法国、比利时、荷兰以及意大利（《艾尔伯丁法典》，Albertine Code）的立法者仍然固守劳动是家庭共同体一部分的理念。在《法国民法典》中，这一规则是规定在"家政工人租赁"项下的。这些冲突也表现在法律体系本身；劳动关系被置于租赁模式之下，因此也受到民法一般规则的约束。但是，基于劳动关系的特殊性而对一般规则的仅有的免除适用（derogation）也是奔着有利于雇主的方向去的，而非有利于劳动者（《法国民法典》第1781条，《荷兰民法典》第1638条，《比利时民法典》第1781条规定"工资数额及支付情况以雇主的说法为准")。若干年后出台的《意大利民法典》在这一点上未作规定，而其他国家的民法典则基本上照抄了《法国民法典》的规定，这一差别可以从法国围绕这一问题的讨论的影响中得到解释，这一讨论从1851年就已经开始，并且倾向于废除第1781条。事实上，法国在1868年，比利时在1883年，而荷兰则是直到1907年才废除了这一规定。它之所以还能延续这么长时间，是因为1848年欧洲革命以后中产阶级心生忧虑。

后来在德国进行的法典编纂（1900年1月1日生效），虽然更加精细，将劳动关系置于不同于租赁模式的自治合同模式之中，但并未能消除雇主和劳动者之间的不平等。法律定义的改变未能解决合同当事人之间存在的社会力量的不均衡问题。劳动关系要么是被放置在雇佣合同项下（第611—630条，第6目），要么是被放置在劳务合同项下（第631—651条，第7目），涵盖了社会（Gesellschaft）中建立在债权人–债务人关系原型之上的一系列关系类型。社会的概念掩饰了当事人之间存在的事实上的不平等，使得权威的原则（principle of authority）具体化，进而摧毁了劳动合同的理性基础（Neumann，1942：378）。

影响19世纪劳动法发展的一个新的要素是大型企业的出现。规模的扩大和市场份额集中的影响，体现在联合股份公司作为资本运作的一种法律机制的广泛应用上。同时，大型企业吸收了家庭手工业以及其他形式的独立劳动，因此也就刺激了基于经济依附或者从属性而生的劳动关系的发展。资本的"社会化"并不意味着经济力量的社会化，相反意味着管理层对企业及其生产组织方式，包括劳动力的主导。在这一新的经济社会背景下，合同自由虽然在商业贸易中得到广泛尊重，但是就劳动关系而言仅仅在形式层面上存在。

二、从属性的概念

19 世纪早期的理论家将租赁看作是商品与对价之间的平等关系。从属性只是在家政工人与其主人的关系中才有的现象。波蒂埃写道：

> 可以说，我们在家庭中所拥有的家政工人随时听候我们差遣，哪怕在他们生病的时候；因为即使在生病期间，他们仍然被定义为我们的仆人。但是这一点并不能适用于租赁合同，因为当一个人把他的服务出租给我一年以换取双方同意的金额时，缔约双方的意图是：这一金额对应的是他实际提供的服务，而不是所有权或者将他定义为我的仆人。（Pothier，1818-23：121）

因此，从属性只能适用于范围有限的人。自由职业者以及商店店员均被排除在外，后者被认为是属于承揽租赁项下的概念，并且受到《商法典》的调整（比如 1882 年《意大利商法典》第 579 条）。正如我们在英国布莱克斯通的《英国法释义》（Commentaries）中所看到的那样，高级劳动者与干粗活的劳动者是区分开来的，因为后者"有义务按照雇主的要求随叫随到，无论白天还是黑夜"（Kahn-Freund，1977b：521）。"随叫随到"（to serve at any time）的义务是法国、比利时、荷兰和意大利对家政工人所要求的"持续在场"表述的另类表达。

但是，在《法国民法典》中规定的家政工人的从属性类型与波蒂埃描述的从属性并不是一回事。在《法国民法典》中，它不再是在"持续在场"意义上使用的（第 1781 条规定的规则除外）；相反，它被纳入到租赁合同范畴中。尽管德国 1810 年《奴仆规约》将从属性界定为对命令的服从，给人一种很超前的感觉；不过，事实上，这一法律仅适用于以农业和家庭作坊为主的封闭型经济。

从属性的概念随着大型工业的扩展而出现了变化。工厂内的劳动合同的特征并不是雇员同意付出劳动以换来报酬的类型(或者在计时工的情况下与时间成比例的工资,或者在计件工的情况下与工作成果成比例的工资)。关键的标准是依附与控制。计件工人[以成果为基础的工人,如承揽人(locator operis)或者旧制度下的自雇劳动者]和计时工人都具有依附性,因为他们需要服从来自雇主的命令、控制与指示。

在这一新的背景下,突出的特征是,他们"受雇",并受到劳动合同的约束。这是 19 世纪末期劳动法的核心点。以依附和控制为内核的劳动合同,被用来界定法国 1908 年 4 月 9 日有关工伤事故的法律、1907 年 3 月 27 日有关劳动法庭的法律、1910 年 4 月 5 日有关工人养老金(retraites ouvrières et paisanes)的法律,意大利 1904 年有关工伤事故的法律及 1893 年有关劳动仲裁的法律的适用范围。

"劳动"(employment)这一术语被用来揭示对某人命令的服从,并有助于识别基于完全相同的利益而被联系起来的一类人。反映在英国立法上,这些立法在 1875 年之前仅适用于仆人(servant),随后扩展至手工业的男性工人(workmen),但是到了 1906 年,至少在罢工法这一点上,扩展到了"所有在贸易和工业中被雇佣的人"。

在 19 世纪晚期左右,从属性被赋予了不同的含义。有时候它表现为对"指示、权威与控制"的服从(如 1907 年荷兰法第 1637a 条,1900 年 3 月 10 日比利时法,以及 1902 年意大利议会法案的第 1 条),或者是对命令的服从,如 1896 年《德国民法典》的规定。在德国,真正的关键在于社会依附,不仅是因为雇主拥有资本、更有实力,而且更重要的是在他身上有很多与雇员签订的合同汇集在一起。在有些情况下,这一点被称为"外部意愿的力量"(power of alien will);或者,在英国,雇主相对于雇员所享有的命令的权力,或者"控制的权力"。从根本上来讲,这意味着对做什么工作、怎么做工作以及何时完成工作行使控制的权力。在英国,雇主行使控制权的程度，已经成为区分自主与从属的首要标准（参见上文第60页）。而另一方面，在意大利劳动仲裁形成的判例法上，在一段时间内劳动者持续在场（即劳动的法律义务的持续存在）被认为是从属性的标志。劳动仲裁重申了下列原则："劳务提供人只要处在雇主的指挥之下，即使他并未实际工作，他仍然有权获得报酬。"（Bugni，1907：160）而在另一方面，这一关系的临时性并未产生任何权利保障：在1899年至1905年的一系列判决中，法官裁定新任命的劳动者在被解雇的情况下无权获得事先通知，也无权因即刻辞退获得赔偿金（参见本书第四章）。从属性标准因此被认为是在相对较长的一段时间内持续工作的承诺，进而假定这一合同关系具有一定的稳定性。但是劳动仲裁并未将从属性的定义限定于持续性原则，还包括劳动者听从指示的义务，以及雇主监督工作开展情况的权力。

在实践中，有两个版本的从属性概念：一种是欧洲大陆版本，以意大利的判例法为代表；另一种是英国版本。而这两个版本不过是一个硬币的两面，即对雇主所行使权力的服从。在英国，由于并无明确的立法界定，意味着合同模式可以建诸"推定/默示条款"司法技巧之上，这是法官们行使造法权真实的"假面"（Renner，1949：162）。事实上，正是推定/默示条款这一技术才使得法官能确立"劳动合同被错误解除的劳动者，可以以雇主违反了维持劳动关系这一默示义务为由起诉雇主"（Freedland，1976：23）的规则。他们认为，一段简单的关系"可以通过双方当事人互负维持劳动关系的义务的方式进而转变为一个持续性的劳动合同"（Freedland，1976：23）。在19世纪中期左右，对于这一关系，法院开始认为在劳动合同的框架内暗含了建构于双边承诺之上的"合作"原则。

从属性概念的历史并没有到此为止。作为一个与大公司紧密相连的概念，它会一直不断地演进。当遇到一种不同的文化和政治体制时，这一制度化的方式便会出现异化："劳动"与"企业"之间的联系被法西斯独裁者所利用以强化威权原则(《意大利民法典》第 2086 条)与(德国的)领袖原则(*Führer prinzip*)。在这些政权之下，劳动关系中开始弥漫着信任的观念，并且劳动开始被认为对建立"利益共同体"至关重要。从根本上讲，当时的这种认识观念，是与建立在劳动者的忠诚与雇主的保护之上的罗马法及中世纪的观念一脉相承的。

第三帝国 1934 年 1 月 20 日颁布的《国民劳动秩序法》与意大利的《劳动宪章》在精神实质上颇为相似。二者均是建立在"共同体利益"以及"国家生产的更高利益"观念之上的。这是蕴含在 1942 年《意大利民法典》和维希政权 1941 年 10 月 4 日《劳动宪章》背后的指导原则。在劳动合同中，从属于企业的权威，相当于在新的社会秩序之下的公共利益、等级差别、责任与社会合作。

三、劳动合同的新观念

从属性劳动关系中当事人之间的平等与自由观念被各种倾向的原则所拒斥，包括社会天主教思潮与马克思社会主义。它们批评将劳动力作为商品的观念；相反，强调参与的劳动者是劳动关系中的人。劳动力不是可以用来交换的商品，因为劳动者的劳动能力不能与其人身相分离。这一观点反映在 1907 年的荷兰法中，该法并没有把劳动合同视为将劳动力商品置于企业的依附之下的工具，相反，"是作为与劳动的人持续的、完全相关的一份协议"（Levenbach，1965：571）。

当社会立法出现的时候，它是朝着两个方向发展的：既倾向于限制合同意愿的作用范围，又不会逼迫当事人将特定的条款加入劳动合同之中。正如在大陆法系国家，在自由政体之下，劳动关系从人法和物法中解放出来是通过构建租赁模型的方式实现的；从自由主义时期到大规模工业化时期的转变，导致了对租赁模型的抛弃，以及劳动合同自治模型的诞生。但是，在欧洲大陆，社会立法在劳动合同范畴之外、之上进一步发展；当劳动合同获得社会立法的关注之时，社会立法已经有相当程度的发展，这也因此降低了劳动合同作为劳动关系来源之一的重要性。德国俾斯麦时期的主流法律观点是，此类立法，也包括安全方面的立法，属于公法范畴，因此不能通过劳动合同来执行，因为劳动合同属于私法。在"一战"之后，劳动法这一新型学科得以确立，并且工厂委员会的出现改变了法律版图，尼佩代（Nipperdey）将安全方面的立法（参见本书第二章）归入私法范畴，而社会保险仍然在私法之外，作为公法的一个独立分支。因此，在很长的一段时间内，欧洲大陆的社会立法，与英国一样，都被视为是对合同当事人中弱势一方的保护。然而，在英国，并未区分强行法与任意法。自由意志，或者说"当事人的意思"观念继续被英国的法院用来作为解决具体案例的"主要理论工具"（Kahn-Freund, 1967：641）。

及至20世纪初期，欧陆国家已经将劳动合同作为一种自治的合同类别，独立于其他类型的合同如承揽、自雇或者委托。即使是1896年的《德国民法典》"也打破了传承自罗马法的租赁模型的一元化观念……并且创造了单独的范畴……相互之间区别很明显"（Stolfi, 1934：268）。雇佣合同（*Dienstvertrag*，第四章，第四目，第611—630条）与承揽合同（*Werkvertrag*，第七目，第631—651条）分别规定在不同的类别之下，并且意大利和法国的债法和合同法（第507—516条）也进行了类似的区分。这些民法典背后的新观念是将劳动作为一种广泛社会现象的组成部分加以理解，而经济上对其他人有依附关系的人，如家庭手工业者以及自雇人员，正是这一社会现象的一部分。

一旦劳动关系从租赁模型中解脱出来，它似乎也同时将自己从法律一般规则的约束中解脱了出来，重新为调整这一社会现象构建了一个全新的法律部门。在同一时期涌现出来的有关劳动合同的立法是前述结论的例证：1902 年意大利议会法案，1907 年调整稻田工人的法律，以及 1924 年有关私营部门劳动合同的法律；1896 年《德国民法典》（以及 1913 年、1919 年与 1938 年的修法尝试）；比利时 1900 年 3 月 10 日与 1922 年 8 月 7 日有关私营部门劳动合同的法律；卢森堡 1919 年 10 月 31 日与 1937 年 6 月 7 日有关私营部门劳动合同的法律；荷兰 1907 年 7 月 13 日的法律，后来被吸收入民法典（并于 1953 年 12 月 17 日修正）；1910 年《法国劳动法典》（第一编，第二目）；丹麦 1910 年委员会的报告以及 1921 年 5 月 6 日与 1938 年 4 月 13 日的法律。

有些国家还试图通过将整个劳动法纳入某种专门法典编纂，即将劳动者从私法的一般规则适用范围剥离出来的方式，来赋予劳动关系以自治空间。在法国，这一尝试催生了 1901 年工人阶级立法法典化委员会；而在意大利，法律社会主义或者学术社会主义的倡导者也极力主张编纂"社会私法"法典。但是这些法典化的尝试并未取得实质性的进展。

保护性立法的适用范围通常来讲比较受限。在有些情况下，它仅适用于产业工人，或者农业工人，或者制造业企业，或者体力劳动者。但是，在其他立法中，很少对劳动者的类别加以区分；比如，1907 年荷兰法，1906 年 7 月 2 日法国国会的议案，以及《德国民法典》。同样，在英国，我们在 1906 年《劳动争议法》（该法是罢工自由的基础之一）中能够找到"男性工人"的定义，将体力劳动者与脑力劳动者均纳入其中，这与 19 世纪立法（如《实物工资法》）的趋势形成了鲜明的对比，彼时的立法基本上仅适用于体力劳动者。在英国，保护性立法适用范围的逐步扩大，或许可以通过白领劳动者与日俱增的重要性加以解释。尽管这一因素在其他国家也存在，将保护性立法的适用范围扩展至所有受雇工人的做法，在很大程度上受到了将各类劳动者置于一套统一的特别劳动立法体系之下调整的需要的影响。此外，它还受到另外一种考虑的影响，即如果劳动法只适用于产业工人，那么这一立法将注定会被视为以阶级为基础的立法。颇为讽刺的是，正是基于白领劳动者作为知识分子阶层的一部分，是统治阶级的统治工具这一认识，在法律上和实践中更有利的条款才应该适用于他们。对不同范畴的雇员在劳动权利与工会权利方面持续进行区分，对于德国魏玛共和国的工会组织和社会政策的发展产生了特别重要的影响。《魏玛宪法》中有关统一劳动法的承诺被认为具有革命意义。

立法主要关注制造业，有时候也关注农业，并将商业部门也涵盖在内，但是将商业运输以及海运相关职业排除在适用范围之外。在有些情况下，立法适用范围的扩张是通过司法解释实现的。比如，在英国，1906年《劳动争议法》（保护罢工自由）规定了在各"行业"（trade）和"制造业"（industry）中工作的"男性工人"，这一规定被解释为基本上包括了所有形式的活动，也包括地方政府。（英国专门法中有关"行业"的含义囊括了任何活动，这一点必须与这一用语的通常含义区分开来，后者多指商业性或者分配性的"行业"。）在大陆法系国家，商铺店主与营业员的关系受到《商法典》中有关企业的"贸易行为"（acts of trade）规范的约束。然而，比利时和荷兰的法律，以及1902年意大利议会法案，也规定了贸易行为中的劳动，因此剥夺了各国商法典对在贸易企业中工作的劳动者的劳动关系进行调整的机会。但是，这一趋势之所以发生得相对较晚，主要跟意大利、法国等国法学家的认识水平有关。他们认为在商业部门中的劳动者的角色"虽然构成了真实的劳务租赁，但在一定程度上却受到委任观念的侵袭"（Pic，1903：632）。因此，1882年《意大利商法典》在第12目（商业委任与代理，第379条）规定了工人与商业企业的关系，与此同时，皮克在1903年就注意到当时的立法趋势是将工厂立法的适用范围扩展至小规模的制造业，再从小规模制造业扩展至商业（Pic，1903：552），这二者同时存在并非巧合。这一趋势后来通过意大利（1924年）和比利时（1922年）有关劳动合同特别立法的方式得以强化。

通过这种方式，大多数从属性劳动关系均被劳动法所调整，这一点在 20 世纪后期体现得更为明显。

结　语

"劳动合同"观念的历史可以被视作一部错误期望的历史。劳动关系中合同自由的承诺从来就没有完全实现过。劳动者在劳动力市场上的自由受到他的社会条件即身份的制约。

这一点在大陆法系国家和英美法系国家都适用。从身份到契约的转型，形式意义大于实质意义。更准确地讲，在劳动关系的经济、社会和政治转型的诸多阶段，劳动者的身份发生了变化。

这一演进可以划分为三个主要的阶段。首先，第一个阶段涵盖了从行会时期到法国大革命时期，工人的地位是封闭社会和封闭经济中的一员，在经济交易的世界中动弹不得，当时的经济交易现状是金钱的流动与劳动力的不流动交织并存，总体上反映了以农业为主的经济社会的需要。作为家事关系的劳动关系，将熟练工与其主人捆绑在一起，通过政府控制的行会规则这一中介，使得当时调整劳动关系的法律更像人法，而非债法或者债法中的合同法。

第二个阶段从法国大革命开始，到 19 世纪末期收官；这是一个重大的社会、政治和经济转型时期，劳动关系面临着法国大革命后各国宪法所规定的形式自由的光环，与在一定程度上仍然根植于旧社会的社会结构的双重背景。行会制度在 18 世纪末 19 世纪初被正式废除。事实上，它们在稍晚的时间才销声匿迹。这一迟缓的发展使得劳动者无法及时被国家视为享有劳动权的主体，或者是私法合同中成熟、独立的一方当事人。工人的地位如下：作为合同的一方当事人势单力薄，而作为集体的一部分又可能十分危险。劳动关系一方面受到公法和刑法的调整（例如，参见与违反劳动合同相关的刑事法律以及那些调整工人手册的法律）；另一方面，又受到雇主命令指示的调整。

此外，被法国大革命后的立法纳入调整范围的所有社会群体仍然在很大程度上被贴有身份标签。在大陆法系国家，为家政工人设计的租赁模型仅仅是掩盖真实社会不平等的假面；英美法系国家则将他们排除在保护性立法的适用范围之外。农业工人仍然受到土地所有权的威严等级和父权结构的限制，以及面临着法典起草人不愿意将他们的关系界定为劳动关系的困境。政府工作人员的地位仍然在很大程度上取决于他们对国家的忠诚义务，此类义务最极端的表现形式便是德国公务员。

因此，租赁合同，彰显了那些经历过革命时期混乱社会状态的社会群体新获得的合同"自由"，是古典自由主义的产物。从这一幼螨中并无法飞出平等之蝶，相反，又一次回到了身份的老路。这一次，劳动者的身份是在一个相对流动的劳动力市场上的个体，受到警察法规的调整，以及主人权力的支配。人法的影响，有时候会吸收劳动关系，阻碍了自治的劳动合同观念的形成。这一进展反映了当时各方在社会力量方面的差距。

及至第三个阶段开始的时候，租赁在工业社会的背景下已经变成一个陈旧过时的概念。劳动关系演进的速度远比为很多国家所继受的《法国民法典》中的立法观念迭代要快。在20世纪开始时，工业化程度已经很高，但也只是到那个时候，劳动合同才总体上被视为一个自治的独立存在。劳动合同是掩盖背后社会关系的假面；但它却是随着社会立法和集体谈判发展而不断壮大的劳动法的一部分，尽管不是最重要的部分。制造业的集中壮大呼唤一种从属性的劳动关系（即完全受到雇主权力的支配），以便有助于资本积累，这一点很快成为常识。从属性成了劳动者的最新身份，而这一崭新的身份又是全新社会模型的特征，劳动者所享有的合同自由在事实上沦为一种形式。在签订合同之前，他的身份是未就业者；在签订合同之后，他的身份变成了合同缔约方中较为弱势的一方。社会立法（参见本书第二章）规定雇主需要承担特定义务，但是此类立法源自立法保护劳动者的需要，而非将劳动者提升到能够以平等条件进行缔约谈判地位的需要。集体谈判（参见本书第五章）发展的速度比较迟缓，成了一个取决于工会的社会力量的变量。只有实现劳动过程的民主化，在个体对其工作的控制过程能够进行合作性参与以后，身份的概念才会消失，而劳动者也才会被视为真正意义上的成熟的缔约方。不过，这是另外一个主题研究的对象。

第二章　自由放任与劳动者的国家保护

蒂洛·拉姆

第一节　自由放任与国家保护

自由放任（*Laissez-faire, laissez-aller, le monde va lui-même*）是指某种经济自由主义的议程。它们意味着国家对经济关系的不干预状态，而废除由行会设定的所有规则则为题中之意。劳动的自由是个体所享有的按照自己想法行事的自由，只受到相对方的意愿的限制，而该相对方有着同样的实现自身利益最大化的意图。个体之间的利益通过竞争的方式加以平衡，并且社会的期待是，竞争会将产品或者服务的价格降低到最低的水平。竞争是市场上的自我规制，但又不止步于此。用大卫·李嘉图（David Ricardo）的话讲，在存在竞争的地方，个体利益与公共利益并无冲突（Ricardo, 1817: Ch.7）。德国的威廉·冯·洪堡[他又反过来影响了英国的约翰·密尔（J.S.Mill）]将下列表述视为首要原则：

> 国家应当从为国民提供积极福利照护中抽身，除了为国民提供免于受到来自国民和外部敌人袭击所必需的保护之外，不应当采取任何进一步的措施。（Von Humboldt, 1792: Ch.3）

将国家的目的限定为正义和安全，或者用边沁的简洁表述，"保护生命与财产"，后来被德国社会民主党的创始人斐迪南·拉萨尔（Ferdinand Lassalle, 1825—1864）不无讽刺地表述为"守夜人"（*Nachtwächterstaat*）。

这并不是对由英国亚当·斯密开创的自由主义观念的完全准确的描

述。在他的不朽名著《国富论》（全名：《国家财富的性质与起因研究》）（Smith, 1776：Book 4, Ch. 9）中，他不仅将交通与外贸的成本加诸国家，还认为国家应当承担教育成本。较差的区域（lower estates）也应当有一定的基础教育设施，因为受教育程度的提高对国家有利。教育与自由主义同属于启蒙运动的产物，但是初级教育也建立了某种初步的平等（rough-and-ready equality），而这是竞争的必要前提。因此，平等不仅仅是人身自由或者纯粹的法律平等。它还包含了对教育的支持，即便不是对所有人的，至少也是对孤儿的教育支持，以及对那些患有慢性病而无法独立生活的人提供照护。

自由主义不仅意味着贸易和商业自由，还包括劳动自由和行动自由，主要表现为合同自由，而合同现在被视为与宗教相隔离的法律的一部分，并且在道德上是中立的。但是，合同自由至少需要订立合同的自由，因此这里问题的实质是儿童的缔约能力、父亲的权威，以及国家的控制。另外一个问题与已婚或者未婚女性的法律身份以及她们相对于男性的地位有关。儿童和妇女是国家在对雇员与雇主之间关系进行干预时需要处理的头两号问题。

不应该忽视的一点是，对儿童的保护始于英国《济贫法》的修改。但是，从传统上讲，《济贫法》通常被认为与极端情形下的经济关系有关，即自由放任的做法对于某些个体无法发挥作用，因为他们不能自食其力或者成了孤儿。先是在一些新教教徒国家，随后经由1789年法国大革命而实现的世俗化，使得教会开始失去财产，无法为它所承担的社会功能，特别是贫困救济功能提供经费支持以后，《济贫法》的重要性日益凸显。此前被视为贫困救济的次要支柱的社区，不得不发挥主力军的作用。这一点很难实现，因为当时的社会观念认为，穷人大多游手好闲而非踏实工作。所以，在中产阶级的新哲学即劳动是社会生活之基这一观念的影响下，在个人自我责任的名义下，《济贫法》得以被修改。（国家干预

的这一方面内容将在本书第三、四章进行讨论)

自由主义与个人主义的理念肇端于传统社会力量仍然存在的社会,并且在不同国家表现程度不同。皇室与中产阶级、资产阶级与贵族、资产阶级与日益崛起的无产阶级、城市与农村、保守主义者与自由主义者之间的斗争和角力,决定了特定宗教与人道主义观念的形成,以及政治变革的发生。这些斗争和角力决定了劳动者保护的历史,而劳动者保护只是政治博弈的一部分而已。尽管在所有国家中,玩家相似,但是因为他们的技能和实力差别很大,使得这一博弈过程差别很大,因此对各个国家的情况进行比较变得异常困难。对劳动者保护的比较法历史进行简化的一个方式,是关注自由放任的理念与实践,这需要克服国家对经济关系进行管制的传统,而这一传统于18世纪几乎在所有国家都存在,在许多国家,这一传统甚至延伸到了19世纪前半叶。

自由主义与个人主义涉及一种对社会的全新理解。它们放弃了连带与互助的观念,这一观念导致了中世纪对个体自由的压制,并且也为王权的绝对统治提供了正当性根基。自由社会是建诸自我主义,甚至是自私自利之上的,由个体之间相互进行制约、平衡和控制。总体的竞争会使社会福利最大化。而自由主义实现的历史便是对这一观念的失败之处的描述过程。这是人类历史上最黑暗的一页。在这一过程中,国家开始对劳动者进行保护,现代劳动法的历史翻开了第一章。它决定了西欧劳动法在19世纪和20世纪初期的发展。

国家对劳动者的"保护"的含义也经历了巨大且重要的变迁。斯蒂芬·鲍尔在1924年发表的著述中(长达300页),将劳动者保护的目的宽泛地界定为:"确保实现劳动者人格的最有利发展"(Bauer,1924:401)。按照他的解释,"保护"包括对身体和精神功能的维护和康复、最低程度的经济保障、创设专门的劳动行政管理体系以便为劳动保护的执行提供法律和社会保障,以及为工人阶级的经济和社会地位的提升打开机会之门。鲍尔的定义是劳动法在 19 世纪发展历程的缩影。这是一个将劳动力从受压迫的状态中解放出来的阶段。

然而，鲍尔的定义太过宽泛，至少需要对其进行两方面的重要修正。第一个方面是承认劳动法与社会保障法是两个不同的法律学科，尽管社会保障也是建立在国家对劳动者的保障理念之上的（参见本书第三章）。第二个方面的修正是排除集体劳动法，因为它是建立在自助（自力救济）的理念之上的。当然，在正式意义上讲，对集体组织和产业行动的压制也可以被视为国家规制。但是自由放任理念不能在抽象意义上讨论，仅仅如某种无政府主义的展示那样。这是一个由历史决定的现象，不仅要求与中世纪的行会和重商主义相脱离，也要求对熟练工形成的实力强大的组织以及新工人阶级刚刚成立的工会进行压制。自由放任是建立在市场中的个体行为之上的一种社会秩序。禁止结社的法律帮助了这一社会秩序的建立，并复制了个体导向的自由主义（参见本书第五章）。

当社会保障法和集体劳动法从鲍尔的宽泛概念中被移除之后，仍然存在有关工作条件的法律，并且有专门的监督执行措施。

从狭义上讲，国家劳工保护的客体基本上在所有国家都是相同的：对儿童、妇女的保护；免于受到雇主的某些盘剥压榨的保护，如实物工资制或者来自制造业机械的伤害；对家政工人的保护；以及最终对成年劳动者的保护。从理论上讲，我们可以区分三类不同的话题：对特定劳动者的保护，对特定行业的工作条件的规制，以及对所有劳动者的保护。但在历史现实中，这三方面的话题是纠缠在一起的。对特定类别劳动者的保护，如对儿童和妇女的保护，最先在某些特定的领域出现，这一点后来又得以演进成另一种理念，即因为这些群体需要特殊保护，所以他们在所有行业中都应当得到保护。而对所有劳动者都进行保护的理念又起源于特定行业，与特定的行业风险有关，如未安装护具的机械。

国家劳工保护的历史既有单个国家层面的，也有国际层面的。这两个层面的历史是相互交织的。但是，在"一战"前，国家层面的历史占主导。因此，对国际历史的讨论将放到本书第七章，在讲劳动法的国际化时一并讨论。国家保护性劳工立法的历史，在英国立法的影响下，持续了 70 余年。英国一直是其他国家的榜样。英国是第一个发生工业革命的国家，在世界范围内（依托殖民地）开展自由贸易，并且是经济自由主义理论的首倡国家。

出于这一原因，英国的保护性劳工立法在此处被描述为"理想类型"。至高无上的王权早在 17 世纪便被打败，使得资产阶级与工人阶级之间的斗争在英国比在法国和德国均表现得更为明显。在法国和德国，王室在宪政体系框架内权力仍然十分强大。在法国，波旁王朝复辟以后引入了庆祝礼拜日的法律（1814 年），并通过法律禁止 10 岁以下的童工在矿井工作（1813 年），以及在卫生状况堪忧行业实行国家监察等形式（1790 年、1810 年、1815 年、1825 年、1826 年），名义上具备了劳工保护方面的立法。普鲁士通过对危险的作业场所实行许可制，行使了某种形式的控制。但是保护工人的目的在英国获得了最显著的进展，这一点是在存在自由处置财产或者劳动力的原则以及合同自由原则崛起的情况下实现的。这一点与德国差异很大。在德国，对劳工的保护是这个深具父爱主义传统的国家通过 1869 年《帝国贸易法》对行会体系和劳工保护进行重组的尝试的一部分。

在对英国的模式进行描述后，其他国家的法律进展将按照两个主题进行讨论：对特定类别的工人的保护，以及对所有工人的保护（及保护的执行问题）。后一个问题还将在"一战"后英国的进展部分进行讨论。

第二节　榜样：英国"一战"前的保护性立法

英国保护性立法的进展非常缓慢，这一过程既非清晰可见，又非按照特定逻辑进路展开，而是议会内外的工会与改革者之间的斗争，以及强大的雇主群体与自由放任理念的一些智识支持者的抵抗的产物。这一立法最初是以一种相对无组织的方式展开，并集中在穷困儿童的身体和道德健康问题上。在 18 世纪的后 30 年，当棉纺织业开始实现机械化时，儿童被认为是最好的操作员，因为他们体型小、灵活度高。他们是廉价的劳动力，因此在纺纱工师傅与济贫管理机构之间通常都会安排孤儿或者其他济贫院中的儿童为其充任"学徒"。

1767 年《乔纳斯·汉韦法》(The Jonas Hanway Act of 1767)，作为对此前成千上万的穷困儿童死亡的补救，规定六岁以下的儿童应当被送到伦敦之外的乡村草屋，并按照最低工资的费用标准为其提供照护。在这一义务之下，当地的社区开始变得不堪重负，因此，将这些儿童作为"学徒"送到曼彻斯特及其周边的工厂中。这些工厂中，工作日的工作时间长达 15 小时。1784 年和 1796 年的瘟疫导致曼彻斯特地区的政府官员的介入。1802 年《学徒健康与道德法》(the Health and Morals of Apprentices Act)，加上之前通过的 1788 年《烟囱清扫者规制法》(Regulation of Chimney Sweepers Act)，试图对《济贫法》导致的儿童剥削虐待现象进行补救。它适用于雇佣有 20 名以上工人、3 名以上学徒的工厂，将贫困学徒的工作时间限制在 12 小时，禁止安排他们从事夜班作业 (1804 年后)，要求雇主为其提供文化课程和宗教方面的教育，分性别安排住宿，并提供合适的衣物。该法的监督执行交由牧师和太平绅士完成。该法收效甚微，原因在于雇主不再倚重《济贫法》所保护的贫困儿童，而开始转向雇佣"自由"劳动力，后者并不属于该法的保护范围。在 1831 年，据报道称，"自由"儿童从 7—9 岁就开始受雇，每天工作长达 15 小时或 16 小时，中间只有简短的餐间休息。对这些"自由劳动力"进行调控的斗争，与 1819 年首部《工厂法》相关联。该法与 1802 年《学徒健康与道德法》相类似，是由托利党的老罗伯特·皮尔勋爵 (Tory Sir Robert Peel, the elder)

引入议会的。但是真正的灵感来源于罗伯特·欧文（1771—1858 年）。作为当时最伟大、最富有的棉纺织业主，他从 1800 年开始担任位于格拉斯哥附近的新拉纳克纺织厂（New Lanark Mills）的合伙人兼经理。他停止了对 10 岁以下儿童的雇佣，将 10 岁以上儿童的劳动时间进行削减，极大地提高了工作条件，并为工厂的童工提供教育。从 1813 年开始，欧文试图说服其他的工厂主自愿接受他所实践的原则，但是并没有取得成功。因此他开始向欧洲和美洲的政府及统治阶级兜售自己的理念，甚至还在神圣同盟（Holy Alliance）于 1818 年在亚琛举行的会议上向与会代表发表了演讲（参见本书第七章）。

欧文代表了在所有国家都能找到的一类产业家：成功且仁慈的企业主（其相当于产业层面的"开明君主"）。他通过自身的例子表明当前的情形是不必要的，能够进行改头换面的提升，并且这一提升对雇主也是有利的。他不仅拥有很鲜明的个性特征，以及对人性的信心，他还坚信教育的成功以及环境对人的性格形成所起到的决定作用。欧文是 18 世纪启蒙运动的传承者，并且获得了来自同时代的先行者，如瑞士的费伦伯格（Fellenberg）、奥伯林（Oberlin）、裴斯泰洛齐（Pestalozzi）的帮助。在向神圣同盟的代表发表演讲之前，欧文拜访了他们并寻求他们的建议。因此，为劳动儿童争取保护的运动就变成了对合作与教育的信任与自我主义和自我利益的不受限制的权力之间的角力。这一角力过程，包括了对将家庭从社会中进行剥离的抨击，以及对不受控制的父职权威与权力的批判。

鉴于欧文的巨大国际声誉与影响力，围绕国家的规制权力特别是对儿童的法定保护议题，各国展开了广泛的讨论。在这一争论中，熟悉的论点反复出现，比如干预是否真的必要，以及会否损害家庭生活或者消减父母的权威。当时的担心是，出于保护儿童的目的而进行的干预，会否只是削减成年劳工工作时间的第一步。事实上，曼彻斯特地区的成年劳工已经发起请愿，要求实行 12 小时工作日制（含休息时间）。工作时间的削减被认为会有利于外国的竞争者，并会造成儿童的游手好闲与酗酒滋事。

事后来看，儿童保护的胜利或许最终能够通过区分自由放任的经济理论与法律上的合同自由加以解释。儿童并无合同自由。正如密尔在1848年所说："所谓儿童的合同自由不过是强迫自由的另外一种表述。"（Mill，1965：952）父亲将儿童的劳务通过签合同的方式交给雇主，是否违反了他提供教育机会的义务？这样看来，儿童保护只是意味着对父职权威的控制进行解绑，这一控制通常是由国家行使的，将其交由第三方（雇主）进行控制，该第三方对父职权力的滥用共同负责，并从中获益。

这些观念被接受起来并不容易，争取儿童保护的斗争持续了很长一段时间。该法于1819年在议会的上下院均获得通过，但是也有一些限制。它只适用于棉纺织厂；将最低就业年龄从原来要求的10岁降低到9岁；仅将9—16岁童工的工作时间限定为每天12小时，并且夜班劳动被禁止（成年劳工可在晚上九点至凌晨五点之间工作）；除此之外，欧文倡导的有关负责执行立法的带薪劳动监察员的规定被删除。雇主对该法的敌意很重，它的执行端赖当地的太平绅士，而很多太平绅士本身就是雇主。在1825—1831年间，该法有一些细微的改进。制造方法上的技术革新很可能比立法在消除童工现象方面发挥的作用要大得多。

在有关缩短工作日时长的运动取得进展之前，有一部重要的立法得以通过，以确保劳动者的工资以法定货币形式获得全额支付、不受抵扣。这便是1831年的《实物工资法》，该法是在纺织工为了抗议某位实行实物工资制的雇主而进行罢工后通过的，并获得了一些雇主的支持。1831年的立法重申了一项自1465年以来的立法传统，只不过这一立法传统在此前不再被官方承认而已。"Truck"一词起源于法语中的"troq"或者"troquer"，意指工人的工资全部或者部分由实物支付，这通常也意味着对工资支付额度的降低。很多雇主通过支付券或者代金券的方式支付工资，而这些支付券或者代金券又只能在雇主开办的特定商店（tommy shops）使用。在这些商店中，工人经常被鼓励借钱消费，而借款的利息畸高，商品的价格也很高。工人被用不同的方式剥夺了他们工资的真实价值；而那些采用实物工资制的雇主则在竞争中获得了相对于其他竞争者的优势。出于这一原因，很多大型雇主试图废除实物工资制，因为小规模、信誉差的雇主通过实物工资制进行不正当竞争。

大型雇主的经济利益与劳动者的社会利益碰巧趋同，再加上英国有对工资支付进行规制的法律传统，这就能解释该法在通过时遇到的反对声并不大的原因。尽管经济学家如约瑟夫·休谟（Joseph Hume）和大卫·李嘉图都通过"合同自由"来论证实物支付的正当性，其他自由经济学家如亚当·斯密则认可该法，认为其从某种意义上讲，"净化"了工资-劳动间的交换关系。

该法的一个重要特征是适用范围很广，适用于所有的"手工业者"（artificers），这一表述后来被界定为涵盖所有年龄段的体力劳动者，家政工人除外。与英国的大多数保护性立法不同，该法的保护对象并不限于妇女、年轻人以及儿童（该法在1874年、1877年、1896年、1940年分别被小幅度修正，于1986年被废止）。

不过由于执行不力，该法收效甚微。对于雇主已经以工资名义向工人支付的实物，该法并未规定雇主有任何救济渠道。约定以法定货币以外的形式支付工资的合同均为无效且非法，并且可以通过简易程序定罪，判处小额罚金；并且如果工人或者他的遗孀或者儿童变成了贫困救济的对象，那么济贫管理机构可以向雇主追索此前三个月未以法定货币形式支付的工资部分。但是工人本人如果要求雇主以法定货币形式支付其工资，则可能面临解雇或者降薪的风险。因此，即使反实物工资协会采取了很多行动，实物工资制也没有被完全废除，特别是在经济不景气的时候。直到1887年，议会才将执行实物工资立法的权力交由工厂和矿山的监察员。

实物工资制走下坡路的原因不是立法，而是变化的经济条件，具体来讲，英国在维多利亚女王统治中期的繁荣，大规模企业的持续增长，与之相伴随的是对实物工资在经济上需求的降低。到1877年，处于初创期的英国工会联盟认为，再追求通过限制实物工资制的进一步立法已经意义不大。1887年《实物工资修正法》（The Truck Amendment Act 1887）做了许多改进，比如明确了可以从工资中扣除的项目，如食物、租金和教育费用；而1896年《实物工资法》（不仅适用于体力劳动者还适用于工厂的助理）对因罚款、损害货物或者其他生产资料而进行扣款的权力进行了限制。但是这一立法在保护性立法的发展历史上从未占据过关键的位置。

在为了获得保护的斗争博弈过程中，争取十小时工作制的运动处于核心地位。这一运动也受到了《禁止结社法》（1824年和1825年）被废止后新近合法成立的工会的推动。于1825年成立的"保护劳工全国联合会"（National Association for the Protection of Labour），这一名称本身就昭示了劳动者对其期望的用途并非自我帮助，这在当时已经被证明并无效果，而是为了获得国家的帮助。

在英国，这一组织化的尝试在1831年后开始取得进展，在北部城镇的工人群体组成了"缩短工作时间委员会"（short-time committees）。这些委员会是由技术工人和商人的组织所组成，并由英国的牧师、托利党的乡绅（有地产的绅士家庭）以及激进党和托利党的工厂主出资赞助的。它们在理查德·奥斯特勒（Richard Oastler，职业为地产经纪的托利党人）、迈克尔·萨德勒（Michael Sadler，职业为布匹商人的托利党人）、约翰·菲尔德（John Fielder，棉纺品制造商）、阿什利·库珀［Ashley Cooper，后来成为沙夫茨伯里伯爵（Earl of Shaftesbury），受到宗教理念启发的托利党人］的领导下展开工作。这些委员会的主要目的是实现所有劳动者的十小时工作制，不论年龄与性别。他们对 1833 年的《工厂法》[1]感到失望，该法将十小时工作制的规定适用于儿童的工作时间，但是并不适用于其他劳动者。

1833 年《工厂法》针对纺织行业的童工引入了 48 小时工作周制。该法的重要意义在于它首次建立了一个独立的、带薪的工厂监察队伍，负责该法的执行。1833 年《工厂法》成为欧洲和美洲各国工厂立法的典范。但是，对工人的严重剥削虐待行为，仍然存在。特别是，工厂主并非让童工持续地工作，而是中间安排有间隔（所谓的"接力"制），因此可以不受法律的控制，并且这一立法仅适用于纺织业工厂。1841—1842 年间成立的有关儿童和年轻人雇佣情况的皇家调查委员会（Royal Commission of Inquiry into the Employment of Children and Young Persons）解释了煤矿和非煤矿山中的悲惨景象。弗里德里希·恩格斯于 1842 年从德国来到英国，根据这一材料和他自己的观察于 1844 年写就了《英国工人阶级状况》（The Condition of the Working-Class in England）一书。在该书中，他写道：

> 四岁、五岁、七岁的儿童被雇佣。他们被安排将矿工从矿井里挖掘出来的煤炭或者矿石运送到马背上或者主矿井中，并且要为工人和材料的通过承担开门关门（将矿井的不同部分相隔离并调整通风情况）的任务。对于那些开门的童工，矿井通常雇佣年龄最小的儿童，他们常常需要在阴暗潮湿的矿井过道里，每天独自度过超过 12 小时的光景，那种无事可做的单调乏味令人毛骨悚然，以至于多做事情对他们来讲反倒是一种解脱。（Engels，1892：244）

对于运输煤炭这些体力劳动强度更大的工作，矿井通常会雇佣年龄

---

[1] 该法正文的摘录可参见本书附录四，第 368 页。

更大的儿童以及半大的女工。前述皇家调查委员会发现，这些儿童的教育问题在很大程度上被忽视；至于道德问题，恩格斯认为，则"被工作本身所摧毁"。同时代的证据表明，妇女通常只能受雇于男性拒绝工作的岗位和领域。妇女在井下的水中作业，每天推拉运煤车12—14小时，沙夫茨伯里伯爵在议会的辩论中将她们的处境与英国于1834年解放的黑人奴隶的处境相对比。1842年《矿山法》禁止女工和十岁以下的儿童从事井下工作，但是根据恩格斯的描述，该法即使在两年后仍然没有得到很好的遵守。在1860年法律通过之前，对于该法并无有效的执行监管机制。

就纺织业工厂而言，除了一段为了验证1833年《工厂法》在实践中的效果的短暂喘息，以及1835—1840年间被力主政治改革的宪章运动盖过风头之外，缩短工作时间委员会将它们的目标进行了修正，聚焦于成年女工的工作时间。这一修正有以下几个原因。第一，这是一种出于战略上的考量，因为在当时的政治条件下，综合性的立法被认为并不可行。但是，企业主和男工都意识到，通过立法对女工工作时间进行限制，在实践中，也会通过集体谈判的方式实现对男工工作时间的限制。第二，尽管社会上就终结对女工的剥削存在着真实的同情情绪，但男工们担心技术进步，如走锭精纺机，会将他们自己的工作置于危险之中，反倒将技能水平较低甚至没有技能的女工置于劳动力市场上的竞争者的地位。这些担忧反映在缩短工作时间委员会的相关决议中。这些决议将女工从工厂中撤出，或者对她们的使用施加条件。第三，中产阶级开始将女工的困境视为"社会问题"。在工业革命后出现的新型家庭中，通常的刻板印象是，男性的角色是挣钱养家，而女性则是家政工人和儿童养育员。福音传教士（evangelists）与实用主义的改革者不仅关心在工厂与矿山中的女工所遭受的身体上的剥削虐待，还试图维持女性作为基督教意义上的母亲和家庭生活的捍卫者的角色。即便第一国际（1866年）也认同这一看法，将"由自然决定的工作任务"分配给妇女，并认为她们的地位是在家庭领域:"这些任务是妇女不得不做的。将其他的工作任务强加给她的做法是不可取的。"第一国际要求禁止安排女工从事夜班以及危险或者不健康的工作。但是另一方面,中产阶级中的女权主义者和约翰·密尔这位主张女性平权的忠诚卫士,反对对女性的进一步保护,担心这样会对她们实现完全平等的主张带来不利。

所以,正如我们在英国所看到的,随着集体谈判的早期发展,至少有四个群体要求进行工厂改革。他们是男性的"劳工贵族",比如编织手艺人(framework knitters)和手摇纺织机的纺织工,他们的生计被新的工厂体系所摧毁;社会医学(social medicine)的先驱者,他们呼吁重视工厂和矿山的生产条件对全社会的健康所带来的威胁,引起了人们对这一问题的重视;牧师和宗教相关人员;以及归属于托利党的有地产的乡绅阶层,他们对工厂主这一新阶层充满了敌意,用马克思在1853年的话来说,他们"通过将工人反抗其雇主的原因和诉求进行披露,特别是聚焦于限制工作时间的要求,致力于对中产阶级进行抵制"(Marx and Engels, 1853:368)。不过,这一表述需要在某种程度上进行修改,因为毫无疑问,有些归属于辉格党的地主阶层也反对这一改革,而有些托利党的制造业主却支持这些改革,视这些法律为将这一新型工厂体制合法化以及消除那些未遵守最低工资标准的制造业主的不正当竞争的途径。

这一运动导致了一系列立法的出台,这些立法的特点是适用范围较为有限。缩短工作时间委员会所取得的最早的立法胜利是1844年《工厂法》,该法将妇女与13—18周岁的年轻人在所有事项上均同等对待。她们的工作时间限定为每天12小时,外加餐间休息,工作时间需要在早晨5:30至晚上8:30之间。由于该法规定12小时的工作时间从第一个受保护的工人开始工作起算,并且受保护的人在用餐期间不得待在工作场所,这使得"接力"制变得难以维系。最低就业年龄从原来的8岁提高到9岁,9—13岁的儿童的工作时间限定为每天6.5小时,并禁止安排其从事夜班劳动。该法还规定了在父母和雇主监督之下接受教育的义务，也有关于健康的规定，如刷漆与清扫作业场所的流程；还有关于安全的规定，如要求移动的器械或者器械的危险部件需要加装护具。这些规定反映了专门的工厂监察员的巨大影响，他们将工厂条件置于大众视线之中，并对立法改革做出了重要贡献。这一影响也解释了为什么他们的执法权力能够得到大大的增强。该法变成了劳动管理的立法典范，随后被其他欧洲国家所采纳并得到发展。

在禁止夜班劳动的规定拓展适用到棉布印花（calico printing）行业后（1845年），1847年《工厂法》接受了缩短工作时间委员会的主要要求，将妇女和年轻工人的工作时间缩短为每天10小时，每周不超过58小时。但是对这些规定进行规避并不困难，每天工作的10小时可以安排在早晨5:30与晚上8:30这一时间段中的任何时间，并且接力制仍然在妇女和年轻工人中被使用。1850年《工厂法》试图对这一点进行矫正，规定受该法保护工人的工作时间，周一至周五需要在上午6:00至下午6:00或者上午7:00至下午7:00之间，周六最迟不得晚于下午2:00。每天餐间休息时间为1.5小时；这意味着历史上首次法定的工作日开始与雇佣的法定期限相一致。"接力"制中的其他漏洞最终被1853年《工厂法》所消除。蕾丝编织业被1861年《工厂法》纳入调整范围；面包烘烤坊被1863年《工厂法》纳入调整范围，该法禁止安排年轻工人从事夜班劳动，并且确立了健康标准，但是将执法的权力交给地方政府。1864年《工厂法拓展法》（Factory Acts Extension Act 1864）将此前立法的调整范围扩展至一些新的行业，并且要求所有工厂确保工作环境整洁，禁止儿童、年轻工人和女工在纺织业、制陶业和火柴工厂的车间中进餐。这是对1863年皇家委员会调查结论的回应，该皇家委员会调查了那些尚未被工厂法所涵盖的行业和制造业工种中的儿童雇佣情况。1867年的立法适用于所有雇佣人数在50人以上的工厂；1870年和1871年的立法将印刷、染色、漂白业的作业场所纳入调整范围。

因此工厂立法是非常详细且复杂的，并且有些地方也并非完全清晰。例如，1864 年的立法将制陶业的工厂纳入调整范围，却豁免了砖瓦制造业，不过如果产品用于装修，则不享受豁免（豁免也有例外！）。当立法机关为某一类工厂出台了两套甚至更多规定的时候，法律的解释也变得更为复杂；并且劳动监察员也并不遵守某种整齐划一的解释。这对于企业主来说无法忍受，因为他们被期望在市场上以平等为基础进行竞争。

直到 1878 年，统一的、整合的工厂立法才得以出台。这一立法依据 1875—1876 年调查工厂立法的整合、提升与扩展适用的皇家委员会的报告而形成。1878 年《工厂与作坊法》（Factory and Workshop Act）废除了此前 16 部工厂立法，并将工厂（使用机械动力的场所）和作坊分为六个类别：纺织工厂、非纺织工厂、作坊、未雇佣儿童和年轻人的作坊，以及仅雇佣男性工人的作坊。保护的程度取决于所在工作场所的分类。该法还重新组织了工厂监察体系，增加了次级监察员和初级监察员的人数，赋予他们更多在白天或者夜间进入工作场所、要求雇主提供资料并进行调查的权力。

此后及至 19 世纪末的时间里，工厂立法在保留此前立法基本原则的基础上，又进行了许多改进。从 1867 年开始，为了保护工厂中的童工，引入了一套医师监察体系（general medical inspection）。工厂中的最低就业年龄已经于 1874 年提高到了 10 岁，1891 年提高到 11 岁，1901 年提高到 12 岁，1918 年提高到 14 岁，1944 年提高到 15 岁。1844 年《工厂法》引入的半时工制（half-time system），使得童工接受教育更为容易；但是重大的进展发生在 1870、1876 以及 1880 年工厂立法中有关 5—13 岁童工必须接受教育的强制性规定出台之后。而半时工制度直到 1920 年才被废止。就妇女而言，1878 年工厂整合立法之后唯一重要的改变与轮班制以及相关的豁免程序有关。1901 年的《工厂与作坊法》将纺织行业工厂的工作时间缩短为每天 10 小时，非纺织行业工厂的工作时间缩短为每天 10.5 小时，每周的工作时间相应地分别缩短为 55.5 小时和 60 小时。在矿山中，儿童的最低就业年龄在 1872 年从 10 岁升为 12 岁，1900 年升为 13 岁，1911 年（煤矿行业）升为 14 岁，后来升到 15 岁。矿工工会所争取到的最重要的立法胜利是在 1860 年《煤矿规制法》(Coal Mines Regulation Act) 中加入了一个条款，规定："如果矿工的工资是以重量为标准支付的，那么他们在劳动过程中所获得的材料应当在称重点进行合理称重，并有权自费指定专人对此进行记录。"指定监秤人 (checkweigher) 的权利不仅是矿工们长期以来的要求，并且被指定的人也成为矿工工会地区领导人的重要来源。即使在 1872 年和 1887 年对该法进行了修正，矿山所有人仍然能够规避这些规定，比如解雇监秤人；并且在 1911 年立法出台之前，矿工工会对于这些要求仍然并不满足。除了矿山之外，工厂和作坊受到的规制较少。1886 年出台的《商店营业时间法》(Shop Hours Acts)，对零售行业的交易时间作出了规定，但是对工作日的时间并未规定。1911 年的立法首次规定每周有半天的休息时间，规定了日间休息时间，以及在商店中工作的 18 岁以下的人员每周工作时间不得超过 74 小时。在小食店和咖啡馆，1913 年立法规定的最长工作时间为每周 65 小时，每年有 32 天的休息时间和 26 个礼拜日。这一立法得到了商店所有人和工会的共同支持。直到 20 世纪，这一立法规定才扩展适用至农业工人和白领工人，即使到那时，适用范围也并非是不受限制的。

  19 世纪几乎所有工厂立法的最大特点是其适用范围限于妇女、年轻人与儿童。正如之前已经谈到的，这样做既强化了妇女的位置在家中这种观点，也因此增加了男性与女性在职业中的隔离。从女权主义者的立场看，保护性立法反映了一个男性劳工"贵族"所持有的父爱主义态度；从工会的角度看，这一立法既是保护妇女免受家庭主妇和产业工人双重剥削的途径，同时也构成集体谈判的最低基础，在此之上来提高所有劳动者，包括男性和女性劳动者的劳动条件。英国劳动立法（20世纪中叶之前）的关键特点是只有在集体谈判无法有效调整时，才开始介入调整劳动关系。卡恩-佛罗因德将这一现象的原因解释为：体力劳动者的工会在没有立法介入的情况下，在选举权于1867年拓展至城镇手工业者、1884年赋予许多农村工人之前，就已经确保了最低标准的保障。以保护工厂、作坊和矿山中的儿童、年轻人或者妇女的立法基本调整范围为基础，保护性立法仅扩展适用于那些"（集体）谈判无法触及"的领域（Kahn-Freund, 1959：221）。因此，那些在工厂和作坊中工作的妇女和年轻人的工作时间受到工厂立法的调整，而那些成年男性（有个别例外）的工作时间则完全交由集体谈判来调整。这些例外存在于那些有特殊性的行业，比如铁路业，1893年的立法将工作时间缩短以避免事故的出现；或者存在于那些集体谈判并不奏效的行业。最典型的例子是矿工联盟为争取《八小时工作制法》所进行的20年斗争。为了实现这一目标，矿工领导人在罢工行动策略与议会行动策略之间摇摆不定，并最终选择了后者，因为煤矿所有人的抵制以及矿工联盟在这一问题上存在认识分歧。直到1908年，《矿山八小时工作制法》才得以通过；随后每一班的工作时间被缩减至七个小时。

通用的保护性立法的另一个重要例证是1909年《劳资协商会法》（Trade Boards Act of 1909）。该法建立了一种机制，在那些集体谈判无法发挥作用的行业和领域确立最低工资。从1824年开始，治安官（magistrates）为伦敦的斯皮塔佛德地区（Spitalfields）的纺织工确定最低工资的权力被废除，直到1909年，国家对工资都没有实施任何法律上的控制。1909年的法律并未确立法定的最低工资，但它是一个激进的措施，因为它通过三方结构的委员会（由工会代表、雇主代表和第三方独立委员组成）来确定一些（盘剥最悲惨工人的）"血汗"领域和行业的最低工资。在该法出台前 20 年的时间里，靠着上层社会的慈善行为和一些激进行动的综合作用来抵制"血汗"工厂。1890 年，上议院的特别委员会将"血汗"定义为三重罪恶的联合：

> 工资水平不足以维持劳动者的生存所需或者与其劳动付出不成比例；工作时间过长；以及工作场所的卫生状况堪忧。（Bayliss，1962：2-3）

对此，有三个可能的救济途径。第一，通过一个全国性的最低工资标准，不过这一途径被认为是不可能的，因为在当时自由放任观念仍然占据主导地位。即使在后来，1912 年，时任首相阿斯奎斯（Asquith），这是一个不轻易表露感情的人，在面对全国煤矿业为了要求通过矿工最低工资立法（该法从未生效）而开展的罢工时掉下了眼泪。在当时，由国家确定工资水平被认为必然导致灾难。第二个可能的途径是将工厂立法的适用范围拓展至家庭手工业者（home-workers）。上议院特别委员会将此视为问题的根源，建议进行适用范围的扩展。第三个可能的途径是将确定工资的做法限定于"血汗"行业，并仅赋予国家非常有限的角色。最后第三种途径被采纳。

确定工资的实际形式受到一位名叫欧内斯特·艾夫斯（Ernest Aves）的调查委员会主席的报告的影响，内政部于 1907 年任命其为调查委员会主席，对澳大利亚和新西兰的工资协商会（Wages Boards）和《产业调停与仲裁法》（Industrial Conciliation and Arbitration Acts）展开调查研究。自从 1908 年之后，查尔斯·迪尔克（Charles Dilke）勋爵在每届议会中都会提出以澳大利亚维多利亚州的工资协商会为原型而形成的普通议员法案。这些法案建议的关键特征被纳入到自由党政府于 1909 年通过的法律之中。该法将确定最低工资的权利交给雇主、工会的代表以及第三方的独立人士（通常是学术研究人员或者退休的公务员）*，国家只是在协商会确定了最低工资以后负责执行这一标准。温斯顿·丘吉尔，当时是自由党政府的大臣，在议会引入了这一法律的草案，指出其主要的目的是鼓励集体谈判。协商会的基本构成在1909年以后并未改变：相同数量的雇主和劳动者代表，以及单数的独立委员代表。每一个"血汗"行业都会建立独立的协商会，建立的标准是该行业通行的工资标准极低，并且这一行业的其他情形也使得适用该法变得迫切。该法体现了卡恩-佛罗因德所称的"集体"自治理论的典型特征（本书第五章将进一步讨论）。随着1918年《劳资协商会法》将缺乏充足的集体谈判机制作为建立劳资协商会的关键标准，这一理论也迎来了高光时刻。截至1920年底，约有300万名工人和30万名雇主受到劳资协商会的调整。工资由劳资协商会确定的工人中有70%是妇女。值得一提的是，这一保护性立法的调整对象不及全部劳动力人口的五分之一。

当我们的目光从英国转向其他欧洲国家时，我们发现，这些国家的保护性立法也是先从特殊群体开始的，但是关键性的区别在于，在这些国家，国家保护逐步拓展至所有劳动者；而在英国，规制型立法仍然局限于特殊群体。我们现在就去看看西欧其他国家的发展状况。

第三节　其他国家对特殊群体的保护

受保护的劳动者群体可以划分为两个类别：第一类是根据与生俱来的个人特征如年龄、性别或者残疾状况确定的类别；第二类是根据工作的性质，特别是家庭手工业（home-work），这是一种特殊形式的剥削，

---

* 即劳资协商会。——译者

并且，后来也成为一种危险且不健康的工作。

一、儿童与年轻人

在不同的国家无一例外均受到保护的第一个群体是儿童。对他们的保护仅仅通过工厂立法是不够的，还要通过学徒立法。在前工业革命时期，普鲁士和德国的其他邦，试图通过在特殊行业（涉及的行业时宽时窄）维持行会制度，与认可贸易自由相结合。其中一个原因是保护技术劳动者与职业培训。即使在德国于1869年认可贸易自由之后，行会仍然作为一个自愿组织而存在，后来也承接了一些有关监督培训学徒方面的官方职能。

工厂中的儿童保护在不同国家开始的时间并不相同，具体来讲，普鲁士从1839年开始，法国从1841年，以及（当时归属于）意大利的奥地利部分从1843年开始。不过，大多数国家的立法工作都是在1870年代才开始或者重新回到正轨的。其中，丹麦与意大利于1873年，荷兰于1874年和1889年，德国于1878年，卢森堡于1876年，比利时于1884年（矿山）和1889年开启了相关的立法进程。第三波立法的高潮是在1890年代以后：法国在1892年，丹麦在1901年，意大利在1902年，德国在1903年，以及荷兰在1911年先后通过了相关的立法。

普鲁士有关儿童保护立法的历史颇值玩味，因为它展示了官僚体系、国王与工厂主之间的互动关系，工厂主之所以受到重视，在于工业化被视为解决当时社会问题的出路。这一历史是以杜塞尔多夫大区主席（District Governor）与普鲁士国王之间的一件令人捧腹的乌龙及其公开讨论开始的。在主席的报告中，莱茵河市的市长与工厂主之间共同建立了一所工厂学校，国王对这一模范表率深感满意。但是很快，在国王的溢美之词于官方公报中公布以后，该工厂主被指控在他的纺织工厂雇佣六岁的儿童从事轮班作业，每班的时间长达13小时，也只有在白班中才安排一个小时的学习时间。在长达四年的时间里，这一事件不断地报告给普鲁士政府内阁。教育大臣在与贸易大臣磋商后，要求对雇佣童工问题进行调查（1824年）。这些事实通过官方的渠道进行上报，官方在这个过程中询问了雇主、学校的老师以及牧师，唯独没有询问儿童及其父母。包括教育大臣在内的人提出了国家干预的建议，内容比较保守。

这些建议主要与对工厂开展医学监察、取消夜校以及义务性的最低教育有关。最激进的建议是将9岁确立为最低就业年龄，并由当地的公共卫生官员出具健康证明。大部分地区政府都没有提出最长工作时间方面的建议：其中有三个地区政府提出了将10岁以上儿童的工作时间确定为每天6小时或者7小时。教育大臣与贸易大臣在究竟应该采取哪些必要步骤这一问题上无法达成共识。于是，教育大臣在1927年的一份通告中解释了政府内阁的不干预的立场，并命令地区政府采取"强有力的手段"确保儿童不受中断地正常到校接受教育。对于五岁以上的儿童而言，受教育是强制性的，直到根据牧师的判断，他们获得了相应职位所必需的知识为止；对这一要求的豁免需要牧师和当地政府的批准。

这一命令的执行情况不太理想，正如1828年底警察对柏林市的情况进行的检查所揭示的那样。确实，如报告显示，大多数儿童并未因工作而被禁止接受教育；只是他们参加的都是效果很差的礼拜日学校。尽管警局的局长被训诫，但是他声称，父母需要儿童的工资以保障家庭的正常运转：如果没有这一收入，很多家庭将变成公共福利的救济对象。一年后，冯·霍恩（Von Horn）中将从西里西亚发回报告称，工业地区无法将他们的全部劳动力提供给普鲁士军队（Landwehr）使用，并提到雇主在夜班中使用儿童。国王向两位大臣签发了命令，对这一现象进行了抨击，"因为它压制了年轻人的身体成长，必须警惕工业区的下一代比这一代更柔弱、残废"。尽管教育大臣很快对国王就这一报告提出的要求作出了回应，并且随即再一次提出了立法建议，但是贸易大臣的回复火药味很重，指责"学校过分夸张的要求,特别是待在家里学习陈腔滥调的要求,摧毁了健康";这些抱怨每天都在增加,并且由于这些教育方面的要求造成的更柔弱、残废的一代同样值得皇室关注!

1832年,贸易大臣要求他的同事为在议会引入相关法案而申请皇室许可,但是,直到七年以后,政府内阁才通过了《有关工厂中年轻人的职业的规定》。在此之前,莱茵省的首席大臣(Oberpräsident)在1835年签发命令,禁止雇佣儿童,除非能够通过证词证明他已经在学校接受了三年的教育;12岁以上儿童的工作时间应当安排在上午或者下午,且不应该超过7小时。首席大臣在1839年起草了另一个规章,将其适用范围拓展至矿山、轧钢厂和捣矿场。普鲁士的规定(具有与法律同样的效力)与英国立法的差别并没有想象的那么大,因为它只涵盖了9—16岁的年轻人,允许每天最多十小时的工作时间,可以在此基础上延长一个小时,但是延长时间不超过四周,并将所有的工厂都纳入调整范围。与英国立法类似,这一规定也要求提供休息时间,并禁止在礼拜日和节假日工作。年轻人需要进行登记,登记簿册需要提交警察和学校的老师备查。违反这些规定将面临惩罚。到校接受教育这一规定并未改变,这意味着每天五个小时的学习时间,即加上休息时间和工作时间,每天需要16.5小时。

对这些规定的执行并不是太严格,有可能是因为那些工厂主在当地市政会议中颇具影响力,市政会议可以决定市长的薪酬水平,而市长对这些事项负有全面的监督管理职责。地方政府于1845年提交的报告并未要求采取新的措施,哪怕是在健康和道德方面,尽管内政大臣、财政大臣和教育大臣在一份通知中已经明确问到这一问题。这一通知还建议成立工厂监察体系,由政府任命的荣誉人士担任监察员。1845年初,教育大臣发出通知建议成立一个由市长、牧师、医生、学校校长、雇主以及("如有可能")雇员组成的地方委员会。1847年,内政大臣(莱茵省的前任首席大臣）要求对该委员会行使控制权。随后，1848年的革命运动事件导致了1849年法令的出台，该法令规定成立产业关系理事会（Gewerberate），对工厂中的劳动就业问题进行监督。然而，这一由工厂主、手工业者和商人的代表组成的机构，并未发挥应有的作用。1853年颁布的新法规定"在需要的时候"可以配备带薪的工厂监察员，并赋予其当地警察拥有的权力。在该法中，最低就业年龄提高到了10岁，一年后提高到了11岁，两年后提高到了12岁。不满14岁的未成年人的每日最长工作时间缩减至7小时，但是接受教育的时间也被削减至3小时。所有16岁以上的年轻工人需要有工人手册，由雇主保管，并接受主管部门的检查。只有三个地区的政府认为劳动监察是有必要的，而其中一个在1860年代初期又改变了看法，而另外一个地区政府在（莱茵省的）首席大臣看来，"非常不积极"。而第三个地区即亚琛地区有关工厂监察员的报告显示，雇主无视法律的规定，并试图阻挠监察活动。

在法国，1841年《儿童保护法》是对1827年以来占据公众舆论核心位置的纺织厂童工生病甚至自杀的丑闻的回应。1833年的英国立法强化了这一立法动向，这一动向是由虔诚派新教教徒、天主教社会学研究者，以及由法兰西学院开展的对工厂劳动者的状况调查综合作用的结果。1841年《儿童保护法》与在英国和普鲁士通过的立法类似，禁止雇佣8岁以下的儿童。它还规定8—12岁的儿童每日最长工作时间为8小时，12—16岁的儿童每日最长工作时间为12小时，对13岁以下的儿童禁止安排夜班。政府法令被认为应当对12岁以下儿童的学校教育问题作出规定。日间休息时间留由雇主决定。监督执行交由特别的荣誉委员会负责。该法涵盖制造业，即使用机械力量的常设机构，与其他不使用机械力量但是雇佣员工在20人以上的机构。尽管在1848年二月革命爆发之前，有一些改进，但真正有效的儿童保护立法在1874年才得以通过。该法建立在英国的监察模式基础之上，适用范围涵盖除家事领域以外的所有企业。

"一战"前的儿童保护通常都达到了下面这个阶段。12岁以下的儿童不被允许工作（丹麦、比利时、意大利）；法国将这一要求与接受小学教育的证明结合起来。德国和卢森堡也有同样的规定，并且与荷兰一样，将最低就业年龄提升至13岁。而在调整工作时间这一问题上，似乎画面就不是这么整齐划一了。法国、卢森堡与德国确定未满16岁的人的最长工作时间为每日10小时；而荷兰规定17岁以下的人的最长工作时间为每日10小时；丹麦也将16—18岁的人纳入最长工作时间规定的适用范围。对于15岁以下的人，意大利允许安排每日工作八小时，禁止安排14岁以下的儿童从事危险且不健康的工作，并禁止安排保护范围内的儿童从事夜班劳动。卢森堡对某些工作岗位作出了详细的保护规定，对于不满16岁儿童，禁止安排其从事井下工作及在生产或者使用爆炸物的工作场所工作。

"一战"后的各国立法通常遵从了国际劳工大会的公约所确立的国际标准（参见本书第七章）。这些公约将此前各国立法中有关最低就业年龄、企业中的夜班劳动、海上及农业中的儿童劳动的规定进行了调试整合。这是在1919年至1937年之间实现的，并且在"二战"后得到补强和修正。国际劳工组织对非工业的劳动进行调整发生在1932年和1937年，并且医学监察的问题成为1946年的一份公约的主题。

有些问题是笼统性的，并且是反复出现的。其中一个问题就是家族企业，只有雇主的家庭成员才在其中工作。这些劳动者无一例外均不适用保护性立法，但1937年国际劳工组织第52号建议书表达了在将来废除这些豁免的想法，要求成员国采取措施将家族企业工作人员纳入各国劳动立法的调整范围。另外一个问题是工作与接受小学教育、学徒训练或者职业培训之间的关系，学徒训练和职业培训通常又是在要求持续工作的场所或者危险、有损健康的场所进行。各国国内的法律通常会区分绝对的最低年龄（国际劳工组织1919年确定为14岁，1937年确定为15岁）与受保护的年龄，即经有权机关同意可以作出一些例外规定，有权机关可以单独或者在征求雇主或工人组织的意见后作出上述决定。在紧急情况下也可能作出例外规定。

国际劳工组织的公约规定对于16岁以下的儿童，绝对禁止安排夜班。对于16—18岁的儿童，则可以有一些例外规定。对于14岁以下的儿童，禁止在船上工作（1921年），这一年龄后来提高到15岁（1936年），但是对于14—15岁的儿童，有权机关可以在参酌他的健康、身体状况以及工作对他的利益提升等因素的基础上，作出例外规定。雇佣18岁以下的人，需要出具医学健康证明（1921年）。18岁以下的人不能从事剪枝工和锅炉工的工作，除非是在港口，且找不到其他人从事这些工作；即使是这样，他们的年龄也不得低于16岁（1921年）。农业领域的劳动年龄比工业领域要低一些：14岁即可，但是必须"要先满足接受学校教育的时间"。国际劳工局曾通知荷兰政府，其确定最低就业年龄的意图在于禁止那些有义务接受学校教育的儿童就业。

1932年和1937年有关非工业领域劳动就业的公约填补了其他有关儿童的公约留下的空白。这些不同公约适用对象的分界线交由各国的有权机关在谘商各该国雇主和劳动者的主要代表组织之后作出决定。具体的公约就年龄、接受学校教育的义务和工作的性质作出了区别规定，这些规定旨在确定工作不会对儿童的健康和正常的发展造成损害。即使是夜班工作中的轻活（light work）也是禁止儿童从事的，对于14岁以下的儿童而言，夜班是指晚8点至第二天早8点之间连续12小时的时间段。14岁以上的儿童，如何界定夜班的任务留由成员国国内法确定。出于艺术、科学、教育的目的，可以作出一些例外规定。

按照传统的理解，随着1946年公约规定18岁以下的儿童进入工业企业进行工作时有接受强制性身体检查的义务，儿童保护日臻完善。在那些存在健康风险的职业，这一义务扩展至 21 岁。在 18 岁之前，需要对儿童以定期检查的方式进行医学监察。对于非工业的职业，也规定了类似的标准。

二、妇女

妇女是劳动者中第二个得到特别保护的群体。正如在英国那样，保护的内容包括健康、工作日时长、夜班，以及生育保护。禁止安排女职工从事夜班工作是国际公约最早的主题之一（1906 年，参见本书第七章）。

在"一战"前的阶段，认为妇女需要得到特殊保护的观念，是与她们的社会和法律地位相联系的。如同在讲述英国立法时所提到的，这一点被用作反对女性要求与男性同等待遇的诉求的强有力论据。最初，这一特殊保护仅限于一些欧陆国家的年轻女性。法国只保护 21 岁以下的女性，将他们视同 12—16 岁的男性儿童（1874 年）。卢森堡在 1876 年借鉴了这一做法。比利时于 1884 年将保护限定在禁止 14 岁以下的女童（和 12 岁以下的男童）从事井下作业。丹麦只禁止女性在矿山和采石场工作（1881 年），并且由于女权主义者的抗议，拒绝给予妇女以普遍的保护。

欧陆国家女性获得普遍保护的时间从 1890 年代开始，晚于英国。1891 年，德国禁止女性的夜班劳动（理由同禁止 14—16 岁儿童夜班劳动），但是允许女性每天工作 11 小时，而 14—16 岁儿童的最长工作时间为每天 10 小时。对于负有家庭职责的妇女，午餐间歇的时间可以延长。同样的工作日安排也在荷兰（1889 年）与法国（1893 年）得以确立，但是在这两个国家中作为参照的群体是 16—18 岁的年轻人。荷兰在同一部法律中禁止安排女性从事夜班劳动，而法国则是在 1892 年禁止了夜班劳动。意大利将 15 岁以上的妇女的工作日限定为每天 12 小时。之所以禁止女性从事夜班劳动，动因在于 1906 年在伯尔尼通过的国际公约，该公约相继被卢森堡(1907年)、意大利(1909年)、法国(1910年)和比利时(1911年)通过，但丹麦并未通过，因为在该国妇女保护是一个极具争议性的话题。印刷厂的女工组织投票反对给予妇女特别保护，因为她们认为这样会阻断她们获得高薪工作的机会，但是政治性更强的社会-民主妇女组织则支持保护性立法。1889年《丹麦事故预防法》事实上禁止女性清理正在运转中的机器；法国禁止女工搬运重物(1909年)和从事危险工作(1914年)。

生育保护始于德国，因为女工特别保护立法的第一步便是禁止女工在生育后三周内工作(1878年)；这一期限后来增加到四周，并且如果没有医学健康证明的话，还需要再加两周(1891年)。意大利(1907年)、法国(1913年)和丹麦(1913年)均规定了女工照顾婴儿的休息时间。

妇女的工作也是"一战"后国际劳工组织若干公约的关注对象：与工业企业中的夜班主题相关的公约已经被修改过两次(1934年和1948年)，也通过了生育保护的公约(1919年，1952年被修改)，但是未涉及工作日时长的话题。所有劳动者八小时工作制的实现解决了这一问题。这三个公约在"夜班"的定义上有所不同，从11小时(1919年公约)，到10小时(1934年公约)，最终再到7小时(1948年公约)。对于家族企业、不可抗力以及与易腐烂原材料相关的情形，公约作了例外规定。生育假期的时间也增加到了生育后六周加预产期前六周(1919年)，并且这一12周的产假可以由生育的女工决定如何行使，但是禁止生育后六周内劳动(1952年)。在产假期间，对生育的女工要按照足够维持她和婴儿健康生计的水平支付待遇。哺乳的时间也作了规定，为工作日内每天两次，每次半小时。

在20世纪上半叶，重点开始从保护性立法转移到女工的平等权利问题，比如同工同酬以及在政府部门的平等就业机会问题。这一进展随着"一战"后出现的大量失业现象而被中断。德国纳粹政府对此的回应是将妇女重新限定于传统的家庭主妇和母亲的角色。至少生育四个子女被认为是妇女所负有的国民义务。在"二战"结束后,苏联军政府授权他们占领区的德国政府在建筑和重建活动中雇佣女工(1946年);但是七个月后,在工会的建议下,政府确认了禁止妇女从事的劳动和企业的列表。因此,妇女特别保护的遗产持续到了"二战"后的阶段。

三、残疾人

因为自身特征受到特殊保护的第三个群体是残疾人。这一保护的缘由最初是与残疾的起源相关的。"一战"后的立法聚焦于从战时经济到平时经济的转变,力图促进战争老兵的就业。在德国有25万名行动不便的士兵,且劳动能力低于50%。因此,1919年有关雇佣重度残疾人的命令,规定雇佣此类人属于法律规定的强制义务,并且规定对其解雇构成违法。根据1923年的法律,不论是政府部门还是私营部门,雇主均负有雇佣一定比例的残疾员工的义务。1924年,这一比例定为2%。意大利立法在这一点上颇为相似,1917年6月28日颁布的法令(随后被修改过几次),规定任何雇佣员工在十人以上的雇主均有义务雇佣战争伤残老兵,具体比例为每雇佣20人应该雇佣一名伤残老兵,只要这些伤残老兵能够从事最低限度的劳动。在其他国家也通过了类似的立法,这也是通过法定缔约义务来处理某类劳动者的特定社会需求的一个例证。

在"二战"行将结束时,残疾人复归社会的问题被认为是一个普遍问题,因此也成为1944年费城国际劳工大会有关从战争到和平过渡的第71号建议书的部分内容。该建议书的内容不仅涵盖战争老兵的问题,还宣告"残疾工人,不论残疾的原因,均应当获得康复、特殊化的职业培训与再培训以及合适岗位的完整机会"。新法律理念的发展状况可以通过对比战后德国不同的占领区之间的状况进行观察。在有些地区,保护性立法持续只涵盖残疾战争老兵,而其他的地区(如美国占领区内的州)则将纳粹迫害的受害人也涵盖在内，但是这两者都可以被认为是国家对它职责范围内的行为所采取补偿的一种特殊形式。而在英国占领区和苏联占领区内立法所采取的新观念则是将所有残疾人群均涵盖在内，包括先天性残疾。这一点在英国被 1944 年《残疾人（就业）法》[Disabled Persons (Employment) Act] 所采纳。该法第一条将"残疾人"界定为：

> 基于伤害、疾病或者先天畸形，其获得或者保持就业岗位的能力受到实质损伤，或者自谋职业的能力受到损伤；若不是因为这些伤害、疾病或者先天畸形，他的年龄、经历和资历可以胜任（这些就业岗位）。

对于此类人，法律还规定了职业培训和康复。如同战争期间的法国、德国和意大利有关残疾战争老兵的立法，以及后来 1947 年荷兰的法律，英国法律也采用了要求雇主招录一定比例的残疾人的做法（需在国家建立的登记处进行登记），并且雇主不能解雇这些人。这一比例被确定为用工总数的 3%，这一要求适用于雇佣超过 20 人以上的雇主。此类规定已经不仅仅是"保护"了，它代表了对劳动力市场的重新调整（参见本书第四章）。

四、家庭手工业者

家庭手工业者是特别立法保护对象的第四类。这一类对保护性立法带来的挑战最大，因为如果将工业企业（industrial undertakings）理解为工作任务按照雇主自上而下的统一安排完成的地方，那么将家庭手工业者纳入工业立法（industrial legislation）的保护范围就不太合适。工作任务是在家里完成的，甚至是在劳动者房间里完成的，他们可以自己决定工作时间。在这个意义上讲，这并不是劳动合同（参见本书第一章），更像是自雇的企业主完成一定的工作任务，或者在雇主提供的原材料的基础上进行劳动，生产出特定的产品，最后再由雇主出卖的合同。家庭手工业是工业革命前的一种生产形式，特别是在纺织行业，它充分利用分工协作的优势，而家庭手工业者均自带机器。由雇主进行的监管变得很复杂，并且因为家庭纽带而受到阻碍，因为工人的家庭成员通常会共同完成工作任务。尽管在很大程度上被工厂体系所取代，但是家庭手工业的残余仍然存在，并且变成了剥削虐待的最惊人的形式之一，一直持续到资本主义工业化时期。这在英国被界定为"血汗"体系的一个例证。所有国家的政府在是否应当给予他们必要的保护这一问题上都显得犹豫不决，尽管家庭手工业者的悲惨处境众所周知。在普鲁士，纺织工人面临着来自英国的令人绝望的竞争，而西里西亚纺织工人 1844—1845 年的骚乱正是家庭手工业者绝望的预警信号，这一事件随后被西里西亚的诗人格哈德·豪普特曼（Gerhard Hauptmann）写入他的著名现实主义悲剧剧作《织工》（*The Weaver*），得以流传后世。

对家庭手工业者的保护是通过对受保护工人的定义进行拓展，将其纳入反实物工资立法保护范围的时候开始的。但是这一点在企业主身上并未实现，因为从技术上讲，他们不被认为是"雇主"。1911 年德国《家庭手工业法》规定家庭手工业者对作坊的合理工作条件负责。企业主有义务公布工资标准，提交工资记录簿册（记录实物工资的数额、完成的工作量以及支付的工资），并保存家庭手工业者花名册备查。相应的工作任务只能交给登记的家庭手工业者完成。他们可以成立行业委员会（*Fachausschüsse*）以提出意见，考虑建议，并提升"工资或者集体谈判协议水平"。这些委员会是按照三方原则组织的，由企业主和家庭手工业者的代表，以及三名独立专家作为主席和陪审员组成。当有建议将英国最低工资体系引入德国时，时任首相的贝特曼·霍尔维格（Bethmann-Hollweg）在德国国会对此建议予以驳斥，称之为"迈向社会主义国家的第一步"（英国劳资协商会立法已经被拓展适用于家庭手工业者）。直到 1929 年的《家庭手工业者工资法》才规定行业委员会有权宣布集体谈判协议具有广泛的效力，确立最低工资标准，并赋予它们调解调停的功能。

在法国，迈向最低工资的关键一步是通过战争立法实现的。1915 年 7 月 10 日的法律规定了制衣行业生产军装的女性家庭手工业者的工资确定方式。该法基本上旨在确定按件计价的工钱。企业主需要在家庭手工业者领取原材料的地方，以及存放成品的地方张贴公示按件计价的工钱标准。这一立法还规定要建立若干个确定工资的机制（尽管这一要求在实践中并未总是得到遵守）。劳动委员会（*conseils de travail*）需要确定具有平均技能水平的工人的最低工资，并以此为基础确定家庭手工业者的按件计价的工钱。这一计算是建立在生活在同一地区、同一职业中具有平均技能水平的工人的每日工资之上的，根据在工作场所中完成的工作而按日或者按小时付费，然后除以每天或者每小时完成的产品数量，便可以得出每一件的工价。如果在一个地区并不存在该委员会，该区需要就确定家庭手工业者的工资问题设立一个咨询机构。该咨询机构与委员会具有相同的功能，但是需要由职业的治安官（*Juge de Paix*）担任主席，由雇主和工人的两名或者四名代表协助其工作。如果委员会或者咨询机构之间存在不同意见，则需要成立一个仲裁机构：这一机构采取的是劳动部下辖的中央委员会形式。中央委员会由职业的治安官担任主席，该治安官同时也是最高法院的顾问；由两名雇主的代表和两名工人的代表，相关委员会或者咨询机构的成员，两名劳动纠纷仲裁法庭的成员（*prud'hommes*，一名雇主方的成员，一名工人的成员），以及一名由劳动局（Labour Office）派出的常设调查员组成。经劳动部授权，任何合适的群体均可提起民事诉讼，而无须证明（确定的最低工资）对该群体造成了不利之处。法律还规定了刑事制裁措施，表现形式是罚金，金额根据受到影响的工人的数量按比例确定。丹麦规定雇主有义务进行登记，并禁止提供不健康的手工业作业（1913年）。总体上讲，家庭手工业在比利时、意大利和卢森堡立法中是一个被忽略的领域；而荷兰1933年的法律有关家庭手工业的规定则形同虚设。

1919年伯尔尼会议通过的《劳工宪章》要求禁止在危险工种和食品行业中采用家庭手工业的形式，建议通过对家庭场所的监察来形成一个集保险、登记以及控制于一体的体系，同时也规定了最低工资问题。但是这些建议并未取得成功。国际劳工组织无法就这一主题通过公约，仅通过了一些建议书。

第四节　对所有劳动者的保护

19世纪对所有类别的劳动者进行保护的立法都是间接的，且适用范围有限。除了工资支付方面的保障外，它还包括了禁止实物工资的内容、对店铺打烊时间的规定、健康与安全标准的确定，以及禁止礼拜日工作等。对于工作时间的统一调整，特别是八小时工作制，斗争博弈的时间比较长，最终在"一战"结束的时候得以实现。

一、工资保护

有必要仔细考察一下德国反实物工资法背后的运动，因为它解释了官僚、王室、"开明"工厂主以及劳动者在保护实现之前的复杂斗争关系。普鲁士实物工资法的历史表明，这一立法遵循了前自由主义的传统。1794年《普鲁士普通邦法》禁止矿山企业采用实物工资制。此前，索林根（Solingen）刀匠行会在1789年将这一点写入它们的章程。但是，在其他行业，实物工资制大行其道。制造业的企业主时不时地将那些质量不高的产品以工资的形式支付给工人。1828年政府内阁的一道命令实现了对工资支付方式的某种程度的控制，该命令对以外国货币形式支付的工资进行规制。但是，要废除实物工资制，仍然有很长的路要走。1831年，三个主要工业地区即亚琛、科隆与杜塞尔多夫的行政首长与当地商会的谈判以失败告终。

内政大臣、司法大臣和财政大臣反对禁止实物工资的立法，原因是它会侵犯贸易自由。贸易大臣答复道：

> 贸易自由在绝大多数情况下，都能在竞争中得到保护，因此也无须国家的介入。但是在少数情况下，由于事物的性质决定了竞争并无可能，且也不存在根据立法者的意图在其不干预的情况下能够实现平衡的对应物，只有在这种情况下立法者才有必要进行干预。（Anton，1892：158）

内政大臣认为合同自由是解决途径。如果按照合同，工人不愿意接受以实物形式支付的工资，那么他可以拒绝这样的支付。司法大臣补充道，禁止实物工资的做法徒劳无益，因为雇主可以通过降低工资的方式达到同样的效果。顺理成章地，即使在工厂主们直接请求王室禁止实物工资制的时候，官方也没有采取任何措施。

威斯特伐利亚省议会在1837年发出动议，禁止实物工资制，并得到该省首席大臣的支持。这一动议由于法律上的困难而被驳回，但是承诺会适时重新考虑这一动议。1843年，莱茵省议会也对这一动议进行了审议，但并未获得首席大臣的支持，因此动议被驳回。在第二年，有四个劳动法庭[2]的主席将废除实物工资制纳入他们向财政大臣提交的建议列

---

2 在该地区，劳动法庭制度在法国统治时期被引入，并且在该地区被并入普鲁士以后，这一制度得以流传下来。

表中，并获得了杜塞尔多夫地区政府的支持。在就这一问题开展的新调查中，普鲁士政府将英国法上的原则传达给商会，发现工厂委员会就废除实物工资制问题无能为力，要么是因为实物工资制已经由双方通过合同约定，要么是在多数涉及实物工资制的案件中，只有民事法庭才有管辖权。公众舆论也并未说服雇主废除实物工资制，但伦纳普镇（Lennep）是个例外，镇上40名制造业雇主同意用现金支付员工工资。剩下的8家制造业雇主拒绝跟进，但是前述40家雇主同意以这8家雇主折抵给员工的价格从员工手中收购这些实物，并在公开拍卖会上再将这些实物出售，前提是这8家雇主的名字必须在现场展示。迫于公众压力，这8家原本不同意的雇主也改变了主意。

    调查显示大部分滥用实物工资制的情况并不是发生在工厂中，而是发生在家庭手工业之中。据悉，制造商用来抵扣工资的实物价格比零售价至少高20%，有时候甚至高出一倍。调查报告所涵盖范围内的所有商会、杜塞尔多夫市政府、莱茵省的首席大臣以及首席贸易官均支持禁止实物工资制，并试图通过相关的法案。不过，直到1848年1月，内政部和财政部设立的调查委员会委员们才就法案的内容达成一致。这一法案被送往国民议会，但是在就该法案投票之前国民议会被解散。但是，该法案成为后来1849年2月皇家法令的一部分，并于一年后获得议会批准。该皇家法令规定工厂所有人和贸易商应当以货币支付工资，不得用实物冲抵。不过，该法令也作了例外规定，比如（支付给雇员的）住房、燃料、土地租赁、膳食、医疗救治与支持，以及必要的工具与材料等方面的费用，仍然可以用实物冲抵。与此规定内容相反的合同条款无效，并且工人承诺从制造商处购买产品的合同也同样无效。当事人不能就拖欠的实物工资提起民事诉讼；相反，相关的收益需要支付给当地提供医疗、丧葬、储蓄服务或者其他类似服务的慈善机构。违反这些禁止性规定，将会受到刑事制裁。这些规定看起来似乎得到了遵守。没有再见到就实物工资提出的公开的抱怨。这些规定后来成为1869年《帝国贸易法》的一部分。

德国的这一进展很重要，因为它揭示了不干预的自由主义理念的强大生命力，特别是在官僚体系的较高层阶中。国王（1848年之前仍拥有绝对权威）在是否进行干预这一问题上犹豫不决。这就要求那些"开明"工厂主和其他的改革派人士开展活动，以英国实物工资制被禁之前的例子现身说法。这在德国代表了对自由放任原则第一次重大的冲击，因为这一改革事关所有劳动者，不过它得以建立在彼时与德国的状况相适应的前工业社会的传统之上。

其他欧洲国家随后也相继跟进。比利时先后于1887年、1896年和1901年通过法律，禁止以法定货币以外的其他形式支付工资，并且对因住房、生产工具、工作服等扣减工资作出限制。在酒吧或者商店里支付工资的行为是被禁止的。该立法还规定了工资支付的时间以及计件工资的支付。该法后来变成了卢森堡1895年和1906年立法的蓝本。

在法国，工人在19世纪末和20世纪初组织罢工，抗议厂内商店（economats），因为它们的存在迫使工人形成了对工厂的完全依赖。这种罢工在1886年的德卡兹维尔（Decazeville），1905年的龙韦（Longwy）都发生过。工人抗议厂内商店的罢工运动经常得到当地店铺主和贸易商的支持，因为他们认为厂内商店的存在造成了不可忍受的竞争。1909年12月9日法国通过了一部法律，终止了厂内商店的存在。《法国劳动法典》中加入了一个条款，规定所有工人的工资应当以硬币或者纸币的形式支付，任何相反的约定在法律上都是无效的。《法国劳动法典》中的另外一条使得厂内商店的存在变得违法。当这些规定被违反时，警察会以罚金的形式对雇主课以刑事制裁。但是，对厂内商店的禁止，并未使得以实物方式支付工资的做法违法：立法者明确允许这一形式存在，因此雇主可以为工人提供住所、衣物、食物及其他。

荷兰1907年《劳动合同法》（修改了《荷兰民法典》的相关规定）与实物工资制有关。该法规定，工资应当以荷兰货币形式支付；如果是在边境地区，可以在征得工人同意的前提下，使用邻国的货币支付。不得通过合同约定工人有义务以特定的方式使用工资，或者从某个特定的地方、某个特定的人那里购买商品。

其他与工资支付有关的法律保护措施通常是在民法的债法范畴内引入的。比如，在法国，《民法典》和《商法典》的规定被用来确立一个工资优先权；并且类似的规定也在1907年《荷兰民法典》中被引入。此外，法律还赋予工人其工资免于受到债务抵扣的保护（比如，法国1895年1月12日的法律将工资进行债务抵扣的上限确定为1/10，并且将因这一问题发生的纠纷纳入治安官的管辖权限）。这些例子并非穷尽性的，只是被用来揭示一种趋势，即所有工人的工资都开始获得保护。

二、安全与健康标准

安全与健康标准的引入最初是与儿童，随后是与妇女的保护联系在一起的。这些标准随时都可以适用于男性。这样做的依据之一便是通过传统的行会规章的形式，如1845年《普鲁士贸易法》规定当地警方有权确保与熟练工和学徒工有关的行会规章对健康与福祉（*sittlichkeit*）问题给予恰当的关注。

另外一个依据是"危险场所"的概念，在这一概念之下再区分儿童、妇女与男性则显得不合逻辑，因为它"会给邻人与公众带来重大不利、危险与不便"（1845年《普鲁士贸易法》的表述）。（不作区分的）正当性基础不是对工人的保护，而是维持公众健康与福祉的需要。比如，比利时1849年的一项皇家法令，并未包括任何涉及工作中安全与健康的条款，而是规定每一项设立工作场所的许可，均应当附有相关信息，阐明"为避免或者减少因工作场所设立带来的不方便而采取的措施，邻人的利益应当与工人的利益获得同样的尊重"（第二条）。它更进一步规定道：

> 如果申请方能够通过采取预防措施，来防范因拟建立的工作场所而带来的危险、不健康的条件以及其他不舒适的状况存在，那么就可以授予其许可，前提是他能够确保上述措施得到遵守。（第三条）

这一签发许可的程序随后被1863年1月29日的皇家法令所修改，"目的是行业的更大利益"。对建立危险、不健康或者可能对工人造成不舒适条件的工作场所的许可审批，交由相关当局自由裁量决定。这些条件逐渐变得越来越明确，1886年12月27日的皇家法令最终规定，任何特别危险或者不健康的工作场所都有义务详细列明他们出于保护工人利益而采取的措施，并明白无误地申明需要遵守的条件。但是这些措施无需公开，因此工人无从知晓这些信息。直到稍晚时候，1894年9月21日的皇家法令规定了工作场所中的卫生标准，并规定了因工作条件导致的伤害而对工人的赔偿标准。逐渐地，通过适用于工作场所的具体规范的形式，形成了一系列保护工人的立法。比如，就危险机械安装护具、工作场所的通风、危险或者难度系数较大的工种，以及特定化学品的使用等事项都形成了法律规定（如丹麦1889年《机械工作事故预防法》以及德国1891年《帝国贸易法》修正案等）。需要强调的是，国家对劳动者个体保护的干预是与劳动关系集体组织的发展联系在一起的，不管是在工作场所之内还是之外。例如，在比利时，政府可以组织听证，听取行业委员会、省级委员会（provincial councils）、皇家科学院、最高卫生与劳动委员会，以及（"如有必要"）工商业中的工人的意见，并有权在听证后采取必要的措施。

三、工作日时长

对雇主和雇员关系进行国家干预的最重要的阶段当属有关工作日时长立法的引入。这一立法的技术，以及它背后的原因，在不同国家有不同的表现形式。有时是作为个别劳动者保护的一种形式，有时又是作为对劳动进行集体自我规制的一部分，对个体劳动者的保护只是其中的要素之一。在特定国家，如英国，这两个目标并存，即有关集体谈判协议的立法逐渐取代了既存的有关妇女、儿童个体保护的补丁式的规制基础，后者已经被证明既不充分，也无效果。在这一问题上的国家干预的演进，是与政治与工会运动所采取的活动密切相关的。国际劳工运动给予这一问题的关注及相应采取的行动，也同样重要。

即使在19世纪中期之前，各种运动已经开始要求对工作时间进行削减。例如，在英国，1830年代发生了一系列的游行示威，要求削减每天的工作时间，当时为每天14—16小时。在罗伯特·欧文有关工人的教理问答（catechism）中，他提出了支持八小时工作制主张的理由。第一，在综合考虑人的精力情况，保障强者与弱者均有生存权的前提下，每天8小时是他认为工人可以每天工作且保持健康体魄、智力与快乐所能忍受的最长时间；第二，得益于在化学和机械工程领域的现代发明，劳动者无须在体力上每天工作超过8小时；第三，每天8小时工作再加上对工作过程的良好组织，便可以创造出所有人都享用不尽的财富；第四，没有人有权利仅仅出于让自己富裕、他人贫穷的目的，而要求他的同伴工作超过社会所需的时间；第五，符合所有人利益的做法是所有人皆健康、睿智、幸福且富有。

如前所述，在这一领域中，国家干预限制工作日时长的做法最早是与儿童和妇女有关的。很多国家要求将这一限制拓展适用于成年男性。有时，这些对工作日时长进行的限制看起来是政治变革的直接结果。法国 1848 年革命后的情况便是如此。1848 年 3 月 22 日的法令对所有工人的工作日时长进行了缩减。根据该法的规定：

> 体力劳动的时间过长，不仅会害及工人的健康，也会通过使他无法提升自己的智识的方式伤及其尊严；因为对工人进行剥削是不正当的、恶意的，且与父爱主义的原则背道而驰，故而共和国政府下令，将工作日时长缩减一个小时；因此，在巴黎，从每天工作 11 小时缩减至 10 小时，而在其他省份从 12 小时缩减至 11 小时。

该法令的遵守情况不太乐观，并且由于政治变革，该法令被废止，并被 1848 年 9 月 9 日的一部法律所取代。该法重申了此前的巴黎地区 11 小时、其他地区 12 小时的工作日时长。直到 1919 年，法国才通过法律将每日的工作时间限制为 8 小时。

八小时工作制在 19 世纪之所以难以实现，经济方面的原因非常明显。工作的时长对于确保雇主在与其他制造商的竞争中保有或者提高利润水平至关重要。当工人的工资通常只能涵盖最基本的生存需求时，这意味着不可能再对工资进行削减以便与缩减的工作日时长相匹配。围绕合同自由，或者劳动者自行决定他的工作时间的自由，并无法充分解释为什么（劳资之间）冲突如此剧烈；也无法解释 1885 年德国俾斯麦首相所表达的担忧，即通过法律规定最长工作时间的做法会诱使本来其雇员工作时间较短的雇主将工作时间提高到每日上限。其中有一个道德方面的论据引起了工人的普遍不满，即对工作日时长进行限制，意味着工作之外的休息时间增多，可能会导致工人阶级的道德下滑，因为工人被认为是没有文化的阶级，更多的休息时间会让他们在人类一些最基本的激情消遣中不能自拔。

八小时工作制的问题在国际劳工运动兴起的过程中具有极大的象征

意义。1866年第一国际工人协会的日内瓦会议决议宣布，通过法律对工作日时长进行限制至关重要，否则，所有其他提升和解放工人阶级的努力将注定失败。国际劳动者之间的团结在1890年5月1日开始的劳动节示威游行中得到体现。在巴黎，劳动节示威游行后，工人代表将《劳动者宪章》呈递给下议院。《劳动者宪章》建议通过法律确定八小时工作制，受保障的最低工资，对妇女和儿童的劳动进行规制，每周提供一天的休息时间，并取消夜班、就业服务机构和非法的分包。他们认为，这些措施可以通过增加工人阶级消费者的购买力的方式，来减少因为日益提高的机械化水平而造成的定期裁员，并使小商业主获益。

在德国，国会代表们曾数次尝试将工作时间缩减至12小时、11小时或者10小时，但均以失败告终。不过，1891年《帝国贸易法》修正案却给出了一个间接的解决方案。该法规定雇主有义务为企业制定规章制度，该规章制度的内容需要包含每日正常工作时间的起始时间，包括成年劳动者的中间休息时间。在制定规章制度之前，应当听取工人或者常设工人委员会的意见，然后提交给有权的行政机构审查。1891年的修正案也包含了另外一个被其他国家视为模板的规定，即规定礼拜日为休息日：法国在1880年的时候废除了一部有同样规定的规章，1906年采纳了德国的做法；意大利于1907年，卢森堡于1913年，比利时于1914年相继通过了同一内容的法律。

革命政府，即德国人民全权代表委员会于1918年发布的《告德国人民书》，（在工作日时长问题上）产生了立竿见影的效果。这一施政纲领性质的文件规定，工作日的时长应当限制在八小时。最初，这一规定仅适用于体力劳动者，不过，四个月过后，开始拓展适用于白领劳动者。其他国家也相继跟进，包括卢森堡（1918年），丹麦（1919年），法国（1919年），荷兰（1919年，45小时工作周），比利时（1921年），意大利（1923年）。在英国，如前所述，除了矿工们于1908年实现了法定的八小时工作制，以及那些建立了劳资协商会的行业于 1909 年实现了八小时工作制以外，这一目标主要是通过行业层面的集体谈判而非立法来实现的。

在有些国家，由于雇主的强烈抵制，八小时工作制的立法成了一个短命的胜利。其中的原因之一肯定是他们对工人运动所取得的政治胜利感到愤愤不平。不过其他原因还包括"一战"后的经济危机，以及在德国需要支付巨大战争赔款的压力。1923 年发布的有关工作时间的法令作了一些例外规定，允许通过集体谈判或者政府授权的方式，对工作时间进行延长。意大利的 1926 年 6 月 30 日法令认可了九小时工作制。在荷兰，1922 年工作日的时长被增加到了 8.5 小时，工作周的时长被增加到了 48 小时。不过，八小时工作制开始成为国际标准。1919 年《凡尔赛和约》第 427 条规定，"八小时工作日和 48 小时工作周的标准是需要努力的方向，因为尚未实现。"1935 年的公约（第 47 号）规定工作时间应当为每周 40 小时，并规定不得为了实现这一工作时间标准，而降低工人的生活标准。但是，直到 21 年以后，才有足够多的国家批准了这一公约，该公约方才生效。

第五节　国家监察的发展

如果没有一套充分的执行体系，劳动保护性立法的效力将无从发挥。如果从事后来看，有效的执行必然要求一个配备有带薪官员的独立机构。但是，工厂改革最初是在当时既存的体制框架内进行的。这意味着执行国家立法的权力最初被赋予了地方警察或者治安官。几乎在所有国家，立法的执行状况都不理想，但这一状况的主要原因不能简单归结为执法机构对作为监管对象的工厂主存在经济上的依附关系。更多的是因为，他们与工厂主同属一个社会阶层，对受教育程度很低的无产阶级有着同样的反感、憎恶甚至是蔑视，他们都相信自由放任的自由主义理念，并认为工业化是进步的标志，肯定会提高总体的经济状况。

因此，在工厂立法领域最重要的进展莫过于创设独立的国家监察机构，对立法的执行进行监督。英国开创了劳动监察体系，但是颇为矛盾的是，由于集体谈判的早期发展，其劳动监察制度的发达程度远不如欧陆国家。1802年《学徒健康与道德法》（参见第78页）规定的执行方式包括通过"共同线人"提供违法线索，在对违法的雇主进行成功的追诉后，向其支付罚金的一部分作为奖励。这一举措完全没有效果。工厂监察的体系直到1833年才得以建立。工会对此抱有怀疑态度，因为他们担心监察员又不可避免地从与雇主相同的社会阶层中遴选，因此会对工人有偏见。1833年的法律规定任命四名监察员，负责对雇佣有18岁以下人的工厂进行监察。这四名监察员需要从有阅历，并在各自职业中已经崭露头角的人中任命。他们的社会出身很高（出庭律师、医疗从业人士、军官等）。同时任命的还有监察次官。1876年［不顾第一位首席监察员雷德格雷夫（Redgrave）的反对］，一个委员会在报告中建议任命工人阶级"助理"，在1887年，第一位此类助理被任命，到1892年之前，共任命了15位。工会对这些助理的较低身份颇为不满，并且在1920年之后，在警长（superintendent）监督下的监察员助理类别逐渐退出了历史舞台。工厂监察的特征如下：(1)工厂监察的角色是咨商性而非强制性的；(2)工厂监察员从那些具有较高教育资历的候选人中遴选；(3)对小作坊的卫生条件进行执法的任务下放给地方当局；(4)工厂监察只与特定的保护性立法有关。这不是一个与广义劳动立法相关的总括的劳动监察。它的职责限定于调查、监察与执行工厂立法以及与特定行业如矿山、爆炸物、化学品相关行业的立法。他们不是政府负责劳工事务部门的代表，与劳动争议解决机构也没有关系。

在 1839 年，保护年轻工人的法律通过 14 年后，工厂监察员终于在 1853 年被引入普鲁士，并且只有"在有需要的时候"，才对法律规定的执行情况进行监督。直到 1878 年，德国才成立了一个具有特殊公务员身份的监察机构，适用于所有的州。它们要么单独运作，要么与当地的警察共同行动。这些监察员由州政府任命，与当地的警察拥有相同的权力。他们有权力在任何时间造访工厂，并对发现的违法行为提出指控。他们需要每年向联邦理事会（各州政府组成的代表会议）和帝国议会汇报工作。

在法国，最早有关建立劳动与工厂监察机构的方案出现在 19 世纪末；但是劳动与工厂监察员是由各省议会（*conseils généraux*）管理的；由于省议会需要为工厂监察体系提供经费，因此它们对监察员的监察活动进行了限制。1892 年 11 月 2 日的法律创设了一个归属于政府的行政机构；其成员均为合同工，并通过竞争性考试的方式遴选。他们的职责涵盖一般意义上的劳动问题，尽管处理个体劳动关系与集体劳动关系问题的各种机构相继出现。1892 年的法律经过了几次修改，重要的修改包括 1937 年 7 月 17 日和 1941 年 10 月 31 日的法律修改。在处理劳动相关问题的总体组织机构框架下共有三个机构：工作检查站，劳动检查站（*controleurs*，根据劳动监察机构的授权，对劳动监察机构进行协助），以及政府。受到检查的领域逐步扩大。1941 年 3 月 22 日颁布的与儿童劳动有关的法律，规定只有适用机械动力或者持续性燃烧壁炉的企业或者作坊，以及那些在同一个工作场所雇佣员工 20 人以上的制造企业，才需要进行政府监察。1928 年，劳动与工厂监察机构的管辖范围被扩展至所有工业和商业场所及其外部建筑，而不论这一机构的性质是公共部门或私营部门，是宗教机构或世俗机构，甚至那些从事公立教育或者慈善教育的机构也包含在内：合作社、工匠铺、公立医院、精神病人收容所、公共管理办公室、政府部门办公室、自由职业、非商业的公司、工会以及任何类别的协会(1941年7月22日的法令)。专门遴选的公务员负责这些监察活动，而这些监察活动通常是由工作与劳动监察机构在诸如采矿业等行业开展的。

除了丹麦以外，欧洲其他国家的劳动监察机构基本上是在19世纪的最后十年和20世纪的第一个十年之间建立起来的。丹麦有点特殊，它的劳动监察机构建立的时间较早，于1874年通过特设的方式设立了两个劳动监察员。荷兰在第一部《儿童保护法》(1889年)通过15年之后设立了三个特别监察员。这一体系于1909年被重组。国家确立了十个监察区域，每个监察区域有一个首席监察员，同时配备一个陪审员和女性的监察员；另外，还从工人中遴选一位"劳工检查员"，由其向首席监察员汇报案情。配备有各方面专家(医学、化学以及电力工程方面)的监察总长是中央监察体系的首长，位于海牙。比利时于1895年、1896年和1902年，卢森堡于1902年，意大利于1912年，相继建立了各国的劳动监察员和医学监察员。

至于工人在多大程度上愿意与监察员配合，则是一个存疑的问题。法国商务部长米勒兰(Millerand)在1900年的两份通知中不无遗憾地提到，工厂监察员只在很少的案件中才会联系工人。他写道：

> 工人几乎从来不会去找监察员，也不会给他写信。在监察员造访工厂时，工人也基本上不会主动问监察员问题，当被监察员问到时，则会很快躲开。通常监察员不会主动问工人问题，因为他担心这一对话可能会对工人带来不利的后果。

因此，米勒兰建议与工会的领袖联系。而德国对此的态度则是不同的。对政治性工人阶级运动的极度不信任，使得普鲁士的商务大臣于1896年警告说，社会-民主诉愿委员会既不能从官方层面予以认可，也不能与其联系。这毫无疑问使得1849年"劳资委员会"(劳资双方拥有相同的代表)的理念得以复活,并被赋予监督管理的权力。

其他国家则是通过在矿山中任命由工人选举产生的安全代表的方式来解决这一问题的(法国从1890年开始,比利时从1897年开始,荷兰从1906年开始)。卢森堡1902年的法律规定,劳动监察由两名男性监察员、一名女性监察员以及由工人大会从三个候选人名单中选举产生的一位"工人代表"负责组织。

通常,很少有人关注监察机构的两个功能,即调解调停的教育功能与惩罚违法行为的压迫功能之间的兼容协调问题。然而,从一开始,对社会法执行与适用的控制似乎都与国家政策紧密联系,而这些国家政策旨在鼓励工人与雇主之间的合作,这一点似乎也有正当性依据。各国政府借助各种迥异的机制体制,旨在通过鼓励协调雇主与工人利益的方式来对立法进行适用与执行。

结　语

保护性劳动法最初是以保护特定群体(通常最先是儿童)的专门立法,或者在某一个特定行业的专门立法的方式出现的。要认识到新机械使用和生产过程的危险性,以及保护儿童健康的必要性,需要很长的时间。保护性立法起先限定在制造业与矿山行业,只是在后来才拓展至商业领域。农业在总体上被排除在立法的适用范围之外。很少有法律涵盖所有形式的劳动用工,包括家事用工和农业劳动。《德国民法典》实现了这一点,它规定雇主有义务"在劳务所允许的范围内,提供并确保房间、设施或者工具处于一种劳务提供者的人身不受伤害的状态"。并且,保护性立法通常都是政府自身负责执行的,经选举产生的工人代表的参与是一种例外情况。

影响法律制定的因素在各个国家都具有相似之处，但是不同因素的重要性则有所不同。总体上的政治进展发挥着决定性的作用。当选举权被赋予男性工人的时候，政治家们希望通过向他们承诺出台保护性立法的方式，来争取他们的选票。这也解释了为什么在1880年代以后，劳动保护成为政策的一个主要目标。但是这一态度也可能会因为政治上的担忧而被阻挠，比如1871年的巴黎公社就为法国和德国的进展造成了短暂但严重的中断。同样，反对绝对王权的斗争，如在丹麦，也导致了保护性立法的中断。在德国，王室将劳动保护作为让广大中产阶级臣服的工具，避免工人以独立政治力量追求保护性立法的方式变得过于强大。

外国立法对本国立法进展的影响也不应当被忽视。正是对他国经验的借鉴，特别是英国立法的经验，使得其他国家加速通过更多的立法。不过，英国立法的重要性也不应当被过分夸大。斯蒂芬·鲍尔说过，对英国保护性立法的继受与对罗马物权法和债法的继受对人类而言至少具有相同的重要性（Bauer, 1924：401），但这一表述是值得商榷的。保护性劳动立法的发展似乎是工业化进程的结果（参见本书导论部分）。

慈善倡导者群体的作用也是很重要的，特别是当它们得到一个强大的保守党或者基督教社会改革者的支持的时候。在德国，学术社会主义者享有较高的声誉，帮助形成了有利于工人的公共舆论氛围。这是德国保护性劳动立法未遇到强大的中产阶级抵制的原因之一。德国的例子反过来又影响到了法国和意大利。这一影响在保护性立法的初期是非常强大的。但是，有关工厂工人境遇的学术调查结论从来都是以证据不充分为由而不会被立法机关采纳。即使学术调查是根据法兰西学院的命令而由维莱姆博士（Dr Villerme）等人开展的（调查结论后来收录到维莱姆博士于1840年出版的著作《工人身体与精神健康状况列表》中），政府还是在之后又组织了一个官方的调查，随后才通过了《儿童保护法》。基本上所有的保护性劳动立法在通过之前都有官方组织的调查，有些还催生了劳工统计学的发展，很多国家纷纷建立了专门的劳工统计机构：英国1886年在贸易部（Board of Trade，劳动部的前身）之下设立劳动局；法国在1892年设立了劳动局；比利时于1895年，意大利于1902年设立了劳工办公室；德国于1904年在帝国统计办公室下设立了专门的部门；以及丹麦1913年在统计局下面为社会方面的数据设立了专门部门。

在保护性立法的早期发展阶段，工人的力量还没有强大到促进立法的程度。事后来看，国家保护的第一阶段有时可以看作是国家对此前压制工人集体行动的一种补偿。不过，这也是国家第一次将工人视为人而对待，而不再仅仅是法律面前人人平等原则下的抽象客体。自由放任理念不再被接受为对国家干预的绝对禁止；它作为国家控制社会秩序的一种选择获得了新的含义。合同自由与竞争自由仍然存在，只是在存在极端糟糕工作条件的情况下要受到相应的限制。这一新观念后来体现在《凡尔赛和约》的第427条："劳动力不能仅仅被作为商品或者商业交易的物品对待。"

随着男性普选权的实现，国家干预的本质发生了改变。比如，在德国，1918年之前，联邦理事会对联邦议会（由实现男性普选后选举产生）在那些社会保险所提供保护被认为已经足够的领域改进保护性立法的尝试均提出反对。普选实现以后，工人可以运用他们的政治权力来争取劳动立法。对八小时工作制的争取成为新兴的"社会民主"的表征，很多国家都在立法中对此加以规定。此类劳动立法在工会力量太弱而无法为工人争取到有利条件的国家成为必要。因此，在法国，带薪假期在1936年通过立法引入，而在英国和德国（纳粹统治之前）则主要通过集体谈判达成（参见本书第七章）。尽管集体谈判达成的标准很容易随着工会实力的变化而被改变，而政治版图的变化也会影响立法，正如在1920年代因失业潮而导致对八小时工作制目标的偏离。其他保护性立法也形成了新的理念。比如，保护残疾工人的立法催生了对于因其他原因而处于严重不利境地的工人实现就业机会平等的理念。对于工作母亲的保护变成了国家家庭和人口政策的一部分。

  两个总体上的发展趋势成为可能：第一个是将所有保护性立法都视为与个体权利有关。这是由国际工人协会（在1919年国际工会大会上）提议且成为伯尔尼《劳工宪章》的一部分，后被1919年《魏玛宪法》所采纳的。基本社会权利如劳动权，或者健康与安全权也得以确立。第二种方式是由国家形成统合主义政策，如意大利的法西斯主义和德国的纳粹国家的做法。在这两个国家，国家干预并不是作为自由社会的补充存在的，而是作为迈向一个新的、对劳动关系进行全面管控的步骤存在的。（将保护性立法作为展示极权国家的社会治理技术这一点将在本书第七章讨论。）

第三章　福利立法与薪资劳动

鲍勃·赫普尔

第一节　导　论

工业革命从根本上改变了个体经济安全所面临的风险类型。在历史上，个人的生计往往会受到疾病、伤害、残疾、生育、家庭变故与年老的影响。在前工业社会时期，这些社会风险在一定程度上是通过等级森严且具有父爱主义倾向的社会结构加以消化的。社会的农业性质意味着由机械带来的严重工作事故伤害的可能性非常小，而收入则更多是与年度收成有关，并不会因某一个农业社会成员生病的时间而受到影响。家庭被认为应当保护其家庭成员，行会和工匠协会被认为应当帮助它们的会员，而国王和教会被认为应当通过慈善的方式提供贫困救济，贫困在封建社会被认为是一种身份而非社会问题。

机器和工厂的时代意味着工作时间的无限延长、较少的防护措施和不充分的医疗待遇。工业化的特征之一便是工人的残废、疾病以及非正常死亡。这一阶层只有通过为资本的所有者工作方能获得收入。在传统的家长制关系之下，每一名社会成员会根据他相应的社会地位获得照料；现在经由劳动合同的框架产生了交换关系。当这一交换过程被疾病、事故伤害或者其他社会风险打破时，劳动者无法再向传统的支持系统寻求救济。家庭单位在财产被剥夺和流离失所的背景下开始解体，行会和协会面临衰落，慈善活动日薄西山且仅局限于世俗机构，而国家则忙于对"调皮捣蛋和游手好闲者"、在欧洲各地游荡谋食的无产者，以及无主者进行刑事制裁而维持法律秩序。

历史上第一次，穷人阶层与那些完全依赖于薪资劳动的工人阶级实现了交汇，给劳动法带来了一个无法解决的问题，这一问题在当时甚至没有得到很好的理解。通常来讲，薪资劳动的市场价格普遍较低，劳动者无法进行储蓄以便为不幸事件提供救济；并且只要劳动力的供应充沛，能够随时补充替代受伤、患病或者死亡的劳动力，（国家）就没有经济动力向雇主施加额外的法律义务，要求其为患病或者需要照料的雇员提供帮助；确实，如我们所看到的，在欧洲工业化的初期，雇主的民事义务被极大地限缩。无论如何，劳动合同并不是解决非职业风险如生育、残疾、年老和死亡等问题的合适途径。正如迪佩鲁所说，在市场之外需要照料人群的存在本身，对于官方有关市场的乐观情绪构成了挑战，这一乐观情绪认为每个人都能根据自己的优点获得相应的照料，因此无须为保护需要照料的人采取过多的法律措施，以便能够保护市场机制（Dupeyroux, 1966：26）。这一点反映在贫民习艺所（workhouse）的刑罚性质和济贫措施的减少上。英国政治经济学家纳索·西尼尔（Nassau Senior）曾说道，"我们谴责就贫穷问题形成的错误观念（misconception），将薪资认为不是合同问题，而是权利问题"（Bowley, 1937：291）。在工业资本主义兴起的初期，新中产阶级中的主导观念是穷人应当被置于饥寒交迫的恐惧之中，只有这样才能让他们保持勤劳的状态。劳动者接受了市场观念，通过劳动合同的框架来争取更好的薪资和劳动条件，而非主张取消薪资劳动本身。早期的劳动法对他们之间的结社进行压制，他们不得不转向其他互助形式，以对抗工业化的掠夺，比如互助组织、病友俱乐部（sick-club），这些组织最开始是秘密进行的，不过逐渐获得了官方的认可和支持。

互助体系在雇主和雇员的合同关系之外提供保护。是否能够获得保护取决于雇员的预见能力，以及通过签订双方或者多方合同的方式来摊薄成本的能力。雇员的贫困，缺乏教育和见识，以及频繁变动的经济状况，均构成此类互助形式得以发展的障碍。并且，互助这种形式也无法解决家庭成员的照料问题。那些收入最低的雇员，通常暴露于最严重的社会风险之中，但也最不可能交得起最基本的会费。

劳动合同或者互助形式对于提供保障无能为力，在19世纪末20世纪初变成了许多压力的交汇点。笼统地讲，国家干预采取了两种截然不同的形式。第一种是为自助提供国家帮助，这种形式有时候被称为"经补贴的自由"（subsidised freedom）。雇员可以自由选择加入或者不加入某个互助组织，但是国家会提供一定的经济帮助，并加以规制，确保这些组织具有承担相应责任的财力。这一方式在意大利、比利时、法国和丹麦比较盛行；同时，与这一方法相配套，在或大或小的程度上，通过公共救济立法的方式，为那些需要医疗救助或者养老金的人提供救济，不论是否为雇员。第二种形式的国家干预是强制保险，在雇主和作为被保险人的雇员之间分摊成本，有时国家也会投入一些资金。这是德国、卢森堡、荷兰和英国的国民保险的基础。通过这种形式，不仅成本得以分摊，待遇也因为在工作期间保险费的缴纳而得以累计，而这些待遇通常与雇员的具体需求并无关联。国民保险的关键特征是它与劳动合同相关联，但嫁接到这样一种观念之上，即合同是一种防范特定社会风险的法律义务。用迪佩鲁的话讲，这一方法

> 充分考虑了薪资劳动者的具体易受伤害性，因此旨在将薪资劳动者以其该有的方式进行特别保护，并且是在他需要帮助之前就提供保护，而不是在之后。在实践中，这意味着这些保护性的措施可以与法律因素、劳动合同相关联，而正是基于这些法律因素和劳动合同，薪资劳动者才获得了自己的法律地位。（Dupeyroux, 1966 : 28）

前述进展一直主导了社会保障的发展历史直至1939年，个别社会

和法律历史学者将这些进展称为完全"进步型"(progressive)运动，并认为其主要肇端于那些试图帮助社会中弱势成员的阶层的人道主义关切。毋庸置疑，19世纪末对贫困问题的新认识是因素之一。但是，大多数现代研究者认为，经济政治状况与社会保障的演进之间的关系极为复杂。不过，需要指出的是，用"社会保障"一词来描述1930年代之前的进展本身是一个时代错误，因为这一术语只是在美国联邦1935年《社会保障法》、新西兰1938年《社会保障法》通过以后才成为政治和法律词汇的，并且同盟国于1941年在《大西洋宪章》(Atlantic Charter)、联合国于1945年在《人权宣言》、欧洲理事会于1949年、国际劳工组织于1952年先后将其宣布为基本人权。社会保障的现代概念几乎涵盖了所有保护个体经济安全的措施，不管他们是否为薪资劳动者。这一普遍化趋势发生在1945年后的欧洲，其标志是社会保障法与劳动法的分离，尽管二者之间的关系如同彩虹的不同颜色一样，相互交叉与重叠。在我们研究的时间段内，民事责任、互助和国民保险需要被看作是劳动法的不同发展阶段。这一进展的残留持续影响着今日的劳动法。

本章的第一个目的是探究确保劳动者的薪资免受各种风险影响的法律技术的根源。出于讨论的方便，我们将这些风险划分为：(1) 在工作中受伤或者患病的职业风险；(2) 疾病、生育、残疾、年老和死亡的社会风险；(3) 家庭供养中断的风险。失业的独特社会风险，根植于资本主义经济发展的特殊性质，将在本书第四章进行讨论。我们试图找寻一系列的影响因素：经济发展、政治条件、科技变化，以及思想观念和社会运动。第二个目的是对这些法律技术本身进行检视。这些新法在多大程度上是对现有技术的调试？在多大程度上是从其他国家借鉴而来？这些法律如何与现有的法律和社会制度相融合？这些技术对社会保护的发展产生了哪些后果？

本章以工业革命影响的历史回溯作为开端，讨论了俾斯麦在德国的改革措施及其对其他国家的影响。随后，对职业风险和非职业风险保护措施的进展的一些具体特点进行了研究。

第二节　工业革命的影响

一、古代的济贫制度

在中世纪，那些无法获得家庭、行会或者协会保护的人，往往能够获得当地教区的慈善救助，以及教会通过修道院提供的救助。在 16 世纪、17 世纪，欧洲的乞讨者和游手好闲者的人数大大增加，给地方管理的济贫体系造成了危机。

在英格兰，这一危机随着修道院的解散（1536—1539 年），以及大量救济院和宗教行会的消亡（1545—1549 年）而加剧。这使得政府有动力比欧洲其他地方更早取得贫困救济的控制权。残疾人获得救助的权利从 14 世纪开始就通过劳动法进行规制，这一规制主要通过禁止穷人游荡闲逛来实现。1536 年的法律带来了重大的改变，该法包含了一套新的由地方经办的法定贫困救济体系。每个教区对该教区内的残疾人负责；教区的管理受到更高层级官员的监督；并且需要从经济条件尚可的户主中收取一定的费用。

1601 年《济贫法》构成了英国此后直到 1834 年的济贫体系的基础，用韦伯夫妇的话讲，这是"一套压迫的框架"（Webb & Webb, 1927-29：396）。尽管中世纪的慈善基本上都事关"施予者的救赎，而非接受者的行为模式"（Rimlinger, 1971：19），新的重商主义思想强调将肢体健全的穷人赶到劳动力市场中的重要性。1601 年英格兰《济贫法》的主要目标之一，用该法的原话表述，就是"让所有生活无依、无谋生手艺的人，不论是否结婚，均回归劳动"。《济贫法》执行部门除了对乞讨者和游手好闲者进行传统的残暴鞭刑、监禁和其他暴力途径外，还有其他一系列的措施可以让有劳动能力的穷人及其子女去工作。17 世纪末期和 18 世纪初期，更实际的目标是让穷人通过自己的劳动挣取救济他们的成本开支。各种在教区或者"穷人监护者"控制之下的济贫院得以成立，但是那些"无能的穷人"，无法在济贫院外正常谋生，也无法在济贫院内的强迫劳动之下挣取救济他们的成本开支。英格兰《济贫法》的故事一半是关于创立公共就业岗位的尝试[如巡查员制度（roundsman）和斯宾汉姆兰（Speenhamland）体系以及随后出台的其他措施，本书第五章将对此进行讨论]，另一半是贫困救济。这里需要强调的是，伊丽莎白时期的《济贫法》并未赋予患病、残疾或者年老的穷人获得救济或者进行有偿劳动的个体"权利"。这些法律规定，教区有义务提供救济和工作机会，但是这一点如何执行，则交由当地的太平绅士和教区的监管者自由裁量，王室法院（Court of King's Bench）仅行使松散的中央监管。难怪，王室法院的首席大法官马修·黑尔勋爵（Sir Matthew Hale）是穷人的有偿雇佣的主要倡导者[这一观点体现在他 1683 年发表的《有关贫困救济的讨论》（*Discourse Touching Provisions for the Poor*）中]。

德国的新教邦国"采取了（远比英格兰）更多的措施来确保教会的财产留作慈善和教育用途"（Beier, 1983：21），但英格兰对乞讨者和游手好闲者进行严重压制的做法得到了效仿。路德在他 1520 年的醒世之作中提出了新教徒工作伦理，但同时坚持认为每一个市镇应当确保它的贫困人口免于挨饿受冻并驱逐国外的乞讨者。这一点反映在各市的《济贫法》（*Armenordnungen*）中。分散、自愿的救济基金经过财政法规（*Kastenordnungen*）而实现了集中统一。

在丹麦，1539 年 6 月 14 日经由《教会法令》建立了统一集中的济贫管理体制；直到 150 年之后，通过 1708 年 9 月 24 日的两部法令，其中一个适用于哥本哈根市，另一个适用于全国其他地区，确立了与英格兰《济贫法》相当的，对乞讨和游手好闲者进行压制的制度。1755 年，丹麦-挪威政府命令将乞丐置于数量巨大的济贫院之中。

在那些罗马天主教在济贫问题上占据主导地位的国家，如法国，并不存在与英格兰 1601 年《济贫法》类似的法律。但是，目标却与英格兰《济贫法》相似。法国更为有效的警察体系对游手好闲行为进行了比英格兰更为严厉的追诉，但这是与对残疾人的救济法令相结合的，试图迫使肢体健全的人去工作。旧制度下的皇家政府（ancient régime），与英格兰的都铎王朝和斯图亚特王朝的做法类似，对乞讨者（mendiant）与流浪汉（vagabond）进行区分，前者值得救助，而后者则需要接受矫正服务。在重农主义者的影响之下，慈善越来越多地被认为是一种经济活动而非道德活动。但是，在有一个方面，法国并未像英格兰和德国走得那么远，因为法国并未规定地方政府负有提供救济的法律义务。在里昂的综合医院模式（Hôpital Général）影响下，其他的城市和市镇都采取了"把穷人关起来"的政策。科尔伯特（Jean-Baptiste Colbert）在维持公共秩序和保证纪律严明、踏实肯干的劳动力供应的理念之下，在 1680 年巴黎的法令中规定，那些对父母不善或者因太懒而不去工作的子女，以及那些骄奢淫逸的女子，应当被纳入国家的家长制控制之下，投放到济贫院进行管理。这一方法一直持续到 18 世纪下半叶。1764 年 8 月 3 日的法律规定肢体健全的游手好闲者将被送去为桨帆船划桨，而老年人、患病者或者幼童则将被送至医院关起来。1767 年的行政命令成立了一个新机构，即乞讨者收容所（dêpots de mendicité），直接由中央政府控制，用作那些无法去为桨帆船划桨的人以及很多患病者或者老年人的拘留场所。收容所的被收容者与英国济贫院收容的人员类似。与此相似，在意大利的邦国，如皮埃蒙特和托斯卡纳，年老者和患病者被强制收容在"医院"，与他们一同被收容的还有游手好闲者和行乞者。

同时，重商主义者追求鼓励人口增长（populationist）的措施，旨在提供劳动力和士兵的供应，如科尔伯特于 1666 年颁布的著名法令，创设了一种家庭津贴形式。国家干预的另外一种传统形式是向那些为国王提供服务的高危职业中的劳动者进行补偿，如亨利四世于 1604 年为矿工提供免费的医疗服务，以及 1675 年为海事船员提供供款型的养老金。总体而言，法国和意大利缺乏像英格兰所建立的全国范围内由税收支撑、政府官员管理的济贫机制，而正是这一机制确保了英格兰相对于其他国家的社会稳定。

二、工业化的经济与社会后果

传统济贫体系的功能在于在以农村劳动力市场为主的地区对穷人进行纪律约束。随着工业化从约克郡的羊毛厂和兰开夏郡的棉纺织厂向北欧扩展，最远到达了莱茵地区，《济贫法》看起来就不仅是不必要的，而且成了经济增长的一种羁绊。它们之所以是不必要的，是因为无产的穷人现在受到竞争更为充分的产业劳动力市场和工厂主独断权力的更为有效的约束。它们之所以被亚当·斯密等政治经济学家批评为"劳动力自由流动"的羁绊，在于它们为穷人离开他们的教区设置了障碍。

传统济贫体系也面临着巨大的人口方面的压力。人口爆炸式增长，死亡率下降，出生率持续提高。数个世纪以来，政府采取各种旨在增加人口数量的措施，这使得有人开始对快速增长（并老化）的人口表达了担忧，这一担忧最生动的体现便是马尔萨斯的《人口原理》(Essay on the Principles of Population)（1798 年），对这些激增的人口提供物质帮助意味着将降低那些为他们提供物质帮助的人的生活水平。

科技变化极大地增加了产业工人阶层在工作中受伤、患病或者死亡的风险。机械设备通常比较原始，安全措施极为少见，而工作的超长时间又增加了因疲劳而导致事故的风险。医疗救治并不正规，并且通常比较初级，对残疾工人重新进行培训和雇佣的可能性基本不存在。男性工人作为家中唯一打工挣钱的劳动力，其伤残带来的最糟糕的影响，以及其死亡带来的举家贫困的后果，妇女和儿童往往是最直接的承受者。

在这一点上，必须要说明的是，对新产业工人产生的影响是不均衡的。比如，通常认为，法国劳动者的处境比英国劳动者的处境更为悲惨，部分原因在于英国的工会发展较早，工厂立法也较早得以出台。

三、自由主义和个人主义的观念

传统《济贫法》背后的重商主义理念，在工业革命时期受到与法国自由主义和英国个人主义相关的新观念的猛烈攻击。法国经济学家杜尔哥在《百科全书》上发表的一篇著名的文章（Turgot，1913：583）中既主张人民有获得济贫救助的权利，又倡导自由放任主义的必要性。他主张通过设立公益性岗位来为穷人提供就业岗位，但同时又不赞同国家或者私营机构对穷人进行救助。"意思自治"意味着，在传统支持体系存在的地方，每个个体需要依靠自己的努力。从思想观念上讲，杜尔哥的主张介于传统的父爱主义与新自由主义之间。他主张通过自由结社的方式来为年老、疾病和事故等社会风险提供互助、自助，并同时提供公共就业机会。在这一点能够实现之前，他倡导要提供非压迫性的政府济贫救助。

此类观点在工业革命时期达到了关键节点。每个人获得生存救助的权利（*le droit à la subsistance*），基本上在这一时期的每次革命宣言中均被宣布为基本人权；在对1790年1月设立的消除乞讨委员会（*comité pour l' extinction de la mendicité*）进行初步研究后，我们能够发现建立在各国立法和政府财政基础上的现代社会保障理念的种子（参见本书第四章）。不过，该委员会在1790年发布的第三份报告中，仍然使用了年老、患病者与肢体健全者（*pauvres valides*）的区分。对于后者而言，他享有的权利便是"通过工作（谋生）"的权利（'*le droit à la subsistance par la travail*'）（Forrest，

1981：28)。

在英国，这一革命性的政治自由主义，将自由作为目的加以追求，并未产生决定性的影响；相反，古典政治经济学家所倡导的个人主义发挥了更大的作用。亚当·斯密、马尔萨斯、纳索·西尼尔等人对《济贫法》进行了抨击，认为它是人口不断增加和致贫返贫的原因，同时也对劳动力的流动构成了阻碍。在经济学家看来，贫穷是个人问题而非社会问题，这与法国人文主义者的看法如出一辙。穷人应当对自己的需求负责，对国家和富人并不享有任何权利。这一自我依赖的主张并不排除政府对病患、孤儿与老者的救助，但是为了区分那些"当救"(deserving)的穷人与"不当救"(undeserving)的穷人，他们主张应当进行严格管控。

四、新的济贫体系

这一新理念反映在《济贫法》的重大变化上。这些变化导致到19世纪的时候，跟旧济贫体系相比，救助的数量开始出现实质性的下降。

主要的例证，这也变成了欧洲其他地方竞相模仿的对象，便是1834年《英国济贫法修正法》(English Poor Law Amendment Act 1834)，将1834年济贫法委员会的著名报告所列举的原则吸收进来。该报告中包含有下列表述：救助应当仅仅与困苦(indigence)，或者"一个人不能劳动，或者无法从他的劳动中获得生活来源"的状态有关；而非与贫穷，或者"一个人为了获得生存的基本所需而不得不诉诸劳动的状态"相关(Blomfield, 1834：227)。这里有两个基本原则。第一，"符合条件的人更少"(less eligibility)，这意味着个人只有在满足相关条件的情况下才能获得救济，这一条件是指"他总体上的状况不应当明显或者确实符合最低收入的劳动者的判断标准"(Blomfield, 1834：228)。第二，有"济贫院标准"，旨在确保救济只提供给那些有需要并且有意愿通过劳动挣回救济成本的人。为肢体健全的人在"严密把控的济贫院"之外提供救济被认定是违法的。

这样做的目的是通过区分游手好闲的穷困之人与穷人，来强化自由劳动力市场的作用，尽管现代历史学家质疑这一目的能否得以实现。济贫院中的病号区（sick-bays）后来演变成有点类似综合性医院的机构，为生病的穷人提供照料，并由地方当局来监管；而济贫院"有意识且公开地带有某种贫穷的耻辱标签"（Himmelfarb，1984：176）。

在法国，革命宣言中的承诺并未实现，相关立法也并未得到执行。一个强大的中央政府所需要的基础设施并不存在。济贫活动又回到了传统的模式，尽管在拿破仑执政时期进行了一定的重新组合。后来，这一体制受到马尔萨斯理念的重大影响，通过公共委员会（communal board）在济贫院和户外发放救济物资。在意大利，革命理念对穷人的处境也并未产生太大的影响。1802年8月20日的法律要求对游手好闲的人和流浪汉严加盘查，在每个区域（dipartimento）建立自愿性质的济贫院，并将强制性的济贫院系统加以拓展。数年以后，该法开始区分肢体健全的穷人与残疾的穷人，并将后者安置在医院。截至1830年代，这一做法在若干意大利的邦国已经成为惯常操作，尽管私人慈善的天主教理念仍然影响甚广。在意大利统一之前最重要的立法来自皮德蒙特，时任总理加富尔（Cavour）在1859年11月20日的立法中，试图借鉴英国1834年《济贫法》的模式，将穷人的生活水平降低到最低收入劳动者的生活水平以下。

在德国，相关法律延续了既往的父爱主义模式。1794年《普鲁士普通邦法》将各州提供贫困救济的义务视为排在其他私人救济途径，如慈善和家庭之后的第二位的义务。雇主有义务为在工作过程中患病的雇员提供医疗救治和食物，并且不能扣减他们的工资。不过，雇主的这一义务可以通过将雇员安置在公立医院的方式加以免除，并且这一费用可以从雇员的工资中扣除。对于矿工，法律规定了特殊并且更为有利的待遇，但是对工厂的工人并未作出特殊规定。《普鲁士普通邦法》只要求政府为那些未被雇主的法定义务或者私人慈善所涵盖的人提供救济。国家救济作为第二位义务的原则在整个 19 世纪都持续发挥重要影响，正如 1854 年荷兰的《济贫法》所代表的那样，地方政府部门负有为那些如若慈善救济被拒绝将对社会构成威胁的人提供救济的义务。《普鲁士普通邦法》中的另外一项原则是那些接受了救济的人将失去投票和担任公职的权利。这一原则也体现在 1849 年 6 月 5 日的《丹麦宪法》以及其他国家的选举法律中。

新的自由主义的倾向在一定程度上在 1842 年和 1855 年的普鲁士法律、1870 年北德意志联邦的法律中得到了体现，这几部法律放松了个人申请救济的本地居住要求，重新界定了地方政府在管理流动贫困人口问题上的职能。不过，彼时德国并未完成工业化，这些在地理流动性方面的让步并不是自由主义改革的先声，相反，它们是俾斯麦时期社会保护的保守模式的序曲。

五、雇主就事故和疾病承担的民事责任

法律以及雇主与雇员之间的力量对比使得任何有关事故和疾病赔偿的前景都变得虚幻。不同国家在法律上设置的障碍表现不同，但它们的共同目的是保护企业主免于承担雇员工伤事故与疾病的成本。"无过错即无责任"的主流理念通过不同的技术路径，先后进入欧洲大陆的罗马–日耳曼法律体系、英格兰与爱尔兰的普通法体系，以及苏格兰的混合法律体系。以罗马法为基础的体系中的智识来源可以在因"过失"（*dolo aut culpa*）造成损害的赔偿中发现端倪。17 世纪、18 世纪的自然法学者已经脱离了严格的罗马法原则，并对过错的理论进行了总结抽象。用格劳秀斯的话讲：

> 过错催生了对损害进行赔偿的义务……过错行为意味着凡是

> 存在过错的地方，不论是作为还是不作为，都与人们所负有的义务相冲突，可能是总体上相冲突或者在某方面相冲突。此类过错如果造成了损害，自然会产生相应的义务，需要对损害进行赔偿。
> （Grotius，1919：xvii，s.1）

有些自然法学者否认前述损害赔偿具有任何罗马法依据，而认为其依据为日耳曼习惯法。自然法学者的观点在随后的法典化时代大放异彩：1794年《普鲁士普通邦法》、1804年《法国民法典》以及1811年《奥地利普通民法典》。《普鲁士普通邦法》（一直有效至1900年）包含了一套复杂的三级过错体系，分别对应不同的后果；当然，毫不意外，正是规定较为简单的《法国民法典》，特别是第1382条，形成了一个抽象的过错责任，这也构成了几乎是随后通过的所有民法典的模板，但1896年《德国民法典》是个例外。

在实践中，几乎不大可能确定工伤事故的准确原因并确定过错因素。数据显示，在法国，雇员只在25%的案件中证明了过错的存在；在比利时，在1896年的时候70%的工伤事故雇员无法获得赔偿。同时，《法国民法典》第1384条第1款规定了危险作业中的准严格责任，在1896年6月16日的一个知名度很高的案例中，最高法院援引了这一条款，是为了判给因锅炉爆炸而遭受人身伤害的司炉工以损害赔偿。该司炉工处在雇主监管之下，尽管他无法证明雇主的过错。不过，这恰好发生在1898年《工伤赔偿法》通过之前，否则这一民事诉讼在法律上就变得不再相关。

在19世纪，在受到法国模式影响的国家，雇员的诉权保障得到了一定程度的提升。在荷兰，在最高法院于1881年作出的裁决中，明确过错是指"对那些可能避免职业伤害或者降低伤害程度的预防义务的无视，而这一预防义务又是可以被合理要求的"。但是这一规定的效力有限，因为这一事故必须发生在工作过程中，如果雇主能够证明他无法避免事故的发生则将被免责;并且雇员的混合过错,不管程度多轻,都意味着他将丧失诉权。在比利时,索泽与辛克莱特(Sauzet and Sainclette, 1883-1884)主张在职业伤害的情形下,雇员诉权的来源不应该是侵权而应该是合同(根据《比利时民法典》第1135条和第1165条)。这一安全保障义务被吸收到1900年比利时法的第11条和1907年《荷兰民法典》第1638x条的规定中,这一规定在随后有关工伤赔偿立法的分析中也会进行讨论。不过,这一点并未被法国所接纳。

在意大利,1865年《民法典》规定雇主需要对过错行为承担责任,但雇主可以通过证明不存在过错,或者证明雇员的过错是事故的原因而免于承担法律责任。直到19世纪末期,判例法上的进展使得雇主承担更为严格的责任,在劳动合同中包含了一项雇主的义务,即需要尽到最大限度的注意义务以避免造成对其雇员的伤害;雇主被推定要承担责任,除非他能证明不存在过错。这一解决方案在实践中的价值仍然有限,因为引发事故的各种原因具有极强的随意性。根据拉梅里的研究,在1904年,意大利工业中有47%的事故是由那些没有任何一方负责任的事件引起的,25%是通过雇员的"过错行为"引起的,20%是通过雇主的过错行为引起的,8%是通过共同过错行为引起的(Rameri, 1904)。直到1942年,新《意大利民法典》第2087条才规定雇主有义务"根据工作的特定性质、经验、技术知识等,采取一切为确保雇员的身体健康与道德福祉所必要的措施"。根据特鲁的研究,这一很高的义务要求,最初是为了在法西斯的统合主义体系中将雇主和雇员进行捆绑,但并未改变意大利糟糕的工伤事故和职业病记录,因为缺乏有效的执法措施(Treu, 1981: para.116)。

在德国,雇员赔偿请求得到支持的最大障碍是转承责任的缺失。罗马法的传统是雇主只能为选任过失承担责任,这一传统在德国普通法(*gemeines Recht*)中得以延续,当然也有个别例外。《德国民法典》第831条将责任建立在推定过错的基础上,同时法院允许大企业通过证明他们遵守了其他雇主的惯常操作、将选任下属的任务下放给负责的工头的方式,来推翻这一推定。(另一方面,《法国民法典》第1384条第2款则规定雇主对于雇员在工作过程中造成的所有损害承担严格责任。)在德国,就受伤雇员可否以雇主违反安全保障的合同义务为由起诉雇主(《德国民法典》第618条),并援引合同义务履行过程中的转承责任原则(《德国民法典》第278条)这一点,发生过旷日持久的争论。不过,这一观点从未得到采纳,并最终在1923年被明确否定。

在英格兰法上,通常的转承责任规则基本上与法国法的规则一模一样。但是在普利斯特利诉弗勒一案(Priestly v. Fowler)中,[1]法院设法将因同事过错造成的工伤事故排除在转承责任规则的适用范围之外。根据由法官形成的"共同雇佣原则"(common employment),雇主无须对由与受伤雇员处于相同工作岗位的其他雇员造成的伤害承担责任。这一规则在1850年被法院拓展适用于铁路行业,1868年法院决定将这一规则适用于所有经理和监督管理人员。这一规则被传播至苏格兰,以及其他的普通法辖区。由此造成的结果是,尽管雇主需要对由他的雇员对陌生人造成的伤害承担赔偿责任,但对他的雇员因同样原因遭受的伤害却不负有任何赔偿义务。小规模的雇主,会与雇员直接接触,有可能对雇员的人身伤害承担赔偿责任;大规模的雇主可以将管理职责下放给经理,因此规避法律上的责任。截至1868年,广为接受的规则是雇主的唯一职责是任命能干的经理。在受伤雇员向雇主寻求赔偿的道路上,法院还设置了另外两道障碍,分别是混合过错原则与自负其责原则(volenti non fit injuria)。根据前一个原则,受伤雇员在造成伤害问题上如果存在任何过错,那么他将失去获得赔偿的权利。根据后一个原则,雇员如果在知道存在受伤

---

1 [1837] 1 Meeson & Welsby 1.

风险的情况下仍然从事工作，那么他也不能主张雇主存在过错。直到 19 世纪末，法院才开始展示出一些对雇员的保护姿态，共同雇佣这一抗辩事由才开始被限制，理由是提供能胜任的员工、安全的工厂和工具，以及一套安全的工作体系的职责是"不能下放的"（non-delegable），所以，对这一职责的违反会导致雇主个人的责任，而不是什么转承责任。不过，这一抗辩事由直到 1948 年才被完全废止。从 1891 年开始，司法解释开始将自负其责这一抗辩事由的适用范围进行限缩，但是混合过错这一抗辩事由直到 1945 年才被立法废止。另外一种绕过共同雇佣原则的方式见于格罗夫斯诉温伯恩勋爵一案（*Groves v. Lord Wimborne*）。[2] 在该案中，钢铁厂的所有者被判决需要对雇员受到的伤害承担责任，因为所有者并未遵守安全立法所要求的为特定机械安装护具的要求。这一方式的独特之处在于，"工厂和矿山"立法过去基本上都是刑事性质的，而现在则允许通过"违反法定义务的诉讼"来追索赔偿金。这些法定义务通常都采取严格责任，无须证明过错。与此形成对比的是，《德国民法典》第 823 条要求对安全立法相关规定的违反必须出于故意或过失；而英格兰和苏格兰的法律则只需要证明存在对法定义务的违反，便可以请求赔偿。不过，在实践中，这一诉讼为大多数劳动者提供的保护都是理论上的。法定的安全保障义务在实践中应用较为随意，许多雇员群体均被排除在适用范围之外，且法院倾向于按照限制甚至排除雇主的严格责任的方式对这一义务进行解释。

综观 19 世纪的情况，我们可以比较肯定地得出结论，不论是起诉雇主的法律规则还是实践障碍，均剥夺了受伤雇员通过私法诉讼获得有效保护的可能性。倒霉的普利斯特利先生，在输掉 1837 年起诉雇主要求赔偿的案子后，不得不在债务监狱蹲了几年，因为他无力支付诉讼的费用。

2　[1898] 2 Queen's Bench 402.

除了诉讼成本以外，另外一个震慑因素就是被辞退的风险，这意味着"雇员极不可能将他的雇主告上法庭，即使他可以这样做；除非他受伤极为严重，且已经因为工伤丢掉了工作"（Bartrip and Burman, 1983：28）。

六、互助

对工业革命引起的各种社会风险缺乏充分的公共和私人救助的状态，意味着这些风险成本在很大程度上不得不由雇员们自己形成的各种互助形式来分摊。从古时起，同一职业和社会阶层的人们通过互助会等形式组织起来，安排葬礼、筹措疾病和死亡时的抚恤金及其他经济帮助。这些互助组织，在工业革命早期得到进一步发展，超越了特定的职业，到了19世纪末期时，在本书研究范围内的欧洲国家中达到顶峰，但德国是个显著的例外，互助组织在德国基本上没有发挥太大的作用。在英国，从1760年开始，互助组织的成员人数增长迅速，据估计，1875年互助组织的成员人数高达400万，而同期工会会员的人数仅为100万。在意大利的工业化过程中，患病负伤的人所依赖的救济基本上都是由互助组织提供的。截至1873年，在意大利一共有1164个互助组织，成员人数为21.8万。12年后的1885年，互助组织的数量增长了3倍，达到了4772个，成员人数也增加到78.1万人。在比利时，互助组织也至关重要，成员人数在1885—1895年十年间增长了3倍，为所有工人中8%的人提供疾病保险。在荷兰的同一时间段，互助组织的发展情况较为类似。同样，在丹麦，"病友俱乐部"的成员人数从1862年的1.2万人增长到1885年的12万人，地域范围遍及全国，包括自雇人员和受雇佣的雇员。在法国，截至1889年，共有8883个互助组织，成员人数为140万人。

在这些国家中，在禁止雇员结社的法律被废止之前，互助组织其实都面临合法性的问题。在许多行业，互助组织提供的互助保险都是工会活动的最原始的形式。国家的相关政策在工业化初期是模棱两可的。一方面，互助组织能够有效降低贫困救济的需求，让雇员群体分摊他们自身苦难的成本。这一点鼓励了合法化的政策，最先体现在 1793 年的英国法授予互助组织对自己进行保护的权利，并赋予其成员一项特权，确保其在没有居所的情况下不被所在的教区驱逐。确实，互助组织的价值早在 1757 年便得到承认，彼时的法律要求泰晤士河上的运煤工向一个互助组织缴纳会费；1792 年，针对煤炭行业的承运商和驳船船员，类似的立法也要求其向互助组织缴纳会费。直到 1830 年之前，英国法上的政策是将互助组织置于当地治安官的监督之下，以便能够缓解有关降低贫困率的要求，同时又挫败互助组织参与工会活动的企图，工会活动在英国直到 1824 年都是非法的。正是互助保险所具有的工会因素才催生了官方政策的另外一面，即镇压。比如，在法国，1810 年《刑法典》禁止超过 20 人以上的结社，这迫使互助组织的活动转入地下，这一状态一直持续到 1848 年革命；此后它们被置于严格的控制之下（参见下文）。与此相类似，1810 年，根特市市长禁止成立互助组织，直到比利时于 1866 年、荷兰于 1872 年先后废除《夏勒里埃法令》后，互助组织隐蔽的一面才得以消除。在德国，之所以没有出现任何重要的互助运动，原因恰恰在于德国的工会运动起步较晚，而在《反社会主义法》实施期间（1878—1890 年），对工会进行了无情的压制，同时国家大力发展社会保险项目。

在其他国家，雇主和政府开始渐渐地认识到互助组织的重要性，并开始对其予以支持。上文提到的 1793 年英国法，自通过后到 1875 年间，共有 18 部类似的法律对互助组织进行调整。1874 年的皇家委员会对国家干预的优缺点进行了讨论，最终得出结论，国家的职责不是提供事无巨细的监管，而是帮助互助组织保持经济独立；比如，通过收集和分发精算数据的方式，或者通过保护成员免受欺诈损害的方式等。1830 年后，互助组织在更大程度上的独立性得到了保障，但同时也面临着更为系统性的监管，只是监管的主体从地方政府变成了中央政府。律师代表

(1846年后，律师代表变为了互助组织登记员）必须出具意见，证明经登记的互助组织的章程内容与法律的规定相一致。登记的要求是自愿性的，1875年法律的主要目的是通过鼓励高效管理的方式来使得互助组织成为更为可靠的保险人。为了实现这一目的，互助组织需要将年度的账目提交给登记员，登记员也可以为互助组织与成员之间的纠纷提供调解服务。这一登记制度一直持续到1911年，并未经过大的变动。为互助组织提供大力支持的1902年《工厂俱乐部法》（Shop Clubs Act of 1902），禁止雇主强迫他们的雇员加入雇主的"工厂俱乐部或者节俭基金"（这一模糊的表述也包括病友俱乐部）。雇主与互助组织之间的敌意状态，是由雇主在19世纪后几十年间试图通过强制从雇员工资中扣缴这些俱乐部的会费的企图所引发的，这也解释了在雇员群体中强制疾病保险的不受欢迎程度，以及自愿组成的互助组织的相对成功。

在意大利，政府最早通过1886年的法律对互助组织进行规制，赋予它们合法地位，以及特定的特权和税收方面的优惠。跟英国相比，意大利的这些规制措施更为严密，限制性更强。值得一提的是，这些互助组织被禁止提供伤残抚恤金和养老金，并且也规定了详细的标准，要求互助组织的章程必须得到遵守。这促使工人运动对国家控制进行抵制。截至1891年，大多数互助组织并未申请，也未获得法律认可；到1894年，只有17.2%的互助组织获得了认可，到1904年，这一数字变成了27.7%。互助运动在1894年至1904年间并未得到发展，在19、20世纪交替的时候处于危机状态。

严密的政府监控也是法国互助组织独立发展的一个障碍。在法国，1850年7月15日的法律和1852年3月26日的法令将互助组织置于更为严密的控制之下，这种状况一直持续到第三共和国，通过1898年4月1日、1923年8月15日和1927年12月28日的法律对这些控制进行了放松。需要注意的是，这一时期的**劳动介绍所**(bourses du travail, BDT)＊在保护雇员免受事故或者其他不幸事件以及失业风险的侵扰上，也发挥了重要的作用(参见本书第五章)。

互助组织在政治和观念上的重要性在意大利和比利时得到了很好的展示。在意大利，很多互助组织的成员被界定为"荣誉性的"或者"赞助人"。这些人是管理人员，支付了大笔的会费，在确保大多数互助组织发挥温和作用上起到了主导性作用，与强调冲突对抗的工人阶级政策并不相同。有许多互助组织是以天主教为基础的。基于伤病救助的慈善与社团的观念，天主教的立场是反对国家干预。社会主义者一开始也是拒斥国家干预的，理由是这会强化资本主义。互助不得不与中产阶级的法律保持距离。互助组织在经济上的困难，加上大多数互助组织的改良倾向，迫使(对国家干预的)态度发生了转变，这一转变反映在意大利统一后一段时期内改良主义的左派(sinistra transformista)通过的一些小心翼翼但指向明确的社会立法项目上。不过，这一新的趋势直到1898年才付诸实践。

在比利时，社会主义政党与天主教政党的政治影响非常明显。在比利时工人党于1885年成立之前，互助组织运动对政治运动保持着中立的态度。在此之后，社会主义政党的领导人积极地争取互助组织的支持。在1891年《新事物通谕》发表之后，天主教才开始采取同样的策略。互助组织失去了它们的独立性，但同时，其政治依附则变成了力量和不断增加会员的来源。1894年法律修改了此前1851年的限制性法律，鼓励互助组织进行扩张，先后按照基督教派(1906年)、中立派(1908年)、社会主义派(1913年)、自由派(1914年)和职业派(1920年)的倾向进行联合，当然这也反映了工人运动内部派别林立的状况。

＊ 又译为短工市场。——译者

互助组织的成功，以及它们获得官方认可，也揭示了作为一种社会保护的形式，它们存在严重的欠缺。首先，这些互助组织的基本原则是需要支付保险费或者会费，所以只有那些正规就业中的高收入雇员才能够加入。无技能水平的雇员和农业雇员通常被排除在外，不过，丹麦在这一点上构成例外：自雇者也被排除在外。会费通常不足以提供充足的预备基金。所以，在人们最需要救助的时候，比如流行病或者灾难发生，或者大量的工伤事故发生时，互助组织面临最大的压力，往往无力应对。它们往往被迫在这个时间提高会费。即使通过公共捐赠的方式成立了特别基金来帮助重大事故的受害人，如英国在19世纪后半叶成立的煤矿事故赔偿基金，它们通常也无法为那些意图帮助的受害人提供充分的救济。其次，随着人口的老龄化，这些互助组织需要支付越来越多的死亡抚恤金和养老金，支付压力越来越大。再次，尽管国家进行了监管，但并非所有的互助组织都按照科学管理的原则运行，往往缺乏最基本的精算数据和高效的财政管理方法。对于那些直接由工会管理的基金而言，如英国煤矿工人事故基金，这一问题更为突出。作为主要关注劳动关系的组织，工会的成员经常在发生变动，它很难将各种测算建立在可靠的数据基础上，也很难向其成员如约提供承诺过的待遇。

解决这一危机，主要有两条截然不同的途径。第一条途径是保持互助组织独立性和成员入会自愿的同时寻求政府补贴。这一途径主要适用于那些不想与自由主义传统决裂的国家；或者互助组织是一支重要的政治力量的国家，如比利时和意大利。用迪佩鲁的话讲，"经补贴的自由"（Dupeyroux，1966：40）意味着政府对雇员的自由选择行为进行补贴。迪佩鲁指出，这一解决途径看起来与所在国家的政治割据有某种相关关系，比如意大利和比利时。但是这一理论对丹麦并不适用。在丹麦，不存在政治或者观念的割据或者分立的问题。政府之所以对自助行为予以帮助的原因，或许可以从这些机构的自我固化的倾向上找到答案。病友俱乐部到 1880 年代末已经出现在该国大部分地区。1887 年，有关未来疾病保险的委员会建议，非但不要实行强制模式，政府还应当保护和支持自愿的模式。1892 年《病友俱乐部法》作为第一部相关立法规定了一些基本原则，构成了所有后来立法的基础。政府向病友俱乐部支付一定的补贴，病友俱乐部保留了它们自愿、自治的特征，尽管要受到政府的监管。这些俱乐部需要在成员生病时给予其一定的医疗救助、医院治疗服务和补贴。那些没有加入病友俱乐部的雇员在生病期间则需要寻求贫困救济，并且会丧失投票权。1915 年，政府对俱乐部的补贴出现了显著增加，其覆盖范围也进一步扩展至慢性病人。

国家补贴的最早例证是比利时于 1850 年、法国于 1868 年创设的全国性的老年退休基金，在自愿合同基础上提供退休待遇。退休基金制度的发展高峰在比利时始于 1900 年，在意大利始于 1898 年 7 月 17 日（第 350 号）法律的出台。比利时制度包含了两个层次的退休基金。基本退休基金，为老年人提供最低限度的物质帮助，来源于投保人的保费收入和国家的补贴。在此之上，对于那些选择缴费更多的人，可以获得与缴费成正比的退休基金收入。意大利法律创设了残疾与年老雇员全国社会救助基金（Cassa à nazionale di previdenza per l'invalidite vecchiaia degli operai），初始资金为从多种渠道筹措的 1000 万里拉（包括教会的剩余资金、未主张的债权等）。其成员完全自愿加入，向体力劳动者开放，不论男女，还包括未成年工；养老金于雇员 60 岁或者 65 岁时支付，前提是有 25 年的缴费历史，而残疾抚恤金则只需要 5 年的缴费历史。考虑到当时的工资水平很低，只有一小部分雇员才付得起会费（1900 年 12 月时共有 10280 名成员）。

综观 19 世纪末之前这些对自助行为进行国家帮助的地方的情况，我们可以看到积极和消极的特点。从积极方面看，政府开始毫无争议地以财政资助的方式介入薪资劳动者的保护（在丹麦也包括对自雇者的保护)。从消极方面看,这些制度均假定这是那些无力支付费用或者缺乏远见的雇员自愿选择的结果。

第二条途径是互助保险,规定特定范畴的劳动者有义务参加互助组织。这一国民保险原则并不是发源于互助运动很发达的国家,相反,是发源于德国这一拥有与众不同的父爱主义传统,工业化进程较晚,且面临着社会主义威胁的国家。正是在俾斯麦主导下通过的立法,对欧洲其他国家的立法进程产生了决定性的影响,这正是我们下一节要讨论的内容。

第三节 德国俾斯麦的改革

一、经济与观念的背景

工业革命在德国发生的时间较晚,是1850年以后的事情。因此跟莱茵河西岸的国家相比,对于像德国这样的后发国家,这一过程就显得更加突然。有大量的农村到城市的移民,无产阶级迅速形成,并且在一系列的金融改革措施后于1870年开始出现了经济危机。与此同时,受到马克思与恩格斯影响的社会主义运动也开始发展,拉萨尔、李卜克内西(Liebknecht)、倍倍尔(Bebel)是这场运动的领袖。

与英国和法国不同,这两个国家的基本政治问题在工业化发生之前已经得到解决;德国仍然受到封建制度的影响,并且需要解决国家统一的问题。德国资产阶级比较弱小,而有产贵族阶层的主流意识是反对自由主义的,他们支持一个等级森严的、以父权为基础并与职业和身份相关联的社会秩序。德国所有主要的思潮都受到黑格尔的国家至上主义的影响,个人需要服膺于最高的国家目标。即使是德国的自由派,他们强调个人主义的程度也远低于法国和英国的同行。德国的社会主义者，特别是拉萨尔，有着强烈的国家取向。著名的1869年爱森纳赫（Eisenach）社会主义会议宣言，宣称"相互对立且地位不平等的个体享有绝对自由，并不会保证共同体福祉的实现……旨在保护所有相关方的合法利益的适度国家干预，应当被鼓励"。1875年社会主义工人党的哥达纲领（Gotha programme）反映了相同的目的，即"在当前国家政府的框架下"为了"劳动成果的公平分配的目标"而工作，哥达纲领受到了马克思的强烈批评（Max，1975）。

德国的另外一个重要特点是随着国王的绝对权威日益衰微，政府官僚体系的重要性上升。公务员，最有名的当属奥托·冯·俾斯麦（Otto von Bismarck），决意要延续政府作为公民最佳利益裁判者的传统。正如我们已经看到的，在普鲁士存在着对社会风险提供国家保护的传统：1794年《普鲁士普通邦法》中明确了政府提供工作或者物质帮助的职责；规定了雇主为特定雇员提供医疗救治和食物的义务；1845年《一般贸易规则》允许地方政府要求所有熟练工及助理参加疾病基金项目；1849年的法令使他们可以要求独立的贸易商支付会费；1848年的法律规定铁路公司应当对工伤事故承担民事责任；矿山所有人有义务对在工作过程中患病或者负伤的矿工进行照料；对于矿工而言，从中世纪开始便存在强制性的保险基金，1865年《普鲁士矿山法》对其进行了重组。德国的其他邦国随后也引入了这些做法。

截至1850年，"福利王室"或者"王室社会主义"已经被提出来作为解决社会问题的途径。通过为雇员提供社会保护以换来他们对政府的忠诚的做法，在拿破仑三世时期也存在，不过并未带动法国在社会权利方面的任何重要进展。俾斯麦在1862年担任普鲁士驻法国大使，他曾经仔细观察过拿破仑三世时期的社会制度。他确信有必要取得日益兴起的工人阶级运动的政治支持。1927年发现的通信记录表明，他与拉萨尔保持着固定的联系，这也有助于他理解工人的处境和社会主义者的目的。他也受到极右翼记者瓦格纳（Wagener）的影响，倾向于主张社会主义的立法体系。从1863年上台到1890年倒台，俾斯麦采取了压制与让步的双重策略。在他出台《反社会主义法》的同时，他也表明他将在现有社会框架内，落实"社会主义者所提要求中看起来具有合理性的因素"。他想将工人与国家捆绑起来，让他们向政府寻求社会保护，而非通过自助或者私人机构。不可避免地，普鲁士的社会立法模式在1871年《德意志帝国宪法》出台后，成为全德国社会保护体系的核心。

二、立法

正是在1880年代，才实现了从自助的自由主义理念向国家保护理念的转变。1870年代，自由主义的社会立法仍然占主流，如1871年6月7日的《雇主责任法》，规定对于因同事过错而受伤的雇员，雇主应当对工伤事故承担责任；1876年的法律对互助保险基金进行了规定。但是，从1873年开始的国际贸易衰退，以及保护主义的贸易政策兴起，将中心转向了政府规划与对强制性社会保险的提倡。凯撒·威廉皇帝（Kaiser Wilhelm II）于1881年11月17日向德国议会发表了历史性演讲，[3] 宣布建立在法人制行政管理结构之下的三重社会保险体系。在经过激烈的辩论之后，有关疾病保险、事故保险、老年与残疾保险的法律分别于1883年、1884年和1889年得以通过。随后又通过了七部立法，将前述社会保险体系的适用范围拓展至农业，以及公务员和士兵（1886年）。这些立法随后被整合，并以1911年《帝国社会保险法》的形式得以通过，适用于体力劳动者，同年又通过了（适用于白领劳动者的）《帝国职员社会保险法》。这些立法加在一起一共有2204个条文。魏玛政府曾经试图对这

3　这一演讲的文本参见本书附录四，第376页。

些法律进行重新整理，但这一尝试于 1924 年被放弃。

这些基本的改革措施都是在九年的时间内通过的，用俾斯麦的话来讲，"洋蓟无法一口吃掉，但是可以一片一片地吃掉。"这种通过分散立法来消解反对势力的做法，带来的后果是不同的社会风险被按照不同的方法调整，并且这些法律的安排方式很糟糕，有时甚至令人费解。从行政管理上讲，这导致不同保险主体之间缺乏协作。

不过，这三重社会保险之间也存在共同的原则。第一个便是强制保险原则。这适用于所有薪资低于一定水平的雇员。正是这些低收入的雇员，才被认为是最需要保护的人群；并且如果不实行强制参保，非常容易失去国家的保护。那些收入超过最低额度的雇员可以在基本的要求之外，自愿缴纳超出部分的保险费，以便获得较高的保险待遇。第二个原则是这些保险需要由特定的自我管理的公司来经办。这些公司由三个层面的社会保险办公室进行监管：作为地方政府组成部分的社会保险办公室；作为地区办公室组成部分的上级社会保险办公室；以及帝国社会保险办公室。对于白领雇员，第一、二层级的保险办公室在 1922 年之前存在，之后被废除，只保留了针对白领雇员的帝国社会保险机构。这些保险办公室的构成体现了三方原则，由雇主、雇员和政府三方的代表组成。相关的法律决策是由这三级办公室中的专门部门作出的：决策委员会、决策庭，以及帝国社会保险办公室的决策参议院。

在疾病保险问题上，俾斯麦倾向于利用现有的行会、工厂和互助保险协会提供救助，部分原因是他认为疾病保险并不能有效地将雇员与国家捆绑在一起，因为疾病通常都是短期性的。这样做的结果便是保险公司五花八门：有地方管理当局建立的地方疾病保险，有为农业和林业工人、家政工人、移民工人建立的国家疾病保险，有为 150 名雇员以上的工厂设立的疾病保险，有行会疾病保险，以及矿工保险。不同保险项目的参保成员从 50 人到 50 万人不等。最初，三分之二的保险费由雇主承担，三分之一的保险费由作为被保险人的雇员承担（行会提供的保险是个例外，保险费由双方各承担二分之一）；那些强制参保的人可以获得免费的医疗救治和相当于正常工资一半的补偿，这一待遇的最长期限为13周。

这些待遇水平逐渐得到提高，最后提高到26周，同时还提供供养亲属抚恤金和死亡待遇。如果收取的保险费不足以支付常规待遇，那么上一级的保险办公室就会介入，将疾病保险与其他保险进行合并；如果合并起来并无可能，对于国家保险而言，社区或者地方协会需要补足差额；对于工厂层面的疾病保险，雇主需要补足差额；对于行会建立的疾病保险，行会需要补足差额。每个保险经办机构的章程均需得到上一级保险办公室的批准。此外，还对监督委员会和管理委员会的产生方法作出了规定，其中管理委员会委员的三分之二由雇员选举产生，三分之一是由雇主选举产生；而监督委员会则由管理委员会的委员间接选举产生。工厂层面保险项目的这两个机构的主席均由雇主担任。

事故保险的经办管理并未实现俾斯麦有关员工参与保险事务管理的期望。雇员只在涉及预防措施的委员会中被代表；在实践中，行业或者地区的互助组织中，保险事务通常由雇主控制。这些保险公司又受到国家社会保险办公室的监管。雇主承担了所有的保费成本，这一保费是根据风险等级核定的。雇员从第14周开始，有权获得免费的医疗救治；如果出现伤残，可以获得相当于工资三分之二的误工损失。死亡待遇和供养亲属抚恤金也得以添加到待遇列表中。

老年和残疾保险计划是由与当地管理单位相关联的地区保险公司经办的，而铁路工人、矿工和海员的老年和残疾保险则是由专门的保险公司来经办。这种保险也处于国家社会保险办公室的监督管理之下。保费由雇主和雇员公平分摊，国家也要给予一笔直接的补贴。保险费的计算本身涉及根据风险的复杂计算。国家确保每名雇员可以获得统一的基本抚恤金，同时根据缴费的多少再额外获得一笔数额不等的补充抚恤金。这些待遇是用来涵盖永久伤残和临时伤残的；养老金从70岁时开始支付（1916年时降为65岁），同时还支付寡妇抚恤金（1911年仅支付给白领雇员，到1952年时支付给体力劳动者，从1957年开始支付给所有雇员）。

白领雇员通常从保险计划引入之初便得到优待。白领雇员的保险由帝国社会保险机构负责经办。在保险管理委员会的构成上，雇主和雇员有相同的代表，主席由联邦理事会任命，终身任职。

所以我们看出，德国社会保险制度的发展并未满足俾斯麦所设定的所有目标，但毫无疑问，它在平息雇员的不满情绪方面起到了重要作用；它也促使修正主义的产生，以及社会民主党与国家的合作。这一诞生于深具父爱主义传统的普鲁士的体系，被俾斯麦作为政治武器加以利用，在20世纪上半叶对很多秉持古典自由主义的国家产生了深远的影响。

三、对其他国家的影响

德国模式的重要特征均在19世纪最后十年和20世纪第一个十年中，被其他欧洲国家在不同程度上采纳。那么，我们如何解释这一移植过程呢？从实践层面，德国雇主将其保险计划进行公开，许多政治家和管理者对德国进行了实地考察，比如劳合·乔治（Lloyd George）于1908年开展的著名实地考察。一个令人惊讶的事实是，与德国不同（奥地利对德国模式进行了全盘照搬），几乎所有在这一时期采纳了德国国家主导的福利项目的后发国家都已经跨越了工业化的发展阶段。如科利尔与麦塞克所指出的那样（Collier and Messick，1975：1314-15），这一进程所展示的趋势不是强制性社会保险从工业发达国家向不发达国家传播，而是相反。对这一现象进行研究的学者提出了几种解释，但均不足为信。

一类解释聚焦于数量方面的因素，将立法与某个国家内部的社会经济发展特征联系起来。比如，普赖尔注意到，随着人均收入的增加，65岁以上的人口比例也在增加，因此对养老金的需求也与日俱增（Pryor, 1968：135）。他还发现，社会保障方面的开支水平与生产率的水平（按人均国内生产总值衡量）是相关的，但这一点只适用于那些全套经济现代化的指标都包含的样本国家（Pryor, 1968：146）。不过，如果只考虑半发达或者完全发达的经济体，这一相关关系就站不住脚了。普赖尔对他的研究结论进行解释，认为现代化初期生产率的提高，能够支撑更高的开支；但是一旦生产率达到一定水平，其变化对支出的影响便不再明显。另外一种解释将雇员的福利与生产率联系起来。这一"人力资本"的方法认为，随着作为资本的设备变得愈发复杂，政府引入相应的制度，通过改善雇员的健康与效率进而提高生产率的压力就越大（Rimlinger, 1971：337）。还有人认为经济周期与最初采纳的政府福利项目之间存在联系。根据这一观点，立法通常在收入再分配压力较大的时期通过，目的在于形成国内市场，以增加工业生产。这一点是由伍达德提出的，主要依据是英国在19世纪末大萧条时期对此类体制的需求急剧上升（Woodard, 1962：286）。

不论前述因素的重要性几何，很明显这些因素中没有任何一个因素足以成为政府主导型福利项目产生的原因。这就需要我们进行政治和社会学方面的解释。有些学者强调伟大人物的角色，如俾斯麦和劳合·乔治。其他人，如里姆林格认为影响政府主导型福利项目出台时机的主要变量是自由压力集团的阻力程度，他们认为穷人应当主要靠自己（Rimlinger, 1971：35, 93-98）。就力量关系而言，有人认为自由资本主义在德国发展较为弱小，意味着在福利领域的国家干预，或者用福利手段来确保工人阶级对国家的忠诚方面，面临的抵制较小。乔治强调，福利制度是"主流社会群体巩固社会经济秩序的成功尝试"（George,

1973：1）。他认为社会保障制度的出台有两个主要原因和三个次要原因。主要原因包括工人阶级取得选举权，以及在 19 世纪末 20 世纪初社会主义理念的传播。次要原因包括这一时期的父爱传统的人文主义思潮；对贫困的程度和起因进行摸底的社会调查（参见本书第四章）；以及健康与福利的提升能够增加劳动生产率的认识。

这些观点应当放到某个国家引入社会保险的特定政治和观念背景下来理解。在英国，如哈勒维所说，与其他新兴的工业化国家如德国相比，经济增速放缓，鼓励了帝国的扩张。如果国内没有一个健康的社会阶层，那根本无法来捍卫帝国的疆域，而工人阶级需要被说服他们的好日子要依赖帝国的强大（Halévy, 1929）。难怪 1897 年《工伤赔偿法》（Workers' Compensation Act 1897）的倡导者是约瑟夫·张伯伦（Joseph Chamberlain），这是一位托利党的激进且主要的帝国主义者。阿斯奎斯，即后来的自由党首相，在 1899—1902 年盎格鲁-布尔战争中战士的糟糕健康状况被披露出来以后，曾在 1901 年问道："如果大量的群众得不到教育，成为无节制的牺牲品，整天被生活挤压得喘不过气来，没有实现社会或者家庭生活的任何可能性，那帝国存在的意义在哪里？"（Gilbert, 1966：77）随着中产阶级对贫困问题了解得越来越多 [如英国布什和朗特里（Booth & Rowntree）对贫困问题的调查]，对这一问题的解释也开始从原来的道德谴责转向经济和环境方面的解释。

当然，中上阶层变化的态度是直接受到了日益高涨的工人运动的影响。自助的自由主义理念在英国、比利时和荷兰等国已经被工人阶级在很大程度上接受。工会和互助组织保护新型工业社会中工人的经济和社会利益。自由国家已经开始接受卡恩-弗罗因德称之为集体自治（Kahn-Freund, 1959：224）的合法性。对互助组织的诚实和公正行为的规制，以及在私法框架内对工业事故的过错责任的若干次调试（英国在 1880 年，荷兰在 1881 年，法国在 1898 年，比利时在 1900 年），与这一理念并非不兼容。至于在实现以强制性国家保险方式进行国家干预的根本转型问题上，真正驱动力究竟是不是工人运动，是一个有争议的话题，历史学家们有很多讨论。欧洲劳工运动的态度似乎经历了不断的变化。

佩林认为，在英国，工人阶级并未因为不喜欢与《济贫法》相关的官方救济制度而将福利制度改革作为其改革诉求，工会也只对那些不会损害集体谈判的"自助"方案的有限改革表示支持（Pelling, 1979：1—18）。而霍布斯鲍姆则认为必须在未经组织的穷人群体与有组织劳工运动中的"劳工贵族"之间进行区分（Hobsbawm, 1964：Ch. 15）。后者确实想要社会福利。受马克思主义影响的社会民主联盟和独立工党，提出了具体的福利要求，作为最终实现生产资料公有制的社会主义改革之前的权宜之计。建立于 1900 年的英国工党，提出了一个包括健康服务、养老金、免费教育以及废除《济贫法》在内的综合性方案，相当多的工党活动分子最终成为了社会服务国家的管理者。事实上，自由派的改革在范围上是有限的，并且都是在自由党的权限之内的，不会触及社会制度。这些改革措施被逐步引入，为自由党赢得了相对于其竞争对手的战略优势。总之，他们与俾斯麦一样，都想削弱社会主义者的立场。用 A. J. 巴尔弗（A.J. Balfour）的话讲，"社会立法……不是仅仅与社会主义者倡导的立法进行区分就够了；事实上，前者是后者最直接的对立面，也是后者最有效的解毒药"（Fraser, 1973：129）。

与此形成对比的是，在法国，工业化进程要比英国缓慢，农业和工业均没有占据社会经济的主导地位；社会上存在着思想意识截然相反的群体；不过二者倾向于从政治上相互平衡。思想观念的斗争非常激烈，现状被维持下来，社会权利发展非常缓慢。雇主拒斥了强制性的社会保险，法国总工会强烈反对由工人支付保险费的提议，理由是保险是雇主和政府的责任；并对家庭津贴的方案提出批评，理由是它削弱了同工同酬的原则。这一点可以与意大利的情况进行对比，雇主对强制性保险越来越支持，因为他们对于工伤事故与疾病承担的民事责任越来越重；而温和社会主义者，为了有意与无政府主义者、强硬派工人主义者（Operaisti）划清界限，宣布他们支持强制性保险。天主教派，特别是1891年《新事物通谕》发表之后，也倾向于支持更大程度的公共干预。不过，比利时的天主教思潮对这一新方案的接纳程度没有这么高，并且互助组织在政治和思想观念上的分崩离析也不利于全国保险解决方案的实现。在荷兰，右翼的自由主义者和特定的基督教群体倡导政府支持的自愿机制；左翼的自由主义者和其他天主教政治家则支持强制性保险，而社会民主党人和一些自由主义者则主张多样的政府资助项目。工会并不特别支持强制性保险的扩张，但在工伤问题上除外。在荷兰，引入社会保险的主要驱动力看起来与德国稍早时一样，是激进自由主义者、社会-加尔文主义者以及罗马天主教派对1880年后社会动荡加剧和社会主义运动风起云涌的一种反应。1902—1903年的大罢工运动之后，便出现了疾病保险和医疗保健。而"一战"之后的骚乱则促使工伤保险、老年和残疾保险的改进。

这些程度不一的影响能够帮助解释为什么在不同国家强制性保险制度的发展并不一致。一个极端的例子是丹麦，它维持了自愿的体制。尽管德国改革起到了一定的激励作用，但是凭借私人社会的强大传统、对强制的天然厌恶，以及对社会风险保护个人责任的广泛认同，丹麦的立法者能够"独善其身"。因此，疾病（以及失业）保险的自愿原则即使在国家承担了监管责任并分摊部分费用之后依然被保存下来；1891—1933年丹麦社会福利制度的结构是既有自愿社会的延伸。不过，于1922年引入丹麦的残疾保险是个例外，由于之前并不存在私人保险计划，便顺势照搬了德国的模式；工伤保险也从1898年开始变成了强制性保险。

而在其他国家，即使早期对强制保险很抵制，我们也很容易发现合流的趋势，特别是在"一战"之后。在工伤问题上，这一合流的趋势就更为壮观,基本上是同时发生的。在非职业风险领域,如疾病、年老和死亡等,这一合流的过程较为缓慢,但是截至 1930 年,当法国最终加入了实行国家保险制度的国家行列时,通过强制保险来防范社会风险的做法便已经传播到西欧的大多数国家。我们现在需要对截至 1939 年的一些具体进展进行分析。

第四节　工伤事故与疾病相关立法的进展

一、具体立法的出现

为工伤事故提供某种赔偿的立法于 19 世纪末 20 世纪初在所有的西欧国家都已经出现,不论它们的工业化程度和政治局势如何。我们曾经讨论过,从总体上,雇主的民事责任是建立在过错原则基础上的,这在工业化初期是与企业主的经济利益相契合的。在所有国家,改革的倡导者都能够用这个让人无法拒绝的理由,即工伤事故是内嵌于生产组织和过程的组成部分,特别是在某些较危险的行业更是如此,造成这些事故的企业自然应当承担成本,而不论他们有无过错。用英国法官布兰普顿勋爵(Lord Brampton)于 1897 年说过的话,

> 有一大批工人阶级,他们的生计迫使他们在某些特定的危险行业求职。在工作过程中,事故并不总是能够避免,并且经常发生,有些是随机性的,其他的可以归责于同事的过失或者过错,而起诉他们的同事是徒劳的;或者归责于一些身份无法确定的人。改革立法的目的便是赋予这些工人阶级以请求赔偿的权利。(cited in Wilson and Levy,1939:63)

我们曾经在普鲁士1848年的法律中见到过先例，要求铁路公司承担无过错赔偿责任；并且在实践中，矿工联合会保险机构为矿工举办的强制性保险为普鲁士1865年《矿山法》所吸收、重构。在其他国家也有通过立法对经典过错原则进行修正的尝试，如英国1880年《雇主责任法》，意大利1898年《事故赔偿法》，以及德国1871年《雇主责任法》；也有通过司法判决来修正过错原则的尝试，如荷兰（1881年），法国（1898年）和英格兰（1898年）。不过，俾斯麦的1884年《工伤事故保险法》才是迈向强制性保险的关键转折点。

19世纪末的立法浪潮在有些国家仅限于对民事责任法律的调整，而在其他国家则走得远些，借鉴了德国的模式，建立了强制性的保险体系。在英国，通过1897年的《工伤赔偿法》，法国在1898年，丹麦在1898年，比利时在1903年，立法者将立法的范围限定在对民事责任的调试上。对于受雇于某些工伤风险特别大的行业的特定类别的雇员，法律规定雇主需要向他们支付一定数额的赔偿。不论是在当时，还是以后来的眼光来看，这一规定并不是"革命性"的改变，因为在有些国家（如荷兰、法国、意大利和英格兰），司法已经开始按照同样的方向对民事义务进行矫正。在侵权救济与新的工伤赔偿体制并存的地方，如英国，司法在20世纪初还在延续这一过程。事实上，工伤赔偿是一个妥协的方案，因为它的原理是，工人获得有限的赔偿，但无须证明雇主或者同事存在过错。

这些立法通常依据如下原则。第一，工伤雇员无须证明过错，但是在大多数国家，都存在一个例外，即雇员自身在造成伤害上存在重大过错或者故意的除外。第二，最早的法律只适用于特定危险的行业，如铁路、矿山、码头、工程操作、特定建筑操作和工厂。第三，事故需要发生在工作期间；用英国立法的经典表述便是事故需要"由工作引起并发生在工作过程中"（out of, and in the course of employment）。这一表述的含义是大量诉讼的起源。第四，雇主无须支付相当于全部工资水平的赔偿。这背后的经济理论是雇员在接受就业机会的同时便同意承担一定的风险，这一理论的影响甚巨，并且反映在有关雇员只能获得相当于其工资一定比例的赔偿的规定上（英国为一半，但其他欧洲国家多为三分之二）。同时，雇主支付的赔偿通常也存在一个限额，并且有时还存在一个规则，即雇员可以获得一次性赔偿，而放弃获得按周赔偿的权利。第五，在多数国家，侵权救济因为实践方面的原因被取消，要么是因为如果让雇员在侵权救济和工伤赔偿之间作选择，他通常会选择后者（如英国）；要么是因为在有些请求权上，工伤赔偿被规定为排他的救济（如比利时和法国），或者那些支付了工伤保险费的雇主获得了侵权责任的豁免。

在有些国家，除了符合上述特征的基本工伤赔偿体系外，也有建立在德国模式基础上的强制性保险。如荷兰1901年的《工伤保险法》，卢森堡1901年的法律，意大利1898年3月17日的法律（第80号）通过全国保险基金针对工伤事故建立了一套强制性保险体系，而全国保险基金从1883年起已经在自愿基础上存在。

二、立法的拓展延伸

迪佩鲁指出，这些法律具有一套内在的动态体系（Dupeyroux, 1966：35）。一旦通过，便存在进行扩张的普遍趋势。迪佩鲁认为通常有三个连续的立法阶段：第一个阶段，限定于特定行业的、构成特别危险（exceptional hazard）的标准，最开始慢慢扩展，最后被完全放弃。第二个阶段，拓展至特定的职业疾病。第三个阶段，立法的适用范围（在有些国家）拓展至上下班途中发生的事故。他认为，这些拓展可以通过实践原因加以解释，赋予某个领域雇员的权利很快也会被其他领域的雇员所要求，并且他们所要求的保护成本更低，因为他们处在风险较小的行业。此外，由于在为区别对待所谓"危险"活动与其他活动提供正当性上存在理论上的难度，因为后者通常发生的频率更低，这也能在部分程度上解释这一拓展的过程。

第一个阶段拓展的进程在"一战"之前已经发生，在"一战"后得以加速（如英国 1906 年的法律，法国 1906 年和 1926 年的法律，比利时 1929 年和 1930 年的法律，德国 1900 年、1911 年和 1925 年的法律，荷兰 1921 年的法律，以及丹麦 1916 年的法律）。其中的一个变化是将（德国法的最初用语）"工作场所发生的事故"的狭义表述拓展为"发生在工作过程中"且因工作引起的事故。另外一个变化是对受保护对象范畴的扩张（如英国于 1906 年将保护对象拓展至所有根据劳动合同受雇且工资在一定水平以下的雇员；意大利、法国均于 1917 年，荷兰于 1921 年将保护对象拓展至农业工人）。

第二个阶段拓展的进程，即涵盖部分职业疾病，这一点在很长一段时间内受到抵制，原因在于证明疾病是否由工作引起面临着实际困难，并且理论上也存在反对声音，认为疾病是雇员本应当承担的风险。直到"一战"以后，一般意义上的工伤事故和特定类别的疾病才被接受。这一过程从英国 1906 年法律开始，紧跟着的是丹麦 1916 年的法律，法国 1919 年的法律，卢森堡 1925 年的法律，德国 1925 年的法律，比利时 1927 年的法律，荷兰 1928 年的法律，意大利 1929 年的法律。国际劳工组织 1925 年第 18 号《工伤赔偿（职业病）公约》对这一进程发挥了重要的作用。不断增加的医学知识让人们在 1930 年代能够将一些常见的疾病与职业原因联系起来，但是立法者担心这样会打开诉讼的洪流，因此工伤赔偿待遇只提供给特定危险行业的特定疾病（如矿工的尘肺病）。

截至 1939 年，很少有国家进入了第三个阶段的拓展进程，即涵盖上下班途中发生的事故。作为先驱的国家是荷兰，它对 1921 年的法律进行了相应的解释。通常来讲，上下班途中发生的事故会被认为与生产过程的风险之间关系太过遥远，而不应当受到这些专门法的调整。

三、保险的传播

或许可以想到的是，即使在那些并未实现强制保险的国家，雇主通常也购买保险，来化解他们可能向雇员进行赔偿的风险。这使得雇主责任保险公司得以发展壮大，资产雄厚，而立法者则试图进行干预，对这些公司的诚信守法状况和偿债能力进行监管。当然，雇主仍然可能没有购买保险，相关的风险仍然存在，因此对这些私人公司提供的保险实行强制原则，或者由国家接管这些保险的压力一直都存在。比利时的做法是，通过1903年的法律允许雇主自我保险，或者向保证基金账户支付保证金，用于防范雇主资不抵债的风险。在丹麦，这一保险于1916年变为强制保险；在英国，1934年这一保险为强制保险，不过，这一要求仅限于煤矿主，要求其为工伤事故和持续六个月以上的疾病购买工伤保险。截至1939年，通过强制性的方式建立一套保险体系的好处对于工伤事故的受害人和雇主而言，均已经得到广泛认可，但这一体系并没有得到广泛的推行。

第五节 防范非职业风险的保护的进展

一、年老、残疾与死亡

那些对薪资劳动者面临的社会风险采取强制性政府保险解决方案的国家也扩展并提升了对年老、永久伤残和供养亲属的物质帮助水平。在德国，退休金的支付年龄在1916年从70岁被降到了65岁，并且在魏玛共和国时期对寡妇和孤儿抚恤金也作了一些细微的修改。在英国，1908年《养老金法》（Old Age Pension Act）规定70岁以上的老年人有权利获得政府提供的退休金，这遵从了德国俾斯麦确立的先例和新西兰1898年《养老金法》的做法。在盎格鲁-布尔战争之前，约瑟夫·张伯伦曾提议建立一个以自愿为基础的供款型制度，让互助组织继续发挥重要作用，但互助组织对此表示反对，因为它们担心一个政府补贴的制度最终可能导致它们的基金被国有化。强制性政府体系的建立是对这样一种事实的承认，即互助组织无力承担老龄化人口的成本，因为不仅需要向老龄化人口支付退休金，还往往需要向其支付伤病待遇。在1908年的法律之后，英国于1925年又通过了一部法律，建立了强制性的养老保险体系，为65岁以上的薪资劳动者以及薪资劳动者死亡情况下的遗孀及供养子女提供物质帮助。高收入群体的薪资劳动者（1925年年收入高于250英镑）被排除在适用范围之外。退休金的数额是统一的，不考虑那些有资格参加强制保险的劳动者的收入水平。同样，在卢森堡，收入高于一定水平的劳动者也被排除在适用范围之外，直到1931年该国为高收入群体建立了一个私营的养老保险基金。在荷兰，由于国内就建立强制性的国家保险存在根本分歧，这一保险直到1913年才从法律上建立，直到"一战"后的1919年才正式开始运作。

在那些推崇"经补贴的自由"的国家，通常倾向于采取强制性的国家保险体系。在比利时，1900年5月10日的法律，对于那些65岁以上且有生活困难的雇员，建立了无须参保的退休金。1911年，针对矿工建立了强制性的养老保险，并且在"一战"后的1919年和1920年，赋予符合年龄和收入条件的所有比利时公民以退休金，无须参保。1924年的法律建立了最低生活保障。1925年7月29日的法律，为有劳动合同的薪资劳动者建立了一个补充性的退休金计划。该法体现了一个全新的原则，即建立与薪资收入相关的退休金制度。保险费根据收入水平确定，最后领取的退休金水平也与收入相关。

意大利于1898年在自愿原则基础上建立了全国残疾与老年雇员基

金。直到 1917 年，出于战争生产的需要，对于那些被政府征用于战争目的的辅助行业的雇员（涉及约 2184 家企业的 80 万名雇员），才建立了强制性的保险体系。这只是第一步，随后 1919 年 4 月 29 日法令规定以薪资收入为基础的供款，以及对 65 岁以上老年人的退休金，这一退休金是与缴纳的保费成比例的。此后，还有将这一强制保险扩展至农业工人的尝试，不过，在法西斯掌权后的 1923 年，这一尝试宣告失败。不过，从 1926 年开始，法西斯运动转变为建立职团制国家的运动，并且在 1928 年退休金增加以后，法西斯政权于 1935 年引入了统一的社会保障体系，规定在年老、残疾、肺结核、非自愿失业以及生育情况下的强制保险支付，几乎涵盖了所有的受雇雇员。从形式上看，在法西斯统治时期，社会保障得到了较大的发展；但是透过现象看本质，在这一时期，各种项目缺乏协调和统一，并且退休金的真实水平并未得到改善。

在法国，1910 年 4 月 5 日的法律针对那些在农业、工业和商业的雇员，建立了工人和农业劳动者的养老保险，但是这一法律并未得到完全的执行，因为法院系统不愿意强迫雇主和雇员缴纳保险费。在 1921 年，有一部法案提议建立国家保险体系，不过未获通过。这在间接上受到俾斯麦立法的影响，因为阿尔萨斯－洛林地区（Alsace and Lorraine）在被归还法国之前曾经被并入到德国的体系之中。然而，只有在 1928—1930 年间，才通过保险方式对那些收入低于一定水平的薪资劳动者进行保护，保护其免于受到死亡、残疾和老年风险的侵袭。这些体系是通过由雇主和薪资劳动者相同比例的缴费来筹资的。

围绕养老保险究竟应当免费还是与缴费情况相挂钩的讨论，在丹麦得到了很好的体现。1891 年的法律将那些 60 岁以上无力照顾自己的老年人从《济贫法》的保护范围移出。他们接受由地方政府提供的"施舍金救济"（alms relief）。1922 年，这一做法被废除，取而代之的是规定 65 岁以上的老人有权按照固定的比例获得退休金，这一比例会根据享受退休金的人退休之前的收入水平相应变化。在各种委员会和政党之间存在长期的争论，即养老金是否应当无偿提供，而无须享受他们的人提前缴纳保险费。放弃免费退休金原则的做法无法获得民众的支持，1933年的《社会改革法》保留了这一原则，通过税收的方式对养老金提供经费支持。

二、疾病与生育

在疾病问题上，国家保险原则也在很多欧洲国家受到追捧，但是各国的差异较大，并且通常在疾病问题上互助组织发挥的作用明显比在年老、残疾和死亡问题上发挥的作用要大些。对于非因工伤病，通过合同责任要求雇主支付工资，通常并不足够。在有些国家，如英国，在生病期间，由雇主通过各种制度安排支付有限期限内的病假工资的做法，是通过集体谈判建立起来的。

同样，有必要区分那些采用国家保险方法的国家与那些推崇给自助以国家帮助的国家。在德国的魏玛共和国时期，国家保险体系在雇员生病期间提供免费的医疗救治，并从无法工作的第4日起支付一半的基本工资，最长不超过26周。不过，如果出现残疾，享受待遇的期限可以进一步延长。生育情况下的待遇支付期限在1914年和1923年也分别得到了延长。在英国，1911年《国民保险法》强制要求所有16—70岁的体力劳动者，以及收入在一定水平以下的所有非体力劳动者均应当参加保险；作为回报，他们有权注册参加那些国民保险系统内的医生的病患列表，由该医生为其提供免费的医疗救治。参加这一保险的人也可以获得疾病待遇，与德国的制度一样，可以持续26周，并且在出现残疾的情况下可以进一步延长待遇期限。当时也存在少量的生育待遇，但是除此之外，起初只有参保的薪资劳动者受到保障，其家庭无法受到保护。1919年的法律将医疗保险的覆盖范围进行了扩充，但仍然不包括参保人的供养亲

149　属。对于那些未纳入立法保护范围的人，他们仍然只有依靠《济贫法》和互助组织。在荷兰，试图引入强制性疾病保险的尝试产生了如此多的冲突，以至于直到 1941 年，针对雇员的强制性疾病保险才得以建立。在法国，于 1928—1930 年期间引入的国家保险体系将覆盖范围限制在收入低于一定水平的薪资劳动者，直到 1942 年之前都维持这一做法。正如其他国家的类似制度一样，保费需要由雇主和雇员共同缴纳。在法国的制度中，经办管理公私交融的复杂程度令人震惊。有社会保障办公室（caisses），雇员可以选择挂靠。这些办公室有可能是私人性质的，也有可能是雇员居住地所在大区的办公室，而后者又受到私营保险机构的辅助。这一体制复杂的另外一个原因在于，除了全国统一的制度外，在 1928 年之前针对特殊群体建立的特殊制度，仍然继续存在。在法国，对私人保险的利用持续主导着法国有关疾病、生育及其他待遇的国家保险运作。

　　在比利时，由政府补贴的互助组织在疾病和临时伤残领域占据绝对主导地位，这一状况直到"二战"以后才得到改变。在意大利，曾就一个包含全国性的疾病保险制度的项目进行了深入的讨论，不过在吉奥利蒂时期（Giollitti，1921 年前）被搁置。在法西斯统治时期，职团制的工会组织被赋予在整个职业或行业进行集体谈判的权利，并且 1926 年的法律规定这一协议中应当包含由雇主和雇员共同出资建立互助疾病救助基金的约定。针对非因工患病建立强制性保险的尝试发生在 1927 年，为肺结核病人建立了强制性的保险体系（1925 年肺结核造成了 60148 人死亡），这一体系在 1939 年得到了进一步拓展。实践中，对疾病的主要保障来源依然是工会和公司制的互助组织，这些组织在 1938 年进行了协调，并于 1943 年被整合成一个组织。

　　在丹麦，以自愿为基础的病友俱乐部是健康保险的基础。1933 年法律规定了参加国家保险的义务，但仍然通过两种互助组织来经办这种保险：一个是经批准设立的病友俱乐部，其会员由包括自雇者在内的整个无产工人阶级构成；另一个是疾病保险互助组织，为那些有产阶级提供了获得疾病保险的机会，并且一旦他们的经济状况发生恶化，便可以转回到病友俱乐部。活跃的会员需要支付会费以获得疾病相关待遇；而那些不想加入的人作为非活跃会员也需要支付一小笔会费，他们无权获得疾病相关待遇，但能够给他们保留后期加入疾病保险的权利。残疾保险是作为疾病保险的补充而存在的。

三、家庭支持

"一战"后，一个新的问题开始显现，即为家庭供养亲属提供抚恤金的问题。具体来讲，这并不是一个与工作相关的问题，因为大规模的家庭不仅会涉及薪资劳动者的经济状况，也涉及自雇者的经济状况；但是低收入的薪资劳动者跟其他劳动人口比，通常更容易受到这一问题的困扰，特别是在通货膨胀时期。在"一战"之前，法国的一些雇主，如在伊泽尔省（Isère）维齐耶镇（Vizille）的克莱因（Klein）公司于1884年，香槟地区（Champagne）一家大型棉纺厂的老板阿梅尔（Harmel）于1891年开始向那些有子女的雇员支付家庭补助。在法国和比利时，在"一战"前便存在针对公务员的家庭补助制度。在"一战"期间，支付给公务员的补助得到增加，并且逐步扩大到政府的其他雇员、铁路工人和矿工。在"一战"后的很短时间内，大多数国家都建立了公务员的家庭补助制度。同样是在战争期间，法国曾试图通过设立雇主均等化基金（caisses de compensation patronales）而将家庭补助制度变成普遍性的制度。雇主需要向该基金缴纳保险费（1932年之前均为自愿缴纳），然后由该基金支付家庭补助。如果没有这些基金，家庭补助制度的推广就会受到限制，有些雇主可能就会拒绝雇佣那些有家室的男性雇员。

法国、比利时、意大利、荷兰和德国所采取的法律干预措施发生在一系列的经济、人口与政治影响之下。从1929年开始的大萧条，使得比利时和法国的自愿赔偿基金变得并不牢靠。在没有法律强制的情况下，雇主将不会参加。所以，比利时1930年的法律（之前1928年还有一部法律但只适用于政府承包商）和法国1932年的法律将雇主向均等化基金缴费规定为强制义务，并对家庭补助实行标准化，拓展至所有的行业和职业。这一补助是建立在一家之主的较高工资的理念之上的。它们受到了法国总工会的强烈反对（它担心这会被用作压低工资的借口），认为这是对同工同酬原则的践踏。1928年和1929年，法国总工会两度发声，认为家庭补助是"雇主在打击工人组织的过程中发明的……为了阻击这一虚假且危险的慈善活动，总工会主张应当适用最低工资……家庭补助应当完全独立于父母所从事的工作"。

另一方面，自1891年《新事物通谕》发表之后，天主教便开始主张家庭工资的观念。而教皇比约十一世分别于1930年和1931年发表的《圣洁婚姻通谕》（*Casti Conubii*）和《四十年通谕》（*Quadragesimo anno*）则倾向于根据雇员的家庭义务状况的不同而确定不同的工资水平。这影响到基督教的雇主和工会，特别是在意大利，跟其他国家一样，政府雇员是最早享受家庭补助的群体。在1934年，法西斯工业联合会与法西斯产业工人联盟之间达成了一项集体谈判协议，根据该协议，家庭补助拓展至私营领域。在工业领域已经开始施行40小时的工作周，而家庭补助的功能在于保护有子女的男性雇员免于出现生活水平的下降。这一制度是由雇主和雇员共同出资资助的，并且双方的份额相同。这一制度对于那些生产活动是持续性的，或者需要工作较长时间行业的雇员而言是不公平的，因为这些行业的雇员需要支付保险费，但是却无法享受家庭补助，因为家庭补助仅支付给那些每周工作时间不足40小时的雇员。有鉴于此，1936年，享受家庭补助的权利与雇员每周工作的时长实现了脱钩。政府也开始向这一制度出资。在荷兰，一部1937年提议、1939年通过的立法，为那些需要照顾三个以上子女的雇员提供家庭补助。在英国，尽管有些私营部门的雇员也建立了家庭补助项目，但并无相关的立法。

家庭补助项目背后的人口动因可以在纳粹德国找到，在这一时期，政府通过为家庭提供经济激励包括国家补助的方式，鼓励组建大规模的家庭。在法国，1938年的政府法令试图提振出生率。超过五岁以上的独生子女不再享受补助，但是对于在家中的母亲开始支付补助。这一补助随后增加至当地平均工资的10%。这一立法后来在1939年的《家庭法典》中进行了重组，将获得家庭补助的权利扩展至整个工作人口。

结　语

本书研究的时间范围止于"二战"。到那个时间点，所有欧洲国家的福利制度都需要根本性的改革。战争不仅打乱了欧洲的经济与政治结构，同时也唤醒了追求社会公正和社会保障的深层次运动，正如英国1942年贝弗里奇发表的题为《社会保险和相关服务》报告（又称《贝弗里奇报告》）所反映的那样，这反过来又对法国全国抵抗运动委员会（CNR）[4]秘密写就的《共同纲领》产生了深远的影响，这一纲领性文件是与比利时在工会、雇主和政治家之间秘密谈判达成的《社会连带契约》（*Pacte de Solidarité sociale*），以及流亡在伦敦的荷兰政府推出的范·莱恩制度（Van Rhijn scheme）有关的。这些制度从战争末期开始施行。在德国和意大利，随着极权政府的倒台，在福利制度上需要有一个新的开始。这些进展构成了现代社会保障制度的基石，不过，超出了本书的研究范围。

从工业革命后到"二战"期间，各国为了应对社会风险而从法律上采取了各种规制措施，我们能从这段历史中得出什么结论呢？在我们所研

4　文本参见本书附录四，第381页。

究范围内的所有国家，都出现了针对社会风险推行强制性社会保险的趋势。社会保险制度不仅传播到工业最发达、最先进的自由资本主义国家，也传播到那些社会观念相对保守、工业化程度较为迟缓的国家，这些国家在工业化之前便采取强有力的行动来阻隔工人阶级与激进社会主义观念的联系。社会保险制度在奉行自由主义的国家也被接纳，在这些国家，自助的理念和实践受到了日益严重的挑战。

从法律进展的角度看，法律的覆盖范围和技术细节为劳动合同所主导。除丹麦较早将自雇者纳入保护范围以外，其他国家似乎一开始便将覆盖范围限定于薪资劳动者。这些国家的制度的区别在于有些国家在劳动合同中嫁接了强制保险的因素；而其他国家则推行自助行为的国家帮助，并未触及劳动合同。如勒内所言，这一时期的社会保险"不是一个社会主义的解决方案，反倒是一个个人主义的解决方案"（Renner, 1949：233）。工伤事故的问题最开始是通过对传统过错责任规则的调试来解决的，这一路径被法学专家称为"受到自由放任理念的影响，试图保护合同的神圣性"（Bartrip and Burman, 1983：220）。保险被嫁接到劳动合同的观念之中。最初的家庭补助是与"工资"的理念联系在一起的。不过，截至"二战"结束，我们研究范围的西欧国家没有哪一个国家形成了综合性的社会保障理念。只有当保护个体的经济安全问题与劳动合同脱钩，且这一保护被承认为基本人权的时候，现代的解决方案才变成可能。劳动法并未能提供足够的保障，正是在劳动法的废墟之上，社会保障法在"二战"后才得以欣欣向荣。

第四章　失业问题

伊莱恩·沃格尔-波斯基

第一节　导论

失业问题可以从两个维度加以理解：个体维度和社会维度。

解雇是失业的个体面向。法史学家认为对个体的解雇保护是进步主义对合同法主导地位的一种侵蚀。只要劳动合同被认为是合同法和财产法的附庸（参见本书第一章），相关的当事人就会被认为是理论上的平等主体，并可自由确定双方的规则。援用德维丘的著名表述，这是一种"饥饿的肠胃与银色的钱包之间的平等"（de Visscher，1911）。我们可以讲，解雇保护法的发展是建立在对"劳动权"的保障基础上的。如前所述（本书第一章），劳动"权"背后的理论是对于那些无法独立养活自己的公民，共同体负有保障义务。比如，在前工业化社会，英国普通法规则的一个意想不到的功能竟然是为农业劳动力的季节性失业提供某种形式的保障。在 18 世纪，布莱克斯通认为，如果允许雇主在播种和收获的季节享用雇员的劳动成果，却在农闲的冬季将他们解雇，这是与"自然正义"背道而驰的（Blackstone，1765：vol.1，463）。他将这一点作为以年度为时间单位雇佣劳动力的推定（presumption of yearly hiring of labourers）的正当化依据。这一推定的效果是保护当地的纳税人（ratepayer），否则的话他们就需要在冬季为农业劳动力提供物质帮助。

工业的发展为劳动"权"带来了新的动力（twist）。劳动者个体要能够在一种处于雇主完全控制之下的关系中自由地在劳动力市场上提供他的劳动力（参见本书第一章）。在超过一个世纪的时间里，劳动合同在欧洲大陆仅仅受到民法基本原则的限制，在英格兰则是受到普通法的限制。这一一般法律框架允许雇主单方面解除合同，通常无须给予补偿。集体谈判和工会的"惯例"开始逐渐限制雇主的这一权力，不过这只是部分限制，并且在特定行业中，不同国家的发展状况大不相同。直到20世纪，国家才开始进行干预，特别是对于作为弱势群体的雇员，限制雇主解雇他们的权力。对当时的各种做法进行研究以后发现，它们在效果上相近，尽管这些做法发生在不同的时间，表现形式各不相同。劳动"权"随后开始在雇主和雇员之间呈现出一个新的面向。

国家通过干预提供解雇保护是发生在对国家应当承担维持就业的社会责任的广泛认可的大背景之下的。这反映了对失业问题认识的不断变化。在今天看来，失业通常是与贫困问题相区别的。但是，在19世纪，失业救济被认为是与贫困救济同义的（参见本书第三章）。那种认为失业是一种特殊的社会问题，是与贫困问题不同的，并且不能通过个人缺点来解释的认识，直到19世纪最后几十年才开始出现。失业变成了热点问题，图书、论文以及官方报告开始大量出现。本书第三章梳理了国家干预以及后来的社会保障产生发展的观念、法律及历史背景。很明显，针对失业所采取的措施也是诞生于这一背景之下。需要强调的是，在这一背景之下，劳动合同与旨在为失业者提供保障的（合同之外的）制度之间很难建立联系。雇主单方面解除劳动合同的社会后果在19世纪末之前很少受到关注。

按照加拉蒂的看法（Garraty，1978：130），为了应对这一问题出现了两个解决方案。一个倾向于预防或者至少减少失业现象，另一个是试图为失业者提供物质帮助。预防主义者考虑的是建立就业办公室（职业介绍所）网络，对"冗余"劳动力进行转移安置，设计制度降低某些行业可能出现的劳动力季节性变动，或者在不同的行业之间对生产活动进行协调，使工人在淡季可以从一个行业换到另一个行业，以及进行政府采购或者开工建设项目以便能够在经济不景气时增加就业机会。而另一类人则强调为失业者提供收入支持，以及最终建立由雇员、雇主和国家出资的强制性失业保险的重要性。在由勒福特于1913年完成的研究中，他将为失业提供的救济措施分为以下几类：(1)慈善；(2)个人在储蓄银行的储蓄以及补贴性的国家救助体系；(3)政府公共工程项目（当地或者全国范围组织的）；(4)以工代赈项目；(5)农业殖民（农村劳动集中营）；(6)就业办公室和职业介绍所的组织；以及(7)失业保险（自愿或强制）(Lefort, 1913：103ff)。

失业问题最早是由经济学家"发现"的。很多经济学家试图弄清商业周期的动态过程，如朱格拉（Clément Juglar）、杜冈-巴拉诺夫斯基（Michael Tugan-Baranowski）、伯格曼（Eugen von Bergmann）、让·莱斯屈尔（Jean Lescure）、约瑟夫·熊彼特（Joseph Schumpeter）、A. C. 庇古（A.C. Pigou）、阿尔伯特·阿夫塔里昂（Albert Aftalion）、拉尔夫·霍特里（Ralph G. Hawtrey）、韦斯利·克莱尔·米切尔（Wesley Chair Mitchell）等。他们努力去理解经济周期的社会影响。比如，剑桥大学的政治经济学教授庇古认为，失业的主要原因是工资水平缺乏弹性（Pigou, 1913：55ff）。他同时又认为，如果不进行国家干预，根据物价水平对工资进行调整不可能实现。他不仅建议设立职业介绍所、专门的教育项目、受补贴的强制保险，还要设立对抗经济周期的公共工程项目。在贝弗里奇看来，失业是"工业的问题"，正如他的大作的标题 * 所示（Beveridge, 1909, revised 1930）。

但是，如果我们观察"一战"前的国际失业协会（International Association on Unemployment）的活动，我们会发现失业的个体和社会面向之间的联系并未建立，这有点令人吃惊。首要问题是如何降低失业的

---

* 即《失业：一个工业问题》（*Unemployment: A Problem of Industry*）。——译者

总量。而答案则是在提高劳动力的流动性、确保企业层面完全自主的同时寻求经济政策上的调试。

在"一战"期间，失业率大幅下降。用韦伯夫妇的话来讲，这表明，社会上"不存在能够用好岗位或者高工资吸引的冗余劳动力"，并且大多数失业者都能够被"有效利用甚至带来利润"（Webbs, 1927-1929, 1963 reprint: vol.2, 668）。随着1918年后世界重归和平，国家帮助失业者的责任在大多数欧洲国家都得到了承认。"与失业有关的公共政策不再存在争议。具体的方式方法和救济的程度仍然时有争论，但无关原则本身。"（Garraty, 1978: 146）政府部门认识到它们对"一战"老兵、战俘以及难民的福祉负有特别的责任。比如，在战后的英国，1920年，失业率陡增，失业保险实现了全覆盖（只有家政工人和农业工人被排除在外）。在意大利，同一时期也建立了强制性的失业保险制度。在德国，在去动员化的过程中，革命政府要求地方政府为失业者提供失业救济，并建立了"高效以工代赈"项目，旨在在道路维修、土壤保持、运河修建以及类似的公共工程中招用失业者。1919年，政府接管了职业介绍所系统。但是，在1923年以后，随着失业率急速攀升，由雇员和雇主出资组成的失业保险体系得以建立。在1926年的经济繁荣之下，失业率降低。当时的德国议会于1927年通过了一部综合性的《失业保险法》，将农业工人和家政工人均纳入保护范围。威格特评论道，"在维持保险给付与直接公共救助之间的区分上，德国比英国更努力，前者将给予那些已经穷尽保险给付待遇但仍未找到工作的人的帮助定性为借贷。"（Weigert, 1933: 169）在法国，同一时期，失业并没有被认为是很严重的社会问题。只有少部分技术工人参加了政府补贴、工会经办的失业保险计划。在战争期间，作为大区和市级失业救济项目的后备，法国建立了失业保险的中央调剂金。在战争结束后，中央调剂金得以保留。职业介绍所制度的功能得到拓展，在1920年代初期，每年大约有100万个职位空缺通过职业介绍所系统找到合适的人选。事实上,法国出现了劳动力短缺的现象,并接受了大量的移民,这些移民主要来自西班牙、意大利、比利时和波兰等国。

经济萧条的 1930 年代是"二战"前失业问题逐步变得严重和突出的时期。针对失业,很少有建设性的救济或回应能够落到实处。数以百万计的工人依靠失业救济为生。工会和各国政府都在为失业人口提供救济问题上疲于应对。但是旨在"降低"失业率的措施通常是对就业人群的保护,比如,提高离校年龄,迫使已婚妇女退出劳动力市场,引入低龄退休的制度,遣散外国劳动力,以及将失业者向外输出等。加拉蒂认为,工会默认接受高失业率作为维持现有劳动者工资水平的代价(Garraty,1978:193)。斯基德尔斯基表示,"他们对于增加失业保险待遇的兴趣,远超增加就业机会的兴趣"(Skidelsky, 1970:23)。

截至 1930 年代中叶,针对长时间的失业现象,欧洲大多数国家出台了特别临时救助措施。在德国,三位工会的领袖,同时也是经济学家,即号称 WTB 组合的弗拉基米尔·沃伊廷斯基(Wladimir S. Woytinsky)、弗里茨·塔尔诺(Fritz Tarnow)和弗里茨·巴德(Fritz Baade),都在推动出台增加购买力的政策。他们将失业保险看作是增加消费需求的途径。在 1930 年,当不断攀升的失业率已经影响到失业保险基金的偿付能力时,他们又拒绝了有关小幅削减失业保险待遇的提议,这引发了民主政府的下台,取而代之的是帝国总统的独裁统治。在新的选举之后,发生了失业保险待遇的下降,而工会恰恰想竭力避免这一点。新的 WTB 方案建议通过通胀的方式来刺激消费。但是社会民主党的党魁奥托·威尔斯(Otto Wells)反对 WTB 的方案,认为该党应当首先照顾就业人群。纳粹政府的重整军备才"解决"了失业问题。

截至 1938 年,作为对德国重整军备的回应,英国和法国政府决定在军备上加大支出力度。这导致了失业率的下降。1939 年,在"二战"爆发以后,失业不再成为一个"问题"。战争是所有问题最残酷的"解决方

案"。本章会简单探讨一下经济思潮与公共政策之间的关系,加拉蒂对此做了很好的总结:

> 30 年代的失业问题之所以如此破坏力巨大且旷日持久,主要原因在于我们对 20 世纪初期资本主义的运作方式缺乏了解……对于今天研究大萧条的学者而言,最令人费解并且感到错愕的地方在于,大量资料记载了政府为终结大萧条而有意识地采取措施,但结果却使它变得更为严重。(Garraty,1978:2)

本章会考证在"二战"前的时间段内,在一个国家采取的政府及法律措施后被移植到其他国家的情况。理解这些措施为什么没有产生预期的效果,对于我们要反思 1980 年代经济危机期间为了打破战后的福利国家改革而提出的诸多要求而言,至关重要。这些改革措施本身是对失业困境的一种回应。

第二节 与失业问题有关的具体政策

一、职业介绍所

职业介绍所是最早实行的调控劳动力市场的举措之一,以便将劳动力市场中工作岗位的空缺与求职者匹配起来。在工业化初期,有关劳动力市场的理论非常简单:雇主想要招聘雇员;雇员想要找到工作。职业介绍所将两方联系起来,通过企业、行业、职业和区位的流动性,劳动力的"买方"与"卖方"实现了对接。

不过,在实践中,劳动力市场是高度复杂的,各国花了一个世纪的时间才搞明白就业服务的可能性与策略。最早的就业办公室（placement bureaux）是作为对短期问题的地方性回应而存在的。在19世纪中叶，它们主要服务于特定的群体如家政工人和农业工人，通常由慈善群体设立，作为其为未就业的穷人所开展活动的补充。同时，私人设立的营利性的就业办公室也开始出现，它们的发展造成了极大的问题。在法国，这一点特别明显，求职者不得不支付高额的费用。有些就业办公室还开办了宿舍，强迫雇员租住在宿舍中。有时候，就业办公室的经理会与雇主合谋，先将雇员解雇，目的是强迫被解雇的雇员在就业办公室重新进行登记。几乎在所有的国家，私人营利性的就业办公室的名声都比较糟糕，工人代表纷纷要求将其废除。然而，在自由竞争的名义之下，它们的存在得到承认和维持。

为了避免前述问题，并给求职者与雇主更好的机会，雇主和工会都主动采取了措施。雇主设立就业办公室的原因在于组织和控制劳动力供应；当有需要时能够及时找到技术工人与非技术工人，并且在发生产业冲突时将罢工工人替换。德国的例子很好地说明了这一点。根据1880年德国工厂主中央联合会总书记布克（Bueck）的表述，雇主希望"在自己的场地做自己的主宰，因此，想把职业介绍所控制在自己手中"。在德国，根据1890年柏林钢铁行业工厂主协会采用的体制，职业介绍所向求职者发放许可证，持证的求职者才有资格被雇主所雇佣，而雇主则是这个协会的会员。职业介绍所会对求职者的状况进行核对，比如是否不愿工作，是否喜欢饮酒，是否不听招呼或者经常参加罢工等。雇主的职业介绍所在罢工中得到了有效的利用。而工会的职业介绍所则没有发挥像雇主职业介绍所一样的作用，它们试图对那些正在发生罢工的企业限制劳动力供应。

在自助机制形成的过程中，工会设立的机构也开始出现。有时候，这些机构是出于政治目的而设立的，如在德国，它们是为了接受那些因为《反社会主义法》而被辞退的社会民主党籍的工人而设立的。在法国，也有工会设立的就业办公室，但是效果不彰，原因在于雇主的敌对态度，设置了重重困难。在丹麦，工会设立的职业介绍办公室同样面临着来自雇主的敌对态度。在意大利，有些工会在不同的地区间设立就业办公室；比如，全国帽业联盟。工会的地方分支每周都会发送该地区的岗位空缺（与岗位对应的薪资水平）的列表，以及正在求职的工会会员的列表。在玻璃行业，也存在类似的机制。但是，尽管工会采取了这些措施，结果却不尽如人意，每年只有100—150人在职业介绍所的帮助下找到工作。需要克服的最大障碍之一便是当地雇员对非本地居民的敌意。

  工会设立的职业介绍所的缺陷在于，它们只追求其会员的利益，倾向于保护会员而不是非会员雇员，它们对裁员采取了偏保守的态度，这一点并未被雇主完全接受。在比利时全国救济基金（Fonds National de Crise）应政府的要求于1932年开展的调查中，就收到了这样的批评意见。在职业介绍领域进行国家干预被完全接受之前，对职业介绍所进行联合管理，由政府提供支持的方案看起来颇具吸引力。这在1890年经济危机之后的德国出现过。从那时起，职业介绍通常被认为是一种市政服务，这一点成为德国战前体制的一个显著特征。1898年，德国职业介绍所联合会（Verband Deutscher Arbeitsnachweise）得以成立。截至1910年初，共有462家公共职业介绍结构。1908—1909年度，共有860901人通过联合会下属的职业介绍所找到工作。它们还负责对学徒工的安置。在罢工或者闭厂的情况下，它们中的大多数仍然正常运行，只是需要通知求职者发生了争议。

  在荷兰，1900年左右，市政当局开始对那些非营利性的私人职业介绍机构进行补助。最终，当政府认识到私人的职业介绍机构，包括工会设立的职业介绍机构无法满足需求的时候，公共职业介绍机构才得以建立。在丹麦，这些职业介绍机构运作高效，其管理委员会的构成和组织建立在三方原则的基础上。哥本哈根市职业介绍所便是这种情况，它设立于 1901 年 7 月，由 11 人组成的委员会进行管理，其中一人由治安官选任；两人由市议会选任；四人由哥本哈根雇主联盟选任；四人由该市的工会选任。在丹麦，职业介绍所的活动，尽管是由当地的机构组织的，但通过全国统一的网络协调各自的活动，这一点非常重要。

在意大利，直到 1916 年，在私人的和地方性的职业介绍所之外，全国层面的官方职业介绍所才得以建立。它们对工会设立的职业介绍机构给予了大力的支持，这表现在两方面：一方面它们会提供职业介绍活动的补贴；另一方面，它们在不同的地区协调工作岗位空缺状况，能够让工会聚焦于更宏观的战略。在法西斯统治时期，职业介绍工作被完全交给职团部来控制和重组，并通过劳工联合会下的工会来实施。1927 年《劳动宪章》确定职业介绍所由国家的职团部门掌控。但是雇主并没有义务加入这些职业介绍所。不过，在劳动就业领域，一个条款给予了国家法西斯党的党员和劳工联合会下的工会会员以优先地位。1935 年，国家法西斯党全国指导委员会作出了一项重要决定，首次申明了数量要求原则，承认"将选择的机会留给界定清晰的情形"。1938 年 12 月 21 日的法令（第 1934 号）确立了数量要求原则，随后的两个法令明确了可以通过特别提名的方式（*richiesta nominativa*）确立的技术工人的范畴。

在比利时，就业机构的发展脉络与本书研究范围内的其他国家相似。最初出现的私人就业机构会向求职者收取费用。它们的数量不多，并且基本上都与家政工人有关。由工会组建的专门就业机构得以成立，但它们仅为了会员的利益而工作。只有那些更重要的互助组织运作的效率才更高。第一个面向所有工人无差别开放的免费职业介绍所，是由一个慈善协会于 1888 年在列日市建立的。受这一机构启发，被称作劳动介绍所的职业介绍机构先后在布鲁塞尔、沙勒罗瓦、根特和安特卫普成立。这是慈善机构和市政府推动的结果。截至 1904 年，一共有 10 个这样的机构。当时的政府决定对符合两个条件的机构进行补贴：首先它们必须是在雇主和雇员的联合管理之下；其次，它们需要向劳动局发送年度报告。补贴的内容包括开业补贴和日常运维费用补贴。截至1910年，政府认可的机构一共有24家。

"一战"后，就业领域的国家干预在每一个国家都得到了完全承认。在大多数国家，国家干预与私营的职业介绍机构同时存在。在比利时，1924年2月19日的皇家法令建立了官方劳动介绍所的主要运行规则：(1)联合管理（政府、雇主和工人代表）；(2)这些机构的主要任务是通过维持空缺职位的流动性，将失业人员名单提交给雇主，以及与受认可的私人机构进行合作等方式来组织招聘；(3)在失业保险与就业之间建立联系，确保由同一个机构来核实求职者是否有工作意愿并随时准备接受就业办公室介绍的适当工作（求职者需要在当地的机构进行登记，接受日常监督，如果求职者没有适当理由拒绝工作的话，失业保险待遇将被中断）。同时设立有申请委员会来对那些接受失业保险待遇的人的工作意愿进行核实。除了这一官方的机构，私营的劳动介绍所仍然在开展活动。在1930年代的经济危机中，失业率高企并持续攀升。为了实现劳动就业服务的合理化并降低登记失业率，1932年由全国救济基金对劳动介绍所的重组问题进行了调查。1934年全国失业与就业指导办公室（Office National du Placement et du Chômage）成立。它促进了地方和全国层面的公共就业服务机构的发展，并对同时存在的私营就业服务机构的活动进行监管。失业人数、在官方或者私营就业服务机构中登记的人数，都由就业服务办公室进行调查统计。私营机构需要提供有关其客户和相应空缺的信息。这一体系的缺陷在于有关职位空缺的强制告知机制的阙如。

在德国，帝国职业介绍办公室于1920年成立，1922年《职业介绍法》得以通过。该法将职业介绍机构的组织交给地方政府当局，但具体事务则交由雇主和雇员的自我管理和参与。这些职业介绍机构的垄断地位因为允许为白领工人设立专门的组织或者宗教福利组织可以设立自己的机构而被打破。雇主和雇员均无义务接受职业介绍办公室提供的服务。1927年《职业介绍和失业保险法》建立的体制,一直延续至今。

在英国,受到德国模式的影响,威廉·贝弗里奇提议建立公共的职业介绍机构。济贫法皇家委员会于1909年的报告中阐明:"全国性的职业介绍网络是我们所有提议的基础。在我们看来,这是任何真改革都不可或缺的先决条件。"贝弗里奇认为,职业介绍机构有双重功能,既能减少工人找工作所花费的时间,又能为强制性失业保险提供制度运行保障。

1909年《职业介绍法》几乎在没有任何反对的情况下获得通过。该法所建立的职业介绍体制(1910年时有61家)是全国性的:它旨在将这一体制拓展至英国全境,并且由全国性的机构即贸易部(就业部的前身)来直接管理并提供经费支持。这一机构的中央办公室位于伦敦。它并不直接与雇主或者雇员打交道,只是负责组织、控制和数据统计工作。在这一中央办公室之下,整个国家被划分为11个主要的区域,每个区域指派一位分区官员负责,对该区域内的所有职业介绍事宜享有绝对的管理权。从控制管理的角度讲,每个区域都是一个独立的单元;从"票据交换中心"(clearing house)角度看,每个区域也是一个独立的单元,即一个地方的失业人口会被转移至另外的地方,以满足后者对劳动力的需求。这一体制是服务于工业社会的,处理技术工人与非技术工人的问题。国家做了很多努力,试图让职业介绍脱离与《济贫法》、慈善、危困救助等的任何联系;并赋予它们工业社会机构的特征,任何人都可以求职,并且用贝弗里奇的话讲,"就像使用邮政局或者公共道路一样不害及自尊"(Beveridge,1911:7)。在求职过程中,职业介绍所向工人所提问题也都是与职业技能有关的,不会涉及贫困状况、家庭情况、是否节俭或者其他类似的信息。这一体制所提供的服务是免费的,并且建立在自愿基础上。不存在强迫雇主或者雇员去利用这一服务的问题。对于那些需要到外地去求职的劳动者,还专门建立有基金对其提供资助。从一开始,贝弗里奇就坚持,在劳动争议中职业介绍机构要保持"中立",这一点得到了政府规章的确认。对于那些试图替换罢工工人的雇主,职业介绍机构并不为其提供服务;并且由于规定了劳动者有权拒绝任何工资水平低于当前工会会员工资水平的岗位录用,赢得了工会对职业介绍体制的全力配合。

164 我们从荷兰1930年《就业服务机构法》(*Arbeidsbemiddelingswet*)中也能发现类似的模式。该法明确了居民人数在1.5万以上的市镇,根据自身需要建立和维持市级就业机构的职责。其他的市镇只需要维持就业机构的分支机构即可。该法将荷兰分为若干个地区,设立了全国就业办公室,并规定了公共就业机构运作的基本原则。1940年,在德国占领之下,就业机构分散化的组织模式被高度集中统一的模式所取代,这一模式在"二战"后得以延续至今。市政府的职责被淡化。全国就业办公室规划和安排设立地区的就业机构。除了1940—1945年被德国占领的这一段时间以外,雇主组织和工会都参加了市级就业机构和全国就业机构的管理。1930年《就业服务机构法》要求私人就业服务机构获得行政许可后方可运营。私人的非营利性的就业服务机构不再被鼓励,已经存在的继续存在,新设的申请无法得到批准。这些机构对于特定类别的劳动者而言(比如残疾人与刑满释放人员)非常重要。它们有时候是通过集体谈判协议的方式建立的。

在法国,1852年3月25日的法令创设了地方性的、市级的以及省级的就业办公室(劳动介绍所),由市长、省长等负责。不过,收费标准很高,并且效果不好。民众发起了废除这一机构的行动联盟。1904年3月14日的法律通过增加市政府的权力,并授权以选择性关闭营利性就业办公室的方式，达成了妥协。事实上，在法国 1400 家就业办公室中，只关闭了 64 家。有关建立免费的市级职业介绍机构的规定并未得到严格执行。该法赋予了免费的就业机构以极大的自主权，而有些所谓的免费就业机构，以工会和互助组织的名义，暗地里开展收费的就业服务活动。

在"一战"前，组织成立中立性的就业服务机构成为必要。在 1914 年之后，由国家成立的、应对就业问题的机构开始出现。"一战"所带来的失业问题，很明显是这一变化的主要原因。为解决失业者与难民就业问题的中央办公室得以设立。它的任务是帮助北部的失业者和难民恢复就业能力。1915 年，政府下发通知，建议设立大区的就业办公室（conseils généraux）。这些办公室的工作人员被要求与雇主、雇员及其工会组织积极联系。由雇员和雇主在平等基础上共同组成的委员会得以成立，与就业办公室联系紧密。通过这种方式，一个金字塔式的组织机构得以形成。1918 年，在已有的就业办公室基础上，又成立了地区职业介绍机构与之相配套。这一体制为 1925 年 2 月 10 日的法律所确认。随后的改革进一步完善了这一体制。在"二战"前夕，法国推出了一项重大的改革举措。1938 年 7 月 11 日有关战时国家组织的法律，以及 1939 年 4 月 12 日的法令，规定与劳动力有关的服务全部由劳动部管辖。各级职业介绍机构与失业保险基金之间的协调也更加紧密。

维希政权曾有建立公共就业服务机构的打算（1940 年 10 月 11 日法律）。政府就业办公室的网络得以建立，由地区和大区办公室及其分支机构组成；雇员与雇主的协商委员会体系得以延续。这些就业办公室的角色更为广泛。它们对私人就业办公室进行监督，确保相应就业政策得到执行。它们也与各种预防通胀的措施有关；它们需要接受失业雇员的登记，对请求援助的情形进行调查并相应提供援助。除此之外，它们也控制了外国人的工作，更具体地讲，它们需要对申请工作许可的情形进行调查。这一制度被 1944 年 7 月 3 日和 1945 年 5 月 24 日的命令，以及 1948 年 4 月 20 日的法令所修改。这一新的制度允许免费的就业办公室继续提供服务。最终私人的收费就业办公室被废除了。国家就业服务办公室职责的范围得到扩展。

二、公共工程项目

随着时间的推移，失业率居高不下，有些政府扩大了公共工程项目的范围。纳粹德国成立了强制性的帝国劳动服务团和高速公路网络，使得公共工程项目的规模急速扩张；不过，失业率主要是通过重整军备的方式降低的。在荷兰，1930 年代，公共工程项目得到一定的推广；但是在英国、法国和比利时，公共工程项目基本没有发挥作用。

在英国，运作良好的失业保险体系构成了那些主张通过工作救济来解决问题的人的政治障碍。公共工程的"财政部视角"带来的压力是英国在这一领域缺位的主要原因。在法国，同样对财政预算的痴迷也构成了工作救济政策的障碍；财政平衡是一切政策的出发点。将失业的劳动者安置到农村地区再一次成为可能的解决方案。1930 年代推出的劳动营主要针对年轻人，主要目的并不是将这些失业的年轻人投入到有效率的工作中，而是通过让年轻人有事可做来预防他们幻想破灭或者受到失业的打击一蹶不振。按照阿道夫·希特勒的说法，设置纳粹青年营的目的是为了避免德国年轻人"在街头无可救药地腐烂下去"。

重回大地（back-to-the-soil）运动反映了人们对工业社会的失望之情，这是由长时间的衰退所引发的，也代表了对工业文明的某种拒斥，这一点与今天的生态运动有点相似。但是另外一种观点对工业生产消除失业的能力表达了信心。这种观点认为，不应当再着眼于创造新的工作岗位，社会应当充分利用机械化带来的效率，降低个体的工作时间，并降低退休年龄。

三、引入移民计划

（一）问题的范围

数个世纪以来，欧洲一直都是输出移民的大洲，也是对美洲和大洋洲进行殖民活动的蓄水池。但是这一人口的流向并不总是一致，而是受到很多因素的掣肘。柯克（Kirk，1946：ch.5）曾经对相关数据进行了整理，发现最大规模的欧洲自发输出移民发生在以下三个时期：1901—1905 年间，每年平均有 100 万人；1906—1910 年间，年均 140 万人；以及 1911—1915 年间，年均 130 万人。[1]

在 1920 年代早期，几乎所有欧洲国家的人口均增长迅速，但法国除外。在 19 世纪，在欧洲北部和西部地区，不同区域之间的人口和人力资源出现了较大规模的重新分配。这一进程将农村人口带到城市与工业化地区。在 19 世纪 20 世纪之交，在这些地区出现了程度较高的工业聚集。程度较高的工业聚集的例证为英国，制造业的工人超过 600 万，德国接近 600 万，法国超过 500 万，比利时超过 100 万。荷兰、意大利北部以及丹麦的制造业工人总数虽然较小，但也占到了工业劳动力中不可小觑的比例。

在 20 世纪早期，美洲和大洋洲吸引了欧洲大量的失业人口和一无所有的穷人。总体上来看，政府并未限制从欧洲国家向外移民。这也属于自由放任的情形，移民者承担所有的风险。然而，从另一方面讲，海外政府对移民表示欢迎，只施加了很有限的入境管控措施。但是，"一战"的爆发基本上阻断了移民进程。在"一战"后，美国采取了限制性的政策，通过了 1921 年《配额法》和 1924 年《限制移民法》。除了战争期间及战后的一段时间外，影响欧洲的海外移民和洲际移民浪潮基本上都

---

[1] 有关移民的额外数据可以参见本书附录三，第 361 页。

是由经济因素决定的。输入国的就业机会和更好生活条件的前景，与输出国的贫困与失业之间形成了鲜明的对比。但是，在"一战"后，种族、民族、政治和思想观念因素在国际移民问题上发挥了重要的作用。米洛斯·马楚拉写道：

> 国家边界的改变，新国家的出现，德国纳粹政府有意识的政策引导，以及东欧发生的影响到政治与社会结构的革命性变革等，都是大规模人口转移的直接原因。（Macura, 1976 : 55-56）

在"二战"期间，第三帝国形成了一个战时劳工政策，对其他国家的人力进行利用。通过对欧洲更大部分的军事和政治占领，德国在数年的时间里，主宰了数以百万计的非德国劳工的命运。从1939年9月进攻波兰开始，德国采取通过军事占领来对外国劳工进行强制驱逐的政策。此后，与纳粹占领区每一次新的扩张相伴随的是对外国劳动力的系统和大规模的使用。对外国劳动力的征召是与民族社会主义的原则相一致的。通过对"殖民地和被占领区域"进行系统的宣传，试图诱使外国劳动力自愿为德国劳动。这些宣传反复强调一个事实，即这些国家正在遭受严重的失业问题，将大量的劳动者转移到德国是解决这一问题的唯一有效途径。要估算这一时期涉及的外国劳工的数量比较困难。根据1944年国际劳工组织的测算，大概有867万外国劳工（645万平民和200万受雇的战俘）在德国占领区工作（ILO, 1944 : 470）。不过，根据国际工会联合会的估算，这一数字"高达1500万"（International Federation of Trade Unions, 1944 : 8）。我们不得不提及对犹太人的横征暴敛。他们要么在劳动营或者在德国建立的犹太人聚集区被迫进行劳动，要么被送到集中营。在1943年初，对犹太人的系统灭绝被加速，这一政策可以通过纳粹分子执行其地缘政治和种族主义原则的决心加以解释。民族社会主义工人党的领导人认为对欧洲犹太人的物理灭绝比对他们的劳动力进行使用更为重要。在"二战"以后，随着纳粹的倒台，那些曾经支持德国对他国进行占领的德国人和其他国家的国民开始进行大规模的向西移民。

东欧的政治变革是引发移民潮的另一个因素。与战争相关的移民的特征表现在流离失所的人和移民的数量上。因为涉及百万计的人口，从欧洲到其他大洲的海外移民再次在很大规模上发生。战后发生的移民进程的新特点在于，这一进程是由国际层面的行动所帮助和组织的。西方国家在"二战"后的经济增长在很大程度是由输入的劳动力决定的。

（二）法律规定：组织与方法

截至19世纪中叶，移民自由得到了普遍认可。这得益于立法的一般规定（如德国1897年6月9日的法律，法国1860年7月18日的法律，比利时1876年12月14日的法律，以及英国1825年取消对工匠移民国外限制的规定）。但是人口的自由流动与主权国家保护其领土与国民的权力之间形成了某种制衡。在个体主义与公共利益理论的联合影响之下，许多立法都明确承认了其国民的自由迁徙的权利，但要受到诸多法律上的限制。比如，在意大利，1919年11月13日的法律（第三条）规定："除受到法律规定的限制之外，移民是自由的。"

对移民的主要限制是为了保护诸多利益，比如债权人的利益，未成年人和家庭的利益，以及为了确保兵役的履行，或者为了满足医疗或警察权力方面的要求，或者为了对移民进行引导（如1936年《荷兰移民法》禁止在未获得主管大臣许可的情况下在欧洲以外工作）。法律规定禁止通过公共的就业机构或者地方性、专门的机构对移民工人进行剥削。移民工人对工作条件和薪资法律标准知识上的欠缺，是造成他们被剥削的主要原因。有些国家要求将这些信息提供给移民工人（比如德国移民局，英国的海外安置委员会，意大利的移民委员会以及荷兰的移民协会）。就外国工人的招录和运输也有一些特殊的规定，特别是在通行合同的条款方面。移民"鸡头"受到严重的压制,办理通行证的中介和办理通行证的费用受到控制。对于那些因为失业而选择移民的,政府会给予一定的补贴,这样就降低了移民费用。

在我们研究范围内的国家,在对待移民工人问题上有很大的差异。特别值得注意的是德国组织农村人口向城镇转移,这主要影响到普鲁士的五个东部省份。最重要的原因是现代农业的季节性特征,这在东部体现得特别明显。国内的移民通过公共职业介绍机构和营利性的私人介绍机构进行组织。公共职业介绍机构只服务德国劳动者。不过,农业协会也组织外国劳动者的输入。1905年,德国中央局得以建立,对全国48个地方办公室进行监管。招录工人的费用由雇主支付。不过,每个移民工人需要支付2马克的费用,以防范他们无故毁约。从1910年开始,这些办公室也开始介绍产业工人。这些输入的移民主要来自奥地利和俄罗斯,大部分都是没有技术的工人。对于有些季节性工人,年末有一个强制性的回国要求。季节性农业工人受到营利性的就业服务机构的盘剥,经常被要求支付超过工资10%的数额作为服务费用。在德国,1907年12月21日的法令要求国外的农业工人必须取得"合法证"方能在德国工作。这是另外一种形式的工人手册(参见本书第一章),上面载明雇主的姓名与地址。每一次的工作变动都必须由警察在卡片上标明。外国雇员对合同的违反将导致他们被遣送回国。

在荷兰,19世纪时,外国人构成劳动力中的重要组成部分。直到1930年代,政府才通过保护性的规定,给予荷兰本国国民在劳动力市场上的优先地位。1934年,《外国工人调控法》通过,赋予王室规定哪些工作种类在未获得主管大臣书面许可的情况下不能由外国人从事的权力。该法并未就主管大臣如何行使这一自由裁量权提供任何指引。未经许可聘用外国人,或者违反许可所规定条件的雇主将受到惩罚,而外国劳工将被驱逐。

丹麦也是一个移民国家，会从东欧国家中招聘季节性的农业工人。1908年8月21日的法律，被1912年4月1日的法律所修正，力图保护外国工人并对其招录、合同、工资和生活条件进行调整。雇主有义务就外国工人的使用情况进行登记，并向警方通报劳动合同的条款。雇主需要向每名外国工人提供书面的合同。雇主需要为外国劳动者参加与本国劳动者相同的工伤（事故和疾病）保险。这一立法在当时而言是颇为先进的。

在19世纪和20世纪早期，大约有2100万英国国民移民至美国和英国的海外殖民地及自治领。离开英国的国民（包括苏格兰人和爱尔兰人）人数在1820年代大概是每年2万人，1830年代每年5万人，1840年代每年12万人（爱尔兰大饥荒发生的时间段），1880年代每年15万人（经济大萧条），1890年代每年11万人。这是政策有意引导的结果。1826年的议会委员会建议，将向外输出移民作为解决人口过剩的办法，向外移民的人还能获得一定的资助。在20世纪初，向外移民的人数（特别是从爱尔兰向外移民）连年急剧增加（1911年向外移民达30万人）。大多数向外移民的人不再选择去美国，而是选择去大英帝国（占到1911年移民人数的80%）。这在很大程度上是官方机构和私人机构推动的结果，前者是移民信息办公室（Emigrants' Information Office），后者包括东渡移民基金（East End Emigration Fund）、救世军（Salvation Army）、英国自治领移民协会（British Dominions Emigration Society）等，它们都会出资涵盖一部分移民成本。在20世纪之初，也有大量的向英国的移民，主要是逃避大屠杀的东欧犹太人。这一波移民潮催生了限制性的措施，如1905年的《外国人法》（Aliens Act of 1905）。

在意大利，大规模的失业问题普遍存在。向外移民的机制成了一个安全阀。从1880年代开始就出现了大规模的人口外迁，一直持续到我们研究范围的时间段。并且，工人的正常流动，特别是在农业领域，主要表现为从意大利的南部到北部的移动。对于这一现象，多届政府都完全处于被动状态，似乎秉持了最纯洁形式的经济自由主义的原则。在19世纪的最后几十年里，政府机构未进行任何干预。相反，营利性的私人机构对移民和其他求职者进行了盘剥。这一缺位与同一时期对意大利有利的贸易平衡同时存在。可以这么讲，向外移民，特别是向海外移民，对意大利的工业化做出了经济贡献。大多数移居国外的工人都会向国内的家庭寄回部分收入，或者在他们回国时，将相应的储蓄带回国。1901—1913年时间段的数据表明，在同期存在102.3亿里拉的贸易赤字的同时，无形收支项目表明有122.91亿里拉的债权收入，其中三分之一来自旅游业，超过一半来自境外移民工人的汇寄。大多数移民工人都是来自南部地区的贫穷农民。用卢西亚诺·卡法尼亚（Luciano Cafagna）的话讲，"因此，意大利的二元结构的典型特征之一便是，南部的极端贫穷作为1896—1913年发展进程的有机组成部分发挥了一定的作用"（Cafagna, 1973：325）。

在法西斯统治时期，意大利对向外移民施加了严格的限制，当局在中部和南部意大利，进行了"为玉米而战"和土地再造运动。这一政策的后果便是在农业领域人口急剧增加且出现冗余。1921—1936年间，南部意大利的人口从890万增加到1005.4万，而劳动人口的比例从46.6%降低到38.8%。这并没有被向外移民或者对外殖民的途径加以消化（1936年4月，南部意大利有11万人参加了殖民军队）。内部的移民使得大量工人从普利亚（Apulia）、威尼托（Veneto）、西西里（Sicily）向米兰和都灵等城市转移。在"二战"期间，移民与殖民委员会（Commissariato per le Migrazioni e la Colonizzazione）为德国组织和招募意大利工人，而德国的劳动管理局在罗马设立了办事处。它负责安排将工人从意大利运输到德国，并做好行政事务方面的安排。意大利法西斯工业总联合会与德国的雇主就在德国的意大利产业工人的劳动条件达成了劳动合同范本，前者是作为派往德国的意大利工人的代表参加谈判的。这是意大利历史上首次就移民工人的工作类型、所需资质、工资及奖金数额等作出具体的规定。非常不幸的是，法西斯工业总联合会作出的这些规定都是出于维护纳粹德国的利益。在"二战"结束后，劳动者的自由迁徙权利重新得到确认，移民的规模又跃升至法西斯统治之前的水平。正如之前谈到的意大利南部的情况一样，大规模的向外移民重新开始并作为失业问题的安全阀而存在，也是获得外汇收入的一种途径。

四、对失业后果的救济：失业保险

截至19世纪中叶，许多工会都建立了福利基金，对失业的会员进行救济。但是它们的经济能力有限，无法应对大规模的经济危机。有些基金只对本工会会员承保，而其他的基金则对本行业或者职业的所有人开放，不论是否加入了工会。

比利时率先建立了一套由市政府公共基金补贴的自愿保险体系。最先试点的地方是列日。从1898年开始，省议会开始给那些建立了失业保险基金的工会提供补贴。当时在该省符合这一条件的只有两个机构。最有名的要属"根特体系"（Ghent system），它鼓励雇员在失业的情况下采取措施保护自己，不管是个体的措施还是集体的措施。对于提供资助的市政府而言，这些措施究竟是向储蓄银行存款，还是加入非营利性的保险协会或者互助组织或者工会基金成为其会员，在所不问。唯一的要求是存款或者其他个体的措施应当能够确保最低的生活水平。这一体系的基石在部分程度上是道德方面的。它的前提假设是失业（与贫困一样）都是相关个体的不足造成的，与所处的经济体系没有关系。但是，根特体系在某些方面却是某种社会变革的开端，这种社会变革将失业视为社会问题。这一制度鼓励正在工作的人们缴纳会费，以便在他们因为失业而没有工作的时候获得相应的待遇。市政府向相关的基金提供资助，由后者向失业者提供待遇。缴费的会员除了可以获得他们缴费所对应的待遇外，还可以额外获得相当于缴费待遇50%的待遇。这是个人主义、自助和政府补贴的结合。历史上首次，失业保险被认为既对个体，也对社会有利。这是经由市政府而在个体责任与集体行动之间形成的一种妥协方案。

在间接意义上讲，根特体系对工会有利。工会可以通过它们的失业基金来组织和发展会员。在"一战"之前，在比利时，工会创立了各式各样的失业基金。它们的创建者认为，其定位并不是作为接受会费并向失业会员支付待遇的失业保险机制，而是避免会员的工作条件和工资水平出现恶化和下滑的机制。通常认为，在工业危机期间，失业基金应当发挥与罢工基金在罢工期间同样的作用。工会将失业基金作为它们维持现有工资水平并避免求职者接受糟糕工作条件的策略的一部分。由于受认可的失业基金接受来自政府的补贴，它们必须满足法律和规章所规定的一些条件。劳工大臣对它们的活动进行监督，并行使一定的控制权。

截至1934年，工会垄断了比利时的失业保险体系。失业基金涵盖了参保工人的95%。这一数量从1914年的12.6万攀升至1933年的70万。1933年，政府进行了一项法律改革，赋予那些收取会费并在各种工会失业基金之间进行分配的官方基金以经济控制权。1934年成立的失业与就业指导办公室开始对基金进行管理，并确定获得待遇的各项条件（如适格年龄、失业的期限以及经济状况调查等）。

根特体系后来被荷兰、德国和意大利的很多城市所采用［在意大利，通过人道社团（Società Umanitaria）的积极宣传得以实现］。1905年，法国政府开始在全国范围内向工会的保险计划进行注资，若干年以后，丹麦也开始这样做。在丹麦，根据1907年4月9日的《失业保险协会法》的规定，失业保险协会可以获得认可，并得到国家和市政府的补贴，不过市政府提供的补贴是选择性的，并且不能超过会员会费总额的三分之一。

国家补贴是强制性的，数额相当于会员会费与市政府补贴总额的一半。

在这些国家中，保险计划都是自愿性的，它们涵盖的员工人数很少，提供的待遇也相对较低。相比之下，由雇员和雇主缴费建立，并经公共基金补贴的强制性保险，似乎更加有效。但是强制性保险的概念极具争议。自由主义者认为，没有人应该被强迫缴纳保险费，这一保险也会削弱工作的激励。他们担心受到保险保护的人会成为游手好闲者或者泡病假的人。这一认识也就解释了为什么要组织充分的失业状态认定，以及对失业人群的各种控制方法。

私营的自愿性协会通常只会以重大过错为由拒绝向投保人支付待遇。不过，当这些协会受到公共基金的补贴时，就会附加一个要求，即只有完全是非自愿的失业方能获得相应的待遇。并且，失业状态的持续性也受到无所不在的监视。这一工作是通过职业介绍所网络实现的。失业者通常被要求进行定期登记，有时候频繁到每天一次，甚至两次，并受到检查人员不进行提前通知的检查。一个主要的困难在于确认失业者是否自愿离开他的上一个工作岗位，以及确认失业者不接受适当工作安排的正当理由。主要目的是确保投保人正在积极地找工作。失业状况的确认主要是通过职业介绍所的问询，上一任雇主出具的证明以及从上一任雇主处获得的信息来实现的。在有些体系中，如果辞退是因为雇员的"过错"或者"不端行为"引起的，或者失业者从事了"不光彩的行为"，比如卖淫嫖娼、姘居、酗酒，或者在比利时经常光顾卡巴莱夜总会（cabaret），那么支付待遇的请求也会被拒绝。

这一政策与上个世纪批评者对有关对穷人不加区分的救济的担忧不无关系。为那些"不配"获得救济的失业者提供待遇无异于鼓励游手好闲与放荡不羁，这反映了一种持续存在的怀疑，即雇员从本质上讲都是懒惰和低效的。政府对失业保险的补贴，在中产阶级看来，是公共慈善的一种形式，并不为大众所接受。

在英国，1911 年建立了一套强制性的失业保险。毫不意外，英国是当时工业化程度最高的国家，并经历过严重的周期性失业危机。1911 年《国民保险法》的直接灵感来源于时任首相劳合·乔治于 1908 年对德国的访问，他对俾斯麦创建的社会保险模式印象颇深，尽管这一模式在当时并不包括强制性的失业保险制度安排。唯一建立了强制性失业保险模式的是瑞士的圣加尔修道院（St Gall）行政区于 1894 年通过的法律，不过这一法律在短短两年后便因未达到预期效果而被放弃。除了劳合·乔治认为的德国启示外，也存在大量由工会提供的失业待遇的先例。1908 年，当时英国有 230 万工会会员，支付的失业保险待遇在 125 万英镑。劳合·乔治的社会政策，用他自己的话讲，是建立在"社会怜悯"的基础之上的；至于保守和官僚的俾斯麦模式是否也建立在相同的前提之上，则不无疑问。与俾斯麦不同，劳合·乔治否认他试图讨好工人阶级，而贝弗里奇，作为规划和建立制度细节的人，在他自传中公然宣称，"强制性失业保险不欠德国或者其他地方的制度模式任何人情"（Beveridge, 1911：14）。当然，强制性失业保险的规定并无直接的先例。1911 年《国民保险法》的第二章，最初仅适用于船舶建造、机械工程、生铁锻造等人员季节性流动比较严重的行业，涵盖相当于劳动力人口六分之一的人群（225 万人）。国家对雇主和雇员的缴费进行补充；每缴费五周可以积累一周的待遇，最长在 12 个月的期限内领取待遇的时间不得超过 15 周。这些待遇并不包括向被扶养人口支付的待遇。这一基本制度在后来得到扩充。1920 年的法律涵盖了 1200 万雇员，包括每年薪资收入在 250 英镑以下的非体力劳动者。1930 年，由于出现了大规模的失业潮，失业保险待遇支出为 1.1 亿英镑，而保费收入只有 3000 万英镑。对于那些已经领完保险待遇的失业者，可以申领"公共救助"（从原"济贫救助"改名而来）。1946 年，《贝弗里奇报告》中的建议得以执行，并未改变失业保险原有的基本框架，但将这一制度扩展至 1925 万雇员（涵盖了所有的受雇薪资劳动者），并提高了失业保险待遇。全国性的救助被引入，取代了原有济贫救助。

在德国，如前所述，广受赞誉的 1880 年代社会福利立法并不处理失业问题。最主要的保护方法需要每个个体的自身努力。这些方法包括通常的储蓄银行、合作社（消费者或者建筑业协会）以及雇主的基金。互助保险是由工会组织的。由雇主和雇员支持的联合失业基金发挥的作用并不重要。在莱比锡和科隆，设立了经补贴的失业保险基金。建立在根特体系基础上的比例补偿制（Zuschussystem）被德国的一些城市所采纳，包括夏洛特堡与舍恩伯格、柏林近郊、斯特拉斯堡、埃尔兰根、米卢斯与弗莱堡等。随后，比例补偿制加选择性基金的方式被巴伐利亚政府所采用。以市为单位建立强制保险的主意已经有人提出，并且政府在 1906 年公布了一个三卷本的备忘录，名为"在其他国家和德意志帝国防御失业后果的现有制度"，这其中就包括职业介绍所。但是，并未有立法跟进。1913 年，帝国首相宣布，强制保险的建议并不成熟。这一问题被搁置，但是在 1918 年停战协议的压力之下，德国不得不开始"解除动员"，实现从战时到平时经济的转变，这一转变要求对这一问题进行回应。1918 年 11 月有关无业人员救济的法令要求地方政府对贫穷的失业人员进行救助，而《魏玛宪法》第 163 条，取代了 1919 年 3 月 23 日《社会化法》第一条的规定，宣布：

> 每个德国人在不损害个体自由的情况下，依照公共利益的需要，根据自身精神、体力上的能力，尽道德上的义务。每个德国人应当有权通过有偿劳动的方式获得生计来源。当无法为其提供足够的工作时，应当给予其必要的扶助。

1927 年，德国通过了有关职业介绍和失业保险的法律，建立了一个全新的机构,帝国职业介绍与失业保险所。职业介绍与失业保险结合在一起,这是德国强制性社会保险的最大特点。雇主和雇员均需按照薪资的一定比例缴纳失业保险费。只有投保的雇员在有劳动能力和劳动意愿,但是非自愿失业的情况下方可申领待遇。法律规定了一段等待期,常规待遇限定在六个月。

魏玛共和国针对失业问题还出台了额外的措施:

(1) 1920年11月8日的法令,要求雇主在关闭工厂前进行提前通知并等待一段时间。政府随后可以对工厂进行征用并最终实施没收。

(2) 在正常情况下不会开展的工作可能被认为是"有效率的失业保护"。这些"紧急工作"由失业保险基金出资设立,因为通常认为提供工作的机会总比提供资助好。这一项目与义务性劳动相竞争,后者要求那些获得政府帮助或者自愿帝国劳动服务机构资助的失业劳动者从事义务性劳动。这样做的动因主要是道德方面的:预防失业对青少年产生的士气低落的后果。

在纳粹统治时期,自愿劳动服务的观念得以延续,并与参军之前的训练相结合。希特勒有关消除失业的承诺,通过德意志银行总裁沙赫特博士力推的新经济信用体系、鼓励女性从劳动力市场中退出、重建德国军队,以及组建一个强力的军火工业的方式得以实现。

在荷兰,直到20世纪初,政府才表现出在《济贫法》之外对失业者进行支持的兴趣。1906年,最早的三个市级失业基金得以建立。它们对私营失业基金(大部分由工会运营)提供的失业待遇进行补贴。在1914年皇家委员会建议引入一个法定的失业保险制度,而"一战"的爆发使得失业人口的数量大幅增加,政府建立了一个临时制度来支持市级失业保险基金。私营失业基金、市政府对它们的支持以及国家的参与之间在经济上的关系由1917年《失业法令》确立。当时的失业待遇水平最高可以达到平均日工资的70%。

"一战"后，另外两个失业待遇基金开始出现。首先，对于那些未参加自愿机制的雇员，或者那些已经领取完待遇的雇员，有一个资助制度。并且，这一资助制度给那些从自愿机制中领取待遇的雇员提供补充性的待遇。这一资助制度是在全国范围内建立并推开的，但是由各市负责具体管理经办。其次，对于临时性的失业，也建立了一个待遇制度，由雇主经办，但是所需费用的 50% 由国家和地方政府补贴。这些制度安排在"二战"以后根据 1945 年《劳动关系特别法令》得以复活。1949 年，《失业待遇法》为所有劳动者建立了强制性的失业保险。

在意大利，博洛尼亚市是第一个通过建立储蓄银行（1837 年）鼓励个体预防失业风险的城市。1896 年以后，博洛尼亚的储蓄银行为那些居住在本地，年龄在 21—65 岁之间，且要求存一部分钱以防失业风险的劳动者开立专门的账户。截至 1910 年，795 名工人开立了此类账户，这些工人基本上都是建筑行业的工人。截至 1881 年，意大利工人党在章程中明确其宗旨之一便是为失业者建立一个就业部门。但是，此类倡议只是随着 1889—1890 年经济危机的出现才变成现实。在此期间，第一个由工会创办的职业介绍机构得以成立，主要目的是指导就业。特别是在农业领域，这些机构的活动是与消除失业的斗争相关的。工会创办的职业介绍机构通常为那些能够证明自己失业的雇员提供一笔补贴，不过这一补贴的影响较小。米兰的人道社团远近闻名。1905 年，它以根特体系为原型建立了一个失业基金，达到了令人满意的效果。截至 1910 年 6 月底，它得到了多达 51 个工会、1.3 万名会员的支持。1906 年以后，相应的待遇不仅支付给那些因为没有工作而失业的雇员，也支付给那些在个案中因为与雇主发生薪资方面的争议而被闭厂影响的雇员。1908 年之后，希望加入这一基金的工会需要在政治和宗教两方面确保严格中立，必须致力于实现它们会员的经济福利。由人道社团给予的补贴不得超过每日 50 生丁（centimes），每年不得支付超过 60 日的补贴。

许多意大利工会为失业的会员组织建立自我帮助的机制。有些城市，如帕多瓦和布雷西亚给予工会失业基金以年度补贴。1910年7月17日，意大利议会的下议院通过法案，建立年度补贴，发放给当地、地区或者全国的雇员失业基金。但是这一法案因为存在巨大的争议而被参议院否决（1911年1月）。这一法案被批评的原因在于倾向于创设一种危险的国家干预形式，只惠及一个阶层的公民：工人，特别是工人中的懒散和不勤快的人。在"一战"结束后，1919年10月19日的法令规定，建立一个省级的失业基金，不再区分行业，并在这个基金之下设立与某个行业或者特定职业相关的特定保险基金。1921年，强制性失业保险在印刷和造纸行业得以确立，强制要求雇主和雇员参与。在法西斯统治时期，与失业有关的重要立法均与就业指导有关，并未有具体的规定涉及失业保险。

在法国，"一战"之后，政府政策未发生变化，相应的制度主要是与补贴相关。1914年，全国失业基金成立，目的是为市级或者地区的救济机构提供经济资助。法国直到1939年才通过法令规定了有关失业待遇的管理和经费组织的新体系。1940年10月11日的法律是法国"二战"后失业保险制度的基础。它重组了就业办公室，由政府为失业的雇员提供待遇。在比利时，直到1945年，才建立了强制性的失业保险。

作为结论，我们可以看到与失业有关的救济共包括两类。第一类是寻求减轻失业后果的措施（如为收入中断的失业雇员提供经济帮助）。第二类旨在影响失业的根源（如提供新的工作机会，使雇员的求职更为容易，以及增加他们的职业或者地理上的流动性）。这些措施是相互补充的。第一类源自雇员的自我帮助，并通过自我帮助得到发展。第二类主要是通过政府设立的职业介绍和就业指导办公室系统来加以实施。但是1930年代的大规模失业揭示了失业保险制度的诸多弱点，意味着数以百万计的无法找到工作的雇员不得不依靠传统的救济体系，这一传统体系主要是地方政府出资建立的。单是1930年代失业者的数量就凸显了进行根本改革的必要性。中央政府不得不承担照顾失业者的责任，需要减轻失业者的经济负担。

两次世界大战期间对于福利国家观念的出现至关重要。国家有责任组织职业介绍、职业培训或再培训，并为控制失业的程度和后果而提供相应的服务，这一观念逐渐获得支持。人们也曾试图去识别和理解失业的原因。经济学家对失业的类型进行了区分（结构性、周期性、技术性等）；法学家对临时失业与永久失业，短期失业与长期失业进行了区分。失业者获得待遇的条件也受到规则的约束，比如那些与不当行为相关的规则，强化了雇主进行惩戒的权力。与此同时，劳动立法对于那些工作年限较长的雇员提供了更高程度的保护，保护他们免于因随意解雇而失业。我们接下来就来讨论解雇保护的问题。

第三节　解雇保护

如果不讨论因为合同被解除而造成就业损失的个体面向，那么有关失业者处境的画面就是不完整的。失业保护制度与解雇情形中的雇员保护之间是存在联系的。劳动权被解释为雇员有权利获得一定程度的职业安定。在提升获得物质帮助权或者最低生存保障权的政策背景之下，有一些措施被用于预防或者延缓劳动合同的解除。通常在雇主因劳动合同解除而支付误工损失赔偿之后，才谈得上失业保险待遇的问题。

对20世纪初的劳动合同进行法律分析会发现，雇主和雇员是民事合同的平等主体（参见本书第一章）。任何一方均可单方解除合同；这一解除有时是任意的，有时需要进行通知，有时则需要提供正当理由。我们需要区分合同解除的一般规则与特殊规则。然后我们应当描述对单方解雇权的逐步限制，并观察本研究所涉及范围内的各国在实现这一目的而采取的技术手段上具有的趋同性。

一、一般规则

（一）目的落空或者不可抗力

如我们之前所讨论的，劳动合同基本上被认为是人身性质的合同，有些事件的发生会自动导致它的终止，比如，雇主的死亡，公司的解散，或者雇员被收监等。这一规则在很大程度上是建立在英国法上的合同目的落空，以及大陆法上的履行不能制度基础上的。根据这一原则，如果情况的变化使得合同的履行变得不再可能（如雇员的重疾或者永久丧失劳动能力），或者目的无法实现，合同会自动终止，而无须雇主进行解雇，或者雇员提出辞职。

（二）通过协议：固定期限合同或者特定任务合同的解除

在所有的法律体系中，固定期限合同期限届满后，或者为完成一定任务的合同任务完成以后，合同便终止。如果在此之后双方仍然存在关系，通常会被认为是不定期的合同。如果在合同的期限届满前，雇主单方进行了辞退，通常法律会规定雇员享有就误工损失要求赔偿的权利。

荷兰的法律和英国的法律将雇员置于较雇主更为不利的地位。1838年《荷兰民法典》的规定（第1639条）允许雇主在合同期限届满之前解雇雇员，代价是支付最多相当于六个星期工资的赔偿金。但是，如果雇员在合同期限届满前辞职的，他将丧失对所有工资的请求权。这一不公平条款于1907年被删除。在英国普通法上，存在一个类似的规则，不过这一规则被1870年《分摊法》（the Apportionment Act）所修改，该法认可了雇员对已经工作的期限按比例获得工资的权利。

（三）不定期合同的普通解除

在我们所研究的国家范围内，不定期的劳动合同通常都可以在任何一方通知的情况下随时被解除。"通知"有两层含义：(1)它可能代表着单方面的通知，即关系即将终止。这是正式的法律行为，通常要求意思表示无误。(2)这可能预示着从发出通知到通知到期的时间段。在有些国家，对解除通知并无任何形式上的要求。通知可以是口头的或书面的，只要解除合同的意图得到清晰表达即可。

在很长的时间里，通知的期限都是由惯例确定的。在法国，通知的期限通常都规定在旧制度下行会的章程中。在英格兰，普通法上，雇主可以在通知的情况下随时解除合同，而雇员在被解雇之前无权提出抗辩。通知的期限是由惯例确定的，如果没有惯例，则为"合理"期限。

在比利时和荷兰，如在英格兰（无惯例的情形）一样，通知的期限由工资支付的周期（每天、每周或者每月）和工作的性质（体力或者脑力）决定。同样，在德国，诸如年龄和薪资水平之类的因素是相关的。在意大利，建立在惯例或集体谈判协议基础上的一系列仲裁裁决，后来成为相关立法的基础。单方解除的合法性是建立在通知的基础上的，通知的期限由当时流行的惯例确定。如果未发出通知，在我们所研究范围内的所有国家，雇主都需要支付赔偿，赔偿的数额按照惯例确定，并且通常相当于通知期限的误工损失。

与通知有关的法定规则通常是在 20 世纪初期才出现的（见表 4.1）。

表 4.1　与通知有关的法定规则

国别	有关劳动合同的法律	有关通知的具体规定
比利时	1900 年《劳动合同法》（体力劳动者） 1922 年《劳动合同法》（白领雇员）	无 根据惯例确定
法国	1890 年 12 月 27 日法律，1924 年《劳动法典》第 23 条	根据惯例确定
荷兰	1907 年《劳动合同法》	最长 6 周 具体根据工资支付周期确定

(续表)

国别	有关劳动合同的法律	有关通知的具体规定
德国	1869年《帝国贸易法》，1897年《商业法》，1896年《民法典》	最长6周 具体根据工资支付周期确定
英国	1963年《劳动合同法》	最短1周
丹麦	1854年《有关农业工人与家仆的法律》（农村和家政工人） 有关薪资劳动者的判例法	1个月 14天到3个月不等
意大利	1924年11月13日皇家法令（白领雇员）	15天到4个月不等

总体上的趋势是将通知视为雇主和雇员双方平等的义务。德国的法院认为，为雇主和雇员双方约定不同通知期限的合同是违法的（contra bonos mores）。并且，雇员通常可以随时放弃他获得通知的权利，而选择接受代通知金。

通知期限的主要受益人群似乎是中产雇员（白领雇员），而非体力劳动者。就工厂的工人而言，通知期限的长度在许多国家不是由法律规定的，而是由集体谈判协议确定的。在英国，体力劳动者的工会实力通常较为强大，雇主通常要求雇员解除合同提前进行通知的期限就较长，以保护他们免于受到闪电罢工的影响。在1875年之前，未提前通知雇主而解除劳动合同的雇员，根据《主仆法》的规定有可能会因为违反合同约定而面临监禁处罚（参见本书第一章）。在这些法律被废止以后，工会便没有法律上的理由不去通过集体谈判来延长解除通知的期限。但是，非常重要的一点是，此类的集体谈判协议并不常见，而在存在此类谈判协议的场合，解除通知可以短至在建筑行业，周五提前两小时解除。1963年之前，英国并不存在从法律上对合同解除期限进行规制的尝试。

在丹麦，根据判例法的规则，薪资雇员的解除通知对雇主和雇员均适用。常见的通知期限为14天到3个月。

二、对特定群体的保护

（一）公务员

在各国对政府雇员的解雇保护方面，情况大致相同。总体上讲，政府雇员享有相当程度的职业稳定性。在本书第一章，我们已经解释了他们独特的法律地位。职业稳定对于确保公务员在政治上的中立和忠诚至关重要。本书第一章也曾讨论过一个问题，即公务员是否存在劳动合同的问题，这是一个更宏观讨论的一部分，即，政府可否随时任意辞退公务员，在有通知或者没有通知的情况下。

在法国，公务员针对惩戒措施包括即刻辞退提起诉讼的权利，在1903年为法国行政法院所接受。在法国行政法院处理的案件中，一名公务员在未被通知理由或者允许给予解释的情况下，被强制退休。法律并未规定此类即刻惩罚的程序。行政法院裁决认定，政府有义务在采取惩戒措施或者对公务员进行调岗之前遵循特殊的程序。如果未遵循这一程序，那么针对公务员所采取的决定便是无效的。

在德国，公务员实行终身雇佣，在没有司法裁决的情况下不得辞退。在纳粹统治时期，与党-国之间"人身信任关系"的理念（参见本书第一章），使得那些不接受纳粹理念的公务员被辞退。这些人与非雅利安人根据1933年的法律被开除在公职之外。在荷兰，1907年《劳动合同法》适用于除公务员与铁路工人以外的其他劳动者。这一除外规定被1945年《劳动关系特别法令》所保留，但是公务员根据特别立法享有更高程度的保护。在比利时，辞退公务员的原则是公共利益高于每个公务员的私人利益。在英国，公务员在理论上是可以被任意解雇的，并不存在法律救济；但在实践中，公务员工会与政府达成的集体谈判协议通常约定在所涵盖行业的公务员实行终身雇佣。在意大利，1908年11月22日的法律统一了有关公共雇员的身份的不同规定。并根据官员和公共雇员的不同等级，在劳动关系的解除上作出了区别规定。在法西斯统治时期，与公共劳动合同相关的一些基本法律标准受到了质疑：1922—1923 年的政治氛围影响了国政院的决定。在适用与裁员有关的法律时，国政院削弱了职业稳定性的理念，因为例外法律的适用允许基于政治原因的辞退。这些规定在 1949 年被废止。

（二）农业工人和家政工人

在多数国家，特殊群体如农业工人和家政工人都是通过专门的规则加以规制的（荷兰是例外）。由于在播种和收获季节的工作条件比较特殊，因此与农业工人有关的规则比较特殊。按年雇佣的惯常操作在许多国家都有较长的传统，因为它反映了农业的真实现状。至于家政工人，惯例决定了双方解除关系时进行通知的期限。比如，在英国，这一期限通常为一个月。基于家政工人的不端行为而实施的即刻辞退通常都会得到法院的支持，主要原因在于这一关系的人身性质以及较高的依附程度。

（三）妇女

在许多职业中，以教师为例，女性通常会因结婚而被辞退。在有些国家，个体劳动合同的条款或者集体谈判协议的约定会将女性的结婚作为辞退的正当理由。在本书所研究的时间段中，并未有针对这些操作的明确禁止性规定。在相当长的时间内，对于因怀孕或者生育而被辞退的妇女，并无特别的保护。法国是提供此类保护的先驱。1909 年 11 月 27 日的法律规定，因生育而无法工作的女性雇员的工作应该得到保护。该女性雇员得是被私法所涵盖的雇员。该法规定：

> 女性雇员在生育前后的连续八周时间内无法履行劳动合同的状态，不应该成为雇主解除劳动合同的动因；如果解除劳动合同，可以判给女性雇员以损害赔偿金。女性雇员应当通知雇主无法履行劳动合同的原因。

因此，这一保护仅涵盖了生育之前的一小段时间，而非怀孕的整个期间。对怀孕女职工进行辞退并未违法，但是这一措施会使雇主面临着支付赔偿金的责任。在德国，1927年《帝国贸易法》修正案通过生育假期间合同履行中止的方法，给予了怀孕女性雇员免于解雇的保护。在意大利，1924年11月13日有关白领劳动者的皇家法令规定女性雇员在生育前后有权申请总长为三个月的假期，而无需担心被辞退。其他国家在赋予此类权利上，则要慢得多，在英国，直到1975年，才通过立法规定了女性雇员的这一权利。

三、对解除合同权利的限制

（一）因严重不端行为的即刻辞退

在我们研究范围内的所有国家，在18世纪晚期和19世纪的普遍规则是，如果雇员有严重不端行为（*motif grave*），那么雇主有权利解除合同。在英国，在这一问题上的早期判决通常不是源于主仆之间的诉讼，而是源于根据《济贫法》所提起的诉讼，以确定某一个特定社区对于某个穷困潦倒之人是否有义务提供帮助，如果他此前受雇过一段时间而在该地获得了定居资格的话。这一诉讼的目的是实现不同社区间的公平，而非主仆之间的公平。比如，在1777年的案例判决中，法院认定，女性雇员在被发现怀孕之后可以被即刻辞退，这样她就无法获得定居资格了。这并不意味着她的雇主就必然能够证明严重不端行为的存在。并且，许多此类案件都是发生在刑事程序中，都发生在主仆构成民事合同的（至少是理论上的）平等主体之前。此外，我们还发现在认定哪些情形构成严重不端上，社会价值观一直在发生变化。比如，在特纳诉梅森一案（*Turner v. Mason*）中，[2] 女工为了见到她垂死的母亲，而未经雇主同意

2　(1845) 14 Meeson & Welsby 112.

便离开了服务的居所。法院在裁决中维持了雇主对其即刻辞退的决定，这一裁决"充满了当时流行的普通法律师的思维，乏善可陈却又无可辩驳"（Wedderburn，1971：74）。用奥尔德森男爵（Baron Alderson）的话讲，案中的证据"并不足以证明她母亲会在当晚死去"。即使能够证明这一点，这也"仅仅是一种道德上的义务"；雇主在雇员有意不服从（wilful disobedience）的情形下，通常享有将其解雇的权利。

严重不端行为的标准，或者维持劳动关系的直接后果，或者正常关系无法维持的情形，也可以在其他欧陆国家的判例法或者立法中找到。比如，在比利时，法律并未包含任何有关严重不端的严格定义，因为在有关该法的预备立法资料（*travaux préparatoires*）中提到，这一概念具有社会面向，可能会因雇员的天赋、资质和个体特征而有不同的表现形式。1900年3月10日的（有关体力劳动者的）法律第16条规定，如果出现严重不端行为，则劳动合同会因雇主的任意解雇而终止。同样的规则也存在于荷兰的法律之中（《荷兰民法典》第1693p条和第1639q条）。这一列举并非穷尽性的；而法院确立的主要标准总结起来便是劳动关系正常维持起来已经不再可能。但是，即使存在严重不端行为，法律也不允许雇主在了解这一事由两个工作日之后再对雇员进行即刻辞退。1922年8月7日的（有关白领雇员的）法律中有着非常类似的规定，但是增加了形式要件，并规定了即刻辞退的书面程序。当事方应当更准确且确定地表达自己的意思，以便法院能够进行评判。在三天之后，雇主便不得再进行即刻辞退。

（二）意大利法上的正当事由（*Giusta causa*）

《意大利民法典》（1942年）第2119条是有关基于严重不端行为而即刻辞退的规定。该条适用的前提是雇员一方存在过错，使得合同的继续维持，即使是暂时性的维持，变得不再可能。在《民法典》出台之前，被辞退的雇员通常（根据1893年的法律）会申请劳动仲裁，以确定解雇是否属于法律所规定的正当事由解雇的范畴。根据这一规定，基于严重不端行为而永久终止劳动关系的行为具有合法性。如果判决对雇主不利，通常雇主会因未进行通知而被要求向雇员支付一笔赔偿。正当事由的概念构成了与此后法律中解雇需具备正当动机的要求的重要链接。

在实践中，在法西斯统治时期，正当事由可以经常被发现。这成为雇主解雇雇员而避免经济负担的一种武器。除了1924年法令的第五条，集体谈判协议（如钢铁工人协议）确立了劳动合同永久终止的形式和要求，并约定了在不那么严重的情形中可以施加较轻的处罚，比如罚款，或者暂时停止工作。法官将他们的角色限定在决定是否存在正当事由，以及是否需要承担相应的处罚。这代表了法西斯主义高度极权化的特征，在这一体制下，任何异议和不服从的表达都会受到法律和集体谈判协议的严厉惩罚，也是工厂层面广泛存在的压制措施的适用对象。但是，在因为政治原因而实施的解雇中（如1923—1935年间，前意大利社会党党员被指控组织了罢工，或者为都灵的一家合作社工作的一群面包烘烤师被指控在一家小酒馆中庆祝了五一国际劳动节），法院的判决是忠于法西斯主义价值观的。这些裁决无一例外地认定雇员被指控的行为均构成（即刻解雇）正当事由。

(三) 法国法上的权利滥用（*L'abus de Droit*）

法官对权利滥用理论的利用是法国试图控制解雇原因的初步尝试。早在1858年，法官便禁止雇主用他的自由裁量权"恣意"辞退。尽管公司的利益或者雇员的"过错"经常被雇主作为辞退的正当理由提出，但如果能够证明雇主解除合同并无"正当动机"，雇员有权利获得赔偿。但是最高法院1872年并未接受这一裁决，认定无权要求终止合同必须具备合法动机，也无权要求雇主就此提供证明。这一裁决的依据是《民法典》第1780条。法院认为雇员需要证明雇主滥用了权利，并在雇员违反合同时意图将其置于不利境地。

1890 年 12 月 27 日的法律修改了《民法典》第 1780 条的内容；在阐明了单方解除无定期劳动合同的基本原则之后，它接着说："然而，只是基于合同一方的意愿而解除劳动合同的，可能会产生赔偿金的责任。"从这一规定可以推导出雇主的潜在责任。在判例法上，这一原则得到维持，雇员有义务证明雇主做出了某种违法行为。但是，与雇主责任有关的条件却在一定程度上得到了缓解，不再需要证明雇主意图损害雇员的利益。一系列有关转移违约事实证明责任的法案并未获得通过（特别是 1906 年政府提出的法案）。即使 1928 年 7 月 19 日的法律规定，"法院可以调查违约的具体情况，以更好地判断是否存在滥用权利的情形"，以及"每个案件中的判决应当以明确的细节阐明违反合同一方所声称的动机"，这也并未改变最高法院在违反劳动合同约定案件中有关举证责任的立场。这意味着有关禁止滥用权利型辞退的保护对于雇员而言，意义并不大。

（四）魏玛共和国的不正当解雇

在德国，试图为无正当理由的解雇提供救济的尝试发生在魏玛共和国时期。这发生在大规模失业的背景下。个体雇员的辞退是通过 1920 年《工厂委员会法》第 84 条加以调整的，该条规定，经雇主通知而被辞退的雇员，可以自收到通知之日起五日内，以下述理由之一向（体力或白领劳动者）工厂委员会进行投诉：(1) 有理由相信这一解雇通知是基于性别、宗教因素，或者因为政治、军事、告解或者工会相关的活动或会员身份而作出的；(2) 解雇通知并未告知解雇原因；(3) 发出通知的原因是雇员拒绝永久性地从事招聘时双方同意的工作任务以外的任务；(4) 解雇通知被证明是不公平的，且与雇员的个人行为或者企业的具体情况无关。第 84 条还规定了对于无通知的解雇也可以向工厂委员会投诉，理由是此种解雇并无理由。向工厂委员会的投诉需要包括投诉的理由以及支持这些理由的证据。如果工厂委员会认定这一投诉理由充足，那么它将与雇主进行谈判，试图就解决这一问题达成协议。如果未达成协议，工厂委员会或者雇员可以向劳动法院起诉。如果法院认为解雇是不公平的，可以建议雇主与雇员重新接触，或者将雇员复职，但是法院无权将这些解决方案强加给雇主。重新接触或者复职的救济并不是强制性的。这意味着在实践中，解雇保护的程度是受限的。法院也可以判决向被辞退的雇员支付赔偿金。那些无法与雇主和解的雇员，将获得法律对他们劳动权的认可，根据工作年限，每工作一年获得相当于（年度）工资十二分之一的赔偿，最高不超过年度工资的一半（参见本书第六章）。

魏玛共和国劳动法在这一领域是先驱。在欧洲范围内，它是第一部限制管理层在没有充分客观理由的情况下解除劳动关系的权力的法律。当然，这一程序是非常有节制的，费力地平衡企业和雇员的利益，协调劳动权（职业安定）与财产权和经营自主权之间的关系。从历史上看，这无异于在雇主可以自由解雇的堡垒中植入了特洛伊木马。在"二战"后，保护雇员免于不正当或者恣意解雇变成了一个重要且迫切的问题。在我们研究范围内的所有国家均通过了新的立法：德国于1950年，意大利于1947年、1950年、1966年和1970年，荷兰于1945年、1953年、1967年和1976年，英国于1971年、1974年和1975年，爱尔兰于1972年，法国于1950年和1973年，比利时于1955年、1969年和1978年，先后通过了相关的立法。这些立法都是受到了魏玛共和国劳动法的启发。

结　语

由于我们在本书第一章所解释的原因，劳动合同的常见形式为不定期合同。解雇权是暗含在不定期合同这一定性之中的，理解这一点至关重要。因此，当雇主任意解除劳动合同时，他确实是在行使合同权利。他并不会被认为违反了某项义务。并且，与劳动合同解除相关的特殊规则或者法律，与合同法一般规则的并存，使得规避有利于劳动者的保护规则（如通知义务）成为可能，这是通过诉诸合同法一般规则实现的，如合同目的落空（不可抗力），双方同意，合同的固定条款扩展了雇主基于不端行为而进行即刻解雇的权利等。

工业社会的不断发展要求劳动力的自由流和工作自由（参见本书第一章）。雇主想完全自主地决定招聘和解雇雇员，理由是他们享有对企业的所有权和控制权，经营自主权不应当受到限制，以及合同自由当然包括解除合同的自由。不过，随着时间的推移，在我们研究范围内的国家中，逐步衍生出对雇主行使自由裁量权来解除合同的权利的一些限制。要理解这一缓慢的进程，有必要将解雇分为两个范畴。

第一个范畴是作为惩罚的解雇（惩罚性解雇）。在这一范畴中，我们发现所有的即刻辞退均是对雇员不端行为的一种制裁，这些不端行为包括违反了合同的重要条款、偷盗雇主的财产、故意破坏雇主财产、拒绝遵守合理且合法的命令，等等。所有这些理由都是归在严重过失（*faute grave*）或者"严重不端"的项下；它们衍生出了即刻辞退的权利。这一范畴还可以包括对参与罢工的雇员实施的惩戒性解雇（参见本书第五章）。

第二个范畴是作为对劳动合同权利义务解除的解雇。这一范畴包括所有对不定期劳动合同的通知解除，以及因未进行通知而支付赔偿金的即刻解除情形。在这一方面，雇主的无理由解除合同的自由裁量权利，与因另一方的严重违约而即刻解除合同的权利，有着明显的区别。解雇的权利是合同自身所固有的。只要满足最低的通知期限要求，在有些情况下存在书面通知的要求，雇主解除合同并不需要给出原因。

对雇主基于他认为合适的原因对雇员进行单方解雇的权利进行限制，很难写入制定法，也很难引入到产业关系的实践操作之中。在第一个范畴中，观察不公平或者不正当解雇的现代观念的演进过程变得非常有意思。在第二个范畴中，重心放在了解除过程的程序或者形式方面，包括在雇主未遵守法定或者合同约定的通知要求的情况下，应当支付经济补偿的规定。只要劳动合同仅仅被视为劳务租赁与雇佣，工作机会的丧失会衍生出雇员获得赔偿的权利，只要这一丧失是由雇主的错误行为引起的，但复职或者重新接触仍然无法想象。

在即刻辞退中对雇主动机的控制是由法院进行的。这是一种事后控制。雇主并不会被要求对于解雇给出原因。如果雇员认为受到了损害，他们可以提起不当解雇诉讼，在这一诉讼中，雇主需要解释解雇的原因；如果最后被证明这构成即刻解雇的充分原因，那么雇主便享有一个完整的抗辩事由。从 20 世纪初开始，在欧洲大陆，在即刻解雇的情形，制定法要求雇主证明解雇的正当动机，如果雇员提出要求的话。限制雇主解雇的自由裁量权的第二步是要求雇主明确解雇的原因，并在不端行为发生之后的合理时间内进行解雇。否则的话，权利放弃的原则（doctrine of waiver）将派上用场。如果雇主在特定的时间内（比如，在比利时为三天）不行使权利，则认为他放弃了这一权利。在欧洲大陆，"权利放弃"的观念得到广泛认同，原因在于判定严重不端的主要标准过去是并且现在仍然是合同的正常维系在当下变得完全不可能。如果在一方出现严重不端行为而违反合同的情况下，这一关系仍然持续了一段合理的期限，那么诉称的不端行为就不会被认为不可忍受。

雇主解除合同的自由裁量权非常强大，无法与任何事前的控制，或者雇员的自卫权相兼容。总体上并不存在雇员在被解雇前获得表达机会的要求。雇主可以单方面解除合同。唯一的例外是魏玛共和国《工厂委员会法》第 84 条的规定。

作为一个总体规则，劳动合同的解除是单方的，无过错一方只能起诉要求支付未付的工资或者要求支付赔偿金。及至 20 世纪早期，有关被错误解雇的雇员有权获得赔偿数额的规则开始形成。这通常是指到合同可以被合法解除之时，雇员可以合法获得的工资收入损失，假设雇主会在法律允许其解除合同的最早日期解除合同。对于因解除方式所引起的损失，如情感受伤，或者雇员获得替代工作机会的难度增加等损失，无法获得补偿。

对于雇主在提前通知解除情形中自由裁量权的限制，是通过规定通知期限必须合理这一要求来实现的。这一期限有可能是在某一特定行业或者职业通过惯例确定的；有可能是通过合同约定的；也有可能是通过立法规定的最短通知期限。但是，放弃法律所规定的获得通知的权利，或者采取代通知金的方式，在任何情况下都是合法的。在这一过程中，就业连续性显得非常重要。作为一般规则，为了获得较长的通知期限，雇员需要持续工作一段规定的时间。因此，工作稳定性与资历相互关联。

在有些国家中另外一种控制形式是，立法或者合同要求雇主在向雇员发出通知时遵守特殊的程序规定。如果没有遵守程序要求，可能会产生赔偿金责任。只有在一些特定的情形中，如公务员或者残疾人，违反程序要求的解雇才会导致劳动关系的解除无效。

直到1963年国际劳工组织的建议书才将"不公平解雇"的概念作为一项国际劳工标准，即劳动合同的解除必须基于正当理由这一基本和重要的原则。在我们所研究的时间段内，这一原则并未获得广泛采纳。

第五章　集体自治

安托万·雅各布斯

第一节　导论

本书前几章所讨论的以国家管制为形式的劳动法，是调整劳动关系的规则中最显眼的部分。但是，由雇主和工人代表自己所创设的规则的重要性并不逊色，这是一种自治性的管制，与各式各样的政府管制并不相同。自治性管制出现在政府有意或者无意地缺席对劳动关系的直接管制的场合。如在本书第一章所讨论的那样，当行会的管制权力出现真空或者被瓦解，或者政府对劳动条件的管制在重要性上出现下降时，便是我们讲的这一场合。在这些场合中，雇主可以利用他们比较强大的谈判能力，将他们确定的劳动条件强加给劳动力队伍。本书第一章所讲到的合同自由理念的勃兴，强化了雇主的社会力量。政府不愿意介入具体的劳动关系之中，作为反应，工人们不得不把自身组织起来，以便形成一种势均力敌的对抗力量，来达成更优的工作条件。基于此，卡恩-弗罗因德称之为"集体自由放任"（Kahn-Freund, 1959：224）的东西，在确定劳动条件和内容上，部分程度上取代了个体自由放任，前者又被称为集体自由主义、集体自治或者集体自我规制，后者又被称为个体自由主义、个体自治或者个体自我规制。它仍然保留了"自由放任"的特点，因为管制并不是由政府执行的。但是它是集体的而非"个体的"，因为它是雇主和工会之间的联合管制，这一联合管制而非雇主和工人之间的个体合同成为劳动条件的来源。

在有些国家，如从19世纪中叶开始的英国和爱尔兰，以及1899年后的丹麦，集体自治的重要性已经超过了立法。卡恩-弗罗因德在1954年写道，英国劳动立法的典型特征是"在某种意义上成为集体谈判的装饰或者注脚"（Kahn-Freund, 1954：66），这一状况一直持续到1971年。这反映了英伦三岛集体自治的理念：工会积极分子、雇主和政治家都同意在产业关系领域只需要最低限度的国家干预。在丹麦，也有着类似的认识。与此形成对比的是，在欧洲大陆的其他国家，对劳动关系进行法律规制更为重要，但即便如此，在这些国家中，集体自治在提升劳动条件方面也逐步开始发挥重要的作用。

所有这一切都不是突然发生的。在有些国家，甚至花了本书研究所涵盖的整个时间段才实现了对集体自治的认可。本章意在总结法律对工会和雇主协会的崛起、集体谈判以及产业冲突的各种反应、应对方式。我们应当按照三种"理想类型"来分析这些进展，这些"理想类型"代表了不断变动的法律方法，分别是压制、默许与认可。

压制意味着从国家政策层面打压现代产业关系的参与者（agent），特别是工会，对其领袖进行迫害，并阻碍集体规制方式如罢工和集体谈判协议的发展。政府可以动用的权力工具有很多种：刑法的禁止性规定；警察措施如逮捕；驱散会议，没收宣传资料等。在很多案件中，压制可能是公开针对工会运动的；不过，在其他案件中，压制的表现形式可能比较隐蔽。

默许意味着工会和雇主协会可以合法地运作。雇员和雇主均有入会自由，工会可以集会，发行它们的报纸，提高会费，置办房产等。它们也有权利与雇主进行谈判并达成集体谈判协议。在一定程度上讲，这甚至可能包括采取产业行动的自由（罢工、纠察、闭厂、抵制等）。刑法上的禁止性规定已经消失，警察也仅将他们的干预限定于公共秩序被严重破坏的场合。但是这里的"默许"与下面讲的"认可"之间存在一个重要的区别。默许的政府不会采取主动的措施来支持工会的角色。社会环境仍然对工会不利，因为它们仍然需要对付在社会地位上远高于它们的雇主。民法仍然是建立在财产权绝对和个体合同自由观念之上的，这些观念更有利于雇主；组织产业活动的困难意味着不可避免地会扰乱公共秩序，引发与警察甚至军队的冲突。

认可描述的是那些由政府机构所采取的，或者雇主或工会相互之间采取的，用来支持集体自治体系正常运行的积极措施。这种状态可不只是"默许"，因为它是建立在通过赋予实体权利来积极鼓励集体自治的理念基础之上的；而"默许"则只不过是在刑法的禁止性规定和民法的责任之外规定一些豁免机制。认可可以通过庄严的宣言来实现，如德国的《魏玛宪法》，也可以通过一系列的立法或者行政措施，或者法官造法的方式来实现，只要这些措施体现了认可的政策内核。但无论如何，实现认可的第一步都是雇主应当放弃仇视工会的行为，转而认可工会主义是一股相抗衡的社会力量。其他认可的表征包括积极提升仲裁、调解、调停，对集体谈判协议的可执行性予以认可，创设进行产业行动的实体权利。而另一方面，给予工会和雇主在公共机构中的代表权，赋予由工会和雇主组成的机构以公共职权的政策可能会被归类为"融合"（integration），本书第六章将对此进行讨论。

这些理想类型不过是工作理念。压制、默许和认可的特征在实践中经常发生重叠。不过，我们可以讲，在1850年之前欧洲国家的劳动法可以归入压制这一类型。在所有这些国家中，工会一开始都是违法的，工人开展的产业斗争也是违法的。如韦德伯恩所说：

> 为这一共同问题开出的解决方案是每个集体劳动法的核心特征。这一解决方案的第一阶段在各个国家都是一样的。对工人组织的最具压迫性、刑事性质的限制，随着各个国家进入工业化时代、无产阶级开始出现，而被逐步移除。无产阶级的出现对于那些掌握

社会、经济权力的人来讲意味着麻烦,但这对于新经济而言又是必需的。(Wedderburn,1980:65)

1850—1900年间,默许类型的特征已经占据主导地位,但还是会时不时地出现以不同形式表现的压制因素(如德国1878—1890年间实施的《反社会主义法》)。下一个阶段,即认可阶段,最终在除英国和丹麦外的其他国家催生了工人与工会的实体法律权利;而在英国和丹麦,认可是通过自愿协议的方式实现的。这一类型发生在1900—1950年间,但也有间歇的倒退,如德国纳粹统治时期和意大利法西斯政权统治时期。而融合和三方机制的种子从"一战"开始便在民主国家种下,本书第六章将对此进行讨论。

第二节　从压制到默许

一、结社禁令的起源与性质

集体自治体系的参与者(工会与雇主协会)与它们所采用的方法(集体谈判、罢工、纠察、闭厂、工作限制以及合作形式)对于工业革命而言并非完全是新生事物。在欧洲,随着行会制度的衰落,这些现象随处可见,而此时行会已经无法再反映中世纪师傅、熟练工与学徒工之间和谐合作的理念了。师傅已经攫取了行会制度内的所有权利,并试图限制其他人成为师傅的路径(参见本书第一章)。许多熟练工已经放弃了最终成为师傅的念想,并且不得不接受由师傅单方面确定的劳动条件。在有些情况下,国家会就劳动条件出台规定或者提供仲裁机会,但是这并未阻止超长工作时间、童工、低工资、失业,以及在疾病与年老情况下没有工资支付的现象。为了获得某种形式的救助，熟练工们联合起来，如法国的手工业行会（compagnonnages），荷兰的熟练工协会（gezellenbroederschappen），德国的学徒协会（Gesellenverbände），以及英国的熟练工俱乐部，以便在疾病、死亡、受伤、失业情形下进行互相帮助，或者出于宗教、社会或者文化目的而互助。他们组成的基金有很多不同的名字，兄弟会（confréries，Bruderschaften）、互助院（mutualités）、虔诚协会（Pia Societa）以及互助会（friendly societies）等，不一而足。还有一些不太知名的全国性的行业俱乐部，如纺织、毛精梳以及其他职业的俱乐部（在英国，它们被称作行业俱乐部或者集会处，而它们的联盟则成为工会）。这些俱乐部，除了肩负社会和福利方面的功能外，（特别是在英国）还承担着为雇主招聘技术工人提供场所的重任。很自然，这些刚刚出现的工会应当通过与雇主的谈判，有时通过发起罢工的方式，在有降薪危险时对现有薪资水平进行捍卫，或者在生活成本增加时要求增加工资。事实上，最早的集体谈判协议是雇主与此类组织之间在18世纪达成的。有时这些组织也是工人阶级抗议政府活动的发源地。

在很长时间内，西欧的所有国家均对这些组织实施了毫不含糊的压制。随便举几个例子，在法国，1382年国王查理六世颁布的法令，1539年的维莱-科特雷（Villers-Cotterets）法令，1749年1月2日的法令，以及著名的1776年杜尔哥法令，取消了行会制度，也包括对各种形式结社的禁令，这一禁令一直维持到取消行会的命令被撤销之后；在德国，在各种结社已经受到官方的警察权力限制之后，如1530年、1548年和1577年的《帝国警察法》以及地方或者邦国规定的限制，1731年《帝国行会法》彻底宣布各种结社为非法；在英国和爱尔兰，大约有40部法律禁止不同行业的结社（有些可以追溯到14世纪），并且许多法官在18世纪时会毫不犹豫地宣布那些为涨工资而进行的结社为非法；在丹麦，1734年的皇家法令禁止在哥本哈根地区进行任何形式的结社；以及在荷兰的北部和南部地区，工人的结社被相关的警察条例宣布为非法。

这些例子表明，几乎所有国家的政府对工人组织都抱着怀疑警惕的态度。它们对此类结社进行压制的一个原因是与公共秩序有关的关切，因为结社经常与骚乱或暴力相联系。第二个原因与维持行会或者政府对劳动条件的垄断有关。在德国，如果雇员认为雇主对他们不好，他们可以向政府投诉；在英国，从14世纪到19世纪，对结社的法律禁止是与政府在多个行业对薪资、工作条件的规制同时存在的。

工业革命初期，又出现了新的结社禁令：法国在1791年《夏勃里埃法令》以及此后的1810年《刑法典》第414—416条规定[1]了更为严苛的压制措施。在拿破仑统治时期，法国的这些压制措施又被拓展适用到南部荷兰（比利时），北部荷兰，意大利和德国的部分地区（莱茵兰）。在德国的其他地区，也针对劳工结社行为采取了压制措施，如萨克森（1791年，并于1810年更新），普鲁士（1794年）以及巴伐利亚（1809年）。英国和爱尔兰分别于1799年和1800年通过了《禁止结社法》。在丹麦哥本哈根地区，1800年3月的命令对行会体系进行规制，并禁止各种形式的结社。

18世纪末的各种禁令是在社会和政治动荡的大背景下出台的，独立工人阶级组织的革命潜力令统治阶级警惕，与此同时政府对工资进行规制的旧有形式逐步分崩离析。毫无疑问，政治方面的担忧是这些禁令出台背后的部分原因；除法国外，这些新法也只是对已有禁令的重复和扩展。但法国的《夏勃里埃法令》确实催生了一种新的法律境况。在法国大革命以后，劳工组织最初享受了一定的结社和集会自由（1790年11月13—19日的法令）。因为这一状况并没有得到革命后期上台的统治阶级的认同，他们在1791年又废止了这些法令，同时出台了结社禁令。很明显，这一反转需要公共正当性的证明。这一任务是由当时的法律思想家

---

[1] 这些法律条文的摘录可以参见本书附录四，第376页。

完成的，这些思想家对国家与个人之间出现的任何中间结构都充满了敌意。如卢梭所言："如果要让公众的意愿得到清晰的表达，那么有必要确保在国家之中不会出现部落的联合，每一个公民应当自主地为自己做决定。"（Rousseau，1978：7）这种对中间结构总体上的敌意导致了行会制度的废除［阿拉德法令（Décret d'Allarde），又称"1791年3月2日—17日法"］，现在又被用作出台结社禁令的原因，限制了结社和集会自由。《夏勃里埃法令》有明显的思想观念方面的特点。这一点或许能够解释法国的结社禁令之所以比其他国家持续时间更久的原因。

　　至于这些禁令是否成功地压制了劳工的结社活动，效果值得怀疑。比如，在英国，1804年（严苛的《禁止结社法》出台后的第4年）"基本上在各行各业都能发现劳工的结社活动"，并且1816年的文献提到，"在不同商贸行业和制造业劳工结社的程度之高足以引人警觉"。在法国，1791年之后不断出台的结社禁令，也证明了要消除劳工结社非常困难。1800年前后的结社禁令基本上不适用于那些没有经济目的的结社，比如，只有社会、文化、宗教或者教育功能的结社。在英国，此类结社明确得到1793年《互助会法》（Friendly Societies Act）的认可。在法国、德国和荷兰，此类结社通常在获得官方的特别同意后便可以合法存在。此外，除了正式的禁止结社立法，官方手里还有其他的压制措施。这使得判断新的禁止结社法的作用，即究竟起实质作用，还是形式大于实质的象征作用，颇为困难。比如，在英国，根据普通法规则可以对结社的工人们以共谋为罪名进行追诉。在1800年前后，在普通法上提起的追诉，比根据禁止结社的立法提起的追诉要多。在法国和德国，警察措施通常比结社禁令在预防具有经济目的的工会的出现方面更为有效。

　　对于罢工而言，一项特别的压制措施便是有关违约的立法，这通常涉及个体雇员对罢工的参与。在英国，1563年《工匠法》第13条规定对于那些因未完成工作任务而违反合同约定的人，应当判处一个月的监禁。

这一条款(1747年被重新引入并在1766年和1823年被两次修改)被认为"比1799年和1800年《禁止结社法》严酷99倍"。同样，在法国和德国的多数邦国，对劳动合同的违反，至少是劳动者一侧的违反，是刑事犯罪(参见本书第一章)。并且，德国多个邦国的法律都将雇员的不服从与拒绝听命行为视为犯罪。警察措施可以被用来迫使雇员履行其工作义务。很明显，这些规定严重限制了雇员的罢工自由。

结社禁令是否也同样适用于雇主？如果适用，在多大程度上能够得到执行呢？需要注意的是，在16—18世纪，雇主之间的结社很少发生，尽管雇主之间也会形成事实上的协议，比如拒招抛弃雇主的雇员等。直到18世纪末，现代意义上的雇主组织并不存在，但这并不意味着雇主之间不存在合作的机制：他们在行会的管理会议上和其他开会的地方如沙龙和咖啡厅碰头。并且国家有时甚至鼓励雇主通过更有效的方式进行组织，如拿破仑统治时期专门通过立法，引入商会和制造业者与贸易商的咨询委员会。

当然，18世纪末的结社禁令也试图将雇主的结社纳入调整范围，因为它们对贸易的抑制作用在理论上是得到证明的。但是大多数法律都是歧视性的。比如，在法国，1803年与1810年的修订案，进一步强化了《夏勃里埃法令》的相关规定，劳工的结社在所有情况下都会受到刑事处罚，而雇主的结社只有在试图降低工资时才会受到处罚。并且，针对劳工的处罚比对雇主的惩罚更严重。但更重要的一点是，针对雇主结社的压制基本上没有执行过。他们很少受到追诉，更不要说被定罪。如杜兰德与若索所说："期望鼓励商贸与制造业的发展，使得政府担心任何对雇主组织的制裁都会造成工人的不服从。"(Durand and Jaussaud, 1947：69, n. 52)通常认为，劳工结社，而非雇主结社，更容易造成对商贸的限制，并引发产业关系冲突。此外，根据当时通行的重商主义观点，这一观点从未否定过雇主协会，以限制工资为目的的雇主协会会最终导致物价的下降。而另一方面，亚当·斯密（Smith, 1776：169）及其拥趸则视结社禁令为一种不正义，因为劳工结社会受到刑法的有效限制，但雇主结社并不会受到同样的限制。并且他们认为，雇主通过资本的集中本身就是另外一种形式的结社。结社禁令只会欺软怕硬，损害劳工的利益。因此，亚当·斯密的拥趸，尽管不认为结社会提高工人的地位（因为财力雄厚的雇主对抗罢工的时间比穷困潦倒的劳工能够承受的时间要长），但一直力主废除结社禁令。

二、结社禁令的废止

在19世纪，西欧国家针对结社所出台的大部分刑事制裁措施均被废止：英国是在1824年（尽管1825年的时候又出台了一些限制）；法国是在40年后（1864年，尽管工会直到1884年才合法化）；[2] 德国是在1869年；荷兰在1872年，卢森堡在1879年，意大利在1889年，相继废除了针对结社的刑事制裁。所以，西欧国家大概花了65年的时间才实现了针对结社的直接刑事制裁从法律文本中销声匿迹。为什么耗时这么久？废除结社禁令背后的原因是什么？

故事要先从英国讲起，因为在19世纪最初的25年里，这是一片孕育各种社会、政治变化的沃土。在这些改革家中有一个人的名字叫弗朗西斯·普莱斯（Francis Place），作为雇主，他曾经是一家非法的行业俱乐部的秘书长，之所以要提及这一点，是因为他持之以恒地推动国会废除《禁止结社法》，最终在1824年得偿所愿。这并不是说普莱斯以及他的盟友，如激进派议员约瑟夫·休谟与经济学家麦克库洛赫（J.R. McCulloch），就是劳工结社的热心支持者。他们的观点是，结社很难改善工人的条件。他们认同薪资基金原则（Wages Fund doctrine），即，薪资的自然水平是由

---

2 这些法律的文本摘录可参见本书附录四，第378页。

供求关系决定的，这一关系在长期内不可能波动太大，过分高于或者低于生存所需的最低水平。他们认为，劳工结社不可能改变这一点。确实，在当时的欧洲，广为接受的观点是劳工结社会引发骚乱、暴力，并会害及经济福祉。里彻将此种法律思维称之为警察-监护人思维（polizeilichen Bevormundung）（Ritscher，1917：159）。不过，弗朗西斯·普莱斯认为（对劳工结社采取）刑事性质的限制措施会适得其反。他认为一旦《禁止结社法》被废止，与熟练工俱乐部不同的更广泛意义上的劳工行业结社将会消失。他写道，"人们因为法律的压制而被长时间捆绑在一起"，并且"一旦这些压制被废止，劳工结社将失去意义，劳工又将重回一片散沙"（cited in Wallas，1925：217）。劳工将认识到他们的利益与雇主利益之间在根本上是一致的，工人阶级对雇主和国家的不良情绪将会消失。

在这一思想进路中，我们很容易发现杰里米·边沁的影子，他认为功利原则是法律的决定性评判标准。普莱斯和其他人认为将劳动结社合法化比对其进行压制对社会更为有利。《禁止结社法》已经被证明在预防工会出现这一问题上效果不彰；并且会加重雇主与雇员之间的对立情绪，阻碍一个稳定且容易管理的工会的出现，有时候还会使劳工结社具有某种暴力属性，比如在1811—1816年卢德运动时期出现的捣毁机器的现象。这些经历促使英国议会于1824年允许薪资劳工进行自由组织，因为它开始认识到，跟残酷镇压比，这是危险性更小的政策。所以，正是古典经济学与实用主义法律思潮的联姻，为英国废除结社禁令铺平了道路，1824年6月21日，英国议会通过了法律，废除了在制定法和普通法上存在的所有结社禁令。

对于工会而言，在尚未经过改革的议会取得这样的立法进展本是不敢奢望的事情；但是政府正在忙于其他事务，普莱斯、休谟等人迅速在负责审议法案的议会专门委员会安插了相关的议员，并在他们的对手完全搞明白情况之前快速通过了立法。

前述法律的通过刚好碰上了一个商业繁荣时期，在这一经济氛围下，刚刚取得合法性的工会就提出了涨工资的诉求，并在 1824—1825 年冬季发起了一系列罢工。这使得当时保守党的内政大臣罗伯特·皮尔勋爵（Sir Robert Peel），提议成立了一个新的下议院特别委员会，由此而引发的结果是，1825 年通过了一部修订法律。这代表了后退的一小步；皮尔勋爵愿意满足工会提出的减少对激进主义支持的诉求。所有与工资、价格、工作时间相关的结社都不会受到制定法或者普通法上的刑事处罚，但该修订法律将暴力、威胁、恐吓、猥亵以及破坏行为进行刑事定罪。换句话说，与工资和工时相关的集体谈判是合法的，但是罢工自由受到严重限制。这反映了古典经济学家大卫·李嘉图的观点：

> 应对结社的真正方法是赋予双方以完全的自由，和免于受到暴力与辱骂的充分保护。工资应当是自由合同的结果，并且缔约双方应当通过法律来保护他们自己免于受到任何一方施加压力的影响。我认为，剩下的事情交给竞争就行了。（cited in Hollander，1979：570）

同一时期，欧洲大陆的西欧国家的情况与英国大相径庭。在法国，《夏勒里埃法令》以及《刑法典》中对结社的禁止即使在拿破仑于 1813—1815 年倒台以后仍然存在。在德国，具体的情况由于政治上的分割而显得非常混乱：在受拿破仑统治的莱茵兰，《法国刑法典》中的结社禁令得以维持；而在其他地区，如萨克森和巴伐利亚，也有结社禁令的存在；但是，在普鲁士，法律的规定则比较模糊。有种观点认为，结社禁令本就是行会制度的一部分，在行会于 1810—1811 年失去垄断地位以后，结社禁令自然消失；但是在其他观点看来，结社禁令并未发生改变。

在接下来的几十年里，对结社的新禁令在许多西欧国家都出现过。因此，在丹麦，1800年的结社禁令，原来仅适用于哥本哈根地区，在1823年被拓展适用于全国，并且在1835年得到强化。在法国，面对不断爆发的产业骚乱与暴动，比如1831年里昂纺织工人起义和1834年巴黎工人起义，七月王朝不仅通过军警进行暴力镇压（如1834年特蓝思罗那街大屠杀），还于1834年4月10日通过了新的针对劳工结社的压制性法律。在德国，劳工结社的增多，以及对共产主义的恐惧使得官方通过了新的结社禁令。德意志联邦于1840年通过了一个禁止劳工结社的决议。其他的禁令也先后在符腾堡（1836年）、萨克森（1838年）、普鲁士（1845年）、汉诺威（1847年）以及巴伐利亚（1857年）出现。即便在英国，新的压制措施也在1830年代重新出现，作为对风起云涌的工会运动的一种反制。最不光彩的例子莫过于在1834年的审判中利用《非法宣誓法》（为镇压海员骚乱而于1797年通过的立法），在这场审判中，来自多塞特郡托尔普德尔村的六名农业工人被放逐澳洲七年（六人被后世称为"托尔普德尔蒙难者"）。在此后数年，英国的劳工运动转而支持宪章运动（Chartism）相关的政治煽动（political agitation），这也是第一个独立的工人阶级政治运动。直到1848年这一活动结束的时候，工会才又开始快速发展。

与荷兰在1830年分家以后，比利时通过了一部自由主义倾向的宪法。在这一新宪法中，集会自由得到了无条件的保障。然而，《刑法典》中的结社禁令仍然得以维持。布朗潘解释道："1830年的统治者才不会考虑劳工的结社自由问题。得到保障的只有统治阶级的自由，很明显，这是一种政治权利。"（Blanpain，1960：1518）从这个意义上讲，在比利时，1830—1831年间，结社禁令是对受宪法保障的结社自由的可以接受的侵犯，这与法国1790—1791年间的情况何其相似，也预示着1848年大革命后法国、德国、意大利和荷兰对劳工运动的镇压。

1848 年对于工会运动是一个非常重要的年份，因为在欧洲大陆，特别是法国和德国，都发生了不成功的工人阶级革命。在荷兰、比利时、丹麦和撒丁王国，为了避免革命的发生，各国王室均作出了重要的民主让步。这些改变的特征之一便是结社自由和集会自由，这两项自由逐渐获得了宪法上的认可。各种工会甚至全国性的工会联合会开始在法国、德国和撒丁王国出现。在这一时期，政治运动与工会煽动之间有着非常强烈的关系。在法国，1848 年 3 月的临时政府承诺工人可以获得结社权。结社自由和工人与雇主之间平等的保障被写进 1849 年宪法。在德国，最初的观点是工会享有 1848 年 4 月 6 日法律第四条所规定的一般结社自由。同样，在比利时，结社禁令在 1848 年革命年代第一次受到了严重的质疑。

但是，随着反革命势力掌握政权，所有有关工人结社自由的理念消失得无影无踪。在德国，1849 年，法官在案件中重申可以适用现有结社禁令。普鲁士政府于 1850 年通过规章，预防对集会权和结社权的滥用。1860 年普鲁士的立法机构将 1845 年结社禁令的适用范围拓展至家政工人、农业工人以及矿工。1854 年，北德意志联邦通过了一项决议，禁止带有政治、社会主义或者共产主义目的的结社。在比利时，取消结社禁令的努力并未获得成功。在法国，试图废除《刑法典》中有关结社禁令规定的尝试也面临着同样的遭遇。唯一的改变是对《刑法典》第 414—416 条进行修改，至少劳工结社与雇主结社在理论上开始享受平等的待遇（1849 年 11 月 27 日的法律）。从这个角度讲，法国的法律与德国部分地区的法律很相像，普鲁士（1845 年）和萨克森地区（自 1855 年起）的结社禁令将劳工结社与雇主结社等同视之。当然，这并不意味在实践中二者享有同等待遇。同样，在意大利，结社禁令仍然出现在成文法之中。1859 年，相关规定被转移至撒丁王国新《刑法典》之中，在 1860 年意大利统一之后，这些规定适用于除托斯卡纳地区以外的意大利全境（1864

204

年5月29日)。在荷兰，虽然当时基本上不存在任何劳工结社，但是结社禁令还是在未经讨论的情况下出现在成文法之中。只有在丹麦，尽管结社禁令从未正式被废止，但在事实上被弃之不用。

1850年代，结社禁令仍然被适用，特别是在法国和比利时。在德国，结社禁令在被适用时会进行一定的调试。但不能忘记的是，在1850年代，如同之前的时间，其他压制产业组织和活动的措施（如警察干预）仍然比通过法院适用结社禁令更为有效。

在1860年代，欧洲大陆的做法才开始发生改变。在法国、比利时和德国，围绕废除结社禁令展开了广泛的讨论，并且结社禁令也确实在1864年、1866年、1869年相继被废除。需要注意的是，力主废除结社禁令的人采取的策略与弗朗西斯·普莱斯及其盟友在40年前的英国采用的策略相同：他们说结社本身并不真正有效，但是他们应该被合法化以便让劳工自己认识到这一点。约翰·密尔于1848年写道：

> 罢工的经历是工人阶级认识工资与劳动力供需关系这一主题的最好老师：并且最重要的是这一受教育过程不应该被破坏。（Mill, 1965：932）

这些人有时也抱持着与普莱斯相同的良好愿景，即一旦结社被合法化，它们会很快消失得无影无踪。正如法国废除结社禁令的力倡者奥利维耶（Ollivier）所言，"随着时间的推移，结社的自由将会扼杀罢工"（cited in Helmlich, 1977：144-5）。而其他人，在认可薪资基金原则的基础上，认识到，雇主本身就是一种结社的结果，可以将工资保持在它们的自然水平以下很长的时间；他们认为结社是达致雇主与劳工之间力量平衡的有效途径。这通常是倡导在经济事务中政府不干预，或者自由放任的先锋人物所主张的观点。对他们而言，将结社合法化有利于通过集体自治的方式达成更为平等的劳动条件。改变不公平的个体自由放任政策,用运作良好的集体自由放任政策取而代之,能够为政府在劳工事务中持续不干预政策提供正当性。

在前述法律讨论中加入的经济方面的论证,有些与英国实用主义者在 40 年前的论证不无相似之处。法律与现实之间存在鸿沟,这一点广为人知。工会运动的风起云涌意味着无法再对其进行压制。更重要的是,工人需要被教育以使其遵守法律。问题是,为什么只有劳工结社受到压制,而雇主的结社却基本上毫发未伤?为什么只是拒绝承认工人结社的权利,而这一权利为其他人广为享受?为何拒绝他们集体行使某一项他们可以单独行使的权利(拒绝提供劳动)?反对结社禁令的理由越来越多。慢慢地,不再只有自由主义者才支持废除结社禁令。越来越多的保守人士也开始赞同:有些是因为他们相信一种建立在组织化的利益团体基础上的新经济秩序可能会出现。很重要的变化是,"皇冠"正在向主张结社合法化的一侧发生位移。在法国,发生在拿破仑三世统治的第二个十年(自由帝国),拿破仑三世不停地赦免那些因为结社而入罪的人,允许劳工代表访问 1862 年在伦敦举办的世界博览会并研究英国工会的立场,并最终由党派代表奥利维耶提出了废除结社禁令的法案。在德国,俾斯麦支持了那些主张废除结社禁令的人,"以强化工人对王国和政府的信心"(cited in Kollmann, 1916:212)。

不应该忘记的是,在这一阶段,有几个西欧国家的选举制度进行了改革,确保数量日益增加的工人阶级能够获得投票权。保守势力与自由主义者,王室,贵族,以及资产阶级,都为了争取这一选民群体的支持使出了浑身解数。他们不得不承认,一方面赋予劳工以政治权利,另一方面又拒绝承认其经济权利,二者并不协调。在有些国家,特别是比利时,雇主请求废除结社禁令,因为他们也想更公开地进行结社,以便对抗日益强大的工会力量。

那么劳工呢，他们在废除结社禁令的运动中发挥积极作用了吗？答案比较复杂。英国提供了一个有趣的例证。工会主义者对弗朗西斯·普莱斯及其盟友的意图持怀疑态度，因为他们同时也支持废除其他立法，如伊丽莎白时期的《工匠法》中的学徒条款，而手工业者认为这些条款是对他们利益的保护。而普莱斯将劳工提出的保留或者扩张学徒管制的请愿，斥为"熟练工们对自己利益熟视无睹的证据"（cited in Thompson, 1963：517）。工会主义者认为仅仅废除《禁止结社法》而不同时建立积极的保护机制是不充分的，因此，他们只给了普莱斯等以有限的支持。但是在1825年，当工会主义者发现《禁止结社法》有可能卷土重来时，他们组织了大规模的抗议与请愿。作为对工会发起的革命威胁的回应，皮尔在1825年法律中保留了结社自由原则。与普莱斯等人的期望相反，很少有工会利用这一新赋予的自由与雇主开展合作。在接下来的15—20年里，工会一直主张它们是独立于雇主阶级的。

非常明显的一点是，起初，社会主义者对工会合法化的问题很少关注。法国的蒲鲁东（Proudhon）与德国的拉萨尔最初认为工会并不能避免或者减少工人阶级受到的剥削。直到1860年代，在马克思的影响下，第一国际才公开支持工会运动，并开始在欧洲大陆提倡建立社会主义倾向的工会组织。此后，工会化才被认为是工人阶级斗争的一部分。不过在那时，废除结社禁令的运动在英国已经取得了成功，在宪章运动被打败以后，工会已经转向追求经济目的。同样，在欧洲大陆，废除结社禁令的进程已经全面展开。在这些国家，自由派议员在这一过程中发挥着主导作用，如法国的奥利维耶，德国的舒尔茨-德立兹（Schultze-Delitzsch）等，以及荷兰的万·豪顿（Van Houten）。

在有些情况下，结社禁令不是被单独的立法所废止的，如英国1824年的情况，法国1864年和1884年的情况，以及荷兰1872年的情况，而是作为法典中更复杂变化的一部分：在比利时，结社禁令是在1866年出台新的《刑法典》的背景下被废除的；在德国，结社禁令的废除是与 1869 年统一《帝国贸易法》的出台相关联的；在卢森堡，结社禁令的废除是 1879 年在《比利时刑法典》被移植到该国的过程中实现的；在意大利，结社禁令的废除则是随着 1889 年《札那尔德利刑法典》（Zanardelli Penal Code）的出台而实现的。尽管结社禁令在当时已经成为法制史的一部分，但这并不意味着所有形式的压制已经消失，或者所有限制劳工运动的因素已经全部被移除。

三、专门的工会立法

在有些西欧国家，如荷兰和丹麦，工会在法律上的地位在结社禁令从制定法上被移除的同时得以明确。工会、雇主协会与其他协会一样，在法律地位上没有差别。它们受到一般法上的结社自由的保护，在这些国家中这些保护已经足够进步，能够包含工会的活动。不过，在英国、法国、比利时、卢森堡、意大利和德国，情况却有所不同。

在英国，在结社禁令于 1824—1825 年被废止后，工会的法律地位并不清楚。它们没有法律行为能力，它们的经费必须交给私人保管，如果受到诈骗，它们不能起诉。这一状况似乎在 1855 年《互助会法》通过后得到了改善，该法赋予那些有福利功能的社团以法律保护，因此，这一保护可以拓展适用于大多数工会。但是，在 1867 年霍恩比诉科娄斯一案（*Hornby v. Close*）中[3]，法官认定，工会不在《互助会法》的保护范围之内，因此，它们仍然是非法组织，尽管不是犯罪组织，主要原因在于它们所具有的对贸易进行限制的倾向。这一裁决的后果是，对于工会官员实施的欺诈行为，工会没有任何的救济手段；它们达成的协议在法律上无法执行；它们的成员无法通过法律途径要求兑现福利待遇；并且工会不能持

3　(1867) Law Reports 2 Queen's Bench 153.

有财产。所以，有必要以议会立法的形式，通过赋予工会以法律认可，来终结工会面临的窘境。1867年2月，以威廉·埃勒勋爵(Sir William Erle)为主席的皇家委员会得以成立，1869年3月公布了一份多数意见报告(majority report)，建议在将工会合法化的同时加强监管；同时还有一份少数意见报告(minority report)只提及了工会合法化的问题，并未涉及对工会的控制。在格莱斯顿(Gladstone)首相为首的自由党政府治下，《工会法》得以于1871年通过，该法基本上采纳了少数意见报告的思路。该法是新近成立的英国工会联盟倡导的结果，在接下来的一个世纪里成为了各项工会权利的法律依据。该法通过移除工会因限制贸易的倾向而带来的法律后果，从而在部分程度上承认了工会的合法地位；同时建立了一套完全自愿的登记制度，这一制度具有一些小优点。在国家监管方面作出的唯一让步便是对工会基金的有限审计和检查，目的是避免诈骗和过错行为的发生。该法代表了1971年之前英国劳动法的典型特征：它主要是从反面消极的维度，通过出自法官之手的普通法，确立某种责任豁免机制，比如对限制贸易（对工会不利）的责任豁免；但是并不会从正面赋予实体法律权利并辅之以国家对工会的积极控制。该法同样适用于爱尔兰，在该国，只是从1941年开始，各式立法才强化了对享受特定权利的要求。

在法国，1864年的法律与英国1825年法律一样，并未明确工会的合法地位。首先，该法只是修改了《刑法典》第414—416条的规定，但是并未触及《夏勒里埃法令》，后者仍是当时有效的法律。所以，在结社问题不再受到法律处罚，有些罢工开始变得合法的情况下，工会仍然处于一种非法状态。第二，法国有关结社的一般法限制性非常强，基本上任何结社都会涉及警察的干预（1810年《刑法典》第291—293条）。这些规定在1834年得到强化，在1848—1850年间被废止，但是随着1850年、1851年和1853年的法令又被重新引入；随后在1868年和1881年被放松，最后直到1901年才彻底放开。这意味着即使在1864年之后，成立工会，除非是那种具有互助目的的工会（有明确的法律依据），并不能获得真正意义上的完全许可。1864年法律认可了那些临时结社的合法性，而非劳工永久结社的合法性。认可劳工永久结社合法性的立法在整个第三帝国期间都没有出台；直到1884年《瓦尔戴克–卢梭法》出台，该法废除了《夏勃里埃法令》，并宣布《刑法典》第291条和1834年法律第1条有关结社的限制性规定并不适用于工会。相同或者相似职业的成员可以成立工会（第2条），还允许它们成立工会联合会（第五条），并且工会被赋予了法律人格（第7条）。与英国的1871年《工会法》类似，法国的《瓦尔戴克–卢梭法》主要建立在自由理念之上，只保留了小部分限制性措施。它强制要求工会将它们的章程和官员的姓名留存在市政厅（第4条），明确规定结社只有出于经济目的方能成立，工会联合会不能取得法人资格，也不得持有财产，而单个工会只能持有小规模的财产。尽管它们可以为互助会提供福利待遇，但这些需要完全独立核算，不能用来资助罢工活动。所有这些限制被认为对于化解通过工会获得权力的政治运动是必要的。直到1920年和1927年，这些限制才最终被移除。

《瓦尔戴克–卢梭法》的效果几何？偏左的共和派势力是该法的倡导者，期待该法能够保护法国的工会运动免于走向激进化。从这个意义上讲，该法并未达到这个目的：法国工人运动的温和派（巴尔巴类翼，the Barbaret-wing）逐渐失去了影响力。从另一方面讲，法国劳工运动的激进派对1884年法律抱持的怀疑态度被证明是站不住脚的。激进派对（《瓦尔戴克–卢梭法》的）第4条（将工会章程和官员姓名留存）极为抵制，但是，工会逐渐抛弃了它们的保留立场。在该法通过十年后，大多数法国工会都按照该法的规定进行了登记。不过，雇主协会并未进行登记。

法国的学者对于该法的重要性有不同的认识。路易斯将其描述为

"中立性的": 该法只是认可了一种既成事实场景(Louis, 1904 : 133)。《人民之声》杂志在对该法进行评论的时候更为积极, 认为它有力地造就了诸多工会的崛起(*Voix du Peuple*, 17 February 1901)。不过, 总体上看, 法国工会运动仍然比较弱小。泽尔丁指出, 并非因为该法, 而是因为与法国社会性质相关的更深层次的原因才阻碍了工会的发展(Zeldin, 1979 : 208)。法国政府曾试图促进工会的发展壮大, 比如法国时任部长瓦尔戴克-卢梭在1884年向各省省长发送的通知中, 强调他们要确保1884年法律的规定得到遵守, 并促进工会的发展, 但这并没有改变当时法国工会发展不理想的现状。

在比利时, 并不存在通过专门工会立法的法律需求。不过, 政府认为, 有必要于1898年通过一部与行业和职业协会相关的专门立法。工会认为创设一套专门制度毫无意义, 将该法视为政府将它们置于特别控制之下的尝试, 不过这确实也是该法的真实意图。所以, 工会都拒绝根据该法进行登记。随后, 1921年5月的法律保证了加入或者不加入工会的自由。然而, 比利时的工会, 直到"二战"结束, 通常并无固定的法律地位或者法人资格。这意味着它们不能起诉也不能被诉。所以它们不能享受与法人资格有关的利益, 但是换个角度看, 它们也不会受到国家对其内部事务进行规制的不利影响。卢森堡于1936年复制了比利时1921年立法。此前的1928年, 卢森堡立法机构试图诱使工会和雇主协会根据一部新法进行登记, 但是很多工会倾向于不要法律地位和法人资格, 如在比利时一样。

在意大利, 结社禁令于1889年被移除, 不过直到1907年高等劳动理事会(Higher Council of Labour)才认定, 职业协会通过登记可以获得有限的法律地位, 在违反集体谈判协议时需要承担相应的民事责任。1918年10月27日的法令赋予产业协会以法律地位, 不过有一个条件, 即此类协会的目的是从经济和技术角度保护会员的利益, 因此就排除了任何改变劳动力市场状况的企图。这看起来像排除集体谈判协议约定的尝试。

在德国，结社禁令废除（1869年）以后的情况与法国1864年后的情况有点类似：由于一般法上对结社和私人保险的限制性规定，使得工会虽然在理论上能够获得法律认可，但在实践中很少获得法律认可。但是，与法国不同，在德国，并无专门的法律来确认工会的法律地位。最初，官方试图通过对《德国民法典》中有关结社的一般法规则进行改革来解决这一问题，该规则规定了行政控制。但是，工会认为新制度限制性太强，仍然拒绝根据这些规定进行登记。随后在1906年，官方在议会中专门针对行业职业协会提出了一项法案，不过未获通过。1908年通过的《帝国结社法》对"政治结社"作出了非常宽泛的界定，将工会置于对政治结社所施加的各种严苛控制之下，这使得工会更不敢根据一般法的规定进行登记了。不过，到了1916年，立法机构明确将工会排除在这一立法的适用范围之外，但这也无法说服工会进行登记。在"一战"以后，工会这一法外运行的状况仍然存在，不过它们取得的完全自由是建立在《魏玛宪法》之上的。

需要强调的是，废除有关结社禁令相关的法律并不总是适用于所有的劳工。比如，在德国，结社禁令的废除仅仅适用于1869年《帝国贸易法》所涵盖的行业。所以，直到1919年，矿工、农业工人、家庭手工业者和公务员之间的结社仍然是违法的。在法国，公务员被禁止加入工会，并且法院于1903年将巴黎的污水处理工人认定为公务员。除了一般意义上的公务员，警察和军人特别容易受到有关工会权利方面的限制。因此，即使在英国，1919年《警察法》也禁止工会会员向警察开放，警察只能加入受到国家控制的法定协会。1927年至1946年之间（作为对1926年大罢工的回应），《劳动争议与工会法》禁止公务员工会与公务员行业以外的工会进行结社。

四、劳动争议与刑法

结社自由与罢工自由是不同但又相互关联的两个概念。以英国为例,其 1825 年法律保护工会不受各种制定法或普通法上对以涨工资为目的的结社的限制,但同时又通过一些模糊的刑事罪名,如"骚扰""破坏"以及"恐吓"等,对罢工自由以及对破坏罢工的人(blackleg labour)进行纠察的自由进行限制。在法国,尽管 1864 年 5 月 25 日的法律事实上将罢工合法化了,工会在 1884 年《瓦尔戴克-卢梭法》出台之前仍处于非法状态。但是,即使在 1864 年之后,罢工权在法国也是受到严格限制的。在组织罢工活动过程中出现暴力、猥亵和欺诈行为的,将受到严格的刑事制裁。并且罢工者如果侵犯了未罢工工人的"工作自由",也将根据《刑法典》第 414—416 条受到刑事追诉。在罢工期间允许雇主继续招用破坏罢工的劳工,刑事手段也派上了类似的用场,比如比利时《刑法典》第 310 条,荷兰 1872 年 4 月 26 日的法律,卢森堡《刑法典》第 310 条,德国《帝国贸易命令》第 153 条,以及意大利《札那尔德利刑法典》第 165—166 条。

这些措施是与自由主义的理念相一致的,这种理念认为结社的自由与不结社的自由是一个硬币的两面。但是这并没有考虑集体产业行动的现实。为了让罢工有效,工人自然希望能够阻止雇主招录其他人来取代他们的位置。对于自由主义的改革者而言,如法国的埃米尔·奥利维耶,罢工可以被改造为罢工者、罢工破坏者和雇主之间的和平讨论,最终共同致力于实现产业关系各方的和谐共处。所以,人们对法律的期望是在合法的和平劝说劳工不要工作的行为,与非法的恐吓与破坏行为之间划定一个界限。在本书研究范围的所有国家的法律都有着大致相似的规定,不过对这些法律的司法解释有一个令人震惊的特征,即超越自由主义的期望,甚至对罢工者的和平活动也进行严格限制。在英国,1871 年《刑法修正法》(废止了 1859 年的《禁止骚扰工人法》,该法承认了几种形式的纠察的合法性），将限制性的司法判决上升为制定法，又重新恢复了对模糊的刑事罪名如骚扰、破坏和恐吓的适用，并将"长时间跟踪一个人"以及"观察或者破坏"建筑物规定为犯罪。法官判处 16 名农业工人的妻子做苦役，原因是她们朝破坏罢工的人发出类似绵羊的叫声，法官认为这构成了"恐吓"。"怒气冲冲"（black looks）或者大量罢工者的出现也被认定为恐吓；即使仅仅立起罢工的通知牌也会被认定为对雇主的恐吓。在邦恩一案（R v Bunn）中，[4] 伦敦的司炉工被判处一年监禁，仅仅是因为他威胁进行罢工，除非他的一位因参与工会活动被辞退的同事被复职，判决理由是这构成了"对雇主经营行为的不正当的滋扰与干涉"的刑事共谋，尽管罢工者的行为独立起来看并非违法，如骚扰等行为。

类似的情况在其他国家的判例法中也可以找到。在法国，关闭灯光以劝说其他劳工也进行罢工的行为是一种犯罪；类似地，对破坏罢工的人喊出"棒棒哒，我们会抓住你的"口号也会构成犯罪。在比利时，对不参加罢工的人进行轻微的口头侮辱，根据《刑法典》第 310 条的规定会受到刑事制裁。在德国，如果罢工者对不参加罢工的人发出"呸"的声音，将会根据《帝国贸易法》第 153 条的规定被判处一个月的监禁。意大利《刑法典》第 165—166 条也存在类似的解释。只有在荷兰，刑事手段才没有被使用：1872 年法律从未被援引过，并且其相关规定在 1886 年引入新的《刑法典》后完全消失。

除了前述限制，对劳动力流动的刑事限制（本书第一章曾讨论过）也构成对罢工的重要制裁措施。随身携带工人手册的义务性要求严重阻碍了罢工，因为参加罢工的工人会冒着失掉工人手册的风险，这样一来他们就无法找到工作了。在 1869—1890 年间，欧陆国家相继取消了工人手册制度，这构成产业行动的去犯罪化过程中不可分割的一环。在英国

4　(1872) 12 Cox Criminal Reports 316.

(如本书第一章所讨论的),根据《主仆法》对违反合同行为施加的刑事制裁是打击罢工的重要武器。1875 年对这些制裁的废除也是确保罢工自由的重要步骤。与此相类似,在德国,当 1869 年《帝国贸易法》废除结社禁令时,它同时也取消了对违反劳动合同的刑事制裁规定。

尽管立法机构不时地对与产业行动有关的法律进行松绑,但是压制性的立法仍然不断重新出现。如前所述,在英国,1859 年《禁止骚扰工人法》本已保护了特定形式的和平纠察行为,但是 1871 年《刑法修正法》又重新将恐吓、骚扰和破坏行为规定为犯罪,并增加了一些新的罪行。针对该法及相应司法解释(如前述 1872 年的邦恩案)的抗议活动在 1874 年大选期间达到高潮,刚刚取得选举权的工人群体支持作为反对党的保守党候选人,因为他们似乎更能对工会的压力做出回应,而与此相反,作为负责通过 1871 年法律的自由党政府似乎对工会压力无动于衷。随后上台的迪斯雷利保守党政府[没有采纳 1874 年劳动法皇家委员会的建议,即(在这一问题上)无须做出改变]于 1875 年通过了《共谋与财产保护法》,废除了 1871 年法律,也改变了由邦恩案确立的与"策划激化劳动争议"(in contemplation of furtherance of a trade dispute)有关的普通法规则。这一概念,尽管直到 1906 年才得到清晰界定,用韦德伯恩的话讲,"是一个黄金公式,构成了下个世纪英国工人组织权和采取有效产业行动权利的基石"(Wedderburn, 1971:312)。1875 年法律也用更细微和具体的罪名取代了有关"恐吓"等行为的模糊刑事规定。这基本上相当于将大多数劝说他人不要工作的和平纠察行为,或者沟通罢工信息的行为排除在刑事犯罪之外。不过,这些改变并没有阻止用民法手段来打击罢工者和纠察者,这一问题我们随后再讨论。

相比之下,在其他欧洲国家,将刑法用作对罢工行为的限制的时间要长得多。在法国,《刑法典》第 414—415 条经常被援引;在比利时,《刑法典》第 310 条在 1892 年得到强化,作为对 1880 年代社会骚乱的回应,直到 1921 年才被废除。在卢森堡,刑法规定在 1898 年得到进一步强化,直到 1936 年才被废除。在荷兰,尽管具体的刑事制裁于 1886 年已被移除,《刑法典》与暴力行为相关的一般规定在 1904 年被进一步强化,作为对 1903 年铁路工人罢工的回应。在德国,《帝国贸易法》第 153 条直到 1918 年才被废除。在意大利,法院以普通罪名对罢工者进行严厉的制裁。

不过,比这些成文法规定更重要的是警察的行为。罢工破坏者通常都是在警察的保护下被引入工厂的,并且在保护公共秩序的借口之下,警察可以严格限制纠察者的活动。在法国,根据 1886 年 4 月 5 日的法律,如果市政府没有发动警察或者军队对罢工进行压制,那么该市政府将被要求承担责任,由此警察的介入程度得到了加强。作为限制罢工的措施,政府经常以破坏公共秩序方面的罪名来逮捕和追诉工会领导人。在德国,也有类似的操作,普鲁士内政大臣冯·普特卡莫(Von Putkammer)于 1886 年 4 月 11 日签发的著名的罢工命令,以及 1901 年的警察命令,均禁止罢工行为。

之所以要警察和军队介入,给出的解释是维持公共和平、秩序和安全的政策,这些政策要求用一种绝对和平的方式对各种冲突加以解决。冯·普特卡莫,在他的罢工命令中,认为在这些冲突中,警察是严格中立的:

> 警察当局对法律规定的结社自由的任何直接或者间接干预都必须被排除,并且他们不得采取任何看起来与政府形成伙伴关系以保护雇主利益的行为,反之亦然。(cited in Schippel,1902:741)

但是,这一官方或者政府的中立性只是一个表象。在实践中,它意味着对雇主的庇护,因为法律本身并不是中立的:它容忍雇主所采取的各种反工会的行为。对于这些行为,工人除了诉诸武力别无他法。

对于它自己的雇员发起的产业行动以及在关键服务领域的产业行动,在许多年里,政府的态度远远谈不上容忍。比如在英国,1875年《共谋与财产保护法》对于天然气、水务行业中出现的违反劳动合同的行为规定了刑事制裁措施(1919年扩展至电力供应行业),尽管这些条款在实践中并未适用。到了20世纪,英国的做法是通过替代措施,而非对罢工者施加刑事制裁的方式,来解决关键服务领域的服务供应问题。1920年《紧急事态权力法》(Emergency Powers Act,在1945年前仅用过几次)规定政府可以动用军队来转移关键物品供应,但是产业征召劳工(industrial conscription)并不被允许;并且罢工不会受到刑事处罚。欧洲其他国家的做法有所不同。在荷兰,在1903年的严重产业冲突以后,铁路工人和公务员根据刑法规定被禁止参与产业行动。在法国,相同内容的法案在20世纪初并未获得通过。但是,在许多情况下,铁路、邮政和电力供应站工人的罢工都被政府采取的征召措施以及对个体罢工者的惩戒行为打破。1938年7月11日《征召法》(Requisition Act)在1938年8月至1939年9月之间被用过几次,以中断关键服务领域的罢工。在意大利,公务员和铁路工人受到《刑法典》第181条的影响,该条规定,三人或以上通过事前协议的方式擅离公共职位的行为是犯罪。在德国,关键服务领域工人的罢工权利于1920—1921年间被取消。

第三节 从默许到认可

一、现代工会的崛起

19世纪中叶出现的工会,与此前熟练工和手工业者的结社有着明显的不同。过去的结社通常是发生在某个小地方，或者最多在一个地区层面。新的工会则通常是在全国层面开展活动，并且有中央决策机构，而旧工会则只有很松散的制度架构。有时候它们以罢工委员会的形式冒出来，某次罢工结束以后便消失不见。这也解释了为什么在早期，所使用的称呼是"联合"（combination，法语为 *coalition*），既包含产业行动的行为，也包括这一行为背后的组织。但是，新的工会是一个常设的组织，有着固定的会费标准，罢工、疾病、失业、超级年金以及丧葬费用基金，有（少量）自己付酬的雇员和出版物。很显然，本章囿于篇幅所限，无法对西欧国家 1850 年以来工人运动的进展进行详细的描述。[5] 有关工会和产业关系历史的著作汗牛充栋。不过，还是让我们简单总结一下这一进展的一些特征，作为我们讨论集体劳动法的必要背景知识吧。

  现代意义上的工人组织毫无疑问诞生于 1850 年左右的英国，以工程师联合会（Amalgamated Society of Engineers，ASE）为基础，构成了韦伯夫妇所称的"新型"工会的原型，其特征表现为规模较大、运作高效并且决策权集中在全职的官员手中。这些工会接受自由主义的理念，如自助与互助，并强调与雇主进行"调停与仲裁"（这是集体谈判在当时的表述）的必要性；它们不愿意发动罢工；它们倾向于在现有法律框架内争取最大的利益；它们强调恢复对劳动力供应的传统限制（如限制学徒的数量）以确保劳动条件标准不降低。英国新型工会在获得可接受度方面取得的成功，成为欧陆国家学习的榜样。在 1862 年世界博览会上，法国和德国的工人代表团赴伦敦学习了英国的工会体制。在回国后，它们报告了此类工人组织的优势，这也为在西欧范围内具有改革取向的工会获得传播的巨大动力。

  不过，这些新型工会与早期的工会一样，仍然主要是技术或者半技

---

[5] 国别简介，可参见本书附录一，第 301 页。

术工人的联合，继续强调行业专属性，也主要在过去有着较长结社传统的行业开展活动，这一传统在英国、法国、德国和意大利表现为互助组织，而在丹麦则表现为行会组织（在丹麦，行会直到 1862 年才被取消）。在许多国家，印刷工、木匠和烟草工人是最早组织起来的职业群体。在英国，除了工程师、锅炉制造工、铁匠、木匠外，在矿工和纺纱工中也开始形成新的工会。后一类型的群体特别重视与议会相关的游说活动，确保相关立法如 1860 年的《煤矿规制法》和 19 世纪下半叶改进后的工厂立法得以通过，以《煤矿规制法》为例，该法规定了加强对煤矿的检查，允许矿工自己选任监秤人（很多本身就是工会的官员）。

在工会发展的这一阶段（1850—1880 年），工会尚不是大规模的组织，尽管从 1870 年代开始，（特别是在英国）有些工会的会员已经达到了数千人的规模。截至 1888 年，英国工会会员的人数达 75 万人（占成年男性劳工的 10%）。这一阶段还出现了跨行业的工会结构，既有地区层面的，也有全国层面的。在前者中，地区层面的工人组织之间，为某个地区不同的行业或者工种的工会提供协同合作的地区组织之间的矛盾日隆。在英国，有些城市开始成立行业会议（trades councils），最先是 1848 年在利物浦，随后在爱丁堡、谢菲尔德和格拉斯哥均建立了行业会议。这些行业会议向所在城市的所有参加工会的工人开放，是协调互助与共济的一种途径，在危机期间更是如此。在荷兰，从 1860 年代开始，不同地区性工会的领导人组成了所谓的地区工会领导人联合会。在法国，从 1886 年开始成立了劳动介绍所，意大利从 1891 年开始成立了职业联合会（camere del lavoro），丹麦从 1890 年开始建立地区性的行业会议，这些机构都发挥了类似的作用。但是，法国的劳动介绍所，与英国的行业会议之间还是存在若干重要的区别。前者是由政府而非工人自己所设立；政府给它们提供免费的办公场所和补贴，并期待它们承担特定的公共职能，特别是与职业介绍相关的职能（本书第四章已做详细介绍）。在这个意义上讲，法国的劳动介绍所具有英国的行业会议所不具有的官方色彩。但是，劳动介绍所与行业会议一样都是地方性的工人组合。它们通常都被激进分子所掌控，用获得的补贴来攻击政府，所以经常可以看到不同工会与政府之间的明争暗斗。尽管行业会议更多地起到了全国性的工会联合会的功能，但劳动介绍所与此相反，其通过设立地区劳动介绍所联合会的方式阻碍了全国性组织的建立。

　　早期关于建立工会全国联盟的努力是短命的。在英国，由罗伯特·欧文主导成立的大不列颠和爱尔兰全国工会大联盟（Grand National Consolidated Trades Union）只存在了很短的时间（1829—1834 年）；在德国，在 1848 年革命的时间段中，有三次成立联合会的不成功的尝试；而在法国，1849 年成立的全国联合会（Fédération Nationale）并未存活下来。直到 1868 年，由曼彻斯特和索尔福德市（Salford）的行业会议牵头成立了英国工会联盟（TUC），历史上第一个跨行业的常设工会联合会宣告成立。这是在霍恩比诉科娄斯一案的裁决后，工会面对其合法地位受到的威胁而开展合作的结果。不论从形式上还是从目的上看，英国工会联盟都是各地行业会议活动在全国层面的延伸。个体的工会仍然继续开展集体谈判和产业行动；而英国工会联盟则每年召开全国工会会议来讨论共同关心的议题，并且还成立了一个"议会委员会"，引导工会活动去影响各个政党支持对工会有利的立法。

　　与其他西欧国家后来成立的工会联合会相比，英国工会联盟的一个突出特征是它是英国大多数工会都隶属的唯一全国性的重要机构。与其他地方不同，英国并不存在分裂劳工运动的政治或者宗教割据。原因有两方面。第一，普选权这一议题在英国工会形成时期发挥的重要作用并不如欧洲其他国家那么大；在选举权实现之前通过产业斗争而争取到的最低劳动标准在 1867 年扩展适用至城镇工匠，在 1885 年扩展适用于乡村工人和矿工。第二，工会早在社会主义运动变得重要之前便产生了它们自己独立的兼具实用主义与改革精神的领导人。1900年，隶属于英国工会联盟的许多工会，与信奉马克思主义的社会民主联盟（Social-Democratic Federation，SDF）、独立工人党（ILP）以及费边社（Fabian Society）一道成立了劳工代表委员会，这便是后来工党的前身。因此，工党是工会运动的产物；作为工会而言，它既不是社会主义运动推动的结果，也不是建立在类似其他欧洲国家的社会主义理论基础之上的。于1894年成立的爱尔兰工会联盟（Irish TUC），也遵循了类似的进路。

尽管在西欧其他国家，非以某种思想观念为纽带的工会联合会也曾经出现过：在德国，德国工会总会（VDG）于1869年成立；在荷兰，荷兰工人总会（ANW）于1871年成立；在丹麦，中央工会委员会于1874年成立。这些联合会在后来的发展过程中，逐渐被与社会主义政治运动相关的各种主要工会联盟所取代。1868年成立的全德工会联盟（ADGB），主要是作为社会民主党（SPD）发展党员的一个平台，后来被俾斯麦的《反社会主义法》强制解散。1890年由社会民主党主导的德国工会总委员会宣告成立；不过，到1914年，德国工会已经发展成主要关注经济斗争的自治伙伴，而社会民主党则专注政治问题。在荷兰，全国劳工秘书处（Nationaal Arbeids Secretariat，NAS）于1893年成立，起初是由工联主义者（syndicalists）所主导，但是在1903年铁路工人罢工被挫败后，15个社会主义者主导的工会于1906年参照德国全德工会联盟的模式建立了荷兰工会联合会（NVV），在普选权和其他问题上与社会民主工人党开展了密切的合作。在比利时，工人党作为工人阶级和社会主义者组织的联盟，比英国工党早成立20年，对于促使社会主义工会与独立工会联合委员会（Commission Syndicale）的成立发挥了重要作用。联合委员会与比利时工人党的领导人在同一个代表会议上讨论社会、经济问题。直到1937年，联合委员会才宣布与比利时工人党保持独立，其名称也改为比利时劳工总联盟（CGTB）。在意大利，在意大利社会党（PSI）的指导之下，意大利劳工总联合会（Confederazione Generale Italiana del Lavoro，CGIL）于 1906 年成立。

1895 年成立的法国总工会，与其他地方的工会联合会不论在形式还是灵感来源上均不相同。1914 年之前，法国各地的工会各自为政，从未实现如英国、德国、意大利、比利时以及荷兰那样的全国大联合；大多数罢工都是在未经工会组织的情况下发生的。只有少部分工会会员参加了法国总工会；大多数参加了工会的劳工都隶属于规模较小的省级工会。法国总工会的领导采取了一种革命性的无政府工联主义的立场，与各政党保持距离。他们拒不接受参与议会活动和社会立法的观念，并且与英国工会联盟不同，他们对组建工党并不感兴趣。在"一战"期间，法国总工会的领导突然放弃了革命性的工联主义立场，进而带来了法国总工会的根本转型。"一战"以后，它们的政治存在促使通过谈判达成了八小时工作制以及对政府机构的参与，这段"融合"的历史将在本书第六章讨论。

在工会受到政党观念强烈影响的国家，工会不可避免地遭受与其所依附的政治运动相同的分崩离析。比如，在法国，于 1892 年成立的劳动介绍所联合会，与盖德派（Guesdists）社会主义者领导的全国工会联盟之间存在着激烈的竞争。1921 年，法国总工会出现了分裂，社会主义者与无政府主义者成立了联合劳工总联盟，法国共产党（PCF）取得了对这一总联盟的控制，并开除了大多数无政府工联主义者。直到 1936 年，联合劳工总联盟才又加入了法国总工会。此外，法国工会在思想观念和政治倾向上也存在地区差异：在法国北部和东北部，以工厂为基础的组织严密的工会更经常提出一些改良主义的要求；而在中部、西部和南部，组织松散的工会则更容易提出革命的目标和政治行动。

社会主义者对不断发展的工会的主导，引发了基督教工会的出现，以"拯救劳工大众的心灵"，因为社会主义被认为在性质上是无神主义的或者反宗教的。基督教社会运动反对阶级斗争的提法,选择阶级合作与和平解决冲突的模式。它们有时会建立既吸纳雇主又吸纳雇员的协会,以荷兰为例,1876 年新教徒联盟"世袭领地"(Patrimonium)得以成立。在 1891 年《新事物通谕》发表后,基督教运动获得了巨大的助推(在荷兰,1891 年基督新教社会大会也提供了巨大助推力)。到了世纪之交,基督教工会已经在德国、法国、意大利和比荷卢经济联盟国家(Benelux countries)成为一支重要的力量。在 20 世纪最初的 25 年里,它们团结在基督教工会联合会的周围,与自由工会联合会进行竞争,这包括:1901 年在德国成立的基督教工会总会,1906 年在荷兰成立的基督教全国工会(新教),1925 年在荷兰成立的罗马-天主教工人工会(是此前两个分别于 1906 年和 1909 年成立的天主教工会的合并),1908 年在比利时成立的基督教工会联合会,1918 年在意大利成立的意大利工人联合会,1919 年在法国成立的基督教工会联盟(Confédération Francaise des Travailleurs Chrétiens,CFTC)。在丹麦和英国,因为工会的思想观念倾向并不突出,所以基督教并未建立自己的工会。

这一阶段还有一个特征即工会运动的国际合作。1864 年在伦敦成立的第一国际上文已经提及。它既不是各国工会组织的国际联合会,也不是仅限工会加入的组织。它是由那些加入各国分支和分部的个体会员,以及所附属的工会所组成。它受到了政府的强烈反对,法国于 1872 年、丹麦于 1873 年分别通过了立法,禁止工会和个人加入第一国际。此外,还有一些跨国的工会也得以成立,如国际雪茄烟工人工会,联合了比利时和荷兰的雪茄烟工人。更重要的是,国际行业工会秘书处(International Trade Secretariats)得以设立,它们致力于将各国特定行业的工会,如制鞋工人工会(1889 年)、矿工工会(1890 年)、印刷工工会(1893 年)等等,以松散的方式实现联合。截至 1914 年,一共成立了近 30 个国际行业工会秘书处,大多数总部设在德国。有时候,各国的工会也开展地区间的协作，如在 1886 年，首届斯堪的纳维亚劳动议会在哥德堡市召开。具有社会主义倾向的工会 1901 年在哥本哈根召开会议，由德国、比利时、法国、芬兰和英国的工会代表参加，会议决定以后定期召开国际工会会议。1902 年，该会议设立了常设秘书处，由德国社会民主党负责运作。1913 年，在这一国际工会中心秘书处的基础上，国际工会联合会（IFTU）得以成立，成为社会民主倾向（或者"自由"）工会的联盟。1920 年，基督教工会也成立了它们自己的国际联盟，即国际基督教工会联合会（其简称为 CISC，为法语名称缩写）。1921 年，红色工会国际（Profintern）得以成立，将共产主义倾向的工会组织团结在一起。

1880 年后，在本书所研究范围内的所有国家，都进入了一个工会发展的新阶段，非技术工人开始表达出加入工会运动的意愿（在英国，这一进展被称为"新工会主义"）。在"一战"期间及以后，工会会员的数量以惊人的速度增加；不过在战后的经济萧条时期，工会会员的数量又出现了严重的下滑。尽管如此，1939 年参加工会的人数还是比 1913 年的人数多。意大利在 1923 年以后，德国在 1933 年以后，自由工会运动受到了法西斯政党和纳粹独裁统治的压制（参见本书第七章）。

这一阶段工会发展的特征之一是由于经济活动的变化，工会运动的构成也不断变化。所以，尽管在英国，矿工和纺织工人曾一度代表了工会运动中最主要的职业，但在这一时期，工程师、码头工人和铁路工人中加入工会的人数也快速增加。在这一时间段中另一个重要的进展是白领工人和公务员工会化程度也得以提高，特别是在德国和英国。在法国，只有在 1936 年随着人民阵线在选举中获胜，公务员（cadres）才大量加入工会。与此类似，在丹麦和荷兰，直到 1930 年代末，白领工人才真正意义上加入工会运动。有时，白领工人加入已经成立的工会或者联合会；但更常见的做法是他们会成立自己的工会，有时候甚至会建立自己的工会联合会，如德国的德意志工人、职员、公务员工会联合会以及法国的公务员工会总联合会（Confédération Générale des Cadres）。

这一阶段工会发展的另外一个特征是女性会员的快速增加。在工会发展的早期阶段，男性工会会员通常对女性雇员加入工会抱持敌意。这一状况迫使女性雇员成立她们自己的工会（如1919年在英国成立的女性雇员工会联盟，1901年在丹麦成立的女性工会）。但是"一战"期间，大量女性进入劳动力市场，这使得男性很难再抵制女性同事加入工会，不过，跟男性相比，女性雇员入会的比例和担任工会领导的比例仍然较低。

此外，这一阶段工会发展的突出特征还包括工厂层面工会的出现；比较显著的是，英国所谓的"工会干事运动"（shop stewards' movement）在1890年代兴起，在"一战"期间成为一支不可忽视的力量。但是工会干事运动是在集体谈判和工会的正式框架之外发展的，当"一战"结束时，工会领导意图对工会干事运动确立中央控制，并通过官方的联合磋商委员会取代了工会干事。

二、雇主协会的发展

在整个19世纪，除了一些现代雇主协会的先行者如法国冶金工业公会（1840年）、英国矿业协会（1854年）、德国图书印刷协会（1869年）外，大多数雇主的结社发生在当地或者地区层面，且基本上是为了应对旷日持久的罢工而临时存在，通常在产业冲突结束后便会解散。直到19世纪最后15年里，雇主才开始建立他们自己的强大常设机构。在本书研究范围的所有国家，1890年至1914年是现代雇主协会的形成时期。这些协会多数是按照行业来组织的，但是在世纪之交，跨行业的雇主组织开始出现，比如1896年成立的丹麦雇主联合会（DA），1899年成立的荷兰雇主联盟，1899年成立的英国雇主议会理事会（British Employers' Parliamentary Council），1904年成立的德国雇主协会和德国雇主协会联盟，以及1906年成立的意大利都灵工厂主联盟等。在有些情况下，比如丹麦的雇主联合会,以及德国 1913 年由两个雇主协会联合会合并而成的德国雇主协会联合会,雇主协会建立的目的很明显是为了对抗工人运动。在英国,正是因为在建筑、工程和印染业的雇主认识到(如果不采取措施)他们会被工匠工会一一打败,他们才开始组织起来,1897 年成立的工程业雇主联合会便是明证。在其他情况下,如荷兰和意大利的雇主联合会,雇主组织建立的目的并不是对抗工会,而是为了向立法者施加压力。在荷兰,这导致在 1899 年建立"经济"联合会之外又于 1920 年建立了"社会"联合会,并且这种将"社会"联合会与"经济"联合会相分离的做法一直持续到 1960 年代。同样在荷兰,基督新教和天主教雇主按照行业归属建立了他们自己的雇主协会,并在全国层面建立了跨行业的协会。在国际层面,雇主也开始在某些行业建立联合会,比如,1902 年成立的国际航运联合会和 1904 年成立的建筑与公共工程联合会。在跨行业层面,产业雇主国际组织于 1920 年成立。在"一战"以后,多数行业雇主协会的力量得到强化。在有些国家,它们能够对会员行使一定的管理权,进而又吸引更多的会员参与。但情况并不总是这样。比如,在法国,雇主协会的力量较弱,这一局面持续到了"二战"以后。

三、争取认可的运动

随着政府不再压制工会的发展,雇主开始越来越主动地对工会运动进行阻击。他们通过管理权限内的多种途径来实现这点,如"黄狗"契约(在英国被称作"文书"),[6] 即作为录用工人的前提,需要工人声明放弃加入工会的权利;"黄色工会"(名字取自其标志物金雀花花瓣的颜色),由对雇主友好的雇员组成,以消解独立工会的影响;传播工会积极分子的黑名单以阻止他们被雇佣;以及招用破坏罢工的劳工以消除罢工的影响。

---

6 例证可参见本书附录四,第 368 页。

但也有许多雇主认识到这一对抗状态不能持久，他们最好承认工会，并与它们建立一种有序的关系。这种情况发生在 19 世纪中后期的西欧，基本上在各个国家的多个行业或企业都出现过，但是真正第一次在全国、跨行业层面实现的国家是丹麦。1899 年 9 月，在丹麦产业历史上最严重、持续时间最长的产业冲突发生之后，全国层面的雇主协会与工会组织达成了协议。在这个被称为《九月协议》[7] 的文件中，雇主和工会承认对方都享有存在和运作的基本权利。雇主承认工会有组织权、罢工权和签订集体谈判协议的权利；工会承认雇主有闭厂权以及命令和分配工作的权利。双方均同意，除非满足特定的条件比如投票和通知，任何一方不得批准或者支持罢工或者闭厂措施。它们同意利用调解和仲裁的资源，共同致力于实现和平、稳定和良好的关系。《九月协议》很快得到了丹麦政府的认可。随后，协议中的部分内容获得了立法的认可。《九月协议》确立的原则时至今日仍然是丹麦产业关系体系的基石。

从理论上讲，《九月协议》有可能成为现代西欧国家产业关系的"大宪章"。但是，它并未对除斯堪的纳维亚国家以外的其他欧洲国家产生直接的影响。这或许跟丹麦语的普及范围较为有限有关；或许也跟当时丹麦的特殊情况有关，在其他地区都在倡导阶级斗争时丹麦却信奉一个迥异的"合伙关系"理念。看起来，《九月协议》之所以能够达成，原因在于在丹麦，雇主认为在全国层面已经实现了力量的均衡，这一点在当时的其他西欧国家并未实现。

我们或许可以将这一点与 1914 年之前的英国的情况做个对比。在英国，自 19 世纪中叶以来，在特定行业的地方层面，已经达成了很多集体谈判协议，涵盖了为数不少的工人。许多集体谈判协议采取的是诺丁汉袜业谈判委员会（Nottingham Hosiery Board）的模式，由相同数量的雇主

---

[7] 协议文本可参见本书附录四，第 383 页。

和雇员组成谈判委员会，以袜业行业雇主芒代拉（A.J. Mundella）为主席。而政府的干预则维持在较低层面，通常限于在发生争议期间提供咨询建议和调停。这一时期英国集体谈判的突出特征是其零碎性，以及缺乏任何法律强制措施。1889年严重的产业冲突使得自由放任政策受到质疑，但是在冲突后于1891—1894年间成立的劳工问题皇家委员会，重申了过去长期的不干预政策，仍主张"鼓励"通过贸易部进行自愿谈判，贸易部是负责劳动事务的政府部门。根据皇家委员会建议出台的1896年《调停法》（Conciliation Act），也只是规定了在双方当事人同意的情况下促进调停和仲裁的机制。下议院于1891年和1909年通过的《公平工资决议》鼓励政府不要与那些未遵守所在地区雇主及行业协会公认工资标准的供应商签约。1909年《劳资协商会法》规定委员会由雇主、雇员代表和独立人士组成，并赋予其在所谓的"血汗"行业在个案中确定具体工资标准的权力。作为时任主管大臣，温斯顿·丘吉尔说道：

> 我们办事的原则是致力于提升相关行业的组织程度，而在这些行业中，由于普遍存在的极其糟糕的条件，还没有组织产生，也因此并不存在谈判能力的对等问题。（Churchill，1909：cols.1391-2）

换句话说，在"一战"前，官方的政策是"鼓励"在没有直接政府干预或者法律强制前提下的自愿集体谈判。但是，在工会和雇主之间，在全国跨行业层面，并不存在任何像丹麦《九月协议》一样全面的框架协议。

"一战"代表了西欧国家在认可工会问题上的一个转折点。在战争爆发时，几乎所有交战国的政府和雇主都认识到，有必要与工会进行合作来动员战争机器和运作战时经济。工会运动的领导人曾经有意识地避免战争，但现在他们选择站到政府一侧（意大利是个明显的例外，在"不支持也不破坏"的标语之下，社会主义工会的领导人试图确保他们的中立地位)。在德国、比利时和英国，工会领导与政府定期开展谈判。在法国和比利时，工会领导人甚至进入了政府担任职务。在所有上述国家，甚至在荷兰这个尚未参战的国家，工会领导都与他们的政府在为发放失业救济、商品分配、租金和物价控制而设立的各种委员会中进行合作。在战争期间，工会领导人通常同意放弃罢工权，并允许政府对劳动力进行指派分配任务。

出于对这一新的合作态度的回应，以及对俄国1917年十月革命后续效应的担忧，各国政府在战争期间和战后纷纷出台各种措施，普遍实现了对工会和集体谈判的更高程度的认可。不过各国在认可的方法上有着很大的不同。特别明显的是，先是德国，后是法国采取的就认可和代表问题创设实体法律权利的方法；而英国和丹麦则是继续沿用传统的鼓励自愿集体谈判的方法。

在德国，1916年，工会开始享受前述一般法上对结社问题的限制性规定的豁免；国家铁路工人工会于同年获得认可；1918年5月，《帝国贸易法》第153条被废止。1916年12月的《爱国辅助服务法》赋予工会在调停与仲裁委员会任命代表的权利，并赋予雇员在工厂层面建立委员会的权利(参见本书第六章)。当1918年11月革命爆发时，雇主已经做好了进行更大让步的准备，而工会的领导人则想要保护经济和他们自己的组织免于受到革命的破坏。仅仅在革命爆发六天后的11月16日，《施廷内斯-莱吉恩协议》(Stinnes-Legien Agreement，以雇主代表团和工会代表团团长名字命名)便宣告签署。在这一历史性的协议中，雇主给予独立工会以正式的认可，并承认集体谈判协议作为规制劳动关系的一种途径；他们同意解散"黄色工会"，并停止对工会会员的歧视；他们致力于建立联合管理的就业办公室和仲裁机构，并同意承认在50人以上的工厂中工人委员会的合法地位。他们在1918年12月4日还建立了工商业雇主雇员中央伙伴关系(Zentralarbeitsgemeinschaft，参见本书第六章)。工会还实现了它们长期以来的主要诉求之一,即八小时工作制。

尽管丹麦 1899 年的《九月协议》与 1918 年的《施廷内斯-莱吉恩协议》在内容上有很多相似之处,但最大的区别在于,在德国这种奉法为上的国度,《施廷内斯-莱吉恩协议》的主要原则很快被吸收到法律中,落实为实体的法律权利,甚至还被写入了宪法。1919 年《魏玛宪法》,除了确保一般的结社权以外,还明确承认出于改善劳动和经济条件目的而成立工会和雇主协会的权利(第 159 条)。此外,集体谈判的权利也得到了明确保障(第 165 条)。在集体自治的发展形成过程中,《魏玛宪法》具有重要的历史意义,因为它在历史上首次赋予了工会以宪法上的地位。在"二战"前,爱尔兰共和国是唯一遵从德国做法的国家:其 1937 年《宪法》作出了有关工会权利的规定。

魏玛共和国的宪法性规定得到了 1918 年 12 月《集体谈判协议法令》的落实,后者规定集体谈判协议优先于个体劳动合同,并且体现了"效力扩张"原则,规定劳动部长可以将集体谈判协议拓展适用于没有被集体谈判所涵盖的劳动关系之中。1923 年 10 月《仲裁法令》规定仲裁裁决具有强制执行效力,此外还有其他几个法律性文件也对劳动条件作出了规定。

在法国,实体法律权利的重要性同样不可小觑。工会在 1919 年通过集体谈判实现了八小时工作制的目标,并以部门法令的形式确保八小时工作制在各个行业得到执行。1919 年的法律对集体谈判进行规制,但是截至 1933 年,由于雇主的抵制,只有 7.5% 的薪资劳动者被集体谈判协议所涵盖。1936 年 5 月人民阵线在选举中的胜利带来了巨大的变化。选举结束后的第五天,自发发生了一系列罢工和占领工厂的事件,这甚至令重新统一后的法国总工会感到意外;这一事态的发展迫使时任总理,社会主义党的莱昂·勃鲁姆(Léon Blum)召集法国总工会和雇主协会的领导到他的官邸马提尼翁府(Hotel Matignon)开会商议。经过此次会议达成了《马提尼翁协议》。[8] 在该协议中，雇主同意承认工会的权利，并停止对工会会员进行报复。雇主原则上同意"立即达成"集体谈判协议。《马提尼翁协议》很快就由人民阵线政府通过法律的形式要求雇主执行，在法律中建立了 40 小时工作周制，并确保带薪假期。这一立法还明确了集体谈判协议应当涵盖的事项范围，规定了"效力扩张"程序，并明确了在工作场所的工人代表制（参见本书第六章）。这对工会会员人数的影响可谓立竿见影，截至 1936 年底，工会会员的人数从 100 万飙升至 500 万（这一增加的会员人数分布并不平均，会员人数增加最多的行业是公共部门）。这一新法律秩序的很重要一点是，如果工会和雇主未达成一致，以及围绕集体谈判协议发生争议时，双方的争议会提交强制仲裁。

与上述规定实体法律权利的做法相比，在英国、比利时、荷兰和丹麦，实现认可的途径主要是通过自愿的方法。在英国，根据由时任下议院议长 J.H. 怀特利担任主席的有关重建问题的内阁分委员会提出的建议，从 1919 年开始在自愿基础上设立"怀特利理事会"（Whitley councils）。这些理事会是集体谈判机构。根据其模范章程的规定，每个理事会由涵盖某个行业或者某个行业内的某个部门的雇主代表和工会代表组成。在有些行业，如印染、铁路、制鞋、建筑和船坞行业，已经建立有集体谈判机制，怀特利理事会的建立提高了谈判的广度和范围。而其他行业则缺乏这种安排，需要政府强大的压力来建立这些理事会，但是立法被认为是不必要的手段。这些行业包括地方政府和公用事业部门。截至 1921 年，一共成立了 74 个怀特利理事会。尽管在 1923 年，这一数量下降至 62 个，但大多数持续到了 1939 年，很多在"二战"后持续发挥作用。但是在两次世界大战期间，政府间歇性出台压制措施，如 1927 年《劳动争议与工会法》，作为对 1926 年总罢工的回应。该法将特定形式的同情产

8　协议文本可参见本书附录四，第 380 页。

业行动界定为非法，并禁止公务员参加隶属于英国工会联盟的工会。该法于 1946 年被工党政府所废除。

在丹麦，自愿制度自 1899 年以来便开始发挥作用，公共舆论开始担忧工会日益扩张的权力。有关工会领导人不再尊重个人自由的指控，成为推动 1929 年《工会法》出台的动因。该法由自由党政府提出法案，遭到了中央雇主协会和工会联合会的一致反对，该法意在保护个体的自由免于受到强大机构垄断权力的威胁。该法将滥用集体权力、造成经济或者个体侵害的行为，如发动抵制的行为，规定为应受惩罚的行为。这一规定当然主要是针对工会的，并且引发了许多诉讼案件；在效果上，该法实际上是将此前判例法的规则上升为制定法，只是规定了刑事制裁。它从来没有发挥过所期望的关键作用，并于 1937 年被废止。

对独立工会和集体谈判的认可运动随着意大利法西斯主义和德国民族社会主义的抬头并扩展至被占领国家而出现中断。这些问题将在本书第七章进行讲述。

四、调停、调解与仲裁

随着工会的发展，国家对预防或者以和平的方式解决集体产业冲突的机制越来越感兴趣。对于个体劳动争议，已经有许多解决机制，如法国和比利时的劳动法院，意大利的劳动仲裁委员会（*collegi di probiviri*），后者每个都设有"调停办公室"（参见本书第六章）。在英国，仲裁机制最初是由 1800 年《禁止结社法》确立的，随后由 1824 年《仲裁法》重新规定。不过，工人或者工会都没有参与这些程序，因此他们也不愿意利用这些程序。

在法国、比利时和意大利，这一问题是通过将劳动法院或者仲裁院进行民主化改造来解决的。在法国，从 1880 年代开始，工会开始组织活动参与劳动法院法官的选举，要求他们的候选人承诺做出对劳工有利的裁决，并且很多工会将劳动法院作为解决争议的最重要的途径。德国也走上了同样的道路，1890年的法律建立了行业法院（Gewerbegerichte），由相同数量的雇主代表和工会代表组成（关于这些进展请参见本书第六章）。

但是在英国，对个体仲裁的反感持续存在，并且"调停和仲裁"是在集体劳动关系的框架下得以发展的。从1850年代中期开始，调停与仲裁委员会在若干行业作为持续和常设的集体谈判机制而存在。与此形成对比的是，仲裁的法定机制，如1867年《仲裁委员会法》与1872年《仲裁（雇主与雇员）法》所规定的机制，从未发挥过应有的功效。在对这些法定机制进行评估后，1891—1894年劳工问题皇家委员会的多数意见认为，在雇主和工会通过双方自己建立的程序来达成自愿履行的协议时，双方的关系处于最佳状态。它们认为，政府唯一有效的角色是提升调停的有效性。这促使了1896年《调停法》的出台，规定了双方当事人可以自愿选择的机制。

到19世纪末，欧洲的氛围是鼓励自愿和法定的调停与仲裁。比利时借鉴了英国1867年和1872年的法律，于1887年4月16日通过了自己的法律，在地区层面创设了联合委员会，来预防或者处理集体劳动争议；并且，也达成了许多约定有调停条款的集体谈判协议。法国在1892年12月27日就自愿调解和仲裁通过了法律，但是雇主的抵制使得这一机制并未发挥作用。荷兰于1897年通过了有关劳动局（kamers van arbeid）的法律，不过影响不大。在意大利，仲裁被地区性的工会所推崇，并受到工会联合会即总劳联的欢迎。在1909年至1914年间，形成了一大批联合委员会和仲裁机构。不过，调停和仲裁真正成为产业关系的突出特征的国家是丹麦。根据1899年的《九月协议》，常设仲裁院得以设立，用来处理因违反协议而产生的劳动争议。1910年，这一机制被拓展适用于所有与集体谈判协议相关的争议，并得到《官方调停法》以及一系列处理劳动争议的标准规则的补充，这些法律及规则旨在鼓励所有集体谈判协议均将调停和仲裁约定为纠纷解决机制。

"一战"之后，立法者又设计了新的法定机制，比如德国1918年《集体谈判协议法令》；英国1919年法律建立了劳动法院，这是由政府出资设立的常设机构，用来开展自愿仲裁；比利时1918年、1921年和1926年的法律；以及荷兰1923年的《劳动争议（调解和调停）法》。这些措施都被认为是集体自治的后备机制。它们有一个共同的特征，即由当事双方来决定是否接受调停或者仲裁的结果。但是，在细节方面，不同国家的机制又有很多不同之处，比如当事双方约定的程序相较于法定机制享有的优先程度，是否设立有专门的机制，独立人士的角色，当事各方是否有使用这些机制的义务，以及在有些情况下使用这些机制期间会否推迟罢工或者闭厂。

强制仲裁是一种仲裁结果对双方都有约束力的机制，这是一种例外。此类机制的第一个例子便是德国魏玛共和国时期1923年10月30日的《仲裁法令》。第二个例子是法国在1936年引入的强制仲裁制度。这两种强制仲裁之间存在着一个巨大的差异。

德国的强制仲裁制度被工会看作是实现其权利的拦路虎。尽管法令中将仲裁界定为在达成"总体协议"过程中提供的帮助，即在自愿联合规制失败的情况下促进双方达成协议，"赋予强制效果的命令允许仲裁机构在认为平衡双方利益且执行裁决有利于经济和社会利益时出具强制性的仲裁裁决"。当时的年轻学者卡恩-弗罗因德于1932年，在他有关魏玛共和国《劳动法的变动不居的功能》这篇名作中提到，

> 在仲裁法令及与其有关的实践中，平等、公平和利益均衡的理念经常被援引，旨在为国家的社会政策目标提供普遍的合法性。事实上，此类强制性仲裁的体制意味着在集体谈判的当事方无法达成

自愿协议的情况下,劳动条件不再是阶级斗争的结果,而成为国家社会政策目标的反映。因为,国家社会政策主要是由政治力量因素所决定的,相比于自愿谈判,仲裁占据的绝对主导地位会导致集体主义基本理念被摧毁:对工资和劳动条件的规制从社会领域又被转移回政治领域。(Kahn-Freund:1981:174)

卡恩-弗罗因德提到,在1929年底,340万工人为直接谈判达成的集体工资协议所涵盖,另外110万工人为在诉诸联合或者法定仲裁程序后自愿达成的协议所涵盖,而更多的工人,具体来讲,多达540万的工人则是由强制仲裁裁决所涵盖。这一状况的影响在于国家通过仲裁机制,将其经济政策特别是削减工资的政策加以贯彻。并且,仲裁裁决的强制性意味着在裁决有效期内采取产业行动是非法的。

而在法国,工会并不认为1936年建立的(随后被数次修改完善)强制仲裁机制是对其权利的限制,反而认为是对工会的支持。在法国,雇主通常都不愿意与工会进行谈判,而工会实力又比较弱小,无法通过集体行动实现其诉求。在这种情况下,强制仲裁可以迫使雇主进行谈判,否则可能面临强制性仲裁裁决的不利局面。并且,罢工权并未因强制仲裁的存在而受到限制。尽管在魏玛共和国,强制性仲裁曾被以"秩序"和"社会和平"的名义用来压制集体自治,但在法国,它使得政府(人民阵线政府)在抗衡雇主权力方面成为工会的盟友。泽尔丁曾在报告中写道,"在随后的年份中,有96%的争议都是由政府决定的",并且他评论道:"因此,劳动关系和罢工越来越依附于政府和公众舆论,而非对方当事人的态度。因此,社会冲突的策略发生了根本改变。"(Zeldin,1979:277)

与澳大利亚和新西兰不同,英国大多数工会都不喜欢强制仲裁这一理念,因为它们自身实力强大,能够成功地与雇主进行谈判。只是在1915年和1940年,在战争的压力下,它们才短暂地接受了强制仲裁的形式。

五、集体谈判与法律

在集体自治问题上，从"默许"到"认可"变迁过程的特征之一便是国家给予雇主与工会之间的集体谈判过程，以及这一过程的结果即集体谈判协议的支持。此类协议的最早例子可以在大多数国家的印刷行业发现（如 1794 年在伦敦，1843 年在巴黎，1848 年在柏林）。在法律对工会存在限制的情况下，有些雇主仍然愿意与工会进行谈判，这样的例子可以在里昂 1831 年纺织行业的协议中找到。但是，在英国，后来被碧翠丝·波特（Beatrice Potter，上文中韦伯夫人结婚前的名字）称为"集体谈判"（Potter，1891：217）的事物真正得到发展是在 19 世纪中叶对结社的主要限制被移除之后。欧陆国家在这一问题上跟进则是很久以后的事情。在丹麦，这发生在 1899 年《九月协议》以后。在德国，尽管在 1896 年至 1913 年间涵盖体力劳动者的集体谈判协议的数量大幅增加，但是根据估计，在 1914 年，此类工人中也只有 20% 受到集体谈判协议的覆盖（Kahn-Freund：1981：22）。转折点发生在 1918 年《施廷内斯-莱吉恩协议》签署及随后的立法出台之后。在法国，尽管集体谈判协议是根据 1919 年的法律进行组织的，但据泽尔丁估计，截至 1933 年，薪资劳动者中大概只有 7.5% 受到调整，主要分布在矿山和航运业（Zeldin，1979：276）。这一状况在 1936 年人民阵线政府强制要求雇主遵守《马提尼翁协议》后得到改变。

随着集体谈判的增多，它也经历了质的提升。其核心仍然是工资和工时问题，但是大量的其他议题如带薪假期、养老金与病假工资，以及程序性事项，如加入工会权利的行使、诉愿（grievance）和纠纷的处理等也都成为谈判的内容。尽管在诞生之初，许多集体谈判协议的目的在于结束争端，并按照新达成的工作条件重新开始工作；但联合常设委员会和其他常设机构的设立意味着集体谈判协议开始在某个企业或者行业层面，在当地或者全国层面，以"行业法规"（loi professionel）的形式出现。

雇主群体对这些进展的反应各式各样，从 1914 年之前大多数德国工厂主和 1936 年之前大多数法国雇主的绝对敌视，到英国 1919—1939 年之间雇主对多个雇主层面谈判的鼓励以挫败工厂层面日益高涨的工人好战情绪。而工会对集体谈判协议的态度，则与它们所抱持的观念立场有关。在法国和意大利，由工联主义者和共产主义者领导的工会倾向于强调集体谈判协议在持续不断的阶级斗争中所起到的"停战"或者"停火"功能；而那些由基督教和社会民主党人领导的工会则通常将集体谈判协议视为"行业法规"。在英国，工会对革命变革缺乏承诺，这一点反映在将集体谈判作为规章制度汇编，以及作为控制劳动力供应及不同行业职位区隔的途径的双重用途上。

对集体谈判协议增多的法律回应有许多形式。值得提及的是，最初在所有国家的法律中，不仅拒绝承认这些协议的合法性，同时还对它们进行压制。在认可阶段，结社禁令得以废止，集体谈判协议的法律地位却并未马上得到澄清。英国的做法是承认这些协议是合法的，但是并不能在法院得到强制执行。这在部分程度上是 1871 年《工会法》（第四条）的效果使然，该法规定，工会达成的协议既不能在法院强制执行，也不能因违反这类协议而主张损害赔偿。这样规定的主要目的是将工会的内部事务排除在法院管辖之外，不过这一目的只获得了有限的成功。但是该法的副作用是使得工会与某些雇主协会之间达成的集体谈判协议也不具有执行效力，因为该法中"工会"（trade union）一词包含了许多雇主协会。比这一规定（直到 1971 年才被废除）更重要的是工会和雇主的态度，它们通常也不会寻求法院的帮助来执行它们之间达成的协议。这一状况被卡恩–弗罗因德总结为，英国集体谈判协议之所以不具有法律执行力是因为当事双方并不"想"在它们之间创设法律关系（Kahn-Freund, 1954：56）。

在欧洲大陆，经由法国索泽（Sauzet）和雷诺（Raynaud）等学术著作的介绍（Adlercreutz，1958：56），开始使用"集体合同""团体协议""集体协议"等术语，并采取了一种不同的法律观点。就集体合同双方当事人的关系而言，集体合同也属于合同法的一部分（合同或者债法功能），这一点很少受到大陆法系的法律学者的质疑。但是他们发现很难理解（集体谈判协议）对单个劳动者劳动合同所产生的强制性法律约束力（规范或者立法功能）。但是，菲利普·洛玛在1900年发表的研究中提出了代理理论。根据这一理论，集体谈判协议之所以能够产生法律约束力，原因在于它是由工人和雇主的代表签订的，为根据协议条款工作的各方所默示接受。辛茨海默于1907年提出了一个更为复杂的理论，将集体合同视为两方当事人之间的私法合同，其中一方当事人必须是工人组织。这一合同意在涵盖甚至是以后签订的劳动合同。它有三个功能：规范或者立法功能，合同或者债法功能，以及社会功能。但是，他认为，为了达到这些效果，立法者的干预不可或缺。这一干预随后成为德国1918年12月建立的全新产业关系法律框架的一部分。

1918年德国《集体谈判协议法令》第一条赋予了集体谈判协议以自动和强制性效力：

> 如果雇员协会与单个的雇主或者雇主协会有关订立劳动合同的条件为书面的集体谈判协议所规定，那么当事人之间的劳动合同如果违反了集体谈判协议的规定，将是无效的。

尽管集体谈判协议具有私法性质，赋予其强制效力的做法与1918年之前的法律存在重大差异；之前的法律允许雇主支付低于集体谈判协议所规定的工资。它适用于属于集体谈判协议当事方的工会所属会员，与同样作为当事方的雇主或者雇主协会所属成员之间签订的劳动合同。1918年立法赋予联邦劳动部长一项重要的权力，可以宣布集体谈判协议对某一领域的雇主和雇员具有普遍适用的效力，尽管他们并不是集体谈判协议的当事方。

法国于1919年通过了第一部有关集体谈判协议的法律，但是该法具有严重的缺陷。与德国的规定相似，法国的法律也宣布集体谈判协议对作为其当事方的工会会员，与作为当事方的雇主或者雇主协会成员之间签订的劳动合同具有约束力。法国法的规定甚至比德国更激进，创立了一种推定，集体谈判协议还适用于只有一方是集体合同当事方而签订的劳动合同，除非劳动合同明确作出相反的约定。但与德国法相比，法国法有着明显的不足：首先它并没有赋予政府以宣布集体合同具有普通适用效力的权力；其次它非常容易被规避，因为通过退出集体谈判协议当事方会员的方式，可以使他们不再受到已经订立的集体谈判协议的约束。这些缺陷直到1936年才得到矫正，随着《马提尼翁协议》的签署，新的法律也得以通过，引入了第二种集体谈判协议，由代表性的组织签订，意图发挥行业法规的作用。联合委员会（劳资委员会）得以成立，但只有最具代表性的组织才能加入。与魏玛共和国的做法相似，1936年的法律还引入了一个效力扩张程序。劳动部长可以将由联合委员会签订的协议扩展适用于某一行业或者地区的所有雇主。这一体系在1936—1939年间得到推广，但是随着战争期间的各种管制而逐渐衰退。

在荷兰，《民法典》1907年修正案确立了集体谈判协议对劳动合同的约束效力，前提是劳动合同未作出相反的约定；1927年的法律规定集体谈判协议对下列劳动合同具有强制约束力：(1)雇主与雇员均为集体谈判协议当事方的会员或者成员的；(2)雇主是集体谈判协议当事方的成员的（且集体谈判协议未作出相反约定）。与魏玛共和国做法类似的集体谈判协议效力的扩张程序被规定在1937年的法律中。在比利时，并没有法律对集体谈判协议进行规制，提出的法案均未获得通过。

在意大利，在法西斯崛起之前，民法的合同理论是适用于集体谈判协议的。在法西斯统治之下，根据 1926 年的法律，集体谈判协议由作为公共机构的"职团"订立，并自动取得强制性的规范效力。

英国的立场与此形成了鲜明的对比。如我们之前谈到的，集体谈判协议并不是当作合同来对待的，部分程度上是因为法律原则发展过程中缺乏大陆法的传统，但主要原因是雇主和工会之间基于自愿而达成的共识。但是，早在 19 世纪中期，法官便愿意承认集体谈判协议（至少在诸如工资之类的实体事项上）对劳动合同的规范效力。但这并不是通过代理理论（即工会被授权达成对其会员有拘束力的协议），也并非通过将雇主和工会视为享有准立法权的主体的方式来实现的。这些都是欧洲的理论，对英国未产生直接的影响。相反，英格兰和苏格兰的法律学者依赖合同自治的个人主义理念，将法院的角色限定为确认个体劳动合同的明示或者推定的意图。如果个体雇主和雇员在订立劳动合同时并未明确提到集体合同（通常在工厂大门口达成的口头合同都不会提及这一点），那么集体谈判协议可以通过"惯例与操作实践"或者推定条款的方式被纳入个体劳动合同。这意味着在理论上，集体谈判协议可以被纳入个体劳动合同，即使是非工会会员的劳动合同。但是，跟欧陆国家的强制性规范效力不同，当事人完全可以确立与集体谈判协议内容不同的劳动合同条款（有个别例外，如 1934—1957 年间的棉花产业）。即使雇主是集体谈判协议当事方之一的雇主协会的成员，或者雇员是集体谈判协议另一当事方的会员也不例外。

不过，按照英国 1939 年之前存在的状况，英国法上的缺陷徒有其表。作为集体谈判协议一方当事人的雇主协会成员的雇主，通常都会遵守这些协议；并且从 1891 年开始，根据下议院通过的《公平工资决议》（Fair Wages Resolutions），政府供应商为其雇员提供的劳动条件不得低于在所在行业具有代表性的工会和雇主协会达成的集体谈判协议中的条件。

这一决议在严格意义上并不是"法律"，而仅仅是对行政机关的指示。在实践中，由于可能面临着失去政府合同的制裁，这一震慑足以让供应商遵守决议中的要求。类似的措施也曾在法国1899年米勒兰法令（Décrets Millerand，并在1937年、1940年和1955年被修改），以及在荷兰被采用。

与英国相似，丹麦也从来没有针对集体谈判协议出台过任何法律规定。在这两个国家，建立在自愿基础上的社会共识对于雇主和工会来讲已经足够。在英国，这深植于集体谈判的方法之中，在很大程度上是非正式和动态的，而不是相反。并且，英国的工会担心强制执行效力会被反过来用在它们身上，强制要求它们支付因为违反程序性义务和"不得罢工"义务的损害赔偿金。在这一点上，德国的做法或许给它们提供了启示。德国最高法院1910年的判决认定，集体谈判协议的达成给工会施加了一个默示的和平义务。这一判决在魏玛共和国时期得到了延续，不过，随后由于集体谈判协议的强制性效力得到了承认，这一状况发生了改变。与此相似，在法国，法院于1923年判决工会因支持罢工而违反集体谈判协议，因此应当承担责任。除了这些负面的外国例证以外，英国工会也可以从本国通过使用民法手段来削弱罢工自由的经历，作为反对赋予集体谈判协议以强制执行效力的理由。

六、劳动争端与民法

在从"压制"到"默许"转型的过程中，有关劳动争议的法律特征是刑法手段在某种程度上后撤。而在从"默许"到"认可"的转型过程中，有关劳动争议的法律特征则是在采取产业行动的自由上，民法限制的后撤。

只要能够通过刑法制裁来限制产业行动，政府对民法就不会感兴趣。但是，当刑法制裁基本上从产业冲突领域消失后，用民法原则来限制罢工自由的做法开始出现。如汉伯里所说的，"将如此大部分的产业关系法从刑法的轨道中挪开的结果是，重力的中心开始转向侵权法"（Hanbury, 1948：133）。随后，为了鼓励集体谈判的自由，这些民法原则的使用受到了限制。在英国，这一回转是通过议会干预来实现的。在法国和意大利，宪法对罢工自由的认可则发挥了决定性的作用。而在其他国家（如比利时和荷兰），判例法在保护集体自治上发挥了重要作用。在英国，民事诉讼的主要豁免是在1906年实现的，但是在其他大多数国家，来自民法的对罢工自由的威胁都是在"二战"以后才被移除的。

如前所述，在英国，1875年《共谋与财产保护法》限制了刑法对"劳动争议"（trade dispute）的适用，尽管该法对这一术语并未作出明确的界定。19世纪的最后十年，以1889年码头工人罢工为开端，见证了新型工会的出现，这些工会主要靠组织缺少技能的一般劳工起家。在这一时期，产业冲突大幅增加。雇主通常会诉诸法院，而法官在这一过程中发展了普通法规则，"宣布"了一些新的民事责任形式。早在1853年，法院就认定，如果一个人在明知的情况下引发违反另外两个人达成的合同行为，那么可以对其提起民事诉讼；确实，从14世纪开始，引诱仆人出逃的行为就面临着这样或者那样的责任。在1890年代，这一规则被适用到那些号召工人进行罢工的工会领导人身上，因为他们引诱工人"违反"了劳动合同。尽管某些干预合同的道德义务可以在普通法上构成"正当理由"抗辩，1905年上议院认定，工会目的的达成，比如避免低工资等，并不是诱发违约的正当理由。1901年，上议院贵族法官将民事共谋这一侵权的适用范围进行扩张，将工会针对拒绝辞退非工会雇员的雇主而发起的抵制行为认定为违法。同年，上议院在塔甫河谷一案（因塔甫河谷铁路公司对工会积极分子的打击报复而发起罢工引发的争议）[9]中认定，对于工会官员的侵权行为，可以起诉工会要求其承担责任，这就为在产

9　[1901] Appeal Cases 426.

业行动中雇主要求工会通过其经费承担责任埋下了伏笔。这一裁决之前通常都认为工会不应该像公司一样，以自己的名义应诉并承担责任。

塔甫河谷案引发了大规模的抗议活动；这一事件也是促使工党成立的诸多原因之一，并且在工党支持之下于1905年大选中获胜的自由党政府承诺要扭转这些司法裁决的效力。1906年《劳动争议法》规定不得针对工会及其官员提起损害赔偿之诉。该法还给予那些"策划或者激化劳动争议过程中"构成了新的民事共谋侵权，或者诱使其他人违反劳动合同，或者干预了其他人的贸易、经营与就业的"任何人"（不限于工会官方活动）以豁免的待遇。这些豁免，再结合1875年法律的规定，被公认为是英国1960年代之前的罢工自由的基础；到了1960年代，由法官判决形成的普通法再度发力用来限制这一自由。唯一的例外是大罢工之后制定的1927年法律，规定特定的罢工为违法，但这一法律并未被援引，并于1946年被废止。在丹麦，1899年《九月协议》确立了免于民事诉讼的"豁免"。根据《九月协议》，采取产业行动的自由，除一些限制外，获得双方相互认可。

与英国一样，在法国，曾有段时间也普遍认为工会不需要为在集体劳动争议过程中造成的损失承担责任。这一观点是建立在1884年《瓦尔戴克-卢梭法》第三条规定的基础上的。但是，从1890年代开始，法官判定工会要为失职行为承担责任。判决的依据刚开始是禁止权利滥用原则，后来是《法国民法典》第1382条和第1383条的规定，对于过失造成损害的主体要承担民事责任。但是法官通常将工会的赔偿责任限定在名义上的一法郎。在这一时期，法国工会的影响赶不上英国的工会，所以也就不存在像英国1906年《劳动争议法》中所规定的一系列豁免。

在德国纳粹势力上台之前，法律上的状况与法国差不多。工会可能会因合同或者侵权而承担责任，不论它们是否进行了登记。特别是，《德国民法典》第826条的规定（与以违背善良风俗的方式对他人故意造成损害有关)被经常适用于各式案件中。而另一方面，在法西斯上台之前的意大利，以及"二战"之前的荷兰与比利时，民法很少被用于追究参与产业行动的工会的责任。

不过，在所有上述国家，如果参加了产业行动，工人始终面临着被雇主实施惩戒的风险。即使在刑法的制裁被移除之后，在我们研究范围内的所有国家，如果参与罢工，特别是未提前通知而参加罢工，会使雇员面临被解雇的风险，除非雇员参与罢工是因雇主此前的违约行为所引发的（这种情况适用不履行抗辩）。有时（比如在法国），雇员决定参加罢工便意味着其劳动合同自动终止（并且有时还会被判决向雇主支付赔偿金）。

从 20 世纪初开始，意大利的劳动仲裁对这些规则便持批判态度，并倾向于采用中止理论：在雇员未作出终止劳动关系的明示或者默示的意思表示时，罢工本身并不应当产生终止劳动合同的后果。这一理论由德国的波特霍夫与法国的瓦尔（Wahl）、罗兰（Rolland）及科林（Colin）提出并发扬光大，但是在本书研究范围内的所有国家的普通民事法院，在"二战"之前均未完全接受中止理论。在法国，从 1936 年开始，集体谈判大量增加，在集体谈判协议中加入不得制裁罢工工人的条款开始变得普遍。最高法院在接纳中止理论问题上开始有所行动，而 1938 年设立的专门处理劳动争议的高等仲裁院在 1939 年 5 月 19 日作出的判决中则完全采纳了这一理论。直到 1950 年代，中止理论才在意大利和德国得以正式确立。而在英国和丹麦，并未发生这样的进展。

结　语

本章利用了压制、默许与认可的"理想类型"来对法律对集体自治的回应进行概括。总体上讲，本书研究范围内的所有国家都经历过这些阶段，只是经历的时间不同而已。如果将这三种模型视为一种持续的"演进"过程，那可能存在误导。相反，从压制到默许再到认可的过程中，每个环节都可能会发现有滑向压制的倒退，要么发生在某个时间段，要么针对某些工人群体，或者是作为建立新社会秩序的重要尝试，如法西斯统治下的意大利或者纳粹统治下的德国。"理想类型"只能帮我们来理解不同国家劳动法上的一些相似之处，它们并不能代表某种社会演进的不可避免的路径。

从这一演进过程中，我们可以发现一个共同的线索，即工会逐渐脱离非法状态的过程。随着资本主义市场的发展以及旧的国家工资规制形式的破产，针对结社的刑事制裁逐步被移除，不过这一移除过程在欧洲持续了 19 世纪的大部分时间。移除刑事制裁的时机和范围取决于很多因素。在英国，商业繁荣和功利主义理论促使刑事制裁较早被废除；而法国革命观念对行业组织的敌意，以及统治阶级在政治上的担忧，延缓了在欧陆国家对工会活动默许的进程，并且也时不时地在英国引发间歇性的压制回潮。与英格兰宪章运动被挫败后具有现代经济意识的工人组织的崛起，以及欧洲大陆 1848 年的未获成功的革命同时发生的，是集体谈判的发展；有时，集体谈判得到了雇主及其协会的积极鼓励。雇主与工会的正常关系在欧洲范围内得到发展，但是同样，时机和程度受到各国国情的高度影响，包括工会及工人支持的政党的观念倾向、工人阶级获得选举权的阶段、法官的阶级偏见，以及普通法与大陆法不同的法律传统等。"战争社会主义"（war socialism）的要求，以及俄国与德国革命对欧洲秩序带来的威胁，使得雇主的态度发生了根本性的变化。在认可阶段，关注的重心是调停和仲裁的方法，以及集体谈判协议的执行。正是基于这一链接点，我们发现了不同的认可路径：有通过规定实体法律权利进行认可的，如德国（1918—1933 年）和法国（1919—1939 年）；也有通过负面的豁免以及自愿方法进行认可的，如英国和丹麦。但是，所有这些进展的共同特点都是对多元论的认可，这与在意大利和德国出现的极权体制形成了鲜明的对比。

  为什么法律在为集体自治找寻正确的位置问题上遇到这么多麻烦？毫无疑问，集体自治这个理念本身带给法律学者与政治家诸多困惑。为什么默许工人和雇主的结社，尽管它们很明显对资本主义市场经济起到了"限制交易"的功能？为什么对集体谈判这种明显违反个人本位社会中合同自由的形式进行认可？为什么对这种毫无争议会对其他人利益构成损害的产业行动进行促进？为什么将集体自治作为个体之间以及个体与国家间的力量中心？法律学者与政治家对这些问题得出的结论，会因他们相应的社会、政治倾向存在差异，当然就在情理之中了。

  "认可"也不应当被认为是集体劳动法"形成"的终点，还存在"融合"的阶段，我们下一章会就这个问题进行讨论。

第六章　雇员参与、劳工代表与专门劳动法院

蒂洛·拉姆

第一节　问题的提出

1898年，当韦伯夫妇的《产业民主》一书被翻译成德文时，标题被改为了相当于"英国工会的理论与实践"之类的表述。德文版的标题实际上准确把握了该书的内容，对于德国的读者而言，如果不是这样的标题提醒，有可能期望通过该书了解政治民主的理念是如何在工厂层面和整个经济层面进行转化的，而不会想到它是与工会有关的。德语翻译表明，雇员在工厂层面或者地区或全国层面的代表和参与可以通过工会实现，也可以在工会之外，甚至通过反对工会的方式，经由立法而形成一套单独的法律解决方案。类似"参与""代表"或者"共决"之类的术语都可以在非常不同的意义上使用。比如，在英国，它们可以用来描述工会和雇主组织的任务和职责；而在德国，1918年11月革命以后，这些术语可以用做工会以外的雇员利益代表的意思。

这些术语的共同之处在于表达了一种理念，即雇员应当参与工厂层面的决策，并且劳工代表应当在经济管理的某些甚至所有方面进行合作。这些民主经济的概念显然是建立在对多元价值的接受基础之上的。一方面，它们涉及对政府在国家层面以及雇主在工厂层面的父爱主义做法的拒斥；另一方面，它们也涉及对革命"工人"政府或者工人控制产业理念的拒斥。它们还进一步涉及专门劳动法院的发展，专门劳动法院意味着劳动者在国家的司法权力中得到了代表。本章会分析建立工厂层面雇员参与机制，在地区和国家层面劳工利益代表机制以及专门劳动法院机制的尝试。

第二节　工厂层面

讨论的出发点是父爱主义。在中世纪以及现代阶段的开端，手工作坊是主人的地盘。"熟练工"（又称伙计，如法语中的 compagnon，或德语中的 Geselle），是未婚的男性以家庭一员的身份生活在主人家里，要服从主人的家长制权威。父权观念受到宗教的推崇，在手工作坊与住家分开，但规模仍然较小且雇主与工人一起工作的时代，这一观念仍然盛行。最初父权是在"一家之主"（master in the house）的意义上使用的，不过雇主的权威逐渐过渡到以财产作为新的合法性来源。"家庭规则"（house rule），在工业化过程中逐渐改名为"工作规则"（work rule，即劳动规章），是由雇主作为工厂的所有者而确立的。这可以通过"合同自由"的观念从法律上进行解释。雇员进入工厂、签订劳动合同，就意味着他心照不宣地接受了既有的劳动规章。手工作坊的管理聚焦于雇主的权力，他在工厂中安排劳动分工的权力，以及他的"命令权"，这是个体劳动关系的核心特征。但是在法律上仍然存在没有解决的问题，即这一关系究竟是自由主体之间金钱与服务的交换关系，还是德国民法上的特别权力关系（besonderes Gewaltverhaeltnis），后者是与公法上的连接臣民与王室之间的一般权力关系（allgemeines Gewaltsverhaeltnis）相对应的。

由于最初的雇员群体都是从农村转移到城市工作的，通常比较服从管教，不过这一服从的态度随着大规模生产的发展以及对雇主滥用权力的怨气累积而慢慢消散。父权主义的工厂管理模式与雇员的自我意识觉醒发生了冲突，并不再被认为是合法的。随后问题变成了：怎样才能对抗雇主的权力？

工会是当然的反对力量，但它们的力量在工厂里比较微弱。它们倾向于发展来自不同工厂的雇员成为会员。最初,工会是一种自发的联合,不过慢慢成为一种常设性的,具有一定经济实力且组织严密的协会,至少在英国和德国是这样。法律上的限制能够阻遏但无法抹杀这一进展。另外一个原因甚至更重要。工会最初是按照行业组织的,英国的很多工会将这一传统延续下来了。因此,手工业者的不同利益是由不同的工会所代表的,工会之间在"谁做了什么工作"的分工问题上发生了很多纠纷。

除了技术工人与非技术工人之间存在鸿沟外,体力劳动者与白领雇员之间也存在隔阂。不仅仅是工作的性质将"脑力劳动者"与"体力劳动者"区别开来。白领雇员认为他们是独立的群体,隶属于中产阶级,而非无产阶级。如德国的术语"私营部门的官员"(Privatbeamte)所揭示的那样,白领雇员对雇主如同官员对王室一样,有一种特别忠诚感,因此他们要求并且也经常得到了较高程度的解雇保护(参见本书第一章和第四章)。

至于为何(英国)在工厂层面,以工厂委员会(works committee)为表现形式的劳工代表少之又少,英国1929年的《贝尔福报告》(Balfour Report)给出了解释:

> 这毫无疑问在很大程度上是基于这样的事实,即工会组织很少将工厂作为工会意义上的单位,当地的工会通常是工会的分部,其会员身份通常是由居住地而非就业地决定的。再加上某个工厂中的雇员不仅可能是同一个工会不同分部的会员,还可能是不同工会的会员,这通常会阻碍工厂委员会成为谈判机制的固定组成部分,不管工厂委员会是双方联合的还是只有雇员单方组成的。(Balfour,1929:302)

尽管在 1914 年前的英国，各种形式的工厂层面的工会活动已经存在，但是在"一战"前真正发挥作用的工会是在地区层面或者工会的分部层面的。

在英国，"工会干事"最初是随着机器与船舶制造等行业的工程师联合会的发展而出现的。地区委员会负责任命由每个工厂的工会会员选出的代表，这一代表的职责包括确保某一行业的所有成员都加入了该工会，收取工会会费，并确保行业规则得到遵守。有时候它们也作为会员的代言人，与工厂的经理和工头进行交涉。但是，菲尔普斯·布朗在对 1906 年的情况进行分析时指出，除矿山行业外，在其他行业，工厂的代表通常并不会与管理层谈判（Brown, 1965：287）。工厂委员会的规模很小，通常面临着雇主的强烈反对，他们更愿意与地区层面的委员会进行谈判。计件工资制度出现后，不同工厂有着不同的支付标准，这种差异驱使政府于 1890 年代建立了"计件工作委员会"（piece-work committee），不过该委员会对其他事项并无普遍的管辖权。

在丹麦，工会干事制度是在《九月协议》以后经由集体谈判协议引入和确立的。正是金属交易行业于 1900 年达成的集体谈判协议，构成了后来集体谈判协议的模板。该协议将工会干事的职能界定如下：

> 如果他的一名或者多名同事，因为觉得利益受损或者其他原因而提出要求，他有义务将投诉或者建议提交给雇主，如果相关投诉没办法通过雇主的代表（工头）令人满意地解决的话。工会干事还可以就预防事故和伤害的健康条件和措施直接向雇主投诉或者提出建议。如果未获满意解决，工会干事可以请求他的组织将这一问题提出，但是工作不能中断直到其组织的管理层作出相反的决定。

工会干事也受到集体谈判协议的约束，他无权对协议进行解释。只有相关工会的会员方可选任工会干事。如果一个工厂中存在若干个工会，那么需要选择若干个工会干事。这一选任过程需要获得工会和雇主协会的批准。如果雇主协会拒绝进行批准，那么这一问题需要与工会进行谈判解决，如果仍无法解决，则需要由法院最终决定。工会干事受到免于解雇或者调岗的保护，除非有迫切的原因需要这样做。如同《九月协议》一样，丹麦的这一做法在很久以后才开始得到其他国家的认可。在其他国家，雇员要想在工厂内建立代表机关，通常需要对立法机关施加压力并获得其支持。采矿业便是这种情况，在该行业，根据采掘的煤炭重量支付工资的做法是一个引发投诉的焦点问题。在这一问题上，英国是先行者。1860 年《煤矿规制法》第 29 条规定煤矿所有人应当允许矿工代表对采掘出来的煤炭的重量进行称量。从 1887 年开始，监秤员的工资由矿山发放，随后他们变成了全职的工会官员。1919 年《各种行业称重法》（Checkweighing in Various Industries Act）将这一规定拓展适用于雇员工资同样是根据重量或者度量而支付的其他行业。普鲁士于 1892 年引入了强制性联合控制原则（作为对 1865 年《矿山法》的修正）。在英国，1887 年以后，矿工取得了任命安全代表的权利。法国 1890 年法律规定，雇员有权利选任一名独立的安全代表，任期三年。

雇主对工厂层面的雇员代表的态度并不一致，因为始终存在着担忧。许多雇主担忧工厂（雇员）委员会会变成工会的权力中心，在当时的背景下，工会被认为是其主要敌人，当工会受到政治影响特别是马克思主义的影响，会将集体劳动争议作为"阶级斗争的战争学校"。而在另一方面，随着工厂规模的扩大，雇主与雇员之间的私人联系并不存在的情况下，工厂（雇员）委员会的优势也很明显。工厂官僚体系得以建立：有着不同利益的雇员群体之间的冲突以及雇主和雇员之间的冲突均可以通过此类委员会进行调解。类似于休息期间的开始和结束时间的问题也能够更容易得到解决。个体雇员提出的要求、投诉和建议可以由这些委员会进行一定的过滤。并且因为此类委员会属于雇主的势力范围，它们也能够起到与工会相制衡的作用。雇员可以选择与传统的父权制体系进行合作，也可以根据个人确信实现自我意识的提升。

在"一战"之前，雇员作出的选择千差万别。在比利时，父爱主义传统非常强大，这一点与成功地将工会拦在工厂之外的政策不无关系。在荷兰，很难发现工厂委员会（*personeelskernen* or *personeelsraaden*）的踪影。在法国，发生在规模庞大的施耐德-克勒索工厂的几次罢工在 1899 年由时任总理瓦尔戴克-卢梭通过作出仲裁裁决的方式加以终结，该裁决规定了工厂代表的任命（每个公司一名代表），他们每两个月与管理层开会商讨相关的问题。但施耐德-克勒索工厂的管理层将该裁决的规定理解为，他们有权接受（或者不接受）单个的工厂代表，并规定这些代表必须已经在公司工作两年以上。雇主对雇员代表的不情愿态度是普遍存在的，原因在于在法国普遍担心好斗的工会运动情绪被调动起来。这很容易让人们联想起雅各宾派的传统，而他们也正生活在巴黎公社带来的震惊之中。革命工联主义的威胁使得雇主担忧工厂（雇员）委员会将成为工会进入工厂的模式，并提升雇员的自我管理水平，最终会取代工厂的管理层。

其他并不侵犯雇主"管理命令权"的方式如雇员代表参与到工厂福利或者利润分享机制的做法得到了推崇，并且在当时有很多讨论，不过真正落实的不多。在英国，截至 1894 年，只有 28 个利润分享基金有雇员代表的参与。在法国，共有七个利润分享基金有雇员代表的参与，荷兰也有几个。在法国，为了解决劳动争议问题，曾试图建立常设调停与仲裁委员会（*commissions permanentes de conciliation et arbitrage*）。1892 年至 1907 年间，一共有 12 个法案，其中 1900 年 11 月 15 日的法案提出了第一步先设立常设工人代表，第五步也是最后一步为建立中央委员会的方案。不过这些法案均未获通过。

真正朝设立常设工厂（雇员）委员会迈出实质性第一步的是德国，起点是劳动规章。这些规章制度可能是惯例法上的,不过大部分是由雇主制定的,可以与绝对君主通过的制定法进行对比。在法律效力上,它们甚至被承认与"私人法规"有点类似,因为 1860 年的《普鲁士矿山法》重申它们需要由雇主发布,并经矿山主管部门的审批。这是一部临时性的法律,五年后被新的《矿山法》所废除,但是围绕"劳动规章"的法律性质的问题却一直存在。1891 年《帝国贸易法》修正案从法律上认可了常设工厂(雇员)委员会的地位,该修正案要求雇主在出台劳动规章之前,需要听取全体雇员或者工厂(雇员)委员会的意见。但是该委员会的建立仍然实行自愿原则。1905 年《普鲁士矿山法》的修正案首次规定工厂(雇员)委员会为强制设立的机构,并将称重、工作时间、工资计算与支付方法,以及救济基金(由雇员的罚款组成)的管理等事项转移到它的管辖范围之中。荷兰 1906 年的法令并未像德国走得这么远,它规定(在雇员人数超过 100 人的煤矿)常设雇员协会可以就安全和健康问题以及与劳动关系相关的事项向雇主提出投诉和建议。从 1838 年开始,《荷兰商法典》便在海运行业中认可了"船舶委员会"的地位。

对常设工厂(雇员)委员会的法律功能的认可遇到了来自雇主侧和工人侧的激烈反对。德国社会民主党领袖奥古斯特·倍倍尔在 1891 年 4 月 15 日的演讲中将其称之为"掩盖工厂封建制度(factory feudalism)的资本主义准宪法形式的遮羞布"(cited in Ruckert and Friedrich,1979:128)。1891 年《帝国贸易法》修正案成了转折点,因为它通过与当时的政治斗争相类比的方式,既允许对雇主权力的限制,也允许对其肯定。中产阶级主张与王室分享立法权力的政治诉求,被转移到雇主与"他的"雇员的关系中。"宪法工厂"与"君主立宪"相对应。对于德国而言,反对王室的斗争与反对工厂的家长制统治及反对"一家之主"的斗争发生在同一时间段,而前者在英国发生于 17 世纪,法国则发生在 1793 年和 1848 年。这一著名的表述由施图姆男爵(Carl Ferdinand Freiherr von Stumm-Halberg)

在 1897 年 5 月 28 日给普鲁士第一会议所作的演讲中使用，施图姆男爵是萨尔地区煤矿的所有人，雇佣有 3200 名雇员。在工厂的结构上，他偏爱军事化管理，而非议会制管理，担心常设的工厂（雇员）委员会会破坏他跟雇员之间的个人联系。他的这一看法与普鲁士国王腓特烈·威廉四世在 1848 年拒绝接受宪法的理由一模一样。

在这一斗争过程中，共存在三种观点。"受过启蒙的"年轻一代企业主能够意识到中产阶级分享政治权力政策的矛盾之处，这也能解释为什么在德国各式各样的工厂（雇员）委员会是在自愿基础上建立的。而另一方面，对于王室和保守势力而言，宪法政体是其支持"宪法工厂"诉求的动因，因为这可能是消解中产阶级势力的路径。最后，将孟德斯鸠的分权原则适用于工厂之中，重申了雇主的命令管理权，因为这相当于赋予国王的行政权力。

1891 年《帝国贸易法》修正案是一个突破，根据该修正案的规定，德意志各邦在其铁路行业建立了工厂（雇员）委员会。有些雇主也在自己的工厂建立了工厂（雇员）委员会。工会的态度也发生了变化，因为它们发现可以在选举中推举自己的候选人，并且还可以控制一个机构，来在工厂内执行集体谈判协议。由此，建立常设工厂（雇员）委员会这一事项就变成了在啤酒、钢铁和印刷行业的集体谈判协议的内容。它之所以被雇主接受，是因为在当时，工会已经独立于社会民主党，并且雇主在社会立法中已经被确认为负责任的伙伴（参见本书第三章）。双方在社会保障领域的合作已经为他们建立了某种互信。

德国的进展似乎对意大利产生了一定影响。1908 年至 1914 年间，诸多（工厂）内部委员会得以成立，代表整个工厂或者工厂的某一部分雇员的利益；相关的例证可参见 1906 年都灵地区的阿塔拉汽车制造厂与意大利钢铁行业工人工会（FIOM）之间达成的集体谈判协议。

"一战"改变了这一局面。在战争初期，雇员与雇主之间形成了合作关系。朴素的爱国主义情感驱散了阶级斗争的阴霾，实现了产业和平。但是工人阶级的处境也因为战争出现了改变：许多工人被征召入伍，重心从平时转到了战时生产。在德国，劳动力队伍的三分之一应召入伍，另外三分之一丢掉了他们之前的工作。战争持续的时间越长，越多的技术工人被非技术工人和女工所取代。劳动纪律被认为属于国家利益的一部分从而成为必需。工人被与士兵进行对比，后者冒着生命和健康危险在前线作战并获得少许酬劳。保护性的劳动法被束之高阁，但是对生产的需要仍然存在。更重要的是，通过政府分发原材料的方式和规划国家利益的方式("战争社会主义")取代原有的竞争经济体系，需要雇主和雇员进行合作以增加生产和创新。为了实现这一点，又要对战前的劳动关系制度加以利用。

在英国，战争期间，工厂委员会的数量快速增加。在部分程度上，这是管理层有意鼓励的结果，因为这有利于确保工厂层面的协议和战时的管理规定得到遵守。另外一个更重要的原因是非正式的工会干事运动的发展，这一进程又因全职工会干部无法及时解决问题而加速。在某种程度上讲，工会干事处理诉愿的正式角色在1917—1919年的集体谈判协议中得到了承认。

在德国，这一问题的解决方案相对简单，1916年的《爱国辅助服务法》将常设的工厂(雇员)委员会作为强制建立的机构。这并不同于英国《怀特利报告》所提议的联合理事会，与那些吸纳雇主及其代表长期参加的机构相比，存在着没办法充分合作的风险。不过，在那个时期，合作的需要通过规定普鲁士矿山中的常设工厂(雇员)委员会要"以维持和恢复雇员之间或者雇员与雇主之间的良好关系的方式行事"(第80f条第1款)便能够得以实现。

在法国，劳动部长托马斯(Thomas)建议出于建立"工厂内的信任关系"的目的而设立常设雇员代表(*délégués du personnel*)，而工厂(雇员)委员会则基本上只在从事战备生产的工厂中建立。当时有347家此类的工厂，但只有57家经常使用调解这一途径。托马斯部长与雷诺公司一起，曾反对这些委员会建立在工会模式基础上，理由是这样做太危险并会导致冲突。他倾向于建立联合委员会。托马斯部长的继任者甚至在1918年初的时候禁止建立工厂委员会。

在"一战"行将结束时，摆在人们面前的问题是如何处理战时的制度？即其仅是临时性的制度，还是应当在战后继续保留？这一问题的答案还受到俄国1917年十月革命的影响。如前所述，在法国，工厂委员会被禁止的原因是对革命工联主义的担忧。在英国，工会急于回到过去的状况，将工会干事置于当地工会委员会的控制之下，允许他们当场处理一些不太重要的事项。不过，在战争期间及战后，出现了越来越多的行业层面的谈判，在部分程度上，这是为了对抗工会干事运动革命倾向而故意选择的策略。由时任下议院议长J.H.怀特利担任主席、由工会代表和雇主代表组成的委员会，于1919年提议在所有主要的行业以自愿为原则在行业层面建立谈判机构。在1918年出具的有关工厂委员会的补充报告中，怀特利委员会认为工厂层面的产业关系主要与"合作"而非谈判有关。在两次世界大战期间，工厂层面"联合磋商"的怀特利模式主要适用于公共服务部门，并在1921年《铁路法》中也有体现。这一模式还被许多私营企业自愿采用。通常工厂委员会中的雇员代表由所有雇员选举产生，包括非工会会员的雇员。工会干事被排除在这一联合磋商的结构之外。当"联合磋商"建立在工作场所层面时，它主要是与"合作"而非"谈判"有关。

德国的发展则不一样。随着1918年11月水兵的起义导致政府不战而败，并在俄国模式的基础上成立了革命工兵代表苏维埃，对革命工联主义表示支持。德意志帝国首相将政府权力移交给人民代表议会（Rat der Volksbeauftragten），这是占多数席位的社会民主党与独立的社会主义者之间妥协的结果。但是工会保留了它们的组织结构，它们（与雇主组织）达成了著名的《施廷内斯-莱吉恩协议》，该协议拯救了自由主义经济和社会的结构（参见本书第五章）。"工厂委员会问题"成为德国国内政策的重要因素，因为随着1919年帝国议会的选举以及《魏玛宪法》的通过，委员会被剥夺了其政治功能。但是它们保留了在社会和经济方面的重要性。

人民代表议会在其1918年11月12日《告德国人民书》中，废除了1916年《爱国辅助服务法》除争端解决条款以外的规定。争端解决的功能被赋予了常设工厂（雇员）委员会。但这些委员会失去了其通常的功能。这一规定只持续了很短的时间。1918年12月23日的法令，承认了集体谈判协议作为法律制度的地位，常设工厂（雇员）委员会不仅得到重新确认，还被扩大适用于所有20名雇员以上的工厂，并被赋予"代表工厂、政府或者办公室的体力劳动者和白领劳动者向雇主取经济利益"的职能。与雇主一样，它们也得确保相应的集体谈判协议在企业中得到遵守。如果不存在集体谈判协议，常设工厂（雇员）委员会或者雇员代表需要以体力劳动者和白领劳动者的经济组织的身份参与到工资和其他劳动关系问题的解决中来。它们有职责在体力劳动者、白领劳动者之间，以及劳动者与雇主之间营造良好的关系。另外一个明确提及的事项便是安全问题。该法令在提及其他代表机构时，对工会作出了非常有意思的让步，规定代表机构可以由集体谈判协议建立，只要这些协议被宣布具有普遍适用的效力。这一规定提到的集体谈判协议便是《施廷内斯-莱吉恩协议》，规定对于所有50名雇员以上的工厂均应当建立常设工厂（雇员）委员会来代表他们，并确保集体谈判协议得到遵守。至于为什么工会希望建立常设工厂（雇员）委员会作为其次级机构，可以从时任隶属社会民主党的工会领导人查尔斯·莱吉恩在1919年2月的发言中找到解释："工厂委员会并不是一个高效的组织，它们打破了工会的统一……所有现存有关团结连带的规则对它们均不再适用,人人都被鼓励拿走他们能够发现的东西。"

然而,从《爱国辅助服务法》到1918年12月23日法令的法律进展为1920年《工厂委员会法》所延续,这是对仍然存在并颇具革命性的委员会运动的一种妥协,后者甚至在煤矿行业罢工后于1919年3月12日达成的集体谈判协议中得到了承认。不过,"委员会"只是在名称上的一种妥协,因为这里的委员会与工厂层面雇员的自我管理没有关系,该法甚至没有使用"共决"的表述。雇员群体的区隔传统被各种委员会保持了下来:体力劳动者委员会与白领劳动者委员会。因此,这一新的机构承认了两种不同雇员群体的不同利益诉求,但同时也表明,白领雇员可以参加到集体劳动法之中。该委员会被要求在20名雇员以上的工厂建立。它们的职责是向雇主为雇员争取共同经济利益,但也应当"在达成工厂的目标方面支持雇主"(第1条)。该法列举的委员会职能都是一些传统的职能,如与雇主就适用于某个群体的雇员(第78条)或者全体雇员(第66条)的劳动规章达成一致;遵守集体谈判协议以及调解委员会对个体雇员投诉的调查和处理决定,这一点沿袭了《施廷内斯-莱吉恩协议》和1918年12月23日法令的规定;在安全问题上提供支持;对集体劳动争议进行调解;以及在没有集体谈判协议时,参与对劳动条件的确定和管理。需要给予雇主支持的事项还包括新生产方式的引入,以及开展磋商以确保标准得到遵守和生产效率得到提高。德国版本的工厂内部社会自我管理通过规定合作权的方式得以实现,根据这一合作权,工厂委员会可以参与工厂内的养老基金和其他福利机构的管理。

总体上讲,"宪法工厂"的原则取得了胜利,甚至还有规定应当以委员会作为缔约方就雇员录用问题(与雇主)达成某种集体谈判协议,以避免基于政治、军事和工会活动或会员身份,或者性别而发生歧视。体力劳动者工厂委员会与白领劳动者工厂委员会也是最初受理被雇主解雇的雇员提出的申诉的地方。如果委员会认为雇员的申诉有正当理由，那么它就需要进行调解；如果调解无果，委员会或者雇员可以向劳动法院起诉。另外需要注意的一点是公司治理结构的改变，开始区分董事会与监事会（它遴选和解雇经理并对其行为进行监督）。工厂委员会选派一至两名成员进入监事会"以代表雇员的利益、诉求以及他们对工厂组织结构方面的观点和想法"。由工厂委员会选派进入监事会的代表有法定席位和平等的投票权，但是他们并不能像监事会其他成员一样领取薪水，只能获得相应支出的补偿。这是试图克服将劳动关系与经济事项相分离问题的最早尝试。

对雇主的依附问题也是法律规制的对象。工厂委员会的事务及其选举需依法组织和安排，工厂委员会的委员都享受免于解雇的保护。但是与雇主进行长期合作的必要性以及需要考虑雇主关切的义务，将工厂委员会与雇主捆绑起来。对合作原则认识的差异与纠纷的存在使得工厂委员会与工会之间的关系至关重要。工厂委员会是另外一种形式的全体雇员的代表，在工厂层面和法律层面均是如此；这与工会对雇员的自愿代表并不相同。三个相互对立的德国工会之间的竞争现在通过法律机制的方式加以确定，即通过选举进入到工厂委员会；而在工厂委员会中，未加入工会的雇员也可以提名并选任自己的候选人。德国工厂委员会立法意味着"只招工会会员的工厂"（closed shop）或者"要求工人限期加入工会的工厂"（union shop）在法律上变得不再可能。工人的投票权甚至强化了工厂委员会中工会会员的力量，使其可以对抗中央工会的领导与官僚体系。

上述立法宣告了革命性（工厂）委员会运动的终结，因为它赋予了工厂委员会一些适度的功能。它为工会在工厂中通过提名自己的候选人而增加影响力打开了大门。在魏玛共和国的后期，工会在大规模企业中实现了这一目的。但是在中等规模的企业中，工会与雇主在对工厂委员会施加影响力上你争我夺；而在大多数小型企业中，父权制的体系非常强大，甚至能够阻止工厂委员会选举的发生。

在上述时间段，与德国的发展比较类似的是卢森堡。工厂委员会（Conseils d'usine）通过 1919 年和 1920 年的法令被引入，但是当工厂被工人占领后，这些法令在法国和意大利的压力下于 1921 年被撤回。工厂委员会经由 1925 年的法令被重新引入，并于 1929 年和 1930 年被修正。所有这些法令都提到了 1915 年法律，该法授权政府在战争期间维护经济利益，这一授权直至今天仍然有效。除了体力劳动者的代表外，白领劳动者的代表机制于 1919 年建立，于 1938 年被修正。工厂委员会仅适用于制造业，并不适用于手工业和商业领域。如德国一样，工厂委员会的委员得到法律的保护，但是他们的职能却受到很大限制：只有在通过劳动规章时他们才有权利提出意见。体力劳动者工厂委员会的主要分委员会需要选任"安全员"。

在比利时，1926 年 7 月 23 日法律对比利时全国铁路协会提出要求，要求雇员应当在管理委员会中得到代表；并且应当建立联合委员会，需要制定出"劳动规章"（statute of workers）。意大利确认了雇主对工厂委员会与革命运动之间连接的担忧。在"一战"期间，自愿建立的内部委员会（commissioni interne）的数量得到增加，但是在战争后期，工人也试图通过建立工厂委员会（consigli di fabbrica）来取得对行业的控制。工人对工厂的占领运动于 1920 年 9 月以失败告终。意大利总理乔利蒂（Giolitti）于 1921 年 2 月 8 日提出了有关建立工人控制委员会的提议，根据该提议，工人控制委员会可以要求雇主提供相关信息，并且雇主需要与该委员会进行年度磋商，不过这一提议并未获通过。与此类似，在荷兰，从 1923 年开始，由反对党社会民主党提出的建立工厂委员会的尝试也未取得成功。

在法国，人民阵线于 1936 年在选举中的胜利带来了改变。《马提尼翁协议》规定建立常设雇员代表。1936 年 6 月 24 日的法律规定，只有设立了常设雇员代表机制的工厂，方可启用集体谈判协议。根据授权立法的规定制定的 1938 年 11 月 12 日法令，将常设雇员代表转化成一个法定的机构，但是这一机构不是常设的，只是在有投诉发生的时候才会启动。这一法律措施是人民阵线政府将其主张法律化形成的政府措施框架的一部分。在"二战"爆发以后，常设雇员代表机制仅适用于雇员人数在 100 人（原来为十人）以上的工厂。选举代表的机制被取消，转而由雇主任命新的代表。不过，只有少部分雇主任命了代表。

极权政府对工厂委员会的态度是不同的。在意大利，1925 年 10 月 2 日达成的《维多尼宫协议》（Palazzo Vidoni，以国家法西斯党总部所在地命名），成为后来职团制的基础，该协议废除内部委员会，并将其职能转移给地方工会。这一做法于 1929 年得到全国职团评议会决议的确认，该决议禁止工会委员会的委员在他们自己的工厂层面解决劳动争议。在纳粹德国，不仅工会、雇员与雇主在德国劳动阵线中的联合代表机制被废止，1934 年《国民劳动秩序法》还对工厂委员会进行了结构上的改变。它们变成了既有劳工代表也有雇主代表的联合机构。该法规定设立信赖委员会（Vertrauensräte），包括企业领袖即雇主，并由其负责信赖委员会的运作（第 5 条第 1 款）。这代表了与独立雇员代表制度的决裂，作为规则，后者应当由雇员代表独立召开会议。这一新的制度是对随从人员的代表，而工厂的领袖则是政治领袖的翻版。与工厂委员会不同，信赖委员会并不会代表雇员向雇主争取利益。它的职能仅限于磋商，特别是在提高劳动效率、合作和纠纷调解方面。"劳动规章"是由雇主在与信赖委员会磋商后制定的。这是向 1891 年做法 * 的回撤，不同之处在于"如果在工厂的经济和社会条件问题上无法达成一致"，信赖委员会的多数委员可以向

---

* 即 1891 年《帝国贸易法》修正案的规定。——译者

"劳动受托人"申诉(第 16 条)。

在法国，维希政权在其《劳动宪章》中引入了工厂社会委员会(*comités sociaux d'etablissement*)作为常设机构。此外，还存在联合委员会，由"企业的领导人与各种类别的雇员代表"所组成，这些雇员包括体力劳动者、白领劳动者、较低级别的管理人员、工程师，以及负有管理和商务职责的高级白领劳动者。委员会的功能是促进"劳资之间的社会和专业合作"(第 24 条第 1 款)，排除"任何对企业管理和运营过程的干涉"和超出企业层面的问题。从积极角度看，该法规定应当给予管理方以支持，协助其解决与工作和雇员相关的问题，进行信息交流，并在工厂内落实各种福利措施(第 24 条第 2 款)。这实际上是德国"信赖委员会"的法国版本，但是强化了不同类别雇员之间的等级顺位观念。

极权政府的态度可以从它们对工会的看法以及与工厂委员会打交道的经历中得到解释。意大利的法西斯政权不仅成功地推出了法西斯工会，还要确立雇主的稳固、不容辩驳的权力，目的是实现劳动纪律，这当然是《劳动宪章》的目的之一。而德国的纳粹政权则对工会充满了不信任，因为工会过去与社会民主党有千丝万缕的联系。但是在父权制传统死灰复燃的背景下，工厂委员会被赋予新的含义并且现在处于国家的控制之下，对其进行改造看起来是可能的。法国的维希政权也持相同的看法，并且在过去对革命工联主义恐惧的影响下，将工会视为真正的敌人。

"二战"的结束带来了工厂层面的劳工代表的最终突破。普遍的原因是将经济重建的现实与国家分配物品、国家工资和价格控制之间进行协同合作的必要性。德国的情况相对简单。该国被占领并被置于军事政府管理之下，被分割为四个占领区，但是有一个共同的机构即盟国对德管制委员会。该委员会在 1946 年 4 月 10 日的法律(第 22 号)中允许成立工厂委员会。1945 年后成立的德国各州就工厂委员会通过了法律，对工厂委员会的功能作出了不同的描述。这一现状使得统一工厂委员会法律成为必要。这一任务在德意志联邦共和国成立以后通过1952年《工厂组织法》（又译为《企业部门组织法》）得以实现。因为政治原因，工厂委员会的地位在战后时期比较强势。许多工厂委员会实际上是由共产主义者在掌管，而雇主则忙于为此前与纳粹政权的联系而作出弥补努力。工会也对自身结构进行了调整，关注的重心从原来的手工业转移到行业组织，而体力劳动者组织和白领劳动者组织也被合并成德国工会联合会（DGB），并将不同的政治工会统一在综合性的中立工会之中。这些变化也为为何工厂委员会不能成为工会的次级机构这一问题提供了正当化理据，不过德国集体劳动关系的传统二元观念还是得以保留。但是，在有一点上，雇员的地位得到了极大的提升。企业中的共决机制，被引入煤矿和钢铁生产企业，这也意味着按照德国的理解，企业被作为一个经济机构来看待。英国占领当局试图避免恢复原有的、可以被用作战争准备的企业结构。它们曾要求对企业进行国有化改造，但是后来接受了针对这些企业所做的公司法结构上的改变。因此，监事会（需要选任和监督董事会的委员）由雇员代表和股东代表组成，主席由中立的第三方担任。董事会中的一名成员，被称为雇员董事，负责劳动关系相关问题，他有必要获得雇员代表的信任。1946年有关工厂委员会的法律被合并到1950年5月盟国对德高级委员会的法律（第27号）之中。曾一度有废除这一制度的政治努力，不过在劳工群体以罢工行动相威胁之后，1951年5月的联邦法律对此进行了保留。

就劳工代表问题而言，工厂层面的发展在法国、比利时和荷兰的路径颇为相似。这些国家都创设了一个由雇员和雇主组成的联合机构（如法国《劳动宪章》的规定）。在法国、比利时和荷兰，这一联合机构的事权范围包括安全和健康问题。联合委员会有不同的称呼，在法国和比利时叫企业委员会（*comités d'entreprise*），在荷兰叫企业理事会（*ondernemingsraad*）。在法国，1945年2月22日的法令和1946年的法律规定，集体谈判协议可以对法律规定的要求作出变更。企业被界定为经济单元，可以与作为技术单元的工厂相同，但不必然相同。当企业由若干个工厂构成时，法律规定应当成立工厂委员会（comités d'établisssement）与企业的中央委员会（comité central d'entreprise），后者由各个工厂的代表组成。在比利时，并无类似的规定。法国将农业以及非工业和非商业性质的公共服务行业排除在适用范围之外；而荷兰则将公共公司性质的企业排除在适用范围之外。

上述三国的企业委员会都致力于实现雇员与管理层之间的合作。它们主要在组织、管理和经营问题上担负磋商的功能。相关的建议会由企业委员会的两名委员转交给股东大会和董事会。企业委员会只能就企业福利制度的运作问题作出决定，后来这一功能在事实上而非法律上扩展至企业的医疗和社会服务问题。荷兰的企业理事会也处理员工就请假、工作与休息时间、安全卫生物品的供给以及劳动条件的遵守等问题提出的一般诉求、投诉与评论。这一功能扩展的原因在于，在荷兰，企业理事会不得不处理在法国和比利时由其他机构处理的任务。

接下来的问题是这些委员会中的雇员代表如何选举产生，比如不同群体的雇员如何被代表，以及工会的地位如何？在法国，体力劳动者与白领劳动者作为一个群体，而工程师、班组长与工头等则作为另外一个群体。比利时将体力劳动者与白领劳动者进行区分，而在荷兰，法律仅规定所有的劳动者群体都应该被代表。

法国给予企业中"最具代表性的"工会以提出委员候选人名单的权利。起初，选举结果是由投票人数的简单多数确定，但在1947年，比例代表制被引入。在比利时，类似的制度也被引入，不过比例代表制在该国已经存在。在荷兰，也是企业中最具代表性的工会有权提出委员候选人的名单，尽管法律规定本身从理论上也为其他工会或者独立工人群体提出委员候选人名单保留了可能性。

劳工代表可以通过两种途径进行组织：要么通过法律规定，要么通过集体谈判协议。不论哪种途径，均面临着如何对工会进行改革调试的问题。在法国，常设雇员代表制度又重新出现。如我们之前提到的，它们于 1936 年经由集体谈判协议被引入，然后由 1938 年的法律规定进行调整。常设雇员代表的选举程序和构成，与企业委员会相同。代表的功能是处理雇员无法与雇主直接解决的个体诉愿以及与集体谈判协议有关的投诉。工会并不反对这一安排，因为它们对代表的选任有发言权。在比利时，工会雇员代表（*délégations syndicales du personnel*）通过集体谈判协议的形式得以确立。它们要处理个体诉愿，并且在总体上要代表工厂中的所有雇员的利益，或者至少是工会会员的利益。

上述三国还有个共同点，即"二战"期间均被德国占领，在三国中有关雇员代表问题取得的突破都是出于政治方面的原因，特别是抵抗运动以及反对与德国人进行合作的斗争。这其实与工厂的自我管理以及对财产的征收关系都不是特别大。在比利时和荷兰，这更多是在战争期间涌现的雇主和雇员之间合作的一种表达，1945 年以后这种表达在产业的各个层面实现了制度化。

最复杂的情况出现在意大利。墨索里尼先是被打败和监禁，随后又被德国人解救，之后他在意大利北部建立了一个新的法西斯共和国即萨罗共和国，作为对墨索里尼此前职团主义传统的一种延续，变成了中产阶级的敌人。意大利经济的新结构是建立在私有和公共企业的社会主义化改造的基础上的（1944 年 1 月）。一个新的联合机构，即管理委员会（*consiglio di gestione*）将雇员在管理层面的参与实现制度化。在合股公司中，雇员应当与股东在股东大会中占有同样的代表席位。在 1944 年 2 月 12 日的法令出台后，只有 62 家工厂实行了社会主义改造。随着萨罗共和国的军事失败，在皇家政府的授权之下，北部意大利的全国解放委员会宣布法西斯法令为非法，但是继续支持国有化，并支持劳工代表通过选举进入各种管理委员会。截至 1946 年,共存在大约 500 家管理委员会,通常是由工厂协议建立。此外,还建立了管理委员会地区协调委员会(*comitati coordinatori dei consigli di gestione*),其于 1947 年 10 月 13 日组织召开了全国性的会议,要求通过宪法法案。作为争取结果的 1947 年 1 月 1 日《宪法》第 46 条规定:

> 出于从经济和社会层面改善劳动条件的目的,在与生产要求保持一致的前提下,共和国承认工人通过法律规定的方式并在遵守相应限制的前提下参与企业管理的权利。[1]

但是在实践中,管理委员会逐渐消失不见。内部委员会(*commissioni interne*)通过 1943 年 9 月 2 日、1947 年 8 月 7 日和 1953 年 5 月 8 日的集体谈判协议重新建立。该委员会与德国的工厂委员会有点类似,因为它们代表了所有的工人。不仅工会可以提出委员候选人名单,没有参加工会的独立工人也可以提出名单。在 1953 年之前,体力劳动者和白领劳动者分别归属于不同的委员会,1953 年之后,二者归属于同一委员会。

在英国,并不存在类似的进展。在"二战"期间,曾经有过工厂层面的工会组织的复兴。旨在鼓励战时生产的"联合生产委员会"或者"联合磋商委员会"得以自发产生,随后得到英国工会联盟和工程师工会的支持。截至 1943 年,共有 4169 个此类委员会,涵盖工程及相关行业的 200 万—500 万工人,同时在其他行业也有类似的委员会。从观念上讲,这些委员会得到了那些视它们为实现共同目的的合作途径的人的支持。战后的第一个工党政府(1945—1951 年)对此表示支持,在对相关行业(煤炭、铁路等)实行国有化的法律中,提出应当在国有公司的董事会中

---

1 作者翻译。

创设联合磋商机制，就安全、健康、福利、行业的组织和运营及其他涉及共同利益的问题进行磋商。"磋商"是一个持续的过程，包括通过雇员代表告知他们相关的信息，以及将雇员的意见传达给管理层。这是建立在战后恢复重建时期进行合作的需要基础上的。对这一理念信心的丧失以及现代强大的工会干事运动的兴起，是1950年代后期和1960年代的事情。

第三节　地区和全国劳工代表

在"一战"前，有关的代表机构已经成立。名称虽有差异，但并不重要，因为它们的功能都是限于磋商咨询。不过，德国的法律用语则区分"雇员委员会"（workers' chamber）与"劳动委员会"（chamber of labour），前者只代表雇员的利益，而后者则包含了雇员和雇主，需要代表二者的共同利益。全国层面的代表机制都是后一种形式，即联合型的。

地区性或者全国性的代表的根源存在于前自由主义社会，当时的庄园（estates）都有专门的利益需要代表。在庄园制被取消以后，这一形式被保留下来，代表商业、工业和农业的利益。当劳工作为一个新阶层崛起后，他们最初是依附于雇主，受到传统利益代表形式之一的代表。在这些形式中，存在一个问题，即群体代表如何与民主思想以及代表普遍意志并排除了特别利益的法律观念相协调。但是在普选制实现之前，对于那些在议会中没有代表的群体，社会普遍的观念认为应当听取一下他们代表的意见，而雇主已经根据收入和财产状况可以享有选举权。这些代表形式是对劳工特别利益的早期法律认可，并被认为可以作为增进雇主和雇员理解的桥梁。

在比利时，对此种代表的最早利用便揭示了这一点的重要意义。

1896 年 3 月，煤矿毫无征兆地爆发了罢工，附近的工厂都被占领。工厂被破坏或者烧毁，并发生了流血事件。所有这些都是伴随着其他工人的热情支持而发生的。引入行业与劳动委员会（conseils de l'industrie et du travail）便是为了平息这一事态的尝试。这一新机构的任务之一便是调解。"理想的"代表机构的类型应该是双层的。但是这一点并未在比利时实现。行业与劳动委员会根据需要在相应的地区设立；截至 1908 年，一共设立了 77 个委员会。它们由 6 到 12 个部门组成。全国层面应当设立最高委员会，不过始终未能成立。荷兰在 1897 年跟进，在每个地区建立了劳动委员会（kamers van arbeid）。其中的一个部门负责收集劳工数据。不过，劳动委员会并未被证明取得了成功。截至 1915 年，最初成立的 112 个劳动委员会，只剩下 85 个。法国从 1891 年开始建立最高劳动委员会（Conseil Supérieur du Travail），由 50 名委员组成。最初，他们是经任命产生的，但是从 1899 年开始，大多数需要通过选举产生。委员会的规模和构成发生了数次变化。1900 年的法令授权贸易部长在工业区建立劳动委员会，不过在这些地区，雇员代表由工会和劳动法院选任产生。1904 年，通过法令建立劳动委员会的做法要受到向国务委员会（Conseil d'État）上诉的制约，这一机制被 1908 年的法律所取代，并将劳动委员会改名为劳动咨商委员会（conseils consultatifs du travail）。在丹麦，1901 年的《工厂劳动法》规定由内政大臣牵头成立劳动委员会。在英国，1911—1913 年，三方（国家、雇主和工会）构成的产业理事会（Industrial Council）得以设立，以补强已经存在的磋商和仲裁机制。这是对这一工业动乱时期日益高涨的革命工联主义和行会社会主义（guild socialism）的直接回应。在德国，1906 年、1908 年和 1910 年的法案试图在地区层面建立劳动委员会。不过，这些法案未获通过，原因在于议会和政府无法就适用的范围、候选人年龄限制以及工会官员能否参选等问题达成一致。

所有这些委员会都是国家举办的机构。它们应当与工会的地方联合会区别开来，如法国从 1886 年建立的劳动介绍所，意大利从 1891 年开始成立的职业联合会，尽管这些机构接受政府的补贴（参见本书第五章）。这些联合会有助于预防工会运动的扩散。不过，即使在德国，工会运动也主要集中体现在三个不同组织，* 成立雇员委员会的要求也在不断增加。很明显，需要通过一个法定的机构来克服不同工会之间的竞争，并最终实现它们的统一。意大利 1902 年和 1903 年法律规定成立高级劳动委员会（Consiglio Superiore del Lavoro），共有 43 名委员，并由农业、工业和商业大臣担任主席。22 名委员是来自各种政治机构和经济公司的代表，7 名代表是国家机构的负责人，剩下 14 名由国王直接任命，其中 5 名是有产者代表，7 名是劳工代表。

在"一战"的最初阶段，爱国主义情绪高涨，随着大批人应征入伍，劳动力的结构发生了根本性的改变，经济也开始向战时工业转型，不过这些均没有改变前述发展趋势。工会和劳工领导人成为战时内阁的成员，比如英国劳工大臣和法国劳动部长；在德国，工会领导人成为帝国办公室的国务秘书。在战争第二阶段出现的工厂层面的产业冲突问题，在德国是通过 1916 年《爱国辅助服务法》来处理的；而在英国，此前一年通过的《战争军需品法》（Munitions of War Act）规定罢工为非法，并建立了强制仲裁制度。在这一时期，三方机制的影响力不断扩大，反映在战争军需品裁判庭（Munitions of War Tribunals）的构成上，由一名法律专业背景的主席和由雇主团体与雇员团体任命的陪审员，来处理根据该法产生的纠纷。但是，在这两个国家，劳资之间的合作并非总是奏效的。在德国，主要的社会民主党人都是罢工委员会的成员，并在达成处理协议方面提供帮助。在英国，有关罢工的禁令被南威尔士的矿工成功违抗。

在"一战"后期，这些控制措施在英国已经被放弃。取而代之的

---

* 即前述三个相互对立、存在竞争关系的德国工会组织。——译者

是《怀特利报告》(1916—1919 年)建议成立的、由所有主要行业的雇主代表和工会代表组成的地区及全国联合产业理事会(joint industrial councils)[*]：政府的角色仅限于在需要的时候指定主席和秘书，并交流信息。它们是自愿成立的，并不是立法强制的结果。截至 1921 年，共有 74 个此类理事会得以设立，其中 7 个是在公务员行业和政府产业机构中设立的。在 1923—1939 年，这些理事会中大约有 62 个正常运作，涵盖了 200 万工人。它们事实上是常设的自愿谈判机构，对英国产业关系的形成产生了持续性的影响：截至 1965 年，英国共有 500 份单独的行业层面的集体谈判协议，涵盖了全英国 2300 万工人中的 1800 万。英国也是通过三方机制来克服战后经济危机的典范，先是于 1919—1921 年召开了全国工业大会(National Industrial Conference)，在 1926 年大罢工之后，又于 1928—1929 年召开了工业再组织与产业关系大会(Conference on Industrial Reorganisation and Industrial Relations)。

在比利时，劳动委员会(Conseil du Travail)在 1920 年被重组。荷兰于 1919 年在三方机制基础上建立了高等劳动委员会(Hooge Raad van Arbeid)，其成员由王室任命。1922 年和 1937 年的宪法修正案使得赋予行业和职业组织规则制定权在法律上成为可能。1933 年的《行业委员会法》(Trade Councils Act)远未成为经济生活中各利益群体自我决定理念的倡导者。该法授权王室将经济生活按照行业进行划分，并根据行业建立相应的行业委员会(bedrijfsraden)分支机构，由相同数量的雇主代表和雇员代表构成，主席由独立第三方担任。该法并未赋予行业委员会制定规则的权力，而是规定王室可以通过单独的立法赋予特定行业委员会以规则制定权。不过，此后并未通过专门的立法，因此，成立的 21 个行业委员会仅仅作为磋商和合作的平台而存在。工人对该法反应冷淡(因

---

[*] 即怀特利理事会。——译者

为未赋予行业委员会规则制定权），雇主对该法表示反对（因为他们对迈向产业民主的每一步都充满恐惧）。如之前的 1897 年《劳动委员会法》一样，该法也被证明并不成功。1923 年这些地区性的劳动委员会被解散，便证明了经济问题主要集中在全国层面。在卢森堡，通过 1924 年法律建立了五个职业委员会，其中有两个是白领劳动者的职业委员会，一个是体力劳动者的职业委员会，这些委员会可以提出法案；而 1925 年法律设立的法国全国经济委员会（Conseil National Économique），仅有磋商和信息方面的功能。

德国的情况有所不同，因为此前非常强势的政府已经倒台。1918 年 11 月 16 日的《施廷内斯–莱吉恩协议》规定，"为了执行协议，以及规制解除动员，维持经济生活以及确保劳动人民特别是在战争中遭受严重伤残的人的生计"，成立了工商业雇主雇员中央伙伴关系，由相同数量的雇主代表和雇员代表组成。随后，为了实现有关成立帝国经济委员会的宪法承诺，临时经济委员会得以成立。1920 年法令对该委员会的构成作出了规定，除雇员部和雇主部外，第三个部门由来自公共公司、合作社、职业阶层和学者的代表组成。第三个部门是迈向中央伙伴关系的一步，这一中央伙伴计划仅由雇主和雇员的代表组成。临时经济委员会随着 1933 年魏玛共和国的失败而消失于无形。

在"二战"期间，英国于"一战"期间的发展得到了延续。在劳工和国民服务大臣主导下，围绕雇主和雇员共同利益问题成立了全国联合咨询委员会（National Joint Advisory Council），而在生产领域，则由生产大臣以及空军部主导成立了工会咨询委员会（Trade Union Advisory Committee），这两个机构为相关制度框架的形成奠定了基础。1940 年 5 月，时任主要工会领导人欧内斯特·贝文（Ernest Bevin）出任劳工与国民服务大臣，而其他劳工领袖也加入了政府任职。在三方结构基础上成立的有关生产的次级组织，开始在各个地方建立。它与联合咨询委员会保持了定期的沟通。在 1941 年春，生产已经实现了高度集中化，由雇主和雇员双方平等代表组成的中央生产咨询委员会（Central Production Advisory Committee）和生产执行局（Production Executive）得以成立。战时生产的需要将英国的工业置于政府控制之下，而工会也参与到这一过程中。这一情况持续到了战争结束，并随着工党取得 1945 年大选的胜利后对若干行业实行国有化而获得了进一步的发展。

"二战"后期，德国从被占领国退出以后的情况，与德国 1918 年以后的情况有点类似，国家权力被瓦解。但是在德国之外，政治权力从抵抗运动中逐渐积聚。在法国、比利时和荷兰所采取的解决方案，可以与德国 1918 年达成的《施廷内斯－莱吉恩协议》相提并论。抵抗运动在法国建立了全国抵抗运动委员会；比利时宣布了《国民团结契约》（1945 年），而荷兰则通过了雇主和工会宣言。1945 年成立的荷兰劳动基金会（Dutch Stichting van de Arbeid），是私有性质的组织，在结构上与德国 1918 年成立的工商业雇主雇员中央伙伴关系类似。1960 年代之前，它在荷兰的国家工资政策问题上发挥了重要的磋商作用，并且时至今日仍然存在。1950 年，社会经济委员会在三方基础上（三分之一雇主代表、三分之一工会代表和三分之一独立代表）成立，是政府在社会经济事务方面主要的咨询机构，同时也是荷兰各利益群体在经济事项上自决机制的监督管理机构。

《经济生活组织法》（Wet op Bedrijfsorganisatie）规定为每个行业分支成立行业委员会（bedrijfschappen），由相同数量的雇员和雇主代表组成，在经济和社会事务上行使咨询和立法权（包括通过单独立法确定劳动条件）。除了行业委员会，还成立了生产委员会（productschappen），由生产同类终端产品的企业组成。所有这些委员会都是公共机构，不过运行结果并不尽如人意。只有一些行业委员会得以成立（主要在农业、矿业和零售行业），多在一些大中型企业占主导的行业。只有在极少情况中，行业委员会才行使了社会方面的立法权力。与 1897 年《劳动委员会法》和 1933 年《行业委员会法》一样，1950 年的《经济生活组织法》也并不成功。

在比利时，召开过七届全国劳工大会（1944—1948 年），由来自政府、雇主和雇员的代表组成。在劳工大臣主导下，成立了常设机构，即一般联合委员会（Conseil Paritaire Générale），劳工大臣同时也是该委员会的主席。1945 年法令还建立了作为次级机构的联合委员会（commissions paritaires），该次级机构负责达成集体谈判协议以及解决个体劳动争议。随后，在更高级别形成了常设的法律机构，并对经济事项与劳动关系进行区分。1948 年成立了中央经济委员会（Conseil Central de l'Economie），承担向议会和政府提供咨询意见的功能，并在较低级别成立了职业委员会（conseils professionels）。1952 年，全国劳动委员会（Conseil National du Travail）得以成立，取代了此前的全国劳工大会和一般联合委员会。该机构也成为此前所有的专门机构，如一般安全委员会、高等劳动和社会福利委员会，以及行业与劳动委员会在法律上的继承者。在全国劳动委员会之下，设有联合委员会作为其次级机构，这也成为劳动委员会体系发展的一个高潮。比利时提供了一幅完整的画面，因为所有经济和劳动机构都具有劳资双方联合的性质。

战后《意大利宪法》在第 99 条承诺建立经济与劳动委员会。这一委员会直到 1957 年才成立，成为此前所有专门机构如行业委员会和社会福利与劳动全国委员会（成立于 1869 年）等机构的继承者。

第四节　迈向一个综合体系的方法

在德国和荷兰，都曾有过尝试，将雇员的各式代表机构，单独或者与雇主的代表机构一起，糅合进一个新的劳动关系体系。比利时在"二在德意志制宪会议的宪法委员会就宪法草案的讨论已经持续了一个多月以后，内阁就宪法草案的某个条款提交了修改意见，该条款随后基本上原封不动地成为《魏玛宪法》第165条的规定。[2]这一点并非完全出人意料，因为政府此前已经给予雇员委员会（workers' council）作为工人经济利益代表的宪法认可。这一宪法宣言还提及在所有行业和贸易部门形成雇主雇员伙伴关系（work communities），"以利于控制和调控物品的生产与分配"。第165条之所以被接受，原因在于它包含了此前所讨论或者所要求的所有要素。雇员的代表组织以地区雇员委员会（Bezirksarbeiterräte）的名义成立。它们是通过颇具革命性的委员会运动所创设，甚至已经在矿山获得了法律认可。帝国工人苏维埃（Reichsarbeiterrat）是不同工会之间合作的法律形式。这种形式自《施廷内斯-莱吉恩协议》签署以来便开始存在。这一组织是与激进的委员会制度相一致的，但是现在变成了法律体系的一部分，因为所有的机构都被授予了"法定代表"的身份。这一激进制度是受到第二套制度支撑的，即倡导合作的联合体系，此前在雇主委员会与雇员委员会的合作以及工商业雇主雇员中央伙伴关系中已经存在。最高层级的联合体系便是宪法中规定的帝国经济委员会，接下来的一个层次是地区经济委员会（Bezirkswirtschaftsräte），这只是过去的劳动委员会的新名称而已。在最低层级，是雇主与工厂委员会的合作。

后来《魏玛宪法》中有关地区经济委员会与帝国经济委员会的规定又被作了一些修改。不仅雇主和雇员会在委员会中得到代表，"所有主要的职业群体根据其社会与经济重要性"也能得到代表。这两个高层级的经济委员会的任务是"履行经济任务并配合社会立法的执行"。帝国政府会

---

2 该条的文本可以参见本书附录四，第385页。

将与重要社会经济政策有关的法案送交帝国经济委员会征求意见，此后才会提交给帝国议会。帝国经济委员会也有在不经过政府同意的情况下提出此类法案的权力。雇员委员会和经济委员会可以在各自活动领域内被授予控制与管理权。在经济委员会、工会以及雇主组织之间存在任务分工，因为这些组织也是得到法律认可的。

因此，以现在的眼光看，第165条并非想象般那样石破天惊。它代表了对社会自我管理原则的拓展，这一点在德意志帝国地区层面已经在规划之中。这也可以被视为1848年革命理念的最终实现。在1848年，由议会少数党派支持的法案（与多数党派支持的法案一样，由于革命的失败最终未能成为法律）已经在不同层面规定了联合代表制。在工厂委员会之上，需要有一个地区性的工厂事务委员会（Fabrikrat），由它来批准工厂规则，确定工作时间和通知期限，决定学徒的数量，监督工厂的疾病待遇基金的运作，起草工厂养老基金的章程，并在地区商业公会（Gewerbekammer）中代表工厂的利益。这些地区商业公会对所有机构和基金享有最终的监管权，有权批准工厂养老基金，并作为对地区工厂事务委员会决定不服的上诉机构。规模较大的州还需要建立中央商业公会。尽管存在这一传统，不过前述理念的实现程度仍然并不乐观。工厂委员会制度被引入，临时帝国经济委员会也成立起来。地区性的机构仍然只存在纸面上，并且由于地区性的经济委员会从来没有成立，它对工厂委员会的成立与活动进行监管的职责于1927年转移给劳动法院。随着钢铁工人与砌砖工在行业层面宣布退出，紧接着德国工会联合会宣告退出，工商业雇主雇员中央伙伴关系机制于1924年1月宣告解散。原因是未能建立地区层面的经济委员会，以及激进主义的复活，特别是在德国货币加速贬值的时期，引发了大量的不满情绪。雇主雇员中央伙伴关系机制被认为非但没有实现雇员的要求，反倒照顾了雇主的利益。并且，中央伙伴关系机制最后发展成一个尾大不掉的机构，有14个分支，140个分委员会，有 300 家会员单位，28 名管委会委员。

有关帝国经济委员会的法案于 1930 年被驳回，原因在于它废除了地区层面和帝国层面的雇员委员会，并且无法获得足够多的赞成票以改变宪法规定。临时帝国经济委员会随着魏玛共和国的终结而消失。

失败的原因难道只是 1930 年代未获得足够的票数以及议会制政府的垮台吗？对这一问题并没有简单的答案。在魏玛共和国的第一年，宪法第 165 条是一个妥协但是为政治发展留有空间，它仍然有可能付诸实施。但是后来，第 165 条的模糊规定本身成了绊脚石。委员会制度可以与当时的社会框架兼容。它是保守性的，如它在帝国法案中的原型所示。但它又是激进的，因为它在国有化之后提供了一套新的经济和劳动关系制度。在革命的大背景下，不同的政治派别均可以接受这一妥协。但是后来，雇主不想接受可能的国有化选项，左派的激进主义者也无意稳定自由经济体系。并且，在雇主和其他群体都可以在经济委员会上获得代表权时，工会的影响力在降低，如临时帝国经济委员会的例子所示，所以它招致了工会的批评。至于第 165 条的实施能否帮助控制魏玛共和国后期的经济危机，并没有清晰的答案。在德国，帝国政府试图建立工人与雇主合作的体系是由当时的政治现实决定的，即需要确保国家的合法性来反击国际革命工人运动。

在荷兰，宗教政党试图实现职业团体的自决原则。他们认为自由主义体系之前的庄园制应当适用于现代社会，正如同德国思想家马洛（Marlo）、舍弗勒（Schaeffle）以及来自美因茨市的冯·凯特勒主教（Bishop von Ketteler）所提议的那样。起初（1880 年左右），这一观点是由社会-加尔文主义者所倡导，随着 1891 年《新事物通谕》的发表，它获得了罗马天主教的支持（1910 年以及 1919 年的复活节宣言）。1897 年《劳动委员会法》，1933 年《行业委员会法》以及 1950 年《经济生活组织法》都可以看作是实现这一理念的尝试。不过，这些尝试均没有像德国一样，在工厂层面建立法律合作机制，因此它们跟《魏玛宪法》第165条相比均显得不够完整。它们也不是直接受到革命压力影响的，并且效果都不怎么好。这一失败的原因，与那些试图在不同层面引入劳工代表制的努力失败的原因相似。

比利时通过《国民团结契约》对联合代表机构进行了续造，并且似乎从德国经验中汲取了营养。1945年6月6日法令规定，联合委员会由国王应最具代表性的雇主组织和工会的要求或者征询其意见后在行业层面建立。但是它们的职能并不限于协助或者咨询。它们也有决策权，比如在产业冲突时划定关键服务的范围，对工厂中围绕劳动规章发生的冲突以及解雇联合委员会或者安全委员会的委员是否有正当理由等事项作出有约束力的决定。全国劳动委员会（成员上限为29名）的职责是向立法机构和行政机构提供建议。其权力在1968年得到扩张，可以在全国范围内以及不同的行业，或者在某个不存在联合委员会或联合委员会无法有效运作的行业订立集体谈判协议。因此，比利时的经验可能会让我们重新评估对代表机构的负面评价。很明显，它们要获得成功的一个先决条件是必须被赋予决策权；另一个条件是工会愿意给它们的活动留下空间。

第五节　专门劳动法院

本书第二章已经提到，劳动监察和追诉是执行保护性立法的途径。不过，立法是否成功及劳动合同能否得到履行，最终还取决于法院。如果法官对立法的精神抱有敌对态度，或者，如果工人无法利用法律程序，那么对于那些权利被侵犯的人而言，难言希望。司法系统的阶级偏见和缺乏处理集体劳动关系的经验，以及正式法院系统的成本、拖延和繁文缛节，都无须赘述。在有些国家，特别是法国（1806年）、比利时（1809

年)、意大利(1893 年)和德国(1890 年、1904 年和 1926 年),劳动法发展过程中的一个突出特点是建立了专门法院或者裁判庭,吸收劳动者参与,旨在克服前述问题。

在这一问题上,法国是先行者。劳动法庭经历了两个主要的发展阶段。第一个阶段是从 1806 年到 1880 年。这一机构的历史可以追溯到中世纪,作为专门处理商人与制造业者之间纠纷的专门法庭。此类形式的专门法庭在 1791 年被取消。1805 年,在向拿破仑一世所作的演讲中,里昂的制造业者批评了警察当局对劳动冲突享有法律管辖权这一现象。他们认为警察在适用行业惯例上并不熟练。拿破仑决定重新恢复工厂联合办公室(bureau commun de la grande fabrique)的设置,在旧制度下这一办公室曾经在里昂存在,为丝绸行业的所有工人提供服务。1806 年 3 月 18 日法律创设了里昂的劳动法庭,并规定这一法庭系统也可以在其他城市建立。劳动法庭由制造业者与工头组成。尽管劳动法庭的成员经由选举产生,但是,劳动法庭的裁决并不是由同行作出的,因为法庭成员中没有工人。最初它们处理与工作质量和劳动报酬相关的纠纷,但是后来也逐渐扩展至对其他轻微纠纷的调停、对违反工厂规则行为的记录,以及陪同政府官员造访工厂和车间等。劳动法庭制度逐渐被拓展至其他行业和其他城市。不过,在这一时期,根据马赛尔·大卫的研究,它们"更像惩戒委员会而非某种类型的仲裁法庭"。(David,1974:12)

在第二共和国时期,劳动法庭的性质才发生了转变。1848 年 5 月 27 日的法令规定,所有有职业的人,包括劳动者,均享有选举权与被选举权。这才确立了制造业者、工头、班组长以及所有劳动者之间相互平等的理念。因此,从这个意义上讲,劳动法庭代表了共和派与劳动者的"征服",这也意味着任何反对共和理念的政府,都会对劳动法庭的存在构成威胁。正是基于这一原因,在 1848—1851 年,劳动法庭遇到了许多困难。

劳动法庭发展的第二个阶段要从 1880 年代开始，劳动法庭也成为劳动纠纷解决机制中最为基础的环节之一。工人运动对这一管辖方式表示了极大的兴趣，并提出了具体的要求，以便提升劳动法庭的运作机制，以及将该制度拓展到更为广泛的区域，包括地理区域和职业范围。比如 1878 年在里昂召开的第二届工人大会上，工人代表提出了如下主张：他们要求出台新的选举办法，对法庭成员和主席进行选举；对任职期限与成员的报酬进行改革；并希望工会"专家"能够充任法庭秘书。除此之外，有关经选举产生的法庭成员的罢黜问题也被提出来：选民应当能够终止法庭成员的任期，这一点用马赛尔·大卫的话讲，"显示了仍然尚未成型的运动在面临法庭成员中的劳动者代表被董事或者雇主无视或者'回避'的风险时所采取的预警措施"（David, 1974 : 15）。

从 1892 年开始，各种政府议案或者私人议案轮番在国民议会中提出；但是，参议院对此的反对态度始终如一，没有一个法案得到通过。悬而未决的根本问题在于，对劳动法庭所作裁决不服的，应当向哪一个机构提起上诉。在这一点上，参议院最终承认，最好先明确拒绝赋予商业法院（tribunaux de commerce）对上诉案件的管辖权，再来讨论这一问题。但是法国总工会提出的建立专门劳动上诉法庭的提议被驳回；最终国民议会与参议院达成一致，将受理上诉的权限赋予民事法院系统（tribunal civil）。这一进展是通过两部法律达成的：第一部是 1905 年法律，规定由治安法官主持的委员会裁决，该委员会的管辖权包括当劳动法庭中劳资两方选择的法官票数相等时由其作出裁决；该法还规定将对劳动法庭裁决不服的上诉转交给民事法院；而 1907 年 3 月 27 日的法律则将有关劳动法庭的立法规定实现了统一。以下是该法规定的要点：可以根据市议会的要求而设立劳动法庭；劳动法庭的管辖权范围拓展至所有范畴的工商业，采矿以及与仓储、交通有关的商业；妇女被纳入选民范围；对选举资格所要求的居住期限或者从业年限要求降低；最后，由劳资双方选举出来的法官轮流担任劳动法庭庭长的规则得以建立。

1907年的法律构成了法国劳动法庭组织结构的基础，后来的法律基本上对其未作改动。比如，1908年，治安法官被赋予在没有设立劳动法庭的情况下审理个体劳动争议的权限；同时，妇女也被赋予了竞选劳动法庭法官席位的资格。1919年的法律改变了有关选举的规定，增加了选民的范围，降低了对被选举人的资格要求；它还明确了劳动法庭对劳动者的管辖范围，并改进了有关竞选劳动法庭法官的规定。1924年，有关劳动法庭的立法被作为第四编汇入《劳动法典》。1932年立法者曾试图将劳动法庭的管辖权拓展至农业，不过，并未产生任何实质的效果。

在比利时，法国的模式得到遵从。直到1889年7月31日法律，该国的劳动法庭才实现了民主化改造，将选举权赋予所有雇主和所有25岁以上的男性雇员。1896年和1910年，选举权被进一步赋予白领劳动者、妇女，以及某些类别的家政工人。1926年7月9日的法律确立了选举规则，规定由国王任命法学博士为法律顾问，为劳动法庭提供协助。从1926年起，劳动法庭对比利时个体劳动争议的解决发挥了重要的作用。

在这一点上意大利也提供了一个有趣的例证，在普通法院（*magistratura ordinaria*）系统之外又创设了一套"无法袍"法院（*magistratura non togata*）。1893年，有关劳动仲裁的法律得以通过。新宪法的倡导者将此视为一种减少因"不理解与一时愤慨"造成冲突的途径。在有工厂和工业企业的地方，设立仲裁委员会以解决个体劳动争议。每个仲裁委员会均设有调停办公室和陪审团。调停办公室由两名成员组成，一名雇主代表，一名雇员代表，再加一个中立的第三人作为主席。陪审团由主席和四名成员组成，两名雇主代表，两名雇员代表。调停办公室和陪审团（功能相对受限）的职能是对特定类型的个体劳动争议进行调停和调解。（对劳动争议)实行专属管辖的原因与其他国家的原因很相似:普通法官缺乏专业知识,普通民事法院系统的程式对于那些穷困、文化程度低且缺少代理人的原告而言,非常难懂;普通法官又受到中产阶级思维的影响,在工业化已经揭示了不同社会阶层的差异时仍然认为劳动与工资之间是一种平等的交换关系。

然而,并非所有的劳动法事项都逃出了普通法官的手掌,他们仍然继续处理属于民法租赁条款范围内的工资与劳动纪律问题。劳动仲裁主要处理与行业惯例、操作实践、工厂规则以及集体谈判协议有关的事项。(处理这些事项所依据的)规范通常是市场和企业的惯例。这一点也得到了《意大利民法典》第1124条的支持,该条允许从惯例、衡平法和制定法中找寻合同关系的渊源。通过这种方式,劳动仲裁丰富了有关租赁的法律框架,因为在许多知名案件中,劳动仲裁员与普通法官对法律的解读方式差异很大。比如,他们(1903年6月24日,米兰)认定疾病不再是从法律上终止某种关系的原因;(1903年7月27日,普拉托)认定在动因不充分的情况下,需要支付损害赔偿金。在职团主义时期,劳动仲裁消失不见;直到1950年代,才又出现类似的机构,但这不是立法的结果,而是不同联合会之间就解雇问题达成协议的产物,创设了调停委员会。

在德国,在普通法院系统之外单独设立对劳动争议有普遍管辖权的劳动法院(*Arbeitsgerichte*)是在1926年以后才出现的事情。它取代了此前于1890年建立、适用于体力劳动者的行业法院(*Gewerbegerichte*)以及于1904年建立、适用于白领劳动者的商人法庭(*Kaufmannsgerichte*)。行业法院的管辖权有限,仅涵盖有限的几个行业,与此不同,1926年的劳动法院则可以涵盖几乎所有行业的个体劳动争议和由集体谈判协议产生的争议,但不包括在订立新的集体谈判协议过程中产生的争议(即利益争议)。除公务员以外的所有类别的劳动者均可以向劳动法院起诉;工会和工厂委员会也可以根据它们的法定权利在劳动法院提出相应的诉求。劳动法院由作为院长的职业法官,和两名非职业法官组成,非职业法官中一名由雇主协会代表提名,另外一名由工会提名。劳动法院共有三级:地方劳动法院(*Arbeitsgerichte*),州劳动法院(*Landesarbeitsgercht*)和帝国劳动法院(*Reichsarbeitsgericht*)。帝国劳动法院是帝国最高法院的组成部分,由三名职业法官和两名非职业法官构成。卡恩-弗罗因德在他的以《帝国劳动法院的社会理念》为题的评论文章中谈到,根据他对判例法进行分析的结果,法院暗中追求一种社会-政治目标(他认为与法西斯的理念"在各方面完全相同")(Kahn-Freund, 1981∶108)。他认为帝国劳动法院法官厌恶集体主义的理念,而这一理念是魏玛共和国劳动法建立的基础,也就意味着他们通过判决改变了法律的基本特征。

在第三帝国时期,劳动法院对集体劳动争议的管辖权消失不见,而对个体劳动争议的管辖权被限缩,因为有些个体劳动争议属于新设立的"社会荣誉法院"(*soziale Ehrengerichte*)的管辖范围。在"二战"后,劳动法院重新取得了纳粹上台前的管辖权,并在重要性上日益凸显。

在英国,尽管普通法院系统很明显的阶级偏见所带来的对工会的厌恶,但并没有出现要求成立专门劳动法院系统的呼声。曾经在"一战"期间设立过战争军需品裁判庭,由法律专业人士担任主席,由雇主和雇员分别任命非职业人员担任审判员;除此之外,并无其他专门的劳动法院,而劳动裁判庭(industrial tribunal)体系直到1964年以后才出现。在设立专门法院问题上的消极态度,是法律在劳动关系领域总体"缺位"的一种表现,这一缺位状态的最高点又恰逢工会拥有最佳政治机遇、可以要求设立此类法院的时期。当劳动裁判庭最终出现时,它主要是政府部门主动作为的结果,并非对工会或者雇主需求的回应。同样,在荷兰,也不存在专门的劳动法院,劳动争议是通过普通法院系统解决的。

结　语

所有形式的雇员参与、劳工代表以及专门劳动法院都提出了同样的问题：工会的立场是什么？

在地区和国家层面，劳工代表是工会的专属领地。在那些选举权尚未完全涵盖工人阶级的国家，全国性的磋商帮助填补了一个政治空白。在战争或者经济危机时期，政府追求更紧密的合作并且建立三方结构的机制。政治稳定性的出现一方面依赖于政府放弃过去敌视工会立场以及形成强大新型宪法的意愿；另一方面又取决于工人阶级组织的主流力量在议会制政治架构内合作的意愿，以及政府阻断革命运动的成功。在工会实力比较强大，且拒绝赋予代表机构真正权力的地方，这些代表机构就得不到发展。

在工厂层面，没有任何形式的雇员参与能够打破雇主的父权制管理模式，工会干事制度和工厂委员会制度也不能打破。在中小规模的工厂中，产权人拥有永久性的控制权，雇主可以成功地抵制更广泛参与的压力。但是，雇员参与的机制在较大规模的工厂更为成功，因为它通常有一个较为庞大的官僚组织体系，雇主的管理权在不同人员或者不同层级的管理层之间被分解。

法律上创设诸如工厂委员会之类的机构是政治变革的结果。在雇主代表和雇员代表同意的情况下，工厂委员会的管辖权可以得到扩张。这也得到双方合作的稳定与可持续性保障的助力。有雇主参与的联合机构类型取决于双方的互信和进行妥协的意愿。在存在多个工会的情况下，工厂委员会制度跟工会干事制度相比具有优势，因为不同工会之间的差异和竞争随后会提交给雇员，由其投票决定。在这两套制度中，雇员代表根据他们代表任务的不同，都会变得越来越独立于雇员，这一趋势在工厂委员会中体现得比工会干事制度更为明显。所有雇员代表面临的问题，特别是那些更独立的工厂委员会面临的问题是，在工厂层面与雇主的合作，倾向于将雇员在工厂层面的利益，与他们在雇主的多工厂企业结构中更宏观的利益，以及与他们在整个行业层面相对于雇主的利益区分开来。因此，工厂委员会可以被认为实现了伙伴关系的理念，即雇主雇员之间的"工作伙伴关系"，并因此能够作为通向全国层面的伙伴关系的桥梁，以对抗阶级斗争的观念。

德国专门劳动法院的发展方向，即迈向一个将工人融入自由主义社会和国家管理过程的综合制度，与代表性的董事会、工厂委员会以及德国社会保险的三方机制不无关系。这一体系，在德国有着连续的传统（由于强有力中央政府的存在），并且从拿破仑一世时期劳动法庭的建立就可以看出它是反自由主义传统的。自由主义的思想体现在通过统一的司法权力解决公民之间的所有争议。代表的观念有封建社会的残留，在封建社会各个庄园主都有自己的利益代表。很重要的一点是，甚至到了19世纪中期，德国社会民主党的创始人斐迪南·拉萨尔还在讲"工人的庄园"（workers' estate）。当封建社会消失，并被个体之间的竞争所取代，同时作为弱势一方的工人要求并获得结社权时，一种新的社会制度已经出现。在集体自治的制度安排下，集体谈判双方建立的三方机制也能够用来解决劳动争议。因此，"庄园"代表制与集体自由放任的制度在现实中非常接近。

国家保护以及将工人融合进国家管理的过程，与自助，是用来解释不同国家劳动法发展轨迹的两种相互对立的理念。这两种理念在两次世界大战期间发生了激烈的冲突。我们最后一章就讨论这个问题。

第七章　余论：劳动法的新秩序（1918—1945）

蒂洛·拉姆

第一节　"一战"前劳动法的结构

劳动法在 19 世纪才确立了它的结构。"一战"之后，虽然这一结构有进展、提升或拓延，但并未再出现全新的观点和理念。劳动法可以被理解为两个理念的实现过程：自助和国家帮助。自助是工会运动和罢工的基础。这与对经济的自由主义理解，即"市场力量的自由展示"比较接近。不同之处在于，它用集体自治取代了个体自治。这一点在英国获得了完全的实现。

国家干预是相反的概念，会在自助受到压制或者力量较弱时占得上风。它从保护受歧视的儿童和妇女群体开始，因为他们无法与成年男性获得相同的法律地位。国家干预还包括一些针对科技与工业化风险的保护措施。它就像自由主义教条的告别演出（swan-song），因为根据自由主义的原则，国家不应当对经济进行干预。而干预也只有在雇主与雇员之间的形式法律平等的理念被证明是错误的情形下才不得已介入，如同妇女和儿童的情形。国家干预要么是掌握着政治权力的中产阶级作出的妥协；要么是王室展示实力的体现，如在德意志各邦国，王室仍然掌握着权力，并独立于庄园主和各阶层。与"国家干预"相比，德国人更喜欢使用"国家帮助"的表述，这表明他们把国家作为人来看待，并且认为国家帮助是平衡经济自由主义的一种途径。

国家帮助和国家干预被认为有"保护"劳工的效果。劳动保护法一词，从广义上看，涵盖了所有劳动保护立法，集体劳动组织、产业冲突的法律以及劳工代表的法律。它的范围比劳动法要广，除了有关劳动关系的法律之外，它还包括本书第三章所讨论的福利立法。直到"一战"开始之时，福利立法甚至被认为是最重要和最容易实现的立法，因为它并不违反合同自由原则，而合同自由是经济自由的法律表达。福利立法取代了此前被《济贫法》所占据的位置，为其注入了新的价值，并将其与资本主义工业化的要求进行匹配。这些福利立法旨在对劳动者生命历程中面临的一些常规风险进行化解。

19世纪的劳动法呈弥散状。作为对政治与社会挑战的回应，有时我们可以把劳动法与消防队的活动进行对比；有时它又是预防性的。一个综合性的立法计划从未获得采纳。在英国，除了一些零散的立法外，劳动法通过个案的判决获得零星的发展。然而，与"集体自由放任"和失业保险立法并存的是，英国形成了一套相对稳定的产业关系体系，这一体系从1906年到1960年代持续发挥稳定作用。从1899年《九月协议》开始，丹麦的情况也大致相似。这两个国家都展示了在集体组织基础上对雇主与雇员的社会冲突提供可能的解决方案，但是这一解决方案的条件是工会并不试图通过革命性的社会主义理念来取代自由主义社会。

德国在通过国家干预提供解决方案，特别是在社会保险领域，比其他国家都走得更远。雇主与工厂委员会在政府权威控制之下就劳动规章问题（参见本书第六章）达成的妥协更接近三方机制。但是，劳动委员会并未成立，集体谈判协议也未获得法律认可，有关职业协会(*Berufsvereine*)的法案也未获得通过。

立法机关也曾尝试考虑个体劳动关系的特殊性质（参见本书第一章）。一个不温不火的尝试是1896年《德国民法典》，就雇佣合同规定了若干基本原则。德国立法机关也曾尝试就白领劳动者的薪资问题通过专门的立法。比利时于1900年通过了《劳动合同法》。荷兰紧随其后，在1907年通过了一部综合性的法律，甚至还规定了集体谈判协议的约束力。法国在《劳动法典》这一亮眼的名称之下，于1910年对有关劳动就业的立法进行了汇编。但是这些立法均不是综合性的。

第二节 国际劳动法的出现

"一战"的结束预示着一个新阶段的开始，它带来了对国际劳动法的认可。"一战"前的劳动法均为各国的国内法。当然这并不妨碍不同的国家之间互学互鉴，也不妨碍不同的国家之间在一些劳动保护问题上小心翼翼地达成某种国际协议。在保护性立法和对自助的认可方面，英国拔得头筹。而在社会保险方面，德国则是先驱。

不过，各国国内劳动法的发展总是伴随着雇主的抱怨。他们认为，在与其他没有劳动法保护或者劳动法保护较少的国家的雇主进行国际竞争的过程中，他们处于不利地位。最典型的例子是法国1848年确立十小时工作制的法令，该法令由临时政府通过，不过在五个月后便被废除，理由是不可能就这一问题达成国际条约。

因此，劳动法在国际范围内实现统一是所有想提高工人阶级地位的人的当然目标。早在1818年，英国社会主义的先锋人物罗伯特·欧文将他终止对"人力资源"特别是儿童的剥削运动带到了欧洲，向参加亚琛会议的欧洲五国陈情，呼吁它们在欧洲范围内对劳动条件进行规制。他的陈情被无视，尽管他所倡导的事业被布朗基（Blanqui）、勒格兰德（Le Grand）和弗雷（Frey）继承下来。但在19世纪末之前，这一运动并未取得任何重要进展。

1889年，瑞士政府向其他国家提议在伯尔尼召开外交会议，以便为达成工厂劳动条件的国际协议奠定基础。但是德意志皇帝威廉二世为了突出他自己在社会问题上的创新之举，抢在瑞士之前，于1890年3月

15日在柏林召开国际会议，讨论影响工人阶级的问题，14个国家*与会。暴露出来的问题是对此次重要的国际会议缺乏充分的准备。奥地利、比利时、西班牙、荷兰和葡萄牙只派出了公务员代表；德国派出了公务员代表和两名雇主代表；法国和英国是代表团中包含工人代表的仅有的两个国家。不过，此次国际会议还是就以下国际法的原则达成了一致：妇女和南部欧洲国家14岁以下的儿童、其他国家16岁以下的儿童不得被允许在矿山工作；**14岁以下的儿童每天劳动时间不得超过6小时；儿童与14—16岁的年轻人不得被允许在礼拜日、夜间或者在可能对健康构成威胁的行业劳动；年轻人每天的工作时间不得超过十小时；妇女不得在夜间劳动，并且每天的工作时间不得超过11小时，同时还应当保证她们每周有一天的休息时间，最好是礼拜日，以及四周的产后休假。参会的成员国确保拥有足够数量的监察员，并向其他成员国提供它们有关工人保护的最新立法、工厂监察报告及相关的数据信息。

在巴黎世界博览会期间，围绕工人的法律保护问题于1900年7月25日又召开了一场国际会议。次年，工人法定保护国际协会在瑞士巴塞尔成立。该国际协会将鼓励国家干预作为其目标，并促使在巴塞尔成立了国际劳工办公室，这是一个建立在严格政治中立原则基础上的科学研究机构，主要发布与工人保护相关的信息。国际劳工办公室最初是由前述国际协会出资举办，但随后其经费更多地由瑞士、法国、荷兰、比利时、美国、德国、奥地利、意大利和英国政府（从1900年开始）提供。1913年，国际劳工办公室预算经费的四分之三来自上述政府。

国际协会的国别办公室在多个欧洲国家建立，并就社会保护的具体

---

* 经反复核对其他英文文献，参与国家数量为12。——译者

** 经反复核对当时有关此次会议的文献，此处有关矿山最低工作年龄的介绍有误，应分别为12岁和14岁。——译者

问题定期召开大会。在 1902 年召开的科隆大会上，成员国认为：有必要通过立法禁止女工从事夜班劳动，禁止在火柴生产过程中使用白磷，以及禁止使用碳酸铅。大会通过决议，要求瑞士联邦召开国际会议，以就上述问题通过国际公约。这就是后来的 1905—1906 年的伯尔尼大会，作为会议成果，通过了两个公约：一个是禁止在火柴生产过程中使用白磷（由 14 个国家通过）；另一个是禁止雇佣妇女在工业企业从事夜间劳动（由 7 个国家通过）。

国际协会的活动得到了法国与意大利之间于 1904 年达成的工人保护国际条约，以及瑞士有关社会保险决议的支持，后者规定不得基于国籍、居住地或者住所实施歧视，统一适用企业所在地的法律。德国、法国、比利时、荷兰和卢森堡就工伤保险问题达成了国际条约。1906 年在华盛顿召开的国际会议达成了禁止女工夜间劳动的公约。该公约将执行问题留给各国政府自行决定，但必须向其他国家通报它们是否决定执行该公约，并就法律现状定期进行报告。英国政府曾建议设立一个国际委员会，负责组织将来的国际会议，以及在对有关工人保护的国际公约发生争议时进行解释，但是这一建议未得到其他国家政府的支持。

由工会建立的国际组织则耗时更长，尽管它们与政党联系密切，因此也参与到国际工人阶级运动所发起的活动中。斯堪的纳维亚国家的工会在 1901 年组织了首届国际工会大会。在 1902 年斯图加特召开的第二届会议上，德国自由工会总会（German General Commission of the Free Trade Unions）被委以组建国际工会中央办公室的重任，这一国际工会中央办公室以卡尔·莱吉恩（Karl Legien）为国际秘书（从 1903 年起）。在 1913 年，国际工会联合会正式在苏黎世成立，并在柏林设有办公室。但是这一崭新的合作形式随着"一战"的爆发而宣告终结，工人们纷纷加入所在国家的爱国阵线，令那些期望国际社会主义作为反战堡垒的人士大失所望。

但是，随着战争的持续，态度发生了转变。旷日持久的战争，重大的人员伤亡，对战争目的和合法性的质疑，以及国际团结精神的复苏，能够帮助解释为什么工会的国际活动又开始重新出现，尽管是在协约国和同盟国各自的阵营之中开展活动。协约国的工会代表于1916年在利兹召开会议，通过决议要求通过《世界和平条约》的方式实现工人的基本诉求。而同盟国的工会代表则于1917年10月在伯尔尼召开会议，同意并完善了这一议题。于1919年2月在伯尔尼召开的国际工会大会通过了《劳工宪章》。

在1919年1月召开的巴黎和会上，德国在1917年伯尔尼会议理念的基础上提出了自己的国际劳动法草案，不过并未被接受。协约国成立了由各国工会代表组成的委员会。* 最终《凡尔赛和约》在第427条部分接受了前述国际会议提出的建议，但是受到了1919年7月召开的国际工会代表大会的猛烈批评，它认为《凡尔赛和约》的规定是不够的。

《凡尔赛和约》第427条规定，下列"方法和原则"具有特殊且紧迫的重要性：

    1. 前述阐明的指导原则，即劳动力不应当被作为商品或者商业交易的物品对待；

    2. 受雇者及雇主基于所有合法目的应享有结社权；

    3. 对受雇者支付的工资应当足以维持当时和所在国的合理的生活水平；

    4. 在尚未实现的国家，力争采取8小时工作制和48小时工作周

---

* 此处的委员会即国际劳工立法委员会，伯尔尼会议通过的《劳工宪章》提交至国际劳工立法委员会审议，会议通过了《国际劳工组织章程》和宣言，成为《凡尔赛和约》的第13部分。——译者

作为标准；

5. 采取每周至少有 24 小时休息时间的标准，这一休息时间尽可能安排在礼拜日；

6. 废除童工且对年轻工人的雇佣施加限制，以便能够允许他们继续接受教育并确保他们的身体得到健康成长；

7. 男性与女性付出同等价值的劳动应当获得相同工资的原则；

8. 每个国家通过法律就劳动条件设定的标准应当合理考虑确保合法居住在该国的所有劳动者获得同等的经济待遇；

9. 各国应当建立监察体系，并吸收女性参与，以确保出于保护受雇者目的而制定的法律和规定的执行。

283 尽管《凡尔赛和约》规定，这一列举并非穷尽式的，但是 1919 年 7 月召开的国际工会代表大会还是抱怨前述规定在下列问题上保持沉默：

1. 所有与学校教育有关的要求；

2. 女性免于从事星期六下午的劳动；

3. 产假工资；

4. 家政劳动的规制或禁止，以及对家政业的监察；

5. 对有关移民限制的总体抑制；

6. 对在不健康劳动条件的工厂中工作时间的限制以及禁止使用有毒物质；

7. 即刻通过 8 小时工作日制和 48 小时工作周制，将每周休息时间由 24 小时修改为 36 小时；

8. 通过将组织权写入法律的形式来承认这一权利，并确保工资能够保证有保障的生活标准。

但工会抱怨的对象不仅是对它们实质诉求的偏离,还包括将它们的目的仅仅表述为"方法和原则"。工会想要创立国际法,并将此作为它们的组织要求之一。在1919年2月伯尔尼会议发布的《告所有国家全体劳动者书》中,要求成立国际劳工议会,在该议会中,来自所有国家的代表团和所有职业的代表团都应当得到代表:"这一国际议会不应当出台一些没有法律效力的国际公约,而是应当通过国际层面的制定法,与国内的制定法一样,一经批准便对成员国产生同样的效力。"它们试图确立国际立法权和国际主权。具体的要求便是成立国际劳工局作为国联的一部分,并成立一个常设委员会,由国联成员国的代表和国际工会联合会成员的代表组成,各方人数相同。同时,还呼吁每年召开大会提升国际劳动保护水平,其中一半的参会人员由参加国的工会代表组成。大会应当能够在其职权范围内作出有拘束力的决定。

但是,《凡尔赛和约》虽然建立了国际劳工组织,并接受了召开年度大会的提议,但却将与会代表的一半分给各国政府,四分之一分给雇主代表,剩下的四分之一为雇员代表。建立国际议会和超国家的立法机构的设想没有得到采纳。公约的草案需要得到与会代表的三分之二以上通过,并获得成员国的批准后方产生效力。还引入了投诉调查程序,国际劳工组织的成员国均可以发起投诉,这也构成了一种较为微弱的监管机制。监管委员会也可以成立,并且其作出的报告可以发布。如果委员会提出的建议未被(成员国)采纳,其可以将案件提交给国联的常设法院,由常设法院根据其自由裁量权进行处理,并可以建议给予成员国经济制裁。尽管工会要求进行结构性改变,不过最终确立的机构是保护国家主权与国际劳动法理念之间的一种妥协。

但是,即使《凡尔赛和约》第427条属于中规中矩的规定,它还是走出了关键性的一步。工人的基本权利已经成为劳动法新的基石。这是迈向新的理解的一步,也是新时代的开端。但是与实现基本社会权利相关的法律障碍已经开始出现。1916年利兹会议的决议已经提出了劳动权原则："每个工人(workman)，不论其国籍状况，在其能找到工作机会时都有劳动的权利。"1917年伯尔尼会议在迁徙自由问题上，已经开始显得比较谨慎。不应当禁止向内移民和向外移民，但应当存在例外，允许成员国在经济萧条时期采取临时限制措施"以保护本国劳动力和外国的移民劳动力"，并对移民进行控制和暂时限制以保护国民健康。对《凡尔赛和约》的规定，德国增加了额外的要求，即具备熟练运用本国语言"进行阅读和写作的某种最低限度的能力"。《凡尔赛和约》第427条将是否给予外国劳工以本国保护性立法的保护问题，交由成员国自行决定。但是，合法居留在一个国家的工人应当获得相同的经济待遇。

尽管工人的诉求并未完全得到满足，但是国际层面的相关活动还是提升了国内立法的水平，也帮助提高了双边协议的数量。在《凡尔赛和约》批准后的四年里，在华盛顿会议通过的有关失业、怀孕女工的雇佣的公约，以及在日内瓦会议通过的有关农村工人组织权的公约，带动了成员国的国内立法。随后的全球经济危机预示着倒退。纳粹德国于1934年[*]退出了国际劳工组织和国联。

第三节 民主国家与劳动法

如果将除纳粹德国和法西斯意大利之外的其他欧洲国家在两次世界大战期间的劳动法，与"一战"之前的劳动法进行对比，可以得出两点结论。尽管俄国十月革命的成功造成了巨大的政治压力，但是在社会秩序方面并没有出现革命性的变革。各国劳动法遵循了"一战"之前的发展路

---

[*] 原文有误，经核对英文文献，纳粹德国退出国联的时间为1933年10月。——译者

径，不过跟"一战"前相比，越来越趋同。

"一战"抛出的问题是：欧洲国家是重回自由主义经济，还是继续"战争社会主义"的路径，以及战争社会主义会否导致国有化或社会主义化改造（Sozialisierung）。战争社会主义是德国人对战争期间他们所实行的计划经济的称呼。

英国作出的决定是反对国有化。在1921年，政府将煤矿的完全控制权又交回了煤矿的所有者，他们曾经提议进行大幅度的工资削减。矿工拒绝接受这一提议，并被采取闭厂措施的雇主关在矿外。出于同情矿工的遭遇，交通运输行业威胁进行总罢工。政府根据《紧急事态权力法》宣布进入紧急状态，而这一法律本身是在矿工纠纷的早期阶段于1920年仓促出台的。交通运输行业工会的领导人于1921年4月15日作出让步，这一天被称为"黑色星期五"（Black Friday）。截至6月，矿工因为收入中断等米下锅，而不得不屈服。1926年，这一故事再次上演，其对劳动关系产生的重大影响一直持续到1939年。在政府取消对煤矿行业的补贴、雇主提出降薪的建议之后，矿工再次被闭厂行动关在矿外。随后便发生了1926年5月的大罢工。以鲍德温（Baldwin）为首相的保守党政府将此视为对宪法政体的攻击，因此动员了包括军队、警察和中产阶级志愿者在内的一切力量来挫败此次罢工。用时九天，他们便成功挫败罢工；但是直到六个月后，矿工因没有收入来源陷于饥饿才被迫复工。此次罢工给了政府一个通过1927年《劳动争议与工会法》的借口，该法将总罢工和同情罢工宣布为非法，限制罢工纠察，禁止公务员参加有外部依附关系的工会，并限制了支持工党的工会主义者的经济来源（参见本书第五章）。所谓的温和工会和劳工领袖开始出现，以对抗更为激进的左翼分子，他们进入了一个与雇主和政府合作的时期。特别值得一提的是，由艾尔弗雷德·蒙德勋爵（Sir Alfred Mond，雇主领袖）与本·特纳（Ben Turner，英国工会联盟主席）交替主持的系列会议被认为是产业合作新时期的开端，这与 1932 年开始在国民政府中一些前劳工领袖的政治合作遥相辉映。在 1945 年工党政府上台之前，行会社会主义和国有化的话题已经退潮。

在德国，1918 年 11 月的革命推翻了帝制和旧的国家机构。革命工兵代表苏维埃取得了权力。新的权力机构即人民代表议会，赋予自身实现社会主义议程的任务，不过在 1918 年 11 月 12 日《告德国人民书》的结尾，人民代表议会承诺，"政府将维持合理的生产，保护私有财产免受侵犯，并保护个体的自由与安全"。第一届德意志帝国议会制政府维持了这一模糊的立场。1919 年 3 月 5 日，它将社会主义改造描述为其立法意图之一。有关社会主义改造的框架立法于 1919 年 3 月 23 日通过，该法授权帝国政府通过立法，在给予合理补偿的前提下，将适合社会主义化的经济企业转化为公有经济（*Gemeinwirtschaft*），但实际效果有限。有关煤炭、钾碱、电力行业的专门立法也只是创设了强制性的卡特尔。在经过两年的内部纷争以后，共产主义政党被打败，社会主义改造随之也被抛弃。在荷兰，1918 年 11 月的革命计划未能成功。但是基督教-民主党的劳工大臣阿尔博斯（Aalberse）感觉自己"像在雨季来临之前需要抓紧时间把重活干完一样"，在两年内，经由议会通过了一大批劳动与社会保障方面的法律。

争取 48 小时工作周的斗争的结束，于工人而言，是另外一个引起失望和愤恨的事件。这一要求是数十年来国际工人运动的核心诉求。但是期待中的国际范围内的胜利并未实现。确实，在不同国家达成了不同程度的妥协，这反映了各国工人的力量和他们的经济状况。

工人赢得了政治权利。（男性）普选权在所有国家均得以实现。这为工人利用他们的选票优势提供了可能。但是政治权力上的增加又因工人政党的分裂而被抵消，起初是因为对待"一战"的态度问题而分裂（如德国），后来是因为对待 1917 年俄国十月革命的态度问题而分裂，这催生了共产主义政党。德国社会民主党参加了魏玛共和国时期多届内阁。在英国,工党在1924年和1929年两次组成了少数党政府。1931年,麦克唐纳(McDonald)、斯诺登(Snowden)和托马斯(Thomas)抛弃了工党,加入国民政府。后来工党慢慢恢复过来,于1940年加入了战时内阁,并于1945年取得大选胜利,得以独立组阁。非常重要的一点是,尽管1926年以后工党和工会领导人在政治上享有巨大影响力,但他们并没有争取出台法律措施,如提供职业安定保障或者增加集体谈判协议的法律执行力等,主要是考虑到英国工人运动总体上实力比较弱小。

另外,在欧洲大陆的民主国家中,在失业和职业安定保障方面出台了重要的措施(参见本书第五章),这样做的效果是将工会融入这些国家的法律体系之中。与此相向而行的措施还包括强制仲裁的广泛利用(如德国1933年之前,法国1936年之后)以及对"最具代表性工会"的选择(参见本书第六章)。但总体而言,劳动法的发展在原则方向上与"一战"之前并无不同。在荷兰、卢森堡和比利时,总体上是平和与渐进式的。在英国和丹麦,集体自由放任的制度被证明具有稳定功能。即使在魏玛共和国时期的德国与法国也没有发生根本性的改变。在德国,在1918年11月革命后的前两周,以前的前自由主义社会有关家政工人和农业工人的劳动法,以及有关结社权、集会权的限制被打碎。这一点以及保护性劳动法的再出台,均拜人民代表议会1918年11月12日的《告德国人民书》所赐。1918年11月16日的《施廷内斯-莱吉恩协议》奠定了魏玛共和国劳动法的基础,而人民代表议会1918年12月23日的法令则规定集体谈判协议对个体劳动合同具有直接的强制性拘束力。在此之后,《魏玛宪法》作出了若干无法实现的承诺(参见本书第六章)。诚然,《魏玛宪法》通过承认"组织权"(第159条),保护相对于所有社会权力的持有者包括雇主的观点自由(第118条),以及形成包括狭义的"劳动权"在内的基本社会权利的类型(第163条)等方式,开启了对劳动法新理解的大门。它倡导所有工人阶级在国际范围内实现最低标准的社会权利(第162条)。对于国家干预的趋向，特别是通过劳动法院，通过扩大社会保障的范围，以及通过对劳动争议的强制仲裁等方式进行国家干预，也有一些新的支持力量。但是将劳动法完全融入国家体系这一点并未实现。

国家的权力还在。1924年帝国铁路公务人员罢工被挫败，标志着终止公务人员特殊身份尝试的失败，因为在经济危机期间，公务人员自身对维持其免于解雇的特殊身份更加关注。在技术救援服务(Technischer Notdienst)这一最初来自军队的措施帮助下，国家获得了一项重要的武器可以用来对抗那些危及国家关键利益的罢工，这远比英国1920年《紧急事态权力法》走得更远。在世界经济危机期间，帝国总统利用手中的紧急事态权力对原由集体谈判协议确定的工资进行调整。在魏玛共和国末期，劳动关系结构再一次朝着有利于国家的方向发生改变。国家的权威，虽然在1918年被破坏，但又重新得以恢复，并且似乎政府在议会制之下受到的约束比"一战"之前还要少。总体而言，德国对战前的劳动法体系进行了重构，并用1914年之前("一战"前)设计的形式表达出来。

法国也再次证明了这一点，即1918年以后工人处境的提升并未实质性地改变此前的社会经济权力结构。法国雇主的力量强大到可以对抗国家与工会的联盟。1936年，社会主义与共产主义政党就一致行动达成协议(即所谓的"人民阵线")，并取得了当年大选的胜利。在由莱昂·勃鲁姆领导的政府上台之前，爆发了大量的罢工和占领工厂运动。雇主请求政府进行调解，并与工会达成了《马提尼翁协议》，该协议变成了后来集体谈判协议的基础，并实现了工人有关增加工资、带薪年休假和40小时工作周的要求。其他特殊的要求包括通过集体谈判协议稳定劳动条件、承认工会合法性、选举工人代表以及保护免于受到任意解雇。随后通过的社会立法引入了带薪年休假和40小时工作周制度，增加公务员的工资，延长了义务教育的时间，改变了法国银行的组织架构，将军工产业国有化,并建立了公共工程规划。1936年6月24日有关集体谈判协议的法律规定集体谈判协议中必须载明有关组织权的事项,有关在十人以上工厂选举产生工人代表对安全规定进行监督并向管理层提交诉求的事项,有关最低工资、休假和学徒培训规定的事项。但是这一进展并不持久。在莱昂·勃鲁姆于1937年辞职以后,雇主的抵抗、资本的外逃,以及1939年"二战"的爆发,都使得上述新的劳动立法要么被废除,要么被搁置。

政府下令对被占领的工厂实行强制清场,并要求罢工工人继续工作,特别是在1938年7月的大罢工期间,更是如此。在"二战"爆发以后,政府取得了对经济的控制权,延长了工作周,降低了工资,并用雇主指定的人取代了工人选举的代表。对大多数重要基本权利的取消,乃至对可疑人员未经审判即行拘押的做法,甚至发生在绝大多数人民阵线议员授权陆军元帅贝当(Pétain)制定新宪法的同一届议会之前。

第四节 极权国家与劳动法

在1922年至1945年间,极权体制开始建立:在意大利,从1922年开始以墨索里尼为领袖的法西斯政府;在德国,从1933年开始,以希特勒为帝国总理和领袖的纳粹政府;以及在法国,从1940年开始,陆军元帅贝当成立的政府。战争成为这些极权体制的共同根源:在意大利,这表现在群众的政治不满情绪以及无法实现向平时经济的过渡;在德国,这表现在《凡尔赛和约》带来的巨大羞耻感再加上通货膨胀和世界经济危机的影响;在法国,这表现在1940年快速且完全的军事溃败。这三个极权国家有一个大的负面共同特征:它们均既反对个人主义又反对集体主义,反对阶级斗争、罢工和闭厂,反对民主与平等。它们的新的共同价值是社会和平，一种非理性的共同体感情，或者德国人讲的国民伙伴关系（*Volkesgemeinschaft*），以及将领导原则与精英主义从政治领域转移到经济生活和劳动关系之中。所有这三个体制都取消了政治与劳动关系之间的传统区分。不过这三种极权体制也存在巨大的差异，这一差异不仅与它们持续的时间长短有关：意大利长达23年，德国12年，法国4年。这些差异也反映了这些体制所处的历史条件：墨索里尼和希特勒均是一种强大运动的领袖，这些运动由激进成员组成，这些成员在内战中受训并为内战服务，数量多到可以在攫取权力之前在民主选举中获胜。因此，法西斯主义者与纳粹政党可以被用来接管国家机器，实现其目标。法国的维希政权，以贝当元帅居所所在的非德占区的法国小城命名，背后并没有一个党派的强大支撑。权力的来源是建立在贝当元帅的个人权威以及德国对他利用国家机器的支持之上的。极权体制的共同立场或许可以用墨索里尼于1930年4月22日演讲中的话来表述："工联主义本身不是目的；它要么被发展成为政治社会主义，要么被发展成为法西斯职团。"希特勒会在这句话最后再加上一句："要么就消失于无形。"所有的极权体制都相信，无法建立或者维持一个经济自由主义和社会保护的体系。因此，唯一的替代方案便是一个新的社会秩序。它们还同意劳动关系应当被融入经济之中，这一经济的指导原则应当是和谐而非竞争。但是，不同的国家有不同的发展路径。意大利和法国试图在它们的《劳动宪章》中建立一种全新的社会秩序，在意大利是1927年4月21日的《劳动宪章》，在法国是1941年10月4日的《与职业的社会组织有关的法律》*。德国1934年1月20日的《国民劳动秩序法》是基本法律，但不如前两部法律那般全面。它很明显不是劳动关系的最终组织形式，而在于提供灵活性。然而，它规定了新体系的基本框架。

---

* 即法国的《劳动宪章》。——译者

对这三种极权体制的比较可以主要从下面四点展开：维持还是不维持雇员或者雇主的单独组织，组织自由，新组织的结构，以及对工资的调控。在意大利，法西斯工会的缔造者埃德蒙多·罗西尼（Edmondo Rossoni），最初想在经济的每个部门中建立联合的协会。不过，唯一的尝试是在农业领域，且由于雇主的反对并未取得成功。随后法西斯工会与社会主义工会之间发生了长久的争斗，前者因为获得了政府的支持而取得上风，并获得了产业雇主联合会的认可。在由罗西尼与产业雇主联合会之间于1925年达成的《维多尼宫协议》中，法西斯工会被承认为雇员的唯一代表，产业雇主联合会被承认为雇主的唯一代表，并且雇主承诺不会绕开法西斯工会直接与雇员达成协议。由雇员选举代表组成的内部委员会（和罢工权）随后被废止，其权力被转移至当地的职团。这一废止被1925年11月15日的法令所规定，并且新的"职团国家"原则体现在1926年4月3日的法律和1926年7月1日的条例中。

根据上述立法措施，在一个城市的一个行业中，只有一个雇主或者雇员的组织能够为政府所认可。某一特定行业的雇主协会都归属于全国性的联合会，与此相并行的有一个工会的联合会。政府起草章程，对这些组织的活动进行规制，可以修改这些组织的决定或者径行宣布其无效；它们的官员通常由法西斯政党任命或免职，需要作出"国民忠诚的毋庸置疑的保证"；政府如果认为有必要可以撤回认可，对这一撤回决定不得上诉。1926年4月3日的法律还规定了职业阶层和公共官员的组织，由政府授权并受到法西斯政党的监督。

这些机构还被赋予了调整工资和其他劳动条件的权力。这是迈向职团制国家（corporative state，又译为组合制国家）的最初步骤，在职团制国家中，雇主和雇员的组织被合并为更高阶的单位即职团，由这些职团来讨论和决定生产中的问题。（雇主和雇员的）"混合职团"只是在1926年4月3日的法律中含混地被提及。1926年7月1日的条例将集中协调机构的名称取为"职团"，这些机构有着共同的上级部门，负责调和分歧、鼓励生产、职业介绍，以及对学徒进行管理。职团部得以设立；并且作为法西斯政党最高机关的法西斯大评议会于 1927 年 4 月 21 日通过了《劳动宪章》（即《生产者权利义务宣言》）。职团被描述为"生产要素的统一机构，并代表总体上的生产利益"。它们被法律认可为"国家机关"，并可以签发对资本和劳工有拘束力的规则；在穷尽职团机关内部的调停手段之前，不得向劳动法院提起诉讼；这些机关控制着职业介绍所，并监督安全生产方面法律的执行。《劳动宪章》第三条的开端写道："行业和职业的组织是自由的"，但该条随即赋予了这些机构以排他的代表功能，并获得国家的认可。事实上，这些机构在未获得法西斯政党批准的情况下不能成立或者运作。尽管第三条宣称工资并不能通过一般规则确定，而应通过谈判确定；但实际情况是，在 1928 年 5 月和 10 月，1930 年 11 月和 1934 年，工资先后根据一般规则被下调。

第四条规定："集体劳动协议通过协调雇主与雇员之间相互冲突的利益并将其置于更高的生产利益之下的方式，明确肯定了团结原则。"在实践中，围绕工资、工时、惩戒性制裁等而进行的协议"谈判"，是由省级层面或者全国层面组织的指定官员执行的。协议需要经过省级区域或者职团部长的批准。协议一旦达成并公布，便对所有雇主和雇员生效，而不论其是否隶属于这一官方组织。它完全是一个等级森严的体系。

1930 年 3 月 20 日的法律设立了全国职团评议会，由墨索里尼直接控制，行使被称作"预先立法的职能"。1931 年，它被拆分为若干次级部门，每个部门涵盖一个不同的领域，其任务是就经济与社会问题发表咨询意见，包括对（行业和职业的）组织的承认。与民主国家存在的各种劳动咨询机构不同，职团评议会的代表并非自由选举产生，并且职团评议会甚至不能违背墨索里尼的意愿将其决定公之于众。如果评议会的意见违背了雇主的利益，那么这些意见将被无视。所有意见的最终决定权事实上都在法西斯大评议会、法西斯政党的全国党部、部长评议会,并且最终是在墨索里尼的手中。

尽管在 1933 年 11 月 14 日的著名演讲中,墨索里尼宣称"资本主义的生产方式已经过时",并且他正在"革命的道路上采取一种全新且决断性的措施",但他告诉听众,私人企业将在"国家的监督"之下继续控制生产和分配。1934 年,22 个职团得以成立。它们的评议会由全国联合会的官员,以及法西斯政党的专家和代表组成。每个职团的任务是向公共管理机构提出咨询建议、调停劳动冲突、确定工资水平,而确定的工资水平只有经过全国评议会和墨索里尼的批准才能产生约束力;以及制定与"经济关系和生产纪律"相关的规则。尽管墨索里尼宣称,"作为资本主义理论基础的自由放任原则"是"过时的",他事实上只在压制罢工和自治性工会,以及创设由法西斯政党控制的顺从组织时才对劳动自由放任原则进行打压。

在德国,民族社会主义工人党从一开始便坚决反对传统工人运动,这一运动是由社会民主党人和共产主义者组织的。与意大利法西斯政党不同,纳粹没能建立自己的强有力的工会组织。这也是工会和工厂委员会被解散的原因,它们是左翼政党的真实或者可能的权力中心。雇主组织也没有存在的必要,如同墨索里尼最初在意大利规划的那样,它们和工会被雇员和雇主的联合组织所取代,这一联合组织即德国劳工阵线(Deutsche Arbeitsfront),这是"手部和脑部"工人的联合会,如同它的称呼一样。德国劳工阵线依附于纳粹政党。会员身份是自愿的,不过事实上在加入问题上面临着很大的压力。德国劳工阵线并无法律上的权力来确定劳动条件。调整劳动条件变成了 1933 年新成立的国家机构官员的任务。"劳动受托人"要么将原有的集体谈判协议进行拓展,要么制定集体规则(*Tarifordnungen*)。当信赖委员会的大多数委员认为工厂"领袖"的决定并不符合工厂的经济与社会条件时,可以向"劳动受托人"提出申诉。

这并不是唯一一种国家对雇主的监管形式。雇主被融入新的经济体系，这一经济体系利用此前的卡特尔组织来在计划经济中建立行业的国家分部。同时还存在着国家对工资的控制。但是，由于军队的扩编和巨大军工产业的重建而导致失业消失和对劳动力的需求增加，企业又建立了一套工厂待遇体系。工人受到工人手册的控制，在手册上所有劳动就业的变化情况都要记录在案；雇主则受到德国劳工阵线和社会荣誉法院的控制，它们可以宣布对雇主实施惩戒性制裁，包括剥夺其控制工厂的权力。

纳粹体系是对所有个体和所有群体实施完全控制和融入的方式，它通过国民伙伴关系的理念来为这种方式提供正当性支撑。这包括在政治领域和劳动关系领域对犹太人实施的严重种族歧视；以及对女性实施的性别歧视，女性被排除在相同的工作条件之外。在战争期间，这一体系演变成对在集中营中的囚犯，包括战犯和所谓征召的外国劳工，以强迫劳动方式实施的剥削和压制。这并不只是基于"二战"的迫切需要而导致的例外发展，而是一种将精英治国的纳粹理念拓展至作为"主宰种族"的日耳曼人体系的必然结果。对经济的组织并非是一成不变的。在1935年，技术工人被按照职业会（chambers）和地区组织进行重新调整。最初，强制性的卡特尔被取消。工业经济（gewerbliche Wirtschaft）由帝国经济部长进行组织，并确立了两种组织形式：一种是经济会，分为三个层级，以帝国经济总会为最高形式；另一种是产业团体，包括帝国团体、经济团体、特别团体和特别次级团体。它们都负有双重职能：既要代表会员的利益，又要协调会员利益与国家利益的关系。因此，自我管理的原则被移花接木至计划经济。雇主获得了双重代表：一重代表是德国劳工阵线，另一重代表是作为企业主，获得工业经济组织的代表。德国劳工阵线被各种福利功能所占据，比如提供法律援助，进行职业培训，以及管理休闲组织或者劳工组织，前者如"通过快乐获得力量"（Kraft durch Freude），后者如"劳动之美"（Schönheit der Arbeit）。

法国维希政权的《劳动宪章》，与联合社会委员会一起，更接近意大利的职团制，而非德国的民族社会主义，不过雇主和雇员两侧的职业团体跟意大利模式相比，影响要小些。它们的职能较少，主要是对会员的监管和代表，以及对团体决定的传达和执行（第14条）。从总体上讲，法国的体制与德国的工厂委员会体制似曾相识，后者是由《魏玛宪法》第165条规定延伸出来的。最低层面（工厂）的机构是旧的企业委员会，以及所有的联合社会委员会都是建立在前述工厂委员会模式之上的，只是在法国维希政权时期，随着工会被解散，而被放入了一个等级森严的体系。（地下统一工会运动变成了抵抗运动的重要组成部分）社会工厂委员会受到当地社会委员会的监管。地方社会委员会，以及位于其上的地区和全国社会委员会，由雇主、体力和白领劳动者，以及其他范畴的雇员（如负有管理职能的雇员和工程师）组成。

这实际上是旧有观念的重新出现，这一观念在德国1848年便已经提出，"工厂委员会"应当由两个雇员团体组成，每个团体有一名雇员代表和一名管理人员代表，这两种类型的代表分别由雇员和工厂的所有者选举产生。在法国的维希政权时期，委员会的构成是对等的。工厂之外的社会委员会是按照职业团体来进行组织的。这些委员会可以再成立相应的机构，吸收相应团体的符合条件的成员加入。地方社会委员会的任务包括讨论工资、集体谈判协议、职业培训，出台与招聘、通知以及安全健康措施相关的规范（第31条）。它们也可以处理与职业安定、保险和养老金、互助与支持，以及家庭帮助相关的问题。全国层面的社会委员会作为集中统一领导和组织的方式，需要批准职业规范，特别是与健康问题和职业安定有关的职业规范。低层级的社会委员会作出的决定可以被高层级的社会委员会所推翻，高层级的社会委员会可以决定低层级社会委员会的构成。在全国社会委员会中，国家的直接影响可以通过由劳动部长任命的国家委员（State Commissioner）的存在而感受到。

在"二战"期间被德国占领的国家中，工会因被视为可能的政治抵抗中心而被解散。德国人将永久解决劳工组织的问题推迟到战争后期，他们的兴趣点在于利用经济为他们战时的目的服务。被德国占领并被置于德国民选政府统治之下的荷兰也不例外。在荷兰，德国人禁止削减工资，并下令由四名政府调解员组成全国政府调解员委员会（College van Rijksbemiddelaars），这四名政府调解员是根据1923年《劳动争议（调解和调停）法》任命的。该委员会被授权在集体谈判或者调解未达成协议时签发有拘束力的工资命令。从1940年5月开始，该委员会就工资政策相关事项出台了指南，这些事项包括维持平均劳工家庭所需的社会最低基本工资，在诸多情况下通过强制性的工资命令取代集体谈判达成的工资，以及禁止为了招聘雇员而提供额外的工资激励等，直至该委员会于1942年10月被德国人所解散。这些做法被吸收到战后的立法之中，当时糟糕的经济形势迫使政府采取强硬的工资政策，该工资政策被规定在1945年《劳动关系特别法令》中。该法令原本是作为紧急措施出台的，但在战后却长期被用来调整荷兰的工资政策，一直到1960年代。

第五节　"二战"与劳动法

与"一战"一样，"二战"也带来了相似的问题，只是在英国体现得更为集中，这是唯一一个劳动关系没有被极权体制摧毁的欧洲国家。劳工领导人参加了丘吉尔的战时内阁，当时的主要工会领袖欧内斯特·贝文出任劳工大臣。战争的紧急状态导致对罢工和闭厂的禁止（一直持续到1951年），立法规定将劳动争议提交强制仲裁解决。未经许可的罢工者面临着严重的惩罚，言论自由面临着限制，这远比1916—1918年的限制更严重。很重要的一点是，这些权利都是在工会领导人同意的情况下被剥夺的。在 1940 年 5 月 25 日面向 2000 名工会管理层代表作的演讲中，贝文说道，"我不得不请求你们将你们自己实际置于国家的支配之下"，而工会成员对此表示赞同。尽管紧急事态权力的严苛性，贝文还是用他的位置为处境最糟糕的工人提高了工资，比如农业工人；迫使雇主招用医疗和福利职员，与雇员代表保持常规沟通；并将通过雇员代表或者职业介绍所与劳工进行互动规定为强制性义务。在政府的支持之下，管理层与工会开始利用在各个层级建立的新型联合磋商机制。劳动政策越来越频繁地通过三方机制确立，工会与雇主取得了相同的地位。集体谈判非但没有消失，反而在合作的氛围下获得了新的发展动能，如同战争期间在大的行业新设立的 46 个怀特利理事会一样。

凯恩斯主义理念开始变成国家"规划"中可以接受的一部分；劳动相关的机构开始被非正式地纳入国家的架构；而在反对极权体制过程中产生的激进的、自由主义的、平均主义的，甚至空想主义的理念，开始提高公众对政府的预期，即政府应当在战争成功结束后的社会转型中发挥更大的作用。在贝文的坚持之下，社会福利目标被写进 1941 年的《大西洋宪章》；1942 年《贝弗里奇报告》面世，擘画了战后"福利国家"的蓝图。它建立在"综合性"原则基础之上，表达的是"国家的团结与统一，在战争期间这是反抗侵略的壁垒，在和平时期这是对抗个人贫穷与厄运的保障"。与战前在福利问题上的零星立法（参见本书第三章）不同，"二战"期间开始为全体民众谋划化解一整套社会经济风险的保护措施。《贝弗里奇报告》对整个欧洲都产生了深远影响。劳动法和社会保障被认为在为工人提供社会正义感的过程中发挥着不可或缺的作用。这是通过战后工党政府采取的（煤矿、铁路等的）国有化措施，对《贝弗里奇报告》中建议的落实，以及强化劳动关系中的传统集体自由放任体系来实现的，后者的例证包括"公平工资"政策以及将集体谈判达成的劳动条件进行扩张适用等（参见本书第五章）。20 年过后，直到英国的经济危机出现，人们才认识到这一在资本、劳工与政府之间达成的历史性妥协的局限性。

欧陆国家的经济形势更为严峻，因为战争在欧洲大陆造成的损失比英国严重，因此需要政府干预，比如分发食物和原材料，以及重建交通运输系统。这是战争期间状态的一种延续，不同之处在于权力已经从纳粹及其同伙那里移除。解放不可避免地意味着对政府结构的冲击。简单地接管政府是不行的，各方之间都有合作的必要，并且因为在政治上的相似性，德国1918年《施廷内斯-莱吉恩协议》在其他国家也得到了复制。

战争期间及战后产业关系的发展不可能通过以下术语进行穷尽性的描述：国有化、社会保障的改善、在企业和工厂层面对工人代表的态度、在全国层面的代表问题，或者将投票权拓展至女性等。这一发展不止于此，它代表了一种建立在自由和法治基础上的新未来。有了希特勒消除政党、压制其他国家的政策和强迫劳动制度的经历，欧洲国家有动力在自由社会与民主国家原则基础上重构劳动关系。国际声明，如1941年6月12日在圣詹姆斯宫发表的《同盟国宣言》（由英国、比利时、卢森堡、荷兰和法国等国的代表参加）与1941年8月13日《大西洋宪章》，尽管用语模糊，但均为对纳粹主义挑战的公开回应，后者宣称它们已经建成了福利国家。在对国际劳工组织1944年于费城达成的《关于国际劳工组织宗旨与目的的宣言》与《凡尔赛和约》进行对照后会发现，对这一问题人们形成了新的理解。除了重申劳动力非商品，并承认结社自由之外，考虑到罗斯福于1941年1月4日发表演讲，承诺战后世界应当建立在四项"关键自由"（essential freedoms）基础之上；很明显，受到这一演讲的影响，前一宣言中加入了下列表述："所有人，不论种族、信仰或性别，均有权利在自由、尊严、经济保障和平等机会的前提下，追求物质财富和精神发展。"因此，对传统基本权利的重申，与对新型社会权利的认可结合了起来。这一点是通过《世界人权宣言》实现的，该宣言由联合国大会于 1948 年通过。该宣言列举的社会权利包括社会保障权(第 22 条)、劳动权(第 23 条)、休息与娱乐权(第 24 条)、获得自身及家庭的健康与福祉所需的生活条件的权利(第 25 条)、受教育权(第 26 条)以及自由参与社区文化生活、享受艺术及分享科技进步及其福利的权利(第 27 条)。该宣言并未创设国际法规则;它并不具有法律约束力,只是作为一种议程存在,至少对西方世界如此(苏东阵营的国家缺席)。但是基本权利的具体表达对于未来而言是一个积极的信号,并为其他国际宣言、1948 年《意大利宪法》、新成立的处于美军占领区和法军占领区的德国各州的宪法(它们延续了魏玛共和国的传统),以及 1946 年法国宪法未通过的草案版本奠定了基础。在一个被美、苏两个超级大国一分为二,且新的主权国家在摆脱殖民地身份后不断涌现的世界中,这代表了一个新的开端。至于(各个国家)是否以及在多大程度上把握住了新开端带来的机遇,对这一问题的回答并不属于劳动法历史的范畴。它属于现代劳动法的范畴,因为现代劳动法是根植于过去的经验之上的。

附录一　各国概览

一、比利时

（一）领土

比利时的北部和东北部地区包括佛兰德斯、安特卫普以及林堡，居住着讲荷兰语的佛兰芒人（Flemings）；南部地区包括埃诺、那慕尔和卢森堡，居住着讲法语的瓦隆人；以及布拉班特（布鲁塞尔所在地），各类人群交织，这些地区在18世纪时均为奥地利下辖的省份。在法国大革命之后，曾经有一个短命的比利时共和国。在1795年，这些领地及列日独立市被划归法国，1815年，这些地区的主权被转让给荷兰。经过1830年的革命和独立运动，欧洲列强授予了比利时以独立地位和"永久中立地位"。1839年，卢森堡大公国被从比利时的同名省份中分离出来，交回给了荷兰（参见卢森堡部分的介绍）。林堡省也被分割。1920年，奥伊彭和马尔梅迪及周边地区从德国手里获得，在1940—1944年曾短暂地返还给德国。

（二）宪法进展

1831年宪法，是当时欧洲范围内最自由的宪法，宣称人民主权，君主立宪，王室权力受到严格限制，通过无记名投票（从1877年开始）选举产生两院制的议会。下院经直接选举产生，任期四年；参议院任期八年。国王可以启动立法程序，但是相关立法需要获得大臣的签署。最初选举权限制在年龄在25岁以上且直接纳税超过最低比例的男性（人数小于总人口的10%）。

(三)法律体系

拿破仑时代的各个法典在比利时能够适用,取代了此前令人容易混淆的习惯法和罗马法。1831年宪法规定,"有必要"对拿破仑诸法典"在最短的时间内"进行修改,但是只有《民事诉讼法典》(1876年)、《商法典》(1872年)、《刑法典》(1867年)、《刑事程序法典》(1878年)得到了修改。立法机关除了对《民法典》的某些条款进行了改动之外,未作其他改动。1831年宪法(第107条)禁止法院适用那些与法律相冲突的法令或者规章,但是法院不得对议会制定、国王同意而通过的法律的合宪性发表意见。法院的裁决并不构成具有约束力的先例,但是在现实中,最高法院和上诉法院的意见具有很强的说服力。

(四)政党

政治冲突是阶级、语言与宗教斗争的混合体。在西班牙治下,今天的比利时的领土被强制要求推行天主教。1830年的革命得到了天主教阶层的支持,有一大批农村人口作为支持者,对荷兰的新教教徒运动抱持敌意;也得到了自由主义的中产阶级的支持,他们主要分布在日益扩大的城镇,受到了法国大革命理念的启发。这些群体之间在国家对教育的控制等问题上存在激烈的冲突。在佛兰德斯地区和瓦隆地区的统治阶级讲一种很有教养的法语,并且所有的官方和法律业务的语言均为法语。在社会生活的各个领域均存在着针对佛兰芒人的严重歧视。在19世纪和20世纪佛兰芒人的民族主义情绪高涨,作为对所受到的阶级和语言压迫的反应。1830年至1884年间天主教派与自由派之间轮流执政。天主教派又分化为保守右派与更民主的左派。在这一时期,工人阶级的意识得以稳步提升。这一点受到比利时工人文化程度和素质低下以及天主教巨大影响的阻碍。并且,工人都在很多小生产单位中工作。受中产阶级好战分子如杜克佩西奥(Ducpétiaux)、克托莱(Quetelet)、迪海默(Dehamme)领导的早期罢工,受到了严重的压制。1864年第一国际成立，而比利时的社会主义者在其中发挥着突出的作用。尽管存在改革派与革命派的分野，但是共产国际的比利时分支负责将"有关社会主义民主的最终目标的清晰观念植入工人的意识之中"（Bertrand，1907：238-239）。与此同时，各种合作社和工人友好互助组织不断涌现。比利时工人党于1885年成立，作为工人阶级、合作社和社会主义组织的联盟（与20年后成立的英国工党类似）。比利时工人党试图解决的核心问题是（男性）普选问题，主要策略是大罢工。在1886年的暴力冲突之后，1888年至1893年间共发生了三次重要的政治罢工。1893年，选举权被赋予了25岁以上的男性，但是一家之主、地主、股东和一些获得大学学位的人，可以投多票。选民的数量从1892年的136707人，增长到1894年的逾200万人。比利时工人党进入议会，自由党丧失了席位，而天主教派政党则由于它们在农村地区的优势而获得了绝对多数席位。在1903年至1913年的进一步罢工之后，男性的普选制度从1919年之后得以建立。在"一战"期间，比利时工人党的领袖艾米丽·范德维尔德（Emile Vandervelde）在政府中担任要职。在1919年的选举中，比利时工人党获得186个席位中的70个席位，天主教派政党获得了73席。三党制由此形成（天主教派、自由派以及社会主义者），没有任何政党能够单独执政。天主教派的群众基础跨越阶级，包括工人和雇主；比利时工人党是劳动者的政党；而自由党则主要是商业者组成的政党。比利时工人党（在两次世界大战期间的支持率维持在37%左右）的支持者主要在布鲁塞尔和瓦隆省，但它在佛兰德斯地区的城市中也有一些支持。天主教派政党的支持者（在两次世界大战期间的支持率维持在40%—45%）主要在佛兰德斯地区以及农村地区。其间，组成过天主教派-自由党联合政府，天主教派-社会主义者联合政府，以及三党联合政府，但是社会主义者从未真正获得过足以进行重大社会改革的权力，其自身也从最初坚持的社会主义理念逐步演变为凯恩斯主义。在"二战"期间，三党联合政府在英国组成流亡政府。尽管比利时工人党的领袖亨利·德·曼（Henri de Man）向纳粹势力投降，比利时劳工运动的绝大部分力量都拒绝与占领势力合作，并且雇主代表和工人代表在地下抵抗运动（共产主义者在其中也发挥了重要作用）中的谈判为战后民族团结政府的建立奠定了基础。

（五）工会

工会从一开始便是比利时工人党的附庸，工会的事务与争取普选权的斗争之间很少存在区隔。1898年，工人党的总务委员会成立了一个工会委员会以便对工会的活动进行协调，但是很多独立的工会无法进行联合。工会委员会的构成被重新安排以便全部由工会会员选举产生，在此之后，1907年许多独立的工会也加入了工会委员会，截至1913年，共有12.9万名会员。反社会主义的天主教派工会自1886年设立后，主要聚集在佛兰德斯地区，在比利时基督教与自由工会联合会的召集之下，在1904年已经有1.5万名会员，到1913年会员人数更是达到了10万名。1918—1921年的三党联合政府消除了许多工会组织面临的障碍，并且启动了大规模的动员入会活动，使得社会主义工会与独立工会联合委员会的会员人数从1919年的60万名，增长到1920年的70万名。在两次世界大战期间的经济萧条年代，工会的会员人数仍然维持在高位，部分原因是比利时工人党提议的立法为工会的失业基金提供政府补贴。1937年，联合委员会正式独立于比利时工人党，名称变为比利时劳工总联盟。在1939年，比利时劳工总联盟有55万名会员，而基督教工会的会员人数为35万名。

二、英国

（一）领土

"大不列颠"（Britannia，古拉丁文）是罗马人对他们所占领的不列颠岛部分所取的名称。"不列颠"一语（更合适的表述是"大不列颠"，Great Britain）指称包括英格兰、威尔士和苏格兰在内的整个岛屿。不列颠岛是英伦三岛（British Isles）中两个大岛中的一个，另外一个较小的岛屿是爱尔兰岛。威尔士被英国王室在1284年占领，1536年后被纳入英国的议会和地方政府体系（以至于在1746—1967年英国议会的法律将"英格兰"一词视为包括威尔士）。苏格兰在1707年之前是独立王国。在1603年，当苏格兰的詹姆斯六世继承了英格兰的王位，成为詹姆士一世时，几个王室便实现了联合。1707年，通过《联合法》（Act of Union），苏格兰失去了自己的议会（尽管苏格兰法律并未与英格兰的法律融合），这两个国家被合并为大不列颠。1783年，英国议会放弃了对爱尔兰的管辖权，但是从1801年1月1日起，独立的爱尔兰议会被解散，爱尔兰加入不列颠组成联合王国。从1923年1月1日起，当南部爱尔兰的26个郡变成独立的爱尔兰自由邦，联合王国便只包括不列颠和北爱尔兰了。（在本书中，除非专门交代，"不列颠"与"联合王国"在同一意义上使用）*

（二）宪法进展

英国的非成文宪法的形成经过了若干世纪。英格兰中央政府的基础主要在中世纪时期奠定。盎格鲁-罗马的国王，特别是亨利二世（1154—1189年），创设了国家的核心中央部门，特别是财政部（Exchequer）和大法官法庭（Chancery，由御前大臣领衔），以及一个统一的法院系统，形成了英国的普通法，并对不领薪的太平绅士进行监督，太平绅士直到19世纪仍然是地方政府的主要机构。

在都铎王朝时期（1485—1603年），中央政府对于贵族地主和宗教的至高无上地位得以建立，与此同时，王在法下的理念得以形成。在法

---

* 此处是指英文中"Britain"与"United Kingdom"，在中文翻译中，除非另有说明，统一译为英国。——译者

律体系之下，由在议会中的国王所通过的制定法，开始获得至高无上的地位。"议会"一词起先是指会谈或者会议。最先它适用于国王召集的封建领主大会（Great Councils）；13 世纪时，它被用来指称平民会议（Commons，郡县的骑士代表、市镇的公民和各领地选举的议员代表）的召集，这些人是国王意图征税的对象。截至 14 世纪末，平民会议开始定期选举他们的议长（Speaker）向国王和贵族陈情和传递答复。"贵族院"（House of Lords）一词在亨利八世执政时期得以形成，用来指称（由国王创设的）具有继承权的同辈与主教之间的会议。17 世纪发生的具有决定意义的革命，平民院与普通法的法官结成同盟，成功抵制了斯图亚特王朝将他们自己置于普通法和议会权威之上的企图。由此发生的动荡事件包括将一名国王推上断头台，迫使另一名国王退位，一场内战，和一个军事独裁政权的出现。

在王朝复辟（1660 年）和光荣革命（1688 年）之后，形成了一个新的宪法安排。《权利法案》（1689 年）将议会争取的针对王室特权的限制用法律的形式固定下来（例如，王室被禁止拥有常备军，不得暂停法律的适用，或者未经议会法律授权而径行征税）。1689 年，随着奥兰治的威廉（William of Orange）成为英国的国王，以及 1701 年《王位继承法》（Act of Settlement）的出台，议会至上和司法独立得到维护。行政管理的责任仍然由王室承担。在 18 世纪，各种机构得以形成，确保行政系统对议会负责，包括政党、首相办公室和内阁。

19 世纪和 20 世纪见证了将议会变得更民主的斗争过程。1832 年《改革法》（the Reform Act of 1832）将下议院的席位进行了重新分配，确保这些席位从一些获得过度代表的"腐烂"的市镇（borough）向英格兰北部的大城市转移；将获得选举权的财产条件进行修改（将选民人数增加 50%，使得每 100 个成年人中有 5 人享有选举权）以放宽对选举权的限制；并且规定了适格选民的登记制度以减少选举舞弊。随着对财产的金钱价值要求的降低，选民的人数在 1866 年增加到了 100 万。1867 年《改革法》（由保守党在迪斯雷利当政时期引入）降低了各郡县的财产资格要求，进而将各郡的选民人数增加了 50%，但是并不包括农业工人。

在各自治的市镇，工作的男性经由 1867 年法律获得了选举权，该法将选举权赋予占有一处独立的居所一年以上并且支付济贫税的男性一家之主，以及占有不带家具的年均价值在 10 英镑的居所一年以上的居住者。这一举措将选民人数增加到了 200 万人。随后 19 世纪的改革引入了不记名秘密投票（1872 年），旨在消除贿选和舞弊行为。1884 年《改革法》（第三部，由格莱斯顿首相引入）将一家之主和居住者的选民资格扩展至郡县，这一资格在 1867 年已经赋予各自治的市镇；它还重新定义了居住方面的资格要求，在郡县和市镇，占有年均价值 10 英镑以上的土地或者房屋的人均可以投票，并且将投票权赋予任何家政工人，如园丁，但要求他们与雇主单独居住；如果居住在一起，如管家，则不享有投票权。这些措施的主要效果是将投票权拓展至农业工人，将选民人数增加到 500 万。

女性于 1918 年获得了初步的投票权，直到 1928 年才取得了与男性同样的投票权。1918 年《人民代表法》（The Representation of the People Act 1918，由劳合·乔治引入）也引入了其他影响深远的改革措施，包括将当时存在的诸多投票权的限制统一替换为六个月的居住期限要求，并将原来接受济贫帮扶作为失格条件的规定取消。选民的人数增长到 2100 万，并且在 1928 年进一步增长到 2800 万。"一人一票"的原则直到 1948 年（在工党政府领导下）才得以确立。

尽管下议院议员全部由选举产生，贵族院仍然全部经提名产生，主要由那些享有继承权的同辈和主教组成。尽管立法的通过需要下议院和贵族院的同时批准，1911 年《议会法》将贵族的权力进一步削减，其仅可拖延下议院已通过的措施。

（三）法律体系

英国的普通法从亨利二世国王（1154—1189年）时期开始一直延续下来，从13世纪初开始，最早的普通法法院（王室法院与民诉法院，King's Bench and Common Pleas）便在政府机构之外独立运作。普通法从未实现法典化，但是却受到诸多改革立法的影响。普通法权利和程序的逐步僵化导致向王室陈情的出现，这些陈情最初由国王的御前大臣，从15世纪开始由大法官法庭进行处理。在此后的400年里，普通法规则和衡平法规则经由相互独立的法院平行发展。19世纪发生的改革运动，导致了1873—1875年《司法机构法》（Judicature Act）的出台，该法废除了旧有的法院体系，由高等法院和上诉法院组成的最高司法院（Supreme Court of Judicature）取而代之。这些法律也带来了普通法与衡平法的融合管理；在二者发生冲突时，优先适用衡平法的规则。普通法律师与下议院在17世纪形成的联盟确保了普通法的突出地位，以及对议会至高无上地位的司法认可。

立法优于其他任何形式的法律渊源，但是要受到司法机关以普通法精神而进行的解释。先例原则在法院的司法实务中起到至关重要的作用。上议院司法委员会，即事实上的最高法院的裁决，对所有其他法院在处理类似案件时均有拘束力；上诉法院和高等法院的裁决对下级法院具有约束力。法学著述一般不会被认为是法律渊源。1846年，郡法院系统得以成立，来处理小额的民事案件，取代了此前的地方法院，也减轻了高等法院的压力。

苏格兰的法律在形式和内容上都与英格兰的法律差别很大，尽管自从组成联合王国之后，不同的法律体系之间开始互相影响。苏格兰法是建立在罗马法或者民法，以及具有教会法、封建法或者惯例法性质的规则之上的。治安官法庭（与英格兰的郡法院类似）负责处理小额民事案件，最高民事法院（Court of Session）则是一审高等法院（外庭）

和上诉法院(内庭的主要职责)。苏格兰民事案件的最终上诉法院是上议院。

(四)政党

1660年以后,经复辟后的保皇派士绅阶级,与教会关系密切,后来被称为"托利党"(最初这一表述是对爱尔兰罗马天主教不法之徒的贬义称呼)。而那些支持议会主权的地主阶级,与那些反对天主教国王、要求实现臣民自由且不信奉国教的中产阶级、商人一起,被称为辉格党(这一表述最初是对长老会教派狂热分子的贬义称呼)。18世纪,辉格党人和托利党人就公共问题开始形成各自的政策主张,并根据家庭和当地的联系来确定相应的党员。直到18世纪过后很久,统一的政党(辉格党、激进党和改革派联合组成了自由党,保守党在传统托利党的基础上重新组建)才开始在议会中出现,但即使是那时候,"独立议员"仍然占据着下议院的绝对多数。

1832年《改革法》迫使辉格党和托利党去组织选民注册并开展选举。1867年《改革法》使得地方党派组织的发展获得了决定性的动力。这些地方党派组织通过1867年保守与宪法协会全国联盟(National Union of Conservative and Constitutional Associations),以及1877年成立的全国自由派协会(National Liberal Association)的方式得以联系起来。英国工党在1900年2月最初以劳工代表委员会的形式成立,由三个社会主义组织即社会民主联盟(1881年)、费边社(1883年)以及独立工人党(1893年)的代表,和64名工会代表组成。1906年,劳工代表委员会被重新命名为工党。截至1918年,工党的党员资格只有通过加入附属组织的方式才能获得,但是此后,个体党员成为可能。每个选区都设立了分支机构,但是附属的工会是工党的主导力量,其党员人数占到所有党员人数的六分之五。(各政党的选民基础见表A1.1)

表 A1.1　英国各政党的选民基础

政党	选票比例（括号中为席位数）					
	1885 年	1906 年	1910 年	1918 年	1929 年	1935 年
保守党	43.6（249）	43.4（157）	46.5（273）	39.6（382）	38.2（260）	53.7（432）
自由党	47.4（335）	49.4（400）	44.2（271）	25.6^a（163）	23.4（59）	6.4（20）
工党		4.8（2.9）	6.4（42）	21.4（62）	37.1（288）	38.6^b（158）

注：a. 劳合·乔治领导的自由党与自由党之间出现了分裂。
　　b. 包括独立工党。
资料来源：Cook and Paxton（1975 and 1978）

（五）工会

18 世纪的早期工会诞生于手工行业的熟练工之间。它们并非中世纪行会的直接衍生物，但却保留了行会的传统，包括试图调控劳动力供应的规模、劳动力市场的准入以及工作机会的分配。在 1824 年《禁止结社法》被废止以后，各种工会破土而出，发展迅速。1829—1834 年，在贸易大幅增长的背景下，罢工多发，农业工人也发起了暴动。新的、雄心勃勃的工会崭露头角，曾经尝试建立一个各行业总工会（罗伯特·欧文的全国工会大联盟）。1834 年，因进行了非法工会"宣誓"而对多塞特郡的六名农业工人进行了刑事流放（托尔普德尔蒙难者），这预示着此类工会的衰败，以及宪章运动的崛起，这是第一次由独立的工人阶级发起的政治运动。在 1838 年至 1842 年间，这一运动（其宪章的目的是推进议会的民主改革）使得各工业中心处于骚乱暴动之中。尽管人民宪章运动的主要目的在接下来的 100 年间得以实现，但是作为一种政治运动，人民宪章运动是失败的。1840 年代末（直到 1870 年代），英国进入了经济繁荣时期，许多工人开始把精力从此前的政治行动转向产业行动。

1850—1870 年，"新模式"工会，如工程师联合会，得到发展。此类工会的特点包括：善用既有法律来为会员服务，开发工人自我教育服务，利用"调解与仲裁"机制，不轻易发动罢工，以及大力发展互助（福利）功能。不利的司法裁决威胁到了结社自由和罢工自由，使得英国工会联盟于 1868 年成立，并开展政治活动，经其推动，英国在 1871—1906 年通过了一系列保护工会的立法。

劳动者工会（labourers' union）在 1880 年代末至 1890 年代初的"新工会主义"浪潮中得以诞生，它们所采取的新的产业方法在 1889 年码头工人罢工中得到体现。这些新方法引发了不利的司法判决，特别是 1901 年的塔甫河谷案，裁定工会基金可以被用来支付民事判决确定的债务。由此引发的回应是政治性的：工会联盟支持劳工代表委员会以及 1906 年《劳动争议法》中有关恢复罢工自由的规定。这一点实现后，工会又转而开始聚焦产业行动，并在 1910—1914 年达到高点。1909—1920 年，工会会员的人数增长相对稳定，1920 年工会密度达到了 45.2%；此后工会密度开始下降，1933 年降至 22.6%；随后又开始上升，于 1938 年增长至 30.5%，乃至 1945 年的 38.6% 和 1948 年的 45.2%。

从 19 世纪末一直到 1945 年间，工会运动是由在 19 世纪出现的主要产业中的男性体力劳动者组成的一般工会、单一行业工会和手工业者工会所主导。从"一战"开始，在政府的鼓励下，公共部门的工会会员比例一直较高。

三、丹麦

（一）领土

古丹麦王国包括日德兰半岛的北部。公爵领地石勒苏益格（Schleswig）、荷尔斯泰因（Holstein）、劳恩贝格（Lauenberg）在 1864 年被割让给普鲁士。1920 年，旧公爵领地石勒苏益格的北部地区被返还给丹麦，这一地区今日被称作南部日德兰。

(二)宪法进展

从 1660 年至 1849 年，丹麦为贵族国王所统治。君主立宪制于 1849 年被引入，宪法分别在 1855 年、1863 年和 1866 年被修改。议会上院(Landsting)的议员部分由国王提名，部分经间接选举产生。议会下院(Folketing)由 30 岁以上的所有男性(不包括奴仆、农业工人、穷人)在单一议员选区直接选举产生。1901 年不记名投票的方式被引入，成年公民的普选权于 1915 年被引入，投票的年龄也降低至 29 岁。议会两院共享立法权力；行政权力由国王和主管大臣理事会共享。1915 年宪章规定立法权应当由国王和议会(Rigsdag)共同行使。议会上院于 1953 年被废除。

(三)法律体系

丹麦法律的历史渊源可以从德国法那里找到。1683 年，国王克里斯蒂安五世为丹麦通过了一部法典《丹麦律法汇编》，废止了此前的所有立法。该法典仍然是丹麦最重要的法律渊源，但它并非无所不包；相反，它在法律的基本原则方面有诸多缺失，这使得学者的法律著述发挥着重要的作用。丹麦的法律与其他斯堪的纳维亚国家的法律联系紧密。

(四)政党

在 19 世纪后半叶，三个政治团体得以形成。自由党(Venstre)建立于 1870 年，以追求自由贸易和最低程度的国家控制为目标。右翼政党主要由独裁统治的支持者、地主和财产所有者组成。1915 年，右翼政党正式以保守人民党的名义得以成立。由于自由党的分裂，激进自由党于 1905 年得以成立，是小业主的政党，鼓励私营企业和社会改革。成立于 1871 年的社会民主党(SDP)，支持渐进式的社会主义，并获得了主要来自产业工人和农业工人的支持。1916 年，社会民主党加入了政府，社会民主党首相于 1924 年被任命。在此后，政府均是由社会民主党所主导。(各政党的选民基础见表 A1.2)

表 A1.2　丹麦各政党的选民基础

政党	选票比例（括号中为席位数）				
	1884年	1901年	1913年	1918年	1939年
保守党	38.7（19）	26.0（8）	22.5（7）	18.3（22）	17.8（26）
自由党	56.3（81）	39.4（76）	28.6（44）	29.4（44）	18.2（30）
社会民主党	4.9（2）	19.3（14）	29.6（32）	29.4（39）	42.9（64）
激进自由党			18.7（31）	21.0（33）	9.5（14）

资料来源：Cook and Paxton（1975 and 1978）

（五）工会

1800 年，丹麦颁布了罢工和工会禁令，但是这一禁令被证明无法执行，并且在 1851 年后便被弃之不用。以某个地方的某个行业为基础组建的工会从 1880 年代之后得到发展，1898 年，全国性的机构即丹麦工人联合会（the LO）得以形成。1880 年代和 1890 年代，雇主也多次尝试进行结社，1896 年，丹麦雇主联合会得以成立。在 1899 年春天发生的严重冲突之后，1899 年 9 月 5 日达成的《九月协议》，为劳动关系确立了一个框架。在 1908 年劳资之间再次发生冲突之后，由内政大臣成立了"八月委员会"对此事进行调查，推荐成立一个常设的仲裁院，出台一套处理劳动纠纷的标准规则，并建立调解调停委员会。这些改革措施在 1910 年被付诸实施；并且除了 1929—1936 年通过法律禁止约定"只招工会会员"的集体谈判协议外，在其他的时间段，丹麦的劳动关系都是以劳资双方的谈判合意为基础的。截至 1939 年，丹麦雇主联合会的会员雇佣超过 23 万名雇员；在全国工会组织中的 71 家工会的会员人数为 51.58 万（这一工会组织以外的工会会员人数仅为 2.73 万）。在彼时，体力劳动者和薪资雇员中工会会员的比例大致占到 85%。

四、法国

(一) 领土

法国的国界在法国大革命时期和拿破仑统治时期得以拓宽。维也纳会议（1814—1815 年）将法国的国界基本恢复至法国大革命之前的状态。1860 年，萨伏依和尼斯从皮埃蒙特分离出来成为法国的领土。在 1871—1918 年，阿尔萨斯和洛林（Alsace-Lorraine）被割让给德国；而在 1940—1944 年，这一地区又被暂时地返还给德国。

(二) 宪法进展

1. 1789—1848 年

随着 1788 年专制政府的垮台，由贵族、牧师和平民组成的三级会议（Estates-General）自 1614 年以来首次召集开会。1789 年 6 月 17 日，第三级的代表（平民会议）决定独自开会，并宣布成立了国民议会；1789 年 7 月 9 日，又召集了全国选民大会，通过了《人权和公民权宣言》（1789 年 8 月 27 日）和《宪法》（1789 年 12 月 22 日）。此次会议赋予了 25 岁以上、缴纳了最低缴税额的男性以选举权，但将家政工人排除在外。他们选举地方议会的代表，并选举"选举人"，后者代表他们选举产生政府各部的首长和国民议会的议员。第一届立法会议于 1792 年 8 月废除了王室，并根据成年男性普选的结果召开了会议。1793 年《宪法》规定了直接选举，但从未生效实施。1795 年《宪法》重新引入了间接选举，国民议会的代表由基于财产资格而确定的选民选举产生。1799 年，拿破仑推行了一部新的宪法，规定了男性普选和基于候选人名单进行的间接选举；参议院由拿破仑任命产生。选举人团（选举人实行终身制）从 1802 年开始被引入。在拿破仑最终被打败之后，复辟的波旁王朝（1815—1830 年）实行君主立宪制，这一体制是建立在两院制议会制政府、主管大臣负责以及公民权利保障的基础之上的，但是选举权仅赋予一个很小的富裕阶层。

有些大臣是旧秩序下的伟大的君主（grands seigneurs）转化而来，而波旁王室"什么也没学到、什么也没忘掉"，仍然实行独裁统治，极端保守且压迫性很强。1830 年七月革命的结果是通过了实行以奥尔良勋爵路易·菲利普为国王的君主立宪制的声明。这一修改后的宪法反映了自由主义的理念，将选民年龄从原来的 30 岁降到了 25 岁，选举人的纳税资格从原来的 300 法郎降低到 200 法郎（职业群体为 100 法郎），即便这些措施将选民的规模扩大了一倍，享有选举权的人数仍然仅为总人数的 1/150，操纵选举的可能性大大增加。

2. 1848—1940 年

1848 年的二月革命迫使路易·菲利普国王退位。第二共和国的临时政府夹在温和自由派和激进民主人士与社会主义派之间左右为难，前者只想追求议会制政府，而后者则要求实现全民普选与社会改革。政府承认了"劳动权"，并将投票权赋予 21 岁以上的法国男性，这一改革将选民的数量从 20 万增加到了 900 万。当他们开始行使投票权时，保守的农村小产权人击败了激进分子和社会主义者，让后者在下议院的 876 席中仅获得 100 个席位。1848 年布朗基派（Blanquists）和其他社会革命者试图发动政变，但并未取得成功，反而为保守派的反击提供了口实。

1848 年 11 月 4 日的宪法规定，对全国选民会议的代表经不记名的直接选举产生，所有 21 岁以上、在法国居住达六个月以上的男性均有选举权（1850 年将六个月的居住期限延长至三年，此举将选民的人数减少了三分之一）。行政权力由总统行使，总统任期四年，由全体选民选举产生。1852 年 3 月，总统的权力得以扩张，各部的部长需要向总统负责，并成为唯一有权启动立法程序的人。1852 年 12 月，总统路易斯·拿破仑成为国王拿破仑三世。1860 年后，在"自由帝国"阶段，拿破仑放松了他的独裁权力；1869 年，立法机构被赋予选举自己官员的权力，并引入了内阁制。1870年，在拿破仑三世在色当向普鲁士投降后，临时政府成立，组建了第三共和国。在1871年春季对短命的巴黎公社运动实施镇压以后，第三共和国的宪法在1875年才得以出台。1875年《宪法》规定了两院制的立法机构（参议院和下议院，二者统称为国民议会），行政权力系于总统，由总统任命总理，总理再选任各部部长。在实践中，总统的立法和政策制定的权力是由内阁行使的。1870—1934年，共和国共有88届内阁，每届内阁平均存续时间为9个月。参议院有300个席位，其中75个席位由国民议会确定，剩余的席位由各省间接选举产生。下议院是由全体男性选民选举产生，每个选区选举产生一名议员（1885—1889年除外，在这一期间，每个选区有多名议员）。法案可以由政府（projets de lois）或者不担任政府职务的议员（propositions de lois）提起。（由司法部长主持的）国务委员会就政府提交的任何行政管理问题给出意见。1875年《宪法》在第三共和国时期一直有效，直至1940年国民议会将权力交给贝当，由其充任"法兰西国家元首"，借此建立了一个独裁政权，以法国南部小城维希为首都，任命皮埃尔·赖伐尔（Pierre Laval）为总理。第四共和国宪法于1946年得以通过。

（三）法律体系

在拿破仑的法典化之前，"旧法"（ancient law）在不同的省份，甚至不同的城市均不相同。南部的省份主要受到罗马法的影响，而北部的省份则主要受到高卢和日耳曼部落惯例的影响。此外，教会法和商业惯例也发挥着重要作用。17世纪末以来的皇家法令和条例也经常被用来调整私法领域，随后也被法典的起草者所参考。

在革命时期，许多新的原则得以出现在法律中，如合同自由和商业自由，人格平等，私人所有权神圣不可侵犯，对"中介"机构的限制，并且实行民法的世俗化。在拿破仑的亲自监督下，法典化运动（1804—1810年）统一了法国法，并使其实现了现代化，统合了罗马法、惯例法、教会法、王室的立法以及个人主义和自由的新理念。《法国民法典》的多数规定为用简单语言表述的概括性原则，因此在一些具体问题上给法官留下了巨大的自由裁量空间。《民事诉讼法典》规定了法院中的对抗式程序，而法院的组织架构则是通过1810年和1883年的特别立法加以规定的。这些法院包括：(1) 一审法院 (the *tribunaux de première instance*)，每一个专区都有一个一审法院；(2) 上诉法院 (*cours d'appel*)，每个省均设置一个上诉法院；(3) 设在巴黎的最高法院，其并非第二次上诉的法院，但是可以基于法律的适用错误而对上诉法院的裁决进行审查（撤销原判的上诉需要先经过上诉分庭的审查，经审查后允许上诉的，方进入民事分庭）。除了这些法院外，还有审理小额案件的治安法官，以及商事法院。处理雇主和雇员之间纠纷的劳动法庭在本书第六章已作讨论。除了上文已经提到的法典，还有《商法典》《刑事诉讼法典》以及《刑法典》。制定《农业法典》的工作从1876年开始启动，制定《劳动法典》的工作从1910年开始启动，但是这两项工作并未完成。

　　法律渊源包括制定法、法令、条例、惯例以及习惯法。惯例和习惯法的主要来源是商业惯例和司法判决，特别是最高法院的判决。《民法典》第5条明确禁止法官在司法裁判中"援引一般规则性条款"，但是法院经常遵从最高法院和上诉法院的判例，因此形成了一大批《民法典》中并未规定的法律原则。专门法院主要与行政法有关，最重要的是1800年创设的行政法院。

　　(四) 政党

　　尽管自法国大革命以来存在很多不同的派别，但是有明确纲领和清晰范围的政党出现则是很久以后的事情。由于存在大量的小企业老板，他们有些是自我雇佣的，有些经营着小规模的作坊和工厂，再加上并不存在一个统一的工人阶级，导致个人主义盛行，进而政党林立。党员代表经常隶属于不止一个群体，并无地方性的选民组织。除了保守右派政党和各种自由派的团体外，还有各式各样的社会主义者，他们力量单薄且分散。由朱尔斯·盖德(Jules Guesde)创建的社会主义工人党(PTSF)在创立三年后便分崩离析。以保罗·布鲁斯(Paul Brousse)为首的"可能派"，拒绝接受马克思主义，于1882年创立了法国社会主义工人联合会(FTSF)；而盖德派将其改造为法国工人党(POF)。1890年，让·阿德梅纳(Jean Ademainer)又从布鲁斯的阵营中分裂出来，组成了革命社会主义工人党(POSR)。在国民议会中也有一些无党派的社会主义者代表。直到1905年，统一的工人国际法国支部(SFIO)才得以成立。

在工人国际法国支部的领袖让·饶勒斯(Jean Jaures)遇刺身亡之后，这一政党也呈现分裂态势。三位社会主义者的领袖进入了战时内阁"神圣同盟"。1920年，共产国际的支持者取得了对工人国际法国支部的控制权，并将其改名为法国共产党，在1924年和1932年的选举中分别获得了87.5万张、79.6万张选票。工人国际法国支部于1932年重新成立，相比于1924年选举中获得的169万张选票，其在1932年选举中共获得了197.5万张选票。1934年7月，面对法西斯主义的威胁，社会主义-共产主义达成"联合行动"协议，工会也纷纷进行整合(见下文)，并且在1936年5月的选举中，由社会主义者、共产主义者和激进社会主义者组成的人民阵线取得了胜利。新政府迫使雇主接受了《马提尼翁协议》。新法规定因协议而发生的纠纷需要通过政府仲裁的方式加以解决，在接下来的几年里，96%的劳动争议都是通过这一方式加以解决的。泽尔丁指出，通过让劳动关系以此种方式依附于国家，"社会冲突的策略因此发生了根本改变"，并且"在1944—1945年，国家，而非工会，成为雇主面临的主要挑战"(Zeldin, 1979：277)。这些进展在部分程度上是因为工会的构成造成的。

(五)工会

法国总工会于1895年建立，由一小部分工会会员组成(在1906年的86万工会会员中，法国总工会的会员只占到30万），这些会员大多数隶属于一些小型的省级工会，经济实力较弱。法国总工会采取了一种无政府工联主义的政策，独立于任何政党。它们的领袖提倡经济斗争，特别是通过总罢工的方式，来终结资本主义的统治。他们不接受议会制，以及成立工党的理念，并对提倡社会立法毫无兴趣。1914年之前，组织结构是松散的，很多罢工都是自发形成的。由官方建立并提供经费资助的地区性劳动介绍所，鼓励地区性工会的发展，并于1892年组成了劳动介绍所联合会，在全国层面与此后成立的法国总工会彼此独立、相互竞争。从1899年开始，"黄色工会"在组织罢工活动方面开始崭露头角。除此之外，1887年以后在巴黎和北部地区，还出现了由天主教派建立的独立工会。

"一战"使得法国总工会开始转型。尽管法国总工会宣称它们在战争期间也可以发动总罢工，但是其领袖突然开始拥抱爱国主义理念，放弃了革命工团主义。在战争期间，法国总工会的官员在政府机构任职；在战争后，他们经过谈判实现了八小时工作制（1919年）；他们通力合作确保社会保险立法得到通过（1928年），并参与政府主办的各种活动。劳动介绍所成为政府出资建立的就业服务中心。经由1936年的《马提尼翁协议》，雇主不得不承认工会的合法性并与其进行谈判；而法国总工会则通常被认为是最具有代表性的工会，雇主需要与其进行谈判以达成集体谈判协议。在未达成协议或者对协议条款解释存在争议时，需要通过政府仲裁来解决争议；在接下来的若干年里，96%的争议通过这种方式得以解决。工会会员的人数从100万猛增到1936年的500万，到1940年的时候又陡降至80万，工会会员持续稳定增长的部门是政府部门，而私营部门在两次世界大战期间的工会会员比例为6.3%。

在1921年法国总工会出现了分裂，当无政府主义者和共产主义者组成了具有竞争关系的联合劳工总联盟，法国共产党取得了对这一组织的控制权，并驱除了大多数无政府工联主义者。1936 年，联合劳工总联盟重新加入了法国总工会，到 1938 年，共产党又取得了法国总工会的控制权。1946 年，法国总工会共有 5000—6000 名工作人员。在北部或者东北地区的工会都是建立在大工厂之中，通常组织结构比较完整；中部或者西部地区的工厂中成立的工会组织则以革命目的为纽带松散地联系在一起；而在南部，政治活动风起云涌。许多工人都游离在工人运动之外，有一小部分（后来逐步壮大）组织起来，成立了基督教工会。

维希政权于 1940 年 11 月正式解散了法国总工会和基督教工会联盟，但是，一个地下的、统一的法国总工会得以重新成立，并成为抵抗运动的关键力量。

五、德国

（一）领土

从 19 世纪初开始，从蒂罗尔到波罗的海的疆域，历史上与日耳曼民族有关，随后被划分为几百个主权国家，大到奥地利与匈牙利王朝，小到神圣罗马帝国内部由帝国骑士建立的市镇。帝国于 1806 年被终结，拿破仑于同年建立了莱茵联邦。在 1815 年拿破仑被打败后，由 38 个州（从 1817 年起为 39 个）组成了德意志联邦（Bund）。人口的 58% 是在奥地利和普鲁士境内，而普鲁士又不完全属于德意志联邦。1866 年，普鲁士打败了奥地利和萨多瓦之后，德国被一分为三：由普鲁士主导的莱茵河以北的北德意志联邦，在成立后开疆扩土；四个南部的州，1870 年与北方实行了合并；以及奥地利，随后也变成了新成立的奥匈帝国的一部分，并在 1918 年奥匈帝国瓦解后，除了 1938—1945 年被希特勒短暂占领之外，其他时间并没有回归德国。1871 年德意志帝国建立，有 4100 万名居民，面积 540858 平方公里，但是根据《凡尔赛和约》割让了 7 万平方公里的面积。在"二战"末期，德国割让了114549平方公里的土地给波兰和前苏联，并被分裂为三部分：德意志联邦共和国（面积247838平方公里），德意志民主共和国（面积107173平方公里），和东西柏林（面积884平方公里）。

(二) 宪法进展

1. 1815—1848 年

德意志联邦在法兰克福设有联邦议会，有权就战争与和平状态作出决定，组织联邦军队，通过统一的立法来适用宪法，以及解决州与州之间的纷争。并不存在行政机构；各州可以自愿执行议会的决定，但如果它们拒绝执行，联邦议会可以要求另外的州使用武力干预。奥地利有权选派总统，而普鲁士可以选派副总统。

在普鲁士，并无中央代表机构。国王通过他的办公厅和内阁大臣来治理国家。1808年，国王设立了国务委员会，成为唯一的行政机关。1847年成立的中央议会，同年又被国王解散。

在巴伐利亚，1818年经授权制定了宪法，设立了上议院，议员身份可以继承，由经提名产生的议员和前政府官员组成；同时设立的还有下议院，议员由纳税的公民选举产生；议会控制预算和税收，但是只有国王和他的国务大臣们可以启动立法程序。

在萨克森州，1831年经授权制定了宪法，下议院直接由纳税公民选举产生，而国王则控制着所有的立法。

在汉诺威州，1833年经授权制定了宪法，但是随后在1837年被废除，新的宪法于1840年通过，增加了王室的权力。

在符腾堡州，1819年经授权制定了宪法，下议院通过由纳税公民间接选举产生的议员组成，国王保留了启动增加财政收入立法的专属权力。

在巴登州，1818年经授权制定了宪法，下议院通过由纳税公民间接选举产生的议员组成；议会控制了财政权；但是其他事项均可以通过皇家法令的方式进行调整。

在黑森州达姆施塔特、黑森州卡塞尔，分别在1820年和1831年经授权制定了宪法（前者在1856年被修正），下议院由纳税公民经间接选举产生，但是真正的立法和执行权力则仍然分别被保留在大公和选举人处（黑森州卡塞尔于1866年被普鲁士所吞并）。

在布伦瑞克，1832年经授权制定了宪法（于1851年被修正），下议院由纳税的公民选举产生，不过议会只享有有限的权力，大臣需要向国王负责。

2. 1848—1918年

联邦议会于1848年7月12日被解散，并将权力移交给新成立的国民议会，但是这一中央权力机构并未得到奥地利的认可，随后于1849年6月被解散。联邦议会被重新召集，在1850年11月阿尔穆茨（Olmutz）协议达成后一直发挥作用，直至德意志联邦终结。

奥普战争后，北德意志联邦议会得以成立，议员经由男性选民选举产生，有权就预算问题进行表决。

1871年《德意志帝国宪法》规定普鲁士国王为22个德意志王国联盟的首领，头衔为"德意志皇帝"，规定了下院经全体男性选民直接且无记名投票的方式产生，有权就预算问题进行表决，并与联邦参议院（Bundesrat）共同行使立法权。选民人数从1871年的790万增长到1912年的1440万。联邦参议院在征得皇帝同意的前提下可以解散下院。参议院中的25名参议员（共计58票，其中17票由各个王国的王储行使）是各个王国的代表。并不存在帝国内阁，只有帝国的首相（同时也是联邦参议院的主席），其对下院负责，可以对其提出质询，并在不享有投票权的前提下对参议院的政策进行讨论。

在普鲁士，经授权于1848年制定了宪法（于1850年进行了修正），由贵族、大地主和经国王任命的其他人组成的上院，与由在三级财产资质基础上间接选举产生的下院组成议会。两院可以启动立法程序，但并未经常这样做；大臣可以被质询，但并不完全对议会负责。在其他州，只对此前制定的宪法进行了细微的改动（见上文）。

3. 1918—1933 年

随着皇帝于 1918 年退位，以及 1918 年以俄国模式建立的革命工兵代表苏维埃的短暂插曲，德国在所有州都实现了从君主制到共和国的转变，但是保留了其联邦制和公务员系统。1919 年 8 月 11 日，国民会议在魏玛为新的德意志共和国通过了一部宪法。从形式上看，它非常民主，将投票权赋予所有 20 岁以上的男性公民和女性公民，并形成了一套复杂的比例代表制。基本权利得到了保障，并曾尝试建立一套内阁政府体制，民选总统作为国家元首，直接立法，并对全民公投的事项作出规定。

《魏玛宪法》通过建立工人代表会和企业代表会以及联邦经济代表会的方式，还试图实现经济民主。这一宪法版本跟此前的宪法相比，单一制特征更为明显，权力结构也更为集中。但是，独立的各州，保留有在关键事项如警察、内部管理、教育和宗教领域的立法权。

《魏玛宪法》所有规定中最终被证明对民主具有颠覆作用的是第 148 条，即赋予帝国的总统和政府在"紧急事态"下通过下达行政命令的方式进行统治。这一规定在 1930 年，当各党派无法就组阁问题达成一致意见时，便成为帝国总统行使"独裁统治"的基础。

4. 1933—1945 年

截至 1932 年 7 月，德意志民族社会主义工人党获得了下议院 608 个席位中的 230 席，成为下议院中的第一大党，同时在各个州也成为第一大党。尽管在 1932 年 11 月的选举中民族社会主义工人党遭受挫败，兴登堡总统还是于 1933 年 1 月 30 日任命希特勒为总理，由其以宪法为基础组成"一个国民政府"。

在组阁后六个月内，民族社会主义工人党通过威胁恐吓的方式实现了权力的集中。它们通过程序解散了整个议会体系，废除了下议院、各州议会及地方代议制机构的立法权。它们对其他的政治党派和在自愿基础上成立的组织如工会等进行打压。随着兴登堡总统在 1934 年去世，希特勒将总统、总理和党魁的职责系于一身。"领袖原则"意味着经任命的领导在社会生活的各个领域，甚至包括劳动关系领域，享有不受控制的权力。号称"国祚千年"的帝国只维系了 12 年的时间。

（三）法律体系

德国法律，不同于罗马法和法兰克人的法律，诞生于公元九世纪。在中世纪，各领地的法律在很大程度上是建立在习惯法基础上的。但是，由神圣罗马帝国的查理五世于 1532 年颁布的《加洛林纳刑法典》（Constitutio Criminalis Carolina）基本上为所有的王国所接受；而在私法领域，对罗马法的继受使得法律在很大程度上实现了统一。萨维尼发表了名著《当代罗马法体系》，对 19 世纪上半叶法律现状进行了描述；围绕同一主题，耶林发表了名著《罗马法精神》。各王国都通过了立法，对领域内的习惯法按照罗马法的科学体系进行了改造。

在 18 世纪和 19 世纪，在自然法学派和历史法学派的影响之下，出现了重新回到德国法传统的运动。从 18 世纪中期开始，各王国有意识地通过新法，有时候是罗马式的新法，有时候是日耳曼式的新法，有时是二者的混合。体现"开明专制"法律思想的最有名的法典是 1794 年《普鲁士普通邦法》。这是一部完整的民法典，也包括很多的公法规则，一直有效持续至 1946 年。在德国西部的一些州，《法国民法典》在拿破仑被打败后仍然有效。在统一后，各式法典相继出台，为德国提供了一套统一的法律规则。最重要的法典当属 1896 年《德国民法典》，从 1900 年 1 月 1 日起生效。统一的法院体系从 1879 年 1 月 1 日起开始形成，但是所有的法院(最高法院除外)都是由所在的州负责管理,并任命法官。最低层级的一审法院为地方法院(Amtsgericht),负责审理民事和刑事案件;州法院(Landesgericht)对地方法院行使监督管理权,并且对有些事项也可以行使一审管辖权;而州高级法院(Oberlandesgericht)是上诉法院,但也对一些重大的刑事案件享有一审管辖权;联邦法院(Bundesgerichthof)是最高法院,对所有下级法院均享有上诉管辖权。(劳动法院在本书第六章已有介绍)

(四)政党

1871年后,德意志帝国共有三个主要的政党:民族自由党、中央党和社会民主党。1877年,民族自由党出现分裂,因在关税改革问题上政见不合,自由联盟党从民族自由党中分立出来。

由于各种分离与合并,其他的政党也相继出现。在斐迪南·拉萨尔的领导之下,全德工人联合会(ADA)于1863年得以成立,提倡以国家出资建立的工人合作社为基础的社会主义。在奥古斯特·倍倍尔的领导之下,德国工人协会联盟(VDA)于1864年成立,并于1868年加入了马克思的第一国际。1869年,德国工人协会联盟与全德工人联合会的部分持不同政见的会员在艾森纳赫(Eisenach)进行了合并,形成了德国社会民主工人党(SAP),该党信奉马克思的社会主义理念;1875年,德国社会民主工人党与全德工人联合会在哥达进行了合并,组建德国社会主义工人党,后来被称作德国社会民主党。该党被俾斯麦的1878年《反社会主义法》解散,根据该法,所有攻击国家和私有财产的集会和出版物皆被宣布为非法。尽管如此,对社会民主党候选人的选民支持仍然在稳步上升。1890年,该法被宣布失效。

社会民主党的《埃尔福特纲领》将无产阶级专政的长期目标和近期目标结合起来,后者如扩大选民范围,八小时工作制以及扩大社会保险项目。截至1912年,社会民主党获得了三分之一以上的选民支持,有100

万名以上的党员。社会民主党对"一战"的支持使得劳工领袖有机会进入国家机构。斯巴达克联盟（后来的共产党，KPD）的实力不够强大，无法成功领导1918年的革命并建立社会主义国家。这一阶段以后，社会民主党比战争前的时期更为公开地支持改良主义，从魏玛共和国成立到1932年间都是最大党；此后德意志民族社会主义工人党开始扶摇直上，在获得权力后，对其他所有政党进行了打压。

（五）工会

社会主义者在组织成立工会上发挥了关键作用，从1865年的雪茄制造工，到1866年的印刷工，再到后来1868年的木工，莫不如此。全德工会联盟于1868年成立，主要是作为为社会民主党积聚支持的一种方式。截至1887年，大致有5万会员。在《反社会主义法》实施期间（1878—1890年），不仅社会民主党被解散，所有的工会也被解散，包括那些非社会主义倾向的工会，不过很多改头换面，以互助组织和工人俱乐部的形式存在下来。

1890年，德国工会总委员会成立，到1914年的时候，在几个相对较少的产业集群中已经拥有200万名会员。此外，也有许多非社会主义的工会。受到天主教社会哲学影响而成立的基督教工会，1914年时有28.3万名会员。自由主义倾向且反社会主义的贺希-敦克工会（Hirsch-Duncker）在1914年时有7.8万名会员，会员主要集中在技术工种。

工会的势力在"一战"后得到了极大的增强。三个主要的组织为全德工会联盟（作为工会总委员会的替代于1919年成立）、基督教工会，以及贺希-敦克工会。全德工会联盟的会员在1929年时达到巅峰，共有31家工会的500万名会员；而基督教工会有67.3万名会员；贺希-敦克工会有16.9万名会员。工人中加入工会的比例为三分之一，而86%的工会会员隶属于全德工会联盟。尽管全德工会联盟包括手工业者工会，但是它们与产业工会之间从未产生过严重的冲突。这些工会从上至下组织严密，主要关心工资水平的规制问题,对于劳动力的供应并不怎么关心。全德工会联盟的领导层与社会民主党关系密切。

纳粹政党的工业分部(德意志民族社会主义工人党的工厂分部组织)经常参与(集体)劳动争议。在纳粹政党掌权后,它们占领了所有的工会大厦,逮捕了工会领袖,并于1933年5月13日没收了所有工会的财产。

六、爱尔兰

(一) 领土

英国对爱尔兰全岛的统治经1601年的金塞尔之战得以最终确立,在此次战争中盖尔领导人被打败,他们在北部厄尔斯特省(Ulster)的土地被没收,那些并未与本土的罗马天主教人口实现融合的英格兰和苏格兰新教教徒殖民者在此地定居。1800年的《联合法》(Act of Union)解散了爱尔兰的议会,成立了大不列颠与爱尔兰联合王国。爱尔兰人为了独立而进行的数个世纪的斗争在1916年复活节起义中达到顶峰,起义的支持者于1919年建立了第一届议会。1921年,根据与英国达成的《英爱条约》,将爱尔兰分割为爱尔兰自由邦与北爱尔兰;而后者包括了厄尔斯特省的九个郡中的六个郡,仍然留在联合王国。

(二) 宪法进展

爱尔兰自由邦的宪法于1922年通过,尽管支持《英爱条约》与反对《英爱条约》的势力之间的武装冲突一直持续到1923年4月。宪法规定了内部的自治政府,由总统统领的行政理事会,以及由提名产生的参议院和经比例代表制选举产生的众议院组成的立法机构组成。最初,年龄在21岁以上的男性以及30岁以上的女性享有选举权;但是,从1923年开始,男女两性的年龄限制均设定在21岁。该国仍然是英国的一个自治领(国王由总督代表),立法机构的成员需要向英王宣誓效忠,但是这一点在 1933 年被废除。

1935 年，爱尔兰国籍开始区别于英国国籍，总督办公室及参议院于 1936 年被废除。新宪法于 1937 年通过全民公投的方式得以通过。该宪法规定"这一主权、独立的民主国家"的名称为爱尔兰（Éire），并应当包括全岛，尽管事实上，其领土仅限于其中的 26 个郡。经选举产生的总统（uachtaran）为国家元首，政府的首脑为总理（Taoiseach）。新的参议院得以成立，其成员部分由提名产生，部分由职业群体选举产生。在 1948 年《爱尔兰共和国法》通过后，爱尔兰退出了英联邦。

根据 1920 年的《爱尔兰政府法》，北爱尔兰得以成立自己的立法机构和政府，对劳动法和产业关系事项享有有限的管辖权。由此，从 1922 年开始，在北爱尔兰开始出现单独的立法，虽然与英伦三岛的立法基本相同，但又不完全一致。

（三）法律体系

在古代，通常使用的是旧时的法官法（Brehon laws），在 1172 年，英格兰的亨利二世国王宣布英格兰的普通法应当对其取而代之。不过，直到 1601 年，爱尔兰法在司法实务中才被停止适用，法官才开始在爱尔兰全境适用普通法。在 1782 年之前，爱尔兰议会通过与英国不同的制定法，比如 1729 年、1743 年和 1780 年禁止产业工人结社的法律。当爱尔兰议会从 1782 年至 1800 年之间获得短暂的立法独立间隙，它继续通过独立的立法。在《联合法》之后，除了有关农业工人和佃农结社的立法外，英国立法适用于联合王国全境，包括爱尔兰。在 1719 年之前，爱尔兰最高法院是爱尔兰贵族院。从 1719 年到 1781 年，英国的上议院成为爱尔兰的最高法院。* 从 1782 年到 1800 年，爱尔兰贵族院又重新成为爱尔兰的最高法院。从 1801 年开始，在爱尔兰形成了一套单独的法院体

---

* 即终审上诉法院。——译者

系，英国上议院又成为爱尔兰的最高法院。从 1921 年开始，就劳动法有关事项的上诉只能在爱尔兰自由邦之内提起。从 1922 年开始，在北爱尔兰，对北爱尔兰上诉法院判决不服的，当事人有权向英国的上议院提起上诉。除英国上议院作为爱尔兰最高法院的期间外，其他时间爱尔兰法院并不受英国法院判决先例的拘束。

(四) 政党

独立之后，爱尔兰的政治版图便被共和党(Fianna Fail)和统一党(Fine Gael)所主导，前者是作为其他反对《英爱条约》机构的传承而于 1926 年成立的；而后者则是作为支持《英爱条约》的各派势力的联合于 1933 年成立的。爱尔兰工党于 1912 年作为工会的一个分支而成立，推行社会主义议程，但是在 1930 年开始与工会分道扬镳。众议院中劳工代表的人数从 1927 年的 23 名，下降到 1938 年的 9 名。

(五) 工会

当南部爱尔兰也是联合王国的一部分的时候，其劳动者(特别是手工业者)成为英国工会的会员。爱尔兰工会联盟于 1894 年成立。在独立之后，隶属于英国工会的会员人数出现下降，而爱尔兰本土的工会得到发展。当时的情况很复杂，有些爱尔兰的工会在北爱尔兰和南部爱尔兰开展组织活动，而有一些英国本土的工会，虽然大部分会员在北爱尔兰，也在南部爱尔兰开展组织活动。

从结构上讲，爱尔兰的工会与英国的工会颇为相似，职业工会、行业工会以及总工会，莫不如此；并且不同的行业之间出现了相当程度的重叠。最重要的工会莫过于爱尔兰运输工人总工会(Irish Transport and General Workers' Union，于 1909 年建会)、爱尔兰工人联盟(Workers' Union of Ireland) 以及英国本土的运输工人联合工会(Amalgamated Transport and General Workers' Union)，其中爱尔兰运输工人总工会的领导人在 1916 年起义中还发挥了突出作用。爱尔兰运输工人总工会的成员从该起义结束时的 5000 名增加到 1946 年的 10 万名。

七、意大利

（一）领土

意大利早在 1860 年便建立起民族国家，1866 年威尼斯被合并进来，1870 年教皇国（Papal States）也加入进来。1919 年，南部蒂罗尔（South Tirol）和达尔马提亚的扎拉港（Zara）被兼并；阜姆（Fiume）于 1922 年被吞并（后面两个地方，以及伊斯特里亚和威尼斯－朱利亚地区于 1945 年被割让给南斯拉夫）。

（二）宪法进展

1. 1789—1848 年

这一时期，在意大利的所有邦国均实行君主专制，但存在下列例外：（1）1797 年被法国占领之前，威尼斯共和国由总督（doge）和共和国理事会治理，之后法国将其划分为奥地利帝国和拿破仑阿尔卑斯共和国（在拿破仑治下，1806 年成为意大利王国的一部分，并于 1814 年返还给奥地利）；（2）热那亚共和国，由总督和共和国理事会治理，直到它在 1797 年成为拿破仑利古里亚共和国的一部分（1815 年它与撒丁王国合并）；以及（3）卢卡的国务委员政府，直至 1799 年被法国占领（它于 1817 年变成了波旁公国）。

2. 1848—1918 年

1815 年后，意大利一共有八个邦国：撒丁王国，包括热那亚与皮埃蒙特－萨伏依地区；西西里王国；教皇国；托斯卡纳大公国；卢卡公国；帕尔马公国；摩德纳公国；伦巴第－威尼斯（Lombardy-Venetia）王国（奥地利帝国的一部分）。此时各邦国仍未有常设的议会，仅有的例外是皮埃蒙特－萨伏依地区，该地区于 1848 年成立了议会，其通过的宪法为新的意大利王国于 1861 年所采纳。

意大利的议会实行两院制。参议院的主要功能是作为修改机构，由皇家子弟和国王所任命的终身任职的人员（事实上是由主管部门进行任命）构成。意大利众议院有 508 名议员，经直接选举产生，任期五年。1860 年，识字的、25 岁以上且每年交税在 40 里拉以上的男性财产持有者（约占总人口的 5%）可以投票；选举权的门槛在 1882 年被降低；1912 年，30 岁以上的男性获得了普选权；不识字的人只有在服完兵役以后方能进行投票。国王任命首相，首相任命主管大臣，主管大臣提出立法议案，在参众两院通过。法律也可以通过行政命令和条例的形式加以公布。国王有权力随时解散议会，并宣布重新进行选举。

3. 1918—1945 年

1919 年，成年男性的普选和比例代表制被引入。这一体系在 1923 年被另外一套选举体系所取代，全国被分为 15 个选区，每个选区中获得 25% 以上选票的党派将获得该选区所对应议会席位的三分之二。在 1925 年，单一议员的选区被引入。但是，在法西斯分子于 1922 年掌权以后，议会开始无法正常开展工作。1938 年，设立"全国职团代表大会"取代原先的立法机构众议院，由领袖和法西斯大评议会的成员组成。后者由国家法西斯党开始掌权时的创始党员、大臣及其他由领袖所任命的人组成。领袖对国王负责。意大利共和国于 1946 年建立，共和国的宪法于 1948 年 1 月 1 日起开始生效。

(三) 法律体系

经由中世纪的评论家发展的罗马法，作为意大利的普通法，成为地方制定法以外的补充性的法律渊源。在 18 世纪，曾经有学者尝试对各地如托斯卡纳、伦巴第、威尼斯以及皮埃蒙特等地的各式法律渊源进行科学整理和归纳，如菲兰杰里（Filangieri，1752—1788）的《立法科学》以及贝卡利亚（Beccaria，1735—1793）的刑法学著作。1805—1809 年，法国各式法典被引入，即使在这些法典被废除后，它们仍然影响了《那不勒斯民法典》和其他一些邦国的立法。包括威尼斯在内的伦巴第，于1811年继受了《奥地利民法典》。撒丁王国于1837年至1854年间通过了诸多法典。1865年，在统一以后很短的时间内，意大利通过了五部法典。这些都是建立在《法国民法典》的基础之上的，一直有效至法西斯政权上台，才逐步被新的法典取代。这些新的法典包括1930年《刑法典》、1940年《民事程序法典》、1942年《民法典》。后者受到德国学术研究的影响，放弃了此前的三编制结构（人、物与物的取得方式），转而采用六编制（人、继承、财产、债法、劳动关系与权利保护）。随着法西斯的种族和职团观念被抛弃，这些法典也相继被修订。

(四)政党

自由党由加富尔于1848年创立，旨在争取意大利的统一。成立于1880年的共和党，1898年被解散，1901年又在马齐尼(Mazzini)原则的指导下重新成立并改造。意大利社会党成立于1892年，其发展受到了德国社会民主党的影响。社会党对"一战"采取了中立的态度，但是其中的左翼派别倾向于发动革命。在"一战"后，社会党发生了分裂，形成了三个派别：占多数的社会党、持改良观点的统一社会民主党(PSU)，以及共产党(PCI)。人民党作为一个独立的天主教政党成立于1919年，支持出台社会民主政策。所有非法西斯的政党于1926年被解散。国家法西斯党于1919年成立，追求民族主义、军国主义和帝国主义目标，并建立了墨索里尼领导下的绝对专制政府体制。（各政党的选民基础见表A1.3）

表 A1.3 意大利各政党的选民基础

政党	选票比例（括号中为席位数）				
	1895年	1904年	1913年	1919年	1924年
自由党	80.2（438）	64.8（415）	55.9（310）		
激进党	11.7（47）	8.4（37）	11.7（73）		
社会党	6.8（15）	21.3（29）	17.6（52）	32.3（156）	
共和党		4.9（24）	3.5（17）		
天主教党			6.0（29）		
人民党				20.5（100）	9.0（39）
中间联盟				15.9（96）	
民主党				10.9（60）	
国家法西斯党					65.3（325）

（1924年的选举由于存在法西斯的威胁恐吓，因此并不是一场自由的选举）
资料来源：Cook and Paxton（1975 and 1978）

（五）工会

在社会主义原则的指导下，1901年之后工会得到了迅猛的发展。农业工人的组织特别重要。1906年，社会主义工会又被团结在意大利总劳联（CGdL）的旗帜之下。它的附属工会按照全国工会联合会的组织模式，在农业、工业和商业活动领域开展组织活动。在存在劳工"红色"协会的地方（由经济活动的不同分支构成），这些工人同时又是其会员。这些会员制的联合会和协会的明确目的是"帮助工人阶级开展抵抗运动"（意大利总劳联章程第三条），它们并不是社会党的机构。1908年，意大利总劳联有25.8万名会员，1914年有32万名会员，到1920年会员人数攀升至200万名。作为其竞争对手的天主教意大利工人联合会（CIL）则受到《新事物通谕》的启发，倡导地方自治，认为维持小规模私有制是推动社会进步的方式。它参加罢工的目的就是为了传播这些理念。截至1920年，它声称拥有100万名会员。此外，意大利还存在一些规模较小、支持共和党理念和改良主义倾向的工会。

八、卢森堡

(一) 领土

卢森堡大公国根据 1837 年《伦敦条约》建立，于 1890 年取得完全独立。

(二) 宪法进展

1868 年《宪法》（以 1831 年《比利时宪法》为蓝本）引入了直接选举产生的议会制（众议院），选民资格限制在 25 岁以上的男性，且需要年度缴税 30 法郎以上；1902 年，纳税资格限制被降低为 10 法郎；1919 年，选民范围被进一步拓展至所有成年人。大公作为立宪制下的君主，与众议院分享立法权，并通过内阁行使行政权。同时，还成立有国务委员会，由国家任命，讨论立法草案并给出建议。

(三) 法律体系

拿破仑被打败之后，法国的法典在卢森堡仍然有效；并且卢森堡的立法在总体上受到法国和比利时先例的影响。德国的立法在社会法和税法领域也有较大的影响。

(四) 政党

从 1868 年开始，自由党便是主要政党。社会主义党于 1869 年成立；右翼政党（Parti de la Droite）成立于 1914 年；天主教社会主义党在 1914 年成立后成为政府中的主要政党。

(五) 工会

卢森堡总工会（CGT）于 1919 年成立，最大的会员单位是卢森堡工人联盟（成立于 1916 年）。

九、荷兰

(一) 领土

现代荷兰王国的大体上的边境线是由16世纪的宗教战争决定的。本书的描述也正是建立在这一前提之上。最初，荷兰的名称"尼德兰"一词(the Netherlands)是指与今天荷兰相对应的联省共和国(3.1万平方公里)，南部省份或者奥地利省(2.8万平方公里)，以及列日市(5700平方公里)。1795年，所有这些领土都被法国军队入侵，在这一压力之下，在北部省份成立了巴达维亚共和国作为法国的附庸国，而法国更是在1797年直接吞并了南部省份。1806年，巴达维亚共和国被荷兰王国所取代，由拿破仑的弟弟执政，并于1810年被吞并。在拿破仑倒台以后，奥兰治王室(House of Orange)成立了荷兰王国(荷兰和比利时)。1830年，南部省份宣布独立，比利时成为独立的王国，尽管荷兰直到1839年才承认其独立地位。

(二) 宪法进展

1. 1789—1848年

这一时期，荷兰的政府架构主要由世袭执政(Hereditary Stadtholder)和议会(States-General)组成，后者经选举产生，代表不同的社会阶层。在1795年巴达维亚共和国成立之前，各个省邦具有相对独立的地位。1806年，荷兰成为君主制国家；1810年被法国吞并；1815年，又变成了独立的君主制国家，两院制的议会作为立法机关。上议院由各省的代表组成，根据他们官位或者缴纳的税额进行任命。下议院则经由男性缴税公民选举产生。国王和大臣理事会享有行政权力，他们与议会之间共享立法权力。

2. 1848—1918年

1848年，荷兰将选民资格限制在23岁以上的男性，外加一些财富或者财产方面的限制。这一限制在 1887 年被降低，使得选民群体扩大了一倍。1896 年，最低的投票年龄提高到 25 岁，但是财产限制被进一步降低。男性普选与比例代表制于 1917 年被引入。女性最早在 1919 年获得选举权。

3. 1918—1945 年

1922 年的宪法修正案将上议院议员的任期从九年缩短为六年，并对行政权力进行限制。

(三) 法律体系

在荷兰被法兰西帝国吞并时 (1810 年)，法国的法典也被引入荷兰。它们后来于 1838 年被《荷兰民法典》《荷兰商法典》《荷兰民事程序法典》以及《法院组织法》所取代。《荷兰民法典》和《荷兰商法典》是建立在法国法典基础上的，尽管也会有一些从古荷兰法流传下来的日耳曼法元素。在 19 世纪和 20 世纪初，《荷兰民法典》保留了它最初的结构，尽管也作了重大的修正，特别是在劳动合同问题上 (1907 年)。法律的渊源包括宪法、议会通过并获得皇家御准的法律、以皇家法令形式通过的条例、经由法律或者条例授权的主管大臣作出的决定、11 个省和市的条例及其所属机构的规定。法院的判决并不具有先例的效力，但是下级法院通常会将最高法院的判决作为有拘束力的先例对待。1827 年的《法院组织法》确立了基层法院 (*kantongerechten*)、地区法院 (*arrondissementsrechtbanken*)、上诉法院 (*gerechtshoven*) 和最高法院 (Hoge Raad) 的结构。

(四) 政党

反对革命党 (ARP) 成立于 1879 年，由信奉正统新加尔文主义的新教教徒建立，在政策上，反对社会主义与自由主义，"建立在由宗教改革所创立并由沉默者威廉锻造的传统国民特征之上"。社会民主联盟 (SDB) 于 1881 年建立，在是否需要创立额外的议会项目问题上，发生了分裂，在 1894 年被社会民主工人党所取代。左翼的社会民主党于 1908 年成立，并于1919年开始归属共产国际。自由党于1885年成立，其左翼派别（激进派）于1901年脱离。罗马天主教国家党（RKS）建立在教皇《何等焦虑通谕》（*Quanta Cura*）、《政教关系通谕》（*Immortale Dei*）及《新事物通谕》基础之上，党员范围包括保守派人士、民主人士和一些劳工领袖，随后经常出现分裂与内斗。民主人士的派别于1925年分离出去，成立了天主教人民党。基督教历史联盟（CHU）成立于1908年，由一些保守新教教徒的团体组成，他们在政治和宗教议题上与反对革命党关系密切，但又秉持自由经济政策。（各政党的选民基础见表A1.4）

表 A1.4　荷兰各政党的选民基础

政党	选票比例（括号中为席位数）				
	1888年	1901年	1913年	1918年	1937年
天主教政党	20.7（25）	15.7（25）	14.5（25）	30.0（30）	28.8（31）
反对革命党	31.4（27）	27.4（22）	21.5（11）	13.4（13）	16.4（17）
自由党	40.7（46）	27.6（26）	16.7（22）	15.1（15）	12.4（13）
社会民主党	0.9（1）	9.5（7）	18.5（15）	22.0（22）	22.0（23）

资料来源：Cook and Paxton（1975 and 1978）

（五）工会

1860年代，在印刷工人、钻石工人、风琴制造商、铁路工人和其他工人中，工会开始崭露头角。全国劳工秘书处由社会主义者建立，在1896年以后，将工会事务作为其唯一的关注事项。这一运动最初由工团主义者主导，但是在1903年的铁路行业集体劳动争议中被打败（政府通过立法禁止在铁路和公共服务行业中进行罢工）以后，社会主义者逐渐占了上风。1905—1906年，15个社会主义者领导的全国性工会成立了荷兰工会联合会，这一联合会建立在德国的全德工会联盟的模式之上，与社会民主工人党为争取普选权开展统一行动，并与社会主义运动密切配合。除此之外，天主教工会（NKV）和新教教徒工会（CNV）也得以成立，它们均反对社会主义者,其会员人数相当于荷兰工会联合会会员人数的一半。截至 1914 年,荷兰工会联合会有会员 8 万名,而天主教工会的会员有 2.9 万名,新教教徒工会的会员有 1.1 万名。截至 1920 年,荷兰工会联合会的会员人数达到 25 万。工会的基本结构一直延续到 1939 年。

附录二　1789—1945年劳动法年表

1789年	法　国：三级会议中第三级的代表宣布成立国民议会并决定制定宪法； 　　　　废除封建制度； 　　　　通过《人权和公民权宣言》。
1790年	法　国：国民议会设立消灭乞讨委员会； 　　　　对卫生状况堪忧的行业实施国家监管； 　　　　犹太人获得公民自由。
1791年	法　国：《夏勃里埃法令》镇压各种结社活动； 　　　　废除行会条例； 　　　　宪法保障君主立宪制。
1792年	丹　麦：废除奴隶贸易。 法　国：宣告法兰西第一共和国成立； 　　　　条约提出协助所有希望推翻政府的人民； 　　　　法国占领区有义务接受法国的制度。
1793年	比利时：摆脱奥地利的统治。 英　国：出台《互助会法》。 法　国：处决路易十六； 　　　　成立拥有独裁权力的公共安全委员会； 　　　　修改宪法； 　　　　法律规定最高工资和最高物价。
1794年	法　国：废除殖民地的奴隶制。
1795年	比利时：并入法国。 英　国：出台《斯宾汉姆兰济贫法》。 法　国：《共和三年宪法》赋予督政府权力。 荷　兰：巴达维亚共和国成立。
1796年	法　国：让·坎巴塞雷斯起草的《民法典》草案公布（1804年《法国民法典》的基础）。
1797年	英　国：镇压海军兵变并通过《非法宣誓法》（1834年用于对付托尔普德尔蒙难者事件）。 意大利：出台《威尼斯宪法》； 　　　　成立利古里亚共和国。
1798年	英　国：开征所得税（超过两百英镑的收入部分征收10%）。 爱尔兰：叛乱开始。 意大利：罗马共和国成立（12月5日由法国重新占领）。

(续表)

年份	内容
1799年	英　国：《禁止结社法》对结社活动进行压制。 法　国：宪法确立拿破仑为第一执政官。 意大利：帕尔瑟诺佩亚共和国在皮埃蒙特成立。
1800年	英　国：制定新的《禁止结社法》。 丹　麦：在哥本哈根发布禁止结社的命令。 爱尔兰：通过《联合法》(1801年1月1日生效)。
1801年	法　国：《第五宪法》确立拿破仑为统治者。 爱尔兰：英国议会通过的《禁止结社(爱尔兰)法》实施比1799年和1800年英国《禁止结社法》更严格的管制。 意大利：拿破仑吞并了皮埃蒙特； 　　　　通过法律扩大了强制性济贫院的适用范围。
1802年	英　国：通过《学徒健康与道德法》。 法　国：重新引入规制学徒制度和劳动力市场的法律。
1804年	法　国：拿破仑称帝； 　　　　《法国民法典》生效。
1806年	法　国：通过法律在里昂设立劳动法庭。 德　国：神圣罗马帝国覆灭。 荷　兰：在法国势力影响下荷兰王国成立(1810—1813年并入法国)。
1807年	英　国：英国臣民的奴隶贸易废除。 法　国：颁布《商法典》。 德　国：普鲁士农奴解放。
1809年	法　国：劳动法庭的管辖范围扩展。 德　国：巴伐利亚镇压结社活动。
1810年	比利时：通过有关家仆的法令。 法　国：颁布《刑法典》(第414—416条压制结社活动)。 德　国：萨克森王国恢复对结社的镇压； 　　　　普鲁士发布关于家仆的命令。
1811年	英　国：卢德分子毁坏机器； 　　　　汉普登俱乐部成立以争取扩大选举权范围。 德　国：普鲁士出台法令规定农民所有权。
1812年	德　国：普鲁士的犹太人得到解放。
1813年	比利时：通过有关家仆的法令。 英　国：废除《工匠法》中的定薪条款。 法　国：禁止10岁以下的儿童在矿山工作。

* 在本年表中，"英国"的含义在1801—1921年包括爱尔兰。——译者

(续表)

1814 年	英　国：废除《工匠法》中的学徒制条款。 法　国：《第一次巴黎和约》规定法国将版图退回到 1792 年的疆界，承认荷兰、此前德意志各邦国和意大利各邦国独立； 　　　　路易十八颁布宪章并继位。	
1815 年	法　国：拿破仑最终战败； 　　　　《维也纳会议最后议定书》将荷兰、卢森堡和比利时组成荷兰王国； 　　　　奥地利重新占有伦巴第和威尼斯； 　　　　萨克森北部地区和莱茵兰并入普鲁士； 　　　　成立德意志邦联，由奥地利皇帝担任联邦主席； 　　　　承认费迪南四世为两西西里王国的国王，并恢复教皇和少数意大利王公贵族的头衔。	
1816 年	德　国：萨克森-魏玛公国的卡尔·奥古斯特颁布第一部宪法。	
1817 年	英　国：动乱导致通过了暂停施行人身保护令的压制性立法（至 1818 年）。 法　国：通过限制选举权的新选举法。	
1818 年	罗伯特·欧文向在亚琛举行的奥地利、英国、法国、普鲁士和俄罗斯会议提出国际劳工立法的请愿书。 德　国：巴登和巴伐利亚颁布了自由主义宪法。	
1819 年	英　国：通过规制棉纺厂和工厂的立法； 　　　　彼得卢惨案（民兵镇压在曼彻斯特彼得广场举行的关于议会改革和自由贸易的集会）； 　　　　通过"六部法律"来抑制骚乱、限制公众集会等。 德　国：德国联邦会议通过了《卡尔斯巴德法令》以禁止新闻自由、镇压政治煽动和自由主义运动； 　　　　符腾堡颁布自由主义宪法。	
1820 年	法　国：新的选举制度保证了右翼的势力。 德　国：黑森州颁布了自由主义宪法。	
1821 年	英　国：通过第一部自由贸易立法。	
1823 年	英　国：修改并整合《主仆法》； 　　　　废除超过 100 种罪名的死刑； 　　　　允许在殖民地雇佣流放犯人。 丹　麦：结社禁令扩展适用到整个国家（参见 1800 年条目）。 德　国：普鲁士建立了省议会。	
1824 年	英　国：《禁止结社法废止法》承认结社自由。	
1825 年	英　国：《皮尔禁止结社法》将结社自由限制为与工资、物价和工时有关的结社自由，并惩罚恐吓、骚扰和妨碍司法公正等表述模糊的犯罪行为； 　　　　修改工厂立法； 　　　　取消了对工匠向外移民的限制。	
1827 年	英　国：英国刑法的重大改革减少了死罪的数量并简化了有关财产犯罪的规定。	

(续表)

年份	内容
1828 年	英 国：废除《宣誓与结社法》（Test and Corporation Acts），允许天主教徒和非新教徒担任公职。
1829 年	英 国：《皮尔法》在伦敦和郊区建立了新的警察机构； 《罗马天主教徒解放法》允许天主教徒进入议会并投票。
1830 年	比利时：发生反对与荷兰合并的革命，发表的《独立宣言》被列强承认。 法 国：发生七月革命，并根据宪法废黜路易·菲力浦即位。 德 国：萨克森、黑森和布伦瑞克起义后，宪法得到了批准。
1831 年	比利时：颁布宪法，萨克森-科堡亲王利奥波德即位。 英 国：《实物工资法》纠正了部分滥用工资支付的行为。
1832 年	英 国：经过漫长的斗争后《改革法》得以通过，该法允许重新分配议会席位，取消过时的投票形式，并将选举权扩大到更广泛的有产者阶层； 该法的规定延伸适用到苏格兰和爱尔兰。 德 国：德国邦联通过梅特涅"六条款项"以镇压反对力量。
1833 年	英 国：规制纺织厂童工和年轻劳动力的法律规定儿童每周工作时间为 48 小时，并建立了第一个独立的工厂监察员。 德 国：普鲁士通过条约确立了关税同盟。

1834 年	英 国：罗伯特·欧文领导成立的全国工会大联盟组织了八小时工作日制的大罢工（于 10 月宣告失败）；
	      来自多塞特郡托尔普德尔的农场工人因非法宣誓成立工会而被判入狱；
	      大英帝国奴隶制被废除；
	      《济贫法》修正案旨在驱使穷人进入劳动力市场；
	      委员会发布关于工厂雇佣童工的报告；
	      （在皮尔领导下的）保守党接受自由保守主义的政策。
	法 国：里昂的纺织工人起义，之后通过了镇压工会的新法律。

1835 年	法 国：出台"九月"法令镇压激进运动。
1836 年	英 国：伦敦工人协会成立（宪章运动的开端）。 法 国：共产主义联盟在巴黎成立。 德 国：符腾堡出台结社禁令。
1837 年	英 国：普利斯特利诉弗勒案确立了"共同雇佣"原则，禁止就因同事过错造成的工伤向雇主索赔。 德 国：废止汉诺威宪法（1840 年颁布了新的、含有更少自由主义色彩的宪法）。
1838 年	英 国：工人协会草拟了《人民宪章》，要求成年男子享有选举权、投票选举、议会每年改选一次和议会议员取得薪金。 德 国：取消了萨克森的结社禁令。 爱尔兰：在英国 1834 年法律的基础上颁布了《济贫法》。 荷 兰：颁布《民法典》和《商法典》。
1839 年	英 国：致议会请愿书被否决后，宪章运动参与者发起暴动。 法 国：路易·勃朗《劳工组织》一书出版并倡议召开全国性的会议。 德 国：普鲁士出台减少工厂使用童工的规定。 卢森堡：成为独立的大公国。

(续表)

年份	内容
1840 年	英　国：出台《烟囱清扫法》。
1841 年	法　国：《儿童保护法》规定了工作时长。
1842 年	英　国：宪章运动参与者爆发骚乱； 　　　　有关儿童和年轻人雇佣情况的皇家调查委员会报告劳动人口状况； 　　　　《矿山法》禁止井下雇佣妇女和十岁以下的儿童。 德　国：普鲁士出台《济贫法》。
1843 年	意大利：出台奥地利各省儿童工作时间法。
1844 年	英　国：修正有关工厂劳动的法律，将妇女与青年男工同等对待，并保护所有工人免受无防护机械的伤害； 　　　　成立城镇健康问题皇家委员会。 德　国：西里西亚纺织工人起义。
1845 年	英　国：出台《印染工厂法》。 德　国：普鲁士《一般贸易规则》重新禁止结社并载有工人健康和福利条款。
1846 年	英　国：《谷物法》的废止导致保守党内部的分裂。 法　国：农业和工业出现萧条。 爱尔兰：马铃薯歉收导致大规模的饥荒和大量移民。
1847 年	英　国：出台限制工厂女工和年轻工人劳动时间的法律（"十小时工作制法"）。 德　国：汉诺威出台结社禁令。
1848 年	革命和《共产党宣言》发表。 英　国：宪章派向议会递交请愿书失败； 　　　　《公共卫生法》通过。 法　国：巴黎起义，路易·菲力浦退位，共和国临时政府宣告成立； 　　　　全国性济贫工作会议召开但被镇压，数千名巴黎工人在"六月起义"中被杀害； 　　　　温和共和党人在制宪国民议会以单一议院、直选和普选赢得了多数席位； 　　　　路易·拿破仑以绝对优势当选总统； 　　　　将工作日减少一小时的3月22日法令被9月9日法令取消； 　　　　通过了关于劳动法庭的5月27日法令。 德　国：普鲁士国王同意颁布宪法； 　　　　普鲁士出台关于铁路工作事故的法律。 爱尔兰：暂停实施人身保护令，发生暴动。 意大利：那不勒斯、皮埃蒙特-萨沃伊、撒丁、罗马和威尼斯颁布宪法； 　　　　撒丁向伦巴第投降，承认革命前状况，但威尼斯除外。 荷　兰：变革为君主立宪制。
1849 年	比利时：公共卫生法令要求对工厂作业场所颁发许可证。 丹　麦：出台民主宪法。 法　国：镇压共产主义暴动，随后通过压制性法律； 　　　　通过《第二共和国宪法》； 　　　　修正后的《刑法典》第414—416条平等对待雇主和工人的结社行为。 德　国：统一的尝试失败； 　　　　德意志邦联通过工资支付法； 　　　　成立农业土地合作银行。

(续表)

年份	内容
1850 年	英　国：1850年《工厂法》尝试填补1847年《工厂法》的漏洞； 　　　　出台《煤矿监察法》。 法　国：限制媒体； 　　　　废除普选； 　　　　出台规制互助组织的法律； 　　　　推出养老金制度。 德　国：普鲁士颁布自由主义宪法。
1851 年	英　国：《学徒与仆从法》保护家仆免受虐待。 法　国：出台法律限制雇主使用工人手册的权力，但（工人流动）仍需警察监管。
1852 年	英　国：《济贫法院外救济规范法令》允许在某些情况下以义务劳动换取救济； 　　　　第一次合作社会议召开； 　　　　出台《工业与互助会法》。 法　国：拿破仑三世称帝； 　　　　出台建立地方就业办公室、规制互助组织的法令。
1853 年	英　国：《工厂法》进一步填补漏洞。 德　国：普鲁士法律规定了带薪工厂监察员，并将最低工作年龄提高至10岁（1855年至12岁）。
1854 年	英　国：宪章运动结束。 丹　麦：出台《有关农业工人与家仆的法律》。 德　国：将结社禁令扩大至家仆、农业工人和矿工，并禁止成立以社会主义或共产主义为目标的协会。 荷　兰：出台《济贫法》。
1855 年	英　国：出台《互助会法》； 　　　　出台《商船法》。
1857 年	丹　麦：出台《贸易法》。 德　国：巴伐利亚出台结社禁令。
1858 年	英　国：取消竞选议员的财产资格限制； 　　　　通过法律取消犹太人不得当选议员的限制。
1859 年	英　国：《禁止骚扰工人法》修改了刑法对纠察和罢工的限制。 法　国：进行大赦并扩大政治权利。 意大利：以英国1834年《济贫法》为原型，皮埃蒙特通过了《济贫法》。
1860 年	英　国：《煤矿规制法》允许矿工自行指定监秤员； 　　　　出台《花边厂法》。 法　国：法律承认移民自由。 德　国：《普鲁士矿山法》确认雇主确立的劳动规章的法律地位。 意大利：意大利第一届议会在都灵召开。
1861 年	德　国：通过《商法典》。 意大利：通过《意大利王国宪法》。

(续表)

1863 年	英　国: 出台规制面包房夜班工作的法律; 　　　　关于尚未受法律约束的贸易和制造业中儿童雇佣问题皇家委员会成立(存续至1866 年)。 德　国: 拉萨尔创办全德工人联合会。
1864 年	庇护九世公布《现代谬误学说汇编》谴责自由主义、社会主义和理性主义(与《何等焦虑通谕》同时发布)。 　　　　国际工人组织(第一国际)在伦敦成立。 英　国:《工厂法扩展法》和《工厂管理法》将保护范围扩大到非纺织工厂,并规定了卫生条件; 　　　　出台《烟囱清扫法》。 法　国: 结社不再是刑事犯罪,有些罢工是合法的,但工会仍属非法。 德　国: 在倍倍尔的领导下,德国工人协会联盟成立。
1865 年	德　国: 第一个现代工会由社会主义者成立; 　　　　《普鲁士矿山法》承认强制保险基金。 意大利: 通过五部法典。
1866 年	第一国际召开代表大会要求实行八小时工作制。 比利时: 新的刑法典不再将结社规定为刑事犯罪。 德　国: 北德意志联邦形成。 荷　兰: 第一个现代工会成立。
1867 年	英　国:《改革法》将选举权扩大到城市技术工人; 　　　　《工厂法》和《工厂管理法》适用范围得到扩展; 　　　　修改《主仆法》; 　　　　以威廉·埃勒勋爵为主席的工会皇家委员会成立; 　　　　出台《仲裁委员会法》。 德　国: 社会主义者首次当选为北德意志联邦议会议员。 卢森堡: 脱离荷兰统治。
1868 年	英　国: 工会联盟成立。 法　国: 采用议会体制; 　　　　给予新闻和集会自由。 德　国: 全德工会联盟由社会民主主义者创建; 　　　　贺希-敦克工会由德国进步党创建。
1869 年	德　国:《帝国贸易法》(从 1871 年帝国开始)取代德国各州支离破碎的法律,废除对罢工、停工和结社的刑事制裁,废除工人手册制度和限制工作时间; 　　　　德国社会民主工人党成立; 　　　　倍倍尔领导的社会民主主义者成立国际(马克思主义)工会。
1870 年	法　国: 第三共和国成立。 德　国: 北德意志通过立法重新确定济贫的条件。
1871 年	英　国:《工会法》保护工会远离非法性的困扰; 　　　　《刑法》修正案对大多数形式的纠察和罢工予以刑事制裁。 丹　麦: 社会民主党成立。 法　国: 巴黎公社成立(3 月 18 日到 5 月 28 日)。

(续表)

年份	内容
1871年	德　国: 帝国成立; 　　　　出台《雇主责任法》。 荷　兰: 第一个工会联合会成立。
1872年	英　国: 出台《仲裁(雇主与雇员)法》。 德　国: 社会政策协会成立。 意大利: 第一个现代工会组织形成。 荷　兰: 废止结社禁令。
1873年	国际雪茄烟工人工会(第一个国际工会)成立。 英　国: 全国雇主联合会成立。 丹　麦: 出台《儿童保护法》。 意大利: 出台《儿童保护法》。
1874年	英　国: [以首席大法官科伯恩(Chief Justice Cockburn)为主席的]劳动法皇家委员会成立; 　　　　出台为制造业妇女和年轻人健康改善卫生状况的法案。 丹　麦: 任命劳动监察员。 法　国: 儿童的受保护水平得到提升; 　　　　保护21岁以下的妇女; 　　　　引入劳动监察机制。 德　国: 普鲁士解散社会民主党。 荷　兰: 出台《儿童劳动法》。
1875年	英国:《共谋与财产保护法》保护罢工自由免受刑罚; 　　　废止因违反劳动合同而受刑事处罚的规定; 　　　《雇主与劳动者法》规定了民事救济; 　　　出台《工匠住宅法》; 　　　出台《互助会法》; 　　　改革法庭系统(1873—1875年)。 法　国:《第三共和国宪法》出台,规定了男性普选权、两院制立法和内阁对总统的实际控制。 德　国: 马克思主义者和拉萨尔派成员成立德国社会主义工人党(后称为社会民主党)。
1876年	第一国际解散。 比利时: 法律取消了移民限制。 英　国: 调查工厂立法的整合、提升与扩展适用的皇家委员会的报告发表;出台《工业与互助会法》。 德　国: 出台《注册救济基金法》。
1877年	德　国: 司法管理与程序实现统一。
1878年	比利时: 佛兰德语成为佛兰德斯地区的官方语言。 英　国: 出台《工厂与作坊整合法》。 法　国: 里昂工人代表大会对劳动法庭提出民主化的要求。 德　国: 出台《反社会主义法》(生效实施至1890年); 　　　　《帝国贸易法》修正案规定对妇女儿童进行保护,并建立带薪工厂监察员制度。
1879年	卢森堡: 在移植比利时法典时废除对结社的刑事制裁。

(续表)

1880 年	英　国：《雇主责任法》规定了工伤事故的部分民事责任。 法　国：朱尔斯·盖德领导成立社会主义工人党（1882 年改革为法国工人党）； 　　　　废除礼拜日休息制。 爱尔兰：出台《困难救助法》； 　　　　佃农发起抵制运动。	
1881 年	丹　麦：禁止妇女在矿井下工作。 德　国：德意志帝国皇帝就社会保险向国会发布圣旨（11 月 17 日）。 荷　兰：社会民主联盟成立。	
1882 年	英　国：出台《煤矿管理修正法》。 法　国：保罗·布鲁斯领导成立法国社会主义工人联合会。 德　国：威斯特伐利亚建立了第一个失业收容所。 意大利：选举制度改革； 　　　　出台《商法典》。	
1883 年	比利时：废除工人手册制度。 德　国：出台《疾病保险法》。	
1884 年	比利时：禁止 12 岁以下男童和 14 岁以下女童在井下工作。 英　国：《改革法》将选举权扩大到乡村的大多数工人； 　　　　费边社成立。 法　国：《瓦尔戴克-卢梭法》将工会合法化。 德　国：出台《工伤事故保险法》。	
1885 年	比利时：比利时工人党成立。	
1886 年	英　国：英格兰第一个公共就业机构建立； 　　　　劳动局作为贸易部的一部分而成立。 法　国：市政当局因未能动用军事或警察力量镇压罢工而承担责任。 德　国：普鲁士颁布法令限制罢工。 意大利：出台有关工场、采石场和矿山儿童劳动的法律； 　　　　法律承认互助组织的合法性。 荷　兰：出台新《刑法典》； 　　　　议会对工人阶级状况开展调查。	
1887 年	比利时：通过成立联合委员会以防止和解决劳资纠纷的法律； 　　　　出台禁止实物支付的法律（农业除外）。 英　国：独立工党成立。 　　　　《煤矿规制法》允许矿工任命安全代表； 　　　　《实物工资修正法》赋予工厂和矿井监察员执行实物工资立法的权力。 爱尔兰：通过处理佃农间结社的刑法。	
1888 年	比利时：建立了第一个劳动介绍所。	
1889 年	第二国际在巴黎成立。 比利时：出台《儿童保护法》； 　　　　引入工厂监察员机制； 　　　　劳动法庭实行民主化改革。	

(续表)

1889年	英　国：码头工人发起罢工； 　　　　在无技术和半技术工人之间新工会主义得到发展。 丹　麦：出台《学徒法》； 　　　　出台《机械工作事故预防法》。 法　国：出台《农业法典》。 德　国：出台《养老金和残疾抚恤金法》。 意大利：《札那尔德利刑法典》允许和平罢工和结社。 荷　兰：出台《工厂法》，就儿童和妇女雇佣及建立劳动监察部门作出规定。
1890年	首次就工人保护问题召开国际会议(柏林)； 发生为争取八小时工作制的国际五一劳动节游行。 法　国：出台终止工人手册制度的法律； 　　　　出台确立矿山工人代表制度的法律。 德　国：德国社会民主党在埃尔福特会议上通过了新纲领； 　　　　德国工会总委员会建立； 　　　　《劳动法院法》确立了地方一级的法庭。 卢森堡：大公国完全独立。
1891年	教皇《新事物通谕》发表。 英　国：下议院通过第一个《公平工资决议》； 　　　　(德文郡公爵担任主席的)劳工问题皇家委员会成立(存续至1894年)； 　　　　通过有关作坊和工厂的法律修正案。 丹　麦：《济贫法》出台。 法　国：成立最高劳动委员会。 德　国：《帝国贸易法》修正案禁止妇女夜班，就工作日的规定与工人进行协商以及建立常设雇员委员会作出规定。
1892年	比利时：《刑法典》在罢工方面的规定有所强化。 丹　麦：出台《病友俱乐部法》。 法　国：建立劳工办公室和劳动监察系统； 　　　　成立劳动介绍所联合会。 德　国：《普鲁士矿山法》修正后引入了检验称重的联合控制原则。 意大利：意大利工人党成立(从1893年开始称为社会党)。
1893年	比利时：进行选举改革。 意大利：出台《劳动仲裁法》。 荷　兰：建立全国劳工秘书处； 　　　　政府开展失业调查。
1894年	比利时：通过有关职业健康安全和事故赔偿金的法令。 爱尔兰：爱尔兰工会联盟成立。 意大利：西西里岛农业工人发动暴乱。 荷　兰：社会民主工人党成立。
1895年	比利时：引入劳动监察员制度并成立劳工办公室。 英　国：通过扩大有关作坊和工厂法律适用范围的法律。 法　国：法国总工会成立。
1896年	比利时：罢工催生了工业和劳工委员会； 　　　　劳动法庭的管辖范围扩大覆盖至白领劳动者。

(续表)

年份	内容
1896 年	英　国：《调停法》鼓励调停和自愿仲裁； 　　　　实物工资立法的修正案限制雇主罚款和克扣工资的权力。 丹　麦：丹麦雇主联合会成立。 法　国：劳工办公室发布关于将公共工程作为减少失业手段的报告。 德　国：通过《民法典》（1900 年 1 月生效）。 荷　兰：出台《健康安全法》。
1897 年	比利时：出台关于由矿工任命安全代表的法律。 英　国：出台《工伤赔偿法》。 　　　　成立工程业雇主联合会。 德　国：通过《商法典》； 　　　　出台有关管理工匠的《帝国贸易法》修正案； 　　　　承认移民自由。 荷　兰：出台《劳动委员会法》。
1898 年	比利时：比利时工人党总务委员会的工会委员会成立； 　　　　关于行业及职业协会的法律出台； 　　　　列日政府推出由公共基金资助的失业保险计划。 丹　麦：丹麦工人联合会成立。 　　　　出台关于强制性工伤赔偿的法律。 法　国：出台《工伤赔偿法》； 　　　　出台规制互助组织的法律。 德　国：德国职业介绍所联合会成立。 意大利：劳工和农民发起暴动； 　　　　出台关于工伤赔偿和养老金的法律。
1899 年	在伦敦召开国际妇女大会。 丹　麦：雇主与工会之间达成《九月协议》。 法　国：施耐德-克勒索工厂发生罢工，争议提交时任总理瓦尔戴克-卢梭进行仲裁，根据仲裁裁决任命工人代表。
1900 年	在巴黎召开工人法律保护的国际大会。 比利时：出台《养老金法》； 　　　　出台关于劳动合同的法律。 英　国：塔甫河谷案将工会暴露于民事责任之下； 　　　　劳工代表委员会形成（1906 年改名为工党）。 法　国：将工作时长限制在 10 小时； 　　　　赋予部长设立劳动委员会权力的法令出台。 德　国：第一部现代劳动法著述出版，即菲利普·洛玛的文章《雇主与工人之间的集体谈判协议》。 意大利：意大利总理乔利蒂负责社会和金融改革。
1901 年	工人法定保护国际协会成立，总部设在巴塞尔； 在哥本哈根召开首届国际工会大会。 英　国：《工厂与作坊整合法》将纺织厂女工的周工作时间减少至 55.5 小时，其他工厂女工的周工作时间减少至 60 小时。 丹　麦：女性工会成立。 　　　　《工厂劳动法》规定成立劳动委员会。 德　国：普鲁士警察发布命令禁止罢工； 　　　　基督徒工会总会成立。

(续表)

1901年	意大利：金属和机械工人工会以及农业工人工会成立。 荷　兰：出台《工伤保险法》。
1902年	工人法定保护国际协会大会在科隆召开。 英　国：《工厂俱乐部法》禁止强制工人加入病友俱乐部以及储蓄基金； 　　　　《劳工办公室(伦敦)法》允许伦敦为失业者设立专门的工作机构。 意大利：出台保护妇女和未成年人的法律； 　　　　出台关于稻田工人的法律； 　　　　提出关于劳动合同的议会法案； 　　　　设立高级劳动委员会和职业介绍所。 卢森堡：引入劳工监察制度。
1903年	比利时：出台《事故赔偿法》。 英　国：成立(以达尼丁勋爵为主席的)劳工问题皇家委员会。 德　国：出台有关童工的法律。 荷　兰：铁路和码头罢工导致禁止铁路人员和公务员罢工的禁令出台； 　　　　第一个主要集体谈判协议诞生。
1904年	法国与意大利之间就劳工保护问题达成国际条约。 法　国：出台增强地方就业办公室权力的法律。 德　国：德国雇主协会以及德国雇主协会联盟成立； 　　　　出台为白领劳动者设立商人法庭的法律； 　　　　设立劳工统计特别部门。 意大利：出台有关工伤事故的法律。
1905年	工人法定保护国际协会伯尔尼会议(至1906年)通过禁止在火柴生产过程中使用白磷和禁止雇佣妇女从事夜间工作的条约。 英　国：《失业工人法》赋予当局帮助失业者的权力。 丹　麦：金属行业协议承认工会干事。 法　国：统一社会党成立； 　　　　出台有关劳动法庭裁决上诉机制的法律。 德　国：《普鲁士矿山法》修正案引入强制性的工厂(雇员)委员会。 意大利：米兰的人道社团创建了失业基金。
1906年	工人法定保护国际协会华盛顿会议敲定了禁止妇女夜间工作条约的细节。 英　国：《劳动争议法》规定了与产业行动有关的民事责任豁免； 　　　　扩大工伤赔偿立法的适用范围。 法　国：矿工罢工； 　　　　引入每周六天工作制； 　　　　设立劳动部； 　　　　扩大工伤赔偿立法的适用范围。 意大利：意大利劳工总联合会成立。 荷　兰：(社会主义者主导的)荷兰工会联合会成立； 　　　　法令承认常设矿工协会的合法性。
1907年	丹　麦：出台《失业救济金法》。 法　国：出台统一和扩大劳动法庭管辖范围的法律。 意大利：出台有关夜班工作和礼拜日休息的法律。 荷　兰：出台《劳动合同法》(修正了《民法典》的规定)。

（续表）

1908年	比利时：基督徒工会联合会成立。 英　国：出台《养老金法》。 丹　麦：出台有关外国工人保护的法律（1912年修正）。 法　国：出台有关工伤事故的法律。 德　国：《帝国结社法》的出台威胁到工会政治目的的实现。 荷　兰：左翼社会民主党成立。
1909年	英　国：议会驳回劳合·乔治提出的金融议案； 　　　　《劳资协商会法》（后来的《工资委员会法》）确立了"血汗"行业最低工资机制； 　　　　出台《职业介绍法》。 法　国：出台关于妇女分娩后恢复就业的法律。 荷　兰：新教徒与天主教徒工会联合会成立； 　　　　重新改组劳工监察队伍。
1910年	丹　麦："八月委员会"建议设立常设仲裁院和调解调停委员会。 法　国：出台有关工人养老金的法律； 　　　　开始编纂《劳动法典》。 意大利：工业联合总会成立。
1911年	英　国：《议会法》削减了上议院的权力； 　　　　出台《国民保险法》； 　　　　产业委员会的成立（至1913年）补充了其他调解调停方式。 德　国：适用于体力劳动者的《帝国社会保险法》将早年立法进行法典化并作相应修正； 　　　　出台适用于白领劳动者的《帝国职员社会保险法》； 　　　　出台《家庭手工业法》。 荷　兰：推出有关儿童、妇女劳动法律的修正案。
1912年	意大利：启用劳动监察员。
1913年	国际工会联合会成立。 英　国：《工会法》允许工会为政治目的提供资金，并为个人提供保障。 德　国：两个雇主机构合并为德国雇协会联合会。 荷　兰：出台有关养老金的法律（1919年生效）； 　　　　出台有关疾病保险的法律（1930年生效）。
1914年	"一战"爆发（至1918年）。 比利时：出台有关老年、疾病和残疾保险的法律； 　　　　礼拜日开始作为休息日。 卢森堡：基督徒社会党成立。
1915年	英　国：《战争军需品法》将罢工规定为非法并设立强制仲裁制度和裁判庭。 丹　麦：实现成人普选（29岁以上）。 意大利：出台有关强制仲裁的法规。
1916年	协约国工会代表在利兹召开会议。 英　国：J.H.怀特利担任主席的雇主雇员关系委员会成立（存续至1919年），根据该委员会的建议，许多行业在自愿基础上成立产业理事会（即怀特利理事会）。 丹　麦：出台有关工伤事故赔偿的法律。

(续表)

年份	内容
1916 年	德　国:《爱国辅助服务法》使工会免于受到结社法的限制性规定的约束; 　　　　赋予工会提名调解、仲裁机构代表的权利; 　　　　在有 50 名以上雇员的企业中设立工厂(雇员)委员会。 爱尔兰: 复活节起义。
1917 年	俄国十月社会主义革命; 同盟国工会代表在伯尔尼召开会议。 意大利: 出台有关残疾人就业配额的法令。 荷　兰: 实现男性普选; 　　　　出台有关失业的法令。
1918 年	"一战"结束。 英　国: 推进选举改革赋予妇女以投票权; 　　　　《劳资协商会法》修正案将未开展集体谈判作为确定最低工资的首要条件。 德　国: 11 月革命爆发; 　　　　人民代表议会政府成立(至 1919 年 2 月); 　　　　《施廷内斯-莱吉恩协议》建立了集体主义制度，随后通过了使协议具有自动和强制效力并体现"效力扩张"原则的《集体谈判协议法令》; 　　　　所有超过 20 名雇员的企业都要成立常设工厂(雇员)委员会; 　　　　出台失业救济法令。 意大利: 天主教工会联盟(即意大利工人联合会)成立。
1919 年	伯尔尼国际工会大会通过的《劳工宪章》提交至国际劳工立法委员会审议，该委员会的最后报告成为《凡尔赛和约》的第 13 部分，据此成立了国际劳工组织; 阿姆斯特丹大会重新组建了国际工会联合会。 英　国:《劳动法院法》设立了自愿仲裁机构; 　　　　召开全国工业大会(至 1921 年); 　　　　废止战时规定; 　　　　《警察法》禁止警察成立工会; 　　　　女性雇员工会联盟成立; 　　　　出台《煤矿法》; 　　　　出台《各种行业称重法》。 丹　麦: 出台规定八小时工作制的法律。 法　国: 规定八小时工作制和规范集体谈判的法律出台; 　　　　基督徒工会联盟成立。 德　国:《魏玛宪法》承认结社自由、集体谈判和工厂委员会; 　　　　出台有关农村工人、工资扣押、残疾人雇佣的条例; 　　　　国家接管职业介绍所。 意大利: 设立雇员委员会的做法在北方的工厂里蔓延; 　　　　葛兰西领导的新秩序组织开展了重要的思想和政治讨论; 　　　　天主教党(后被称为人民党)成立; 　　　　第一个法西斯运动开始; 　　　　授予成年男性普选权; 　　　　出台关于省失业基金组织的法令; 　　　　出台有关养老金的法律。 卢森堡: 引入德国模式的工厂委员会(1921 年撤销); 　　　　卢森堡总工会成立。 荷　兰: 实现普选; 　　　　出台包括 8 小时日工作制和 45 小时工作周的新《工厂法》。

(续表)

1919 年	出台《学徒法》； 出台《残疾、寡妇与孤儿抚恤金法》； 成立高等劳动委员会。
1920 年	国际基督教工会联合会成立； 工业雇主国际组织成立。 比利时：成立劳动委员会。 英　国：出台《失业保险法》； 　　　　出台《失业（救济工作）法》； 　　　　《紧急事态权力法》授权政府可以动用军队处理罢工。 法　国：法国社会党分裂，共产党成立。 德　国：出台《工厂委员会法》； 　　　　成立临时经济委员会； 　　　　取消关键服务领域的工人的罢工自由。 意大利：工人占领工厂运动失败。
1921 年	国际劳工组织通过与儿童就业、农业工人结社权利、周休息的权利相关的公约； 红色工会国际成立。 比利时：确立八小时工作制，并通过法律保障加入或不加入工会的权利。 英　国：《铁路法》确立了联合磋商机制。 法　国：法国总工会分裂，与其有竞争关系的联合劳工总联盟成立，由共产主义者领导。 爱尔兰：爱尔兰自由邦成立。 　　　　北爱尔兰在联合王国内拥有自己的立法机构。 意大利：共产党和法西斯党创立。 荷　兰：出台《工伤保险法》。
1922 年	比利时：出台针对白领劳动者的劳动合同法。 丹　麦：出台与强制疾病保险和养老金相关的法律。 德　国：出台与工厂委员会在监事会中的代表相关的法律； 　　　　出台《职业介绍所组织法》。 意大利：进军罗马，随后墨索里尼下令组建政府； 　　　　创立法西斯全国工会职团联合会。 荷　兰：日工作时间增至 8 个半小时，周工作时间增至 48 个小时。
1923 年	国际劳工组织通过统一工人与劳工保护法公约。* 德　国：就劳资争议解决问题通过《仲裁法令》； 　　　　出台《集体谈判协议法令》； 　　　　出台《工作时间法令》允许对日工作时间进行延长。 意大利：实行八小时工作制。 荷　兰：出台《劳资争议（调解和调停）法》； 　　　　解散地区性的劳动委员会。
1924 年	比利时：与劳动介绍所有关的法令出台。 法　国：有关劳动法庭的立法以及有关解除劳动合同通知期限的立法被编入《劳动法典》第四章。

---

* 经核查，1923 年国际劳工组织并未通过任何公约。此处原文疑有误。——译者

(续表)

1924 年	意大利：就白领劳动者解除劳动合同的通知期限出台法令； 　　　　对女性雇员进行保护； 　　　　解散非法西斯的工会。 卢森堡：成立职业委员会。	355
1925 年	国际劳工组织通过有关工伤赔偿及烘焙坊夜班工作的公约。 法　国：设立具有咨询职能的全国经济委员会； 　　　　通过与职业介绍机构相关的法律。 德　国：扩大《工伤赔偿法》的适用范围。 意大利：法西斯主义工会和雇主之间达成承认单一工会组织和废除内部委员会的《维多尼宫协议》。 荷　兰：天主教人民党成立。	
1926 年	国际劳工组织通过有关商船海员和奴隶制的公约。 比利时：出台向铁路管理委员会和联合委员会引入工人代表的法律； 　　　　修改劳动法庭的投票规则和程序。 英　国：发生总罢工。 德　国：《劳动法院法》建立了统一劳动法院； 　　　　出台与白领劳动者解除劳动合同通知期限相关的法律。 意大利：出台规制劳动关系的法律，内容包括罢工和闭厂禁令； 　　　　出台每日 9 小时工作制的法令（1933 年废除）。	
1927 年	国际劳工组织通过有关疾病保险的公约。 英　国：《劳动争议与工会法》将总罢工非法化并禁止公务员工会依附于外部的组织； 　　　　出台有关职业介绍与失业保险的法律。 德　国：出台关于职业介绍与失业保险的法律； 　　　　对怀孕妇女进行保护。 意大利：概括描述法西斯政权纲领的《劳动宪章》发布。 荷　兰：出台规定集体谈判协议强制效力的法律。	
1928 年	国际劳工组织通过有关最低工资确定机制的公约。 法　国：通过社会保险立法； 　　　　出台关于学徒制、工资和农业工人事故的法律； 　　　　将劳动监察员的职权范围扩大至所有工商业工作场所。	356
1929 年	国际劳工组织通过有关装卸工人保护的公约。 丹　麦：《工会法》禁止对个体（会员）的报复。 德　国：出台《家庭手工业者工资法》。 荷　兰：出台《公务员法》。	
1930 年	教皇发表《圣洁婚姻通谕》。 国际劳工组织通过有关强迫或强制劳动的公约，以及有关商业和办公室工作时间规定的公约。 比利时：出台与强制家庭津贴制度相关的法律。 法　国：开始实施社会保险计划。 意大利：全国职团评议会成立。 荷　兰：出台《就业服务机构法》。	

(续表)

年份	内容
1931年	教皇发表《四十年通谕》。 国际劳工组织通过有关煤矿工作时间的公约。 英　国：《失业保险(国民经济)命令》规定对失业保险申请者实行经济状况调查。 德　国：出台紧急法令(有效期至1932年)降低工资。 意大利：《刑法典》对罢工和闭厂规定了刑事制裁。
1932年	国际劳工组织通过关于保护装卸工人的公约和允许儿童从事非工业工作的公约。 法　国：引入强制家庭津贴制度。
1933年	国际劳工组织通过关于老残孤寡保险的公约和关于收费职业中介的公约。 丹　麦：出台《社会保险和救助法》。 德　国：民族社会主义工人党解散议会系统和其他政党； 　　　　工会和雇主协会被解散并被并入德国劳工阵线； 　　　　国家工资法令代替了集体谈判协议； 　　　　出台"劳动受托人"法。 荷　兰：《行业委员会法》在不同行业确立了行业委员会。
1934年	国际劳工组织通过关于妇女夜班、职业病工伤赔偿、玻璃行业工作时间和失业津贴的公约。 英　国：《失业法》将失业保险与失业援助分开。 德　国：出台《国民劳动秩序法》。 意大利：出台《职团的建立及其职责法》 　　　　出台有关妇女劳动与家庭津贴的法律。 荷　兰：出台《健康安全法》； 　　　　出台《外国工人登记法》。
1935年	国际劳工组织通过关于煤矿井下作业妇女雇佣、限制煤矿和玻璃瓶行业工作时长、减少工作时间至每周40小时，以及老残保险下权利保障的公约。 德　国：引入劳工护照。 意大利：引入统一的职团化的社会保障计划。
1936年	国际劳工组织通过关于招聘工人、公共工程工作时间、带薪年假和商船海员的公约。 法　国：人民阵线在选举中获胜； 　　　　法国总工会重新统一； 　　　　三四百万工人发动的罢工和占领运动催生了《马提尼翁协议》以及有关集体谈判和工人代表的法律。
1937年	国际劳工组织通过关于儿童最低就业年龄、减少纺织业工作时长、建筑业安全措施和劳工统计数据的公约。 比利时：比利时的工会联合委员会改名为比利时劳工总联盟，完全独立于工人党。 英　国：出台《工厂法》(整合了此前的立法)。 爱尔兰：通过《爱尔兰宪法》。 意大利：法西斯大评议会通过了《生产者权利义务宣言》。 荷　兰：通过了有关集体谈判协议效力扩张的法律。
1938年	丹　麦：出台关于薪资雇员和公共假期的法律。 法　国：《征召法》使政府能够制止关键服务行业工人的罢工和提供劳工指导； 　　　　出台将工人代表转变为权力受限的法定机构的法令。 意大利：出台确立就业数量要求原则的法令。

（续表）

年份	内容
1939 年	"二战"爆发（至 1945 年）； 国际劳工组织通过关于移民工人、本土工人和陆路运输工作时长的公约。 法　国：《家庭法典》将家庭津贴的受益人群扩大到全部人口。 意大利：承认职团为国家机关。
1940 年	比利时、卢森堡和荷兰被德国占领。 英　国：《劳动条件和国家仲裁令》附加强制仲裁于集体谈判并禁止罢工； 　　　　在劳动部下设全国联合咨询委员会。 法国：法国国民议会向贝当交出权力，维希政权建立，工会被解散。
1941 年	《大西洋宪章》通过。 法　国：维希政权通过《劳动宪章》。 荷　兰：推出强制性医疗保险计划。
1942 年	英　国：《贝弗里奇报告》发表。 意大利：通过《民法典》。
1943 年	英　国：自愿建立联合生产委员会。 意大利：集体谈判协议重新建立内部委员会。
1944 年	国际劳工组织通过《费城宣言》。 英　国：《残疾人（就业）法》要求对残疾人实行配额就业。 法　国：有关重新实现法国总工会统一的佩勒协议（Perreux agreement）达成； 　　　　全国抵抗运动委员会的宣言发表。 意大利：关于工会团结的罗马协议发表。
1945 年	"二战"结束； 联合国《世界人权宣言》发表。 比利时：建立一般联合委员会与联合委员会。 法　国：通过法令允许集体谈判协议修改法律规定。 意大利：妇女获得选举权。 荷　兰：劳动基金会成立； 　　　　出台《劳动关系特别法令》。

附录三 相关数据

表 AⅢ.1 普查人口（单位：千人）

	1800 年	1850 年	1900 年	1939 年	1945 年
比利时	4,166 (1816)	4,530 (1856)	6,694	8,092 (1930)	8,512 (1947)
英国	10,501 (1801)	20,817 (1851)	37,000 (1901)	44,795 (1931)	48,854 (1951)
丹麦	929 (1801)	1,415	2,450 (1901)	3,844 (1940)	4,045 (1945)
法国	27,349 (1801)	35,783 (1851)	38,451 (1901)	41,183 (1936)	39,848 (1946)
德国	22,377 (1816)	33,413 (1852)	56,367	69,460	[a]
爱尔兰	6,802[b] (1821)	6,552[b] (1851)	4,459 (1901)	[c]	[d]
意大利	17,237（大约）	24,351 (1852)	32,475 (1901)	42,919 (1936)	47,159 (1951)
卢森堡	170 (1839)	193 (1852)	236	297 (1935)	291 (1947)
荷兰	2,047[e] (1816)	3,057 (1849)	5,104 (1899)	8,923 (1940)	9,625 (1947)

注释：
[a] 1946 年东德人口为 18,488,000；西德人口为 46,560,000。
[b] 仅为平民人口。
[c] 1937 年北爱尔兰人口为 1,280,000；爱尔兰共和国人口为 2,968,000。
[d] 1951 年北爱尔兰人口为 1,371,000；爱尔兰共和国人口为 2,961,000。
[e] 不含比利时各省的人口。
资料来源：Mitchell, 1978, Table A1

表 AⅢ.2 每十年欧洲向外移民的数量（单位：千人）

	1851—1860 年	1861—1870 年	1871—1880 年	1881—1890 年	1891—1900 年	1901—1910 年	1911—1920 年	1921—1930 年	1931—1940 年	1941—1950 年
比利时	1	2	2	21	16	30	21	33	20	29
丹麦	—	8	39	82	51	73	52	64	100	38
法国	27	36	66	119	51	53	32	4	5	—

(续表)

	1851—1860年	1861—1870年	1871—1880年	1881—1890年	1891—1900年	1901—1910年	1911—1920年	1921—1930年	1931—1940年	1941—1950年
德国[a]	671	779	626	1,342	527	274	91	564	121[b]	618
意大利	5	27	168	992	1,580	3,615	2,194	1,370	235	467
荷兰	16	20	17	52	24	28	22	32	4[b]	75
英国和爱尔兰	1,313[c,d]	1,572[d]	1,849[d]	3,259	2,149	3,150	2,587	2,151	262	755[e]

注释:
[a] 此处指1941—1950年的西德。
[b] 1932—1936年。
[c] 1853—1860年。
[d] 不含直接从爱尔兰各港口出发的移民。
[e] 1946—1950年。
资料来源:Mitchell, 1978, Table A5

表AⅢ.3 按主要行业群体划分的经济活动人口(单位:千人)

			农业、林业和渔业	采掘业	制造业[a]	建造业	商业、金融业等	运输业、通讯业	服务业[b]	其他职业
比利时	男性	1846	681	44	329	41	45[a]	16[a]	117[a]	—
		1900	616	166	738	131	264[b]	72[b]	271[b]	—
		1930	505	201	987	238	277	242	304	—
		1947	364	188	981	178	307	234	352	5
	女性	1846	342	4	310	—	23[a]	1[a]	57[a]	—
		1900	249	7	321	1	122[a]	6[a]	225[a]	—
		1930	141	6	346	3	166	12	310	—
		1947	61	3	307	2	171	16	244	1
英国	男性	1851	1,824	383	2,349	496	91	433	482	438
		1901	1,390	931	4,062	1,216	597	1,409	1,056	887
		1931	1,181	1,272	4,958	1,108	2,314	1,563	2,267	137
		1951	1,025	847	6,153	1,390	1,838	1,517	2,806	73

(续表)

			农业、林业和渔业	采掘业	制造业[a]	建造业	商业、金融业等	运输业、通讯业	服务业[b]	其他职业
英国	女性	1851	230	11	1,263	1	—	13	1,241	75
		1901	86	6	2,123	3	76	27	2,358	75
		1931	76	9	2,355	14	1,021	110	2,644	44
		1951	117	14	2,654	41	1,322	217	2,560	36
丹麦	男性	1860[b]	366	—	177	—	—	38	48	119
		1901	381		165	43		110	64	13
		1940	435	4	360	115	155	110	101	10
		1950	397	4	402	128	176	117	130	15
	女性	1860[b]	361	—	169	—	—	40	53	126
		1901	150		67		—	—	21	117	8
		1940	127	—	123	1	86	14	330	4
		1950	121	—	149	4	103	22	287	8
法国	男性	1856	5,146	177[c]	2,002[c]	486	510	214	1,174[d]	—
		1901[e]	5,581	264	3,083	563	873	603	1,905[d]	—
		1936	4,282	350	3,442	679	1,272	904	2,012[d]	—
		1946	4,221	369	3,128	1,022	1,169	1,238	1,767[d]	—
	女性	1856	2,159	17[c]	1,095[c]	16	228	10	889	—
		1901[e]	2,664	6	1,926	2	791	213	1,427	—
		1936	2,922	8	1,695	8	859	132	1,698	—
		1946	3,263	13	1,630	24	922	275	1,753	—
德国	男性	1895	5,540	789	4,565	1,340	930	598	1,596	150
		1939[f]	4,065	723	8,053	2,307	2,115	1,760	2,792	—
	女性	1895	2,753	32	1,351	14	300	18	745	51
		1939	4,920	11	3,455	68	1,324	137	2,888	—

（续表）

			农业、林业和渔业	采掘业	制造业 [a]	建造业	商业、金融业等	运输业、通讯业	服务业 [b]	其他职业
东德	男性	1946	1,046	228	1,586	411	313	351	529	—
	女性	1946	1,332	47	1,095	52	303	67	752	—
西德	男性	1946	2,735	614	4,087	1,125	898	1,035	1,629	—
	女性	1946	2,852	43	1,467	50	617	124	1,878	—
爱尔兰	男性	1851	1,293	12[g]	257	58[g]	106	—	67	319[g]
		1911	716	5	255		53	22	111	164
	女性	1851	167	—	430	—	46	—	260	
		1911	59	—	156	—	73	1	182	8
南爱尔兰	男性	1936	542	3	100	62	68	67	98	—
		1946	516	3	101	54	62	58	115	55
北爱尔兰	男性	1926	133	3	107	22	51	21	50	4
		1951	93	2	120	40	51	31	54	30
	女性	1926	16	—	95	—	19	1	50	1
		1951	6	—	87	1	25	3	51	10
意大利	男性	1871	5,664	38	1,929	—	167	263	1,176	19
		1901	6,466	91	2,528	—	524	416	998	80
		1936	6,412	126	2,707	974	1,156	667	865	190
		1951	6,228		3,542	1,462	150	731	2,642	—
	女性	1871	3,036	—	1,358		33	8	567	4
		1901	3,200	1	1,370	—	113	8	592	67
		1936	2,431	2	1,342	5	449	35	955	29
		1951	2,033		1,365	11	26	54	1,423	—

(续表)

			农业、林业和渔业	采掘业	制造业[a]	建造业	商业、金融业等	运输业、通讯业	服务业[b]	其他职业
荷兰	男性	1849	394	2	191	60	61	55	92	27
		1899	512	14	389	130	179	103	129	34
		1930	546	48	710	253	360	230	237	33
		1947	578	53	918	287	377	239	418	53
	女性	1849	158	—	48	—	20	2	134	7
		1899	80	2	72	—	40	3	234	—
		1930	110	2	145	1	112	10	384	—
		1947	169	1	164	2	173	18	413	3

注释：

[a] 有些运输工人同时算在"商业、金融业等"和"服务业"中。
[b] 统计数字包括从事经济活动的家庭户主和他们的家属。住在外面的仆人和他们的家属以及所有退休人员的仆人和收租人都包括在"服务业"项下。
[c] 煤气、水和电力工人算在"采掘业"中。
[d] 包括卫生服务业。
[e] 不包括割让给德国的阿尔萨斯和洛林地区。
[f] 1937 年的领土范围。
[g] 这些统计数据涵盖了男女两个性别，但采掘业和建造业的女性人数可以忽略不计，在"其他职业"中的女性可能非常少。

资料来源：Mitchell, 1978, Table B1

附录四 相关法律文件摘编

1. 巴黎警察总监为木匠签发的工人手册（1829 年）

```
The present paper has been           Entered my employment on the
issued to him on condition that      15 October and left it on the 15
he observes strictly the laws and    November 1829.
regulations concerning workers.
                                     I certify that the person
         The Prefect of Police       named above worked for me
             MANGIN                  during a period of two months
                                     and that his conduct was
                                     satisfactory.
  Signature of the Worker            Paris, the 2 January 1830.


      For the Prefect, or
      on his authorisation,          Seen, going to Pressigny
                                     (Sarthe), Paris, the
      The Secretary-General          27 January 1830.

                                       The Chief Clerk

  The Chief Clerk
```

注释：这名工人无法签署自己的名字。第一个雇主在 1829 年 10 月 15 日至 11 月 14 日期间雇佣了他。第二个雇主写下"兹证明上述人员为我工作两个月，其表现令人满意。1830 年 1 月 2 日于巴黎"。最后，在右边的文件上签字的首席秘书在右边插入了一个修订："1830 年 1 月 27 日，在巴黎见过，准备前往普雷西尼（萨尔特）。"

资料来源：译自福伦和贝达里达，1962 年，第 49 页（Fohlen and Bedarida, 1962, p. 49）。

2. 伦敦建筑业雇主闭厂时使用的"文书"（1859年）

```
No. 36

Name: HENRY NOBLE,

Dated August 18th, 1859,

Initials        G W
of Foreman    (Geo. Wales)
or Clerk

No. 36.
    I declare that I AM NOT now, nor will
I during the continuance of my engage-
ment with you, become a MEMBER OF
OR SUPPORT ANY SOCIETY which
directly or indirectly interferes with the
arrangements of this or any other
Establishment, or THE HOURS OR
TERMS OF LABOUR, and that I
recognise the right of Employers and
Employed individually TO MAKE ANY
TRADE ENGAGEMENTS ON WHICH
THEY MAY CHOOSE TO AGREE.

Dated 18th of August, 1859.
```

注释：弗洛和卡坦卡（Frow and Katanka, 1968：177）指出，这种离开或不加入工会的承诺"最早出现在1834年标志罗伯特·欧文领导的全国工会大联盟成立的众多罢工事件之后。在许多情况下，雇主拒绝招用没有作出这一承诺的工人。这种承诺此后在工会历史上便被称为'文书'（the Document）"。上图中的"文书"是1859年伦敦2.4万名建筑工人因九小时工作制谈判破裂而罢工时，某位建筑业雇主使用的。波斯特盖特（Postgate, 1923：167-169）写道，虽然九小时工作制没有赢得胜利，但在许多其他工会的支持下，建筑工人工会成功地撤回了这一"文书"。然而，直到1968年，英国工会和雇主协会问题皇家委员会（Cmnd.3623, para. 214）报告雇主们仍然在使用此类"文书"。

资料来源：Frow and Katanka, 1968: 175。

3. 1833年8月29日《英国工厂儿童和年轻人劳动管理法》摘录

（1）未满18岁者不允许在工厂上夜班

之所以要对在工厂工作的儿童和年轻人的劳动时间加以规范，是因为现在有大量的儿童和年轻人受雇于工厂，他们的劳动时间超过合理限度，对他们的健康和教育条件必须给予应有的考虑：兹经国王颁布，并经上议院和下议院同意，在本议会中，根据本议会的授权，自 1834 年 1 月 1 日起，凡未满 18 岁者，均不得上夜班。也就是说，除非有特殊规定，在大不列颠及爱尔兰联合王国任何地区中的任何有关棉花、羊毛、精纺、麻、亚麻、丝束、亚麻布、丝绸的工厂中，单独或混合地使用蒸汽、水力或任何其他机械动力来推动或操作此类工厂中的机器，来清梳、梳理、粗纺、纺纱、捻接、络纱、并拢、打网、制线、整饰或编织棉花、羊毛、精纺、麻、亚麻、丝束、亚麻布或丝绸的，未满 18 岁者均不得在晚上八点半到早上五点半之间工作。但本法的任何规定均不适用于或扩大到蒸汽机、其他发动机、水车或属于任何工厂、建筑物或机器的其他动力装置进行脱绒、粗纺或煮毛的那部分工序或工作，也不适用于学徒或受雇于该厂的其他人员，也不得适用于受雇于任何工厂所附属的仓库或地方的包装货物的 13 岁以上的年轻劳动者，并且不得用于任何制造工艺。本法的任何规定，均不适用或扩大适用于仅制造花边的工厂。

(2) 未满 18 岁者每天工作不能超过 12 小时

未满 18 岁者受雇于工厂从事上述工作的时间在一天之内不得超过 12 小时，在一周内不得超过 69 小时，但下文另有规定者除外。

(3) 可以延长工作时间的情况

在任何前述工厂、制造厂或河岸边的建筑物中，由于缺乏适当的供水、过量供水或者水被上游的水库截停而造成停工损失，工厂或建筑物的所有者可以在此类事件发生后，按照本法规定的每周三小时来延长工作时间，直到损失的时间得到补偿。但延长的工作时间应当在早上五点至晚上九点之间。但上述情况发生六个月后不得再安排加班。

(4) 因事故发生不可避免造成的停工损失

当任何此类工厂、制造厂或建筑物的蒸汽机、水车、堰、水道、主轴、主齿轮或燃气设备发生异常事故，且所造成的停工损失不少于 3 小时时，那么在每次发生此类事故的情况下，除了上述和下文规定的劳动时间外，在随后的 12 个工作日内可以按每天一小时加班，此后则不能再安排加班。

(5) 白天因缺水或水过多而造成的停工损失

在干旱和洪水期间，某些河流上的水车动力完全中断，或减弱到致使依赖这种动力的机器或机器的零件不能在同一时间有规律地运转，因此，雇佣的从事这种机器工作的人员在此期间每天都要损失一定的工作时间。因此，任何工厂、制造厂或建筑物的所有者，在发生这种情况导致工作时间损失时，出于弥补时间损失的需要，可以合法地延长未满 18 岁者的工作时间（工作时间为早上五点到晚上九点）。但本法规定的相应年龄的儿童或年轻人在任何一天内实际受雇的小时数不得超过本法宣布的合法时间，并且在晚上九点之后或早上五点之前不得雇佣 13 岁以下的儿童。

(6) 用餐时间

对于按上文规定每天工作 12 小时的个人，每天应有不少于一个半小时的用餐时间。

(7) 禁止雇佣九岁以下的儿童

从 1834 年 1 月 1 日起，任何人如在上述工厂（丝绸厂除外）中雇佣年龄不满九岁的儿童，均属非法。

(8) 11、12、13 岁以下的儿童每天工作不得超过 9 小时

上述工厂从本法通过后 6 个月起雇佣未满 11 岁的儿童，自本法通过之日起 18 个月后雇用未满 12 岁的儿童，以及自本法通过之日起 30 个月后雇用未满 13 岁的儿童，所采用的工作时间在一周内超过 48 小时，或在一天内超过 9 小时，均属非法。但是丝绸厂可以让 13 岁以下儿童每天

工作 10 小时。

(9) 法定假期

所有工作时间受本法调整和限制的儿童和年轻人有权享受以下假期：圣诞节和耶稣受难日两个整天，除此之外，每年还可享受不少于八个半天的假期。这些半天假期的具体时间应在最理想和最方便的时期，由其监护人决定。不过在苏格兰，监护人可以决定其他日期来代替圣诞节和耶稣受难日中的一天或两天。

(10) 受雇儿童劳动时间不足 9 小时，不得在该 9 小时的剩余时间之外受雇于其他工厂

儿童按本法规定的劳动时间为 9 小时，在一家工厂的日劳动时间少于 9 小时，在同一天内其他工厂的雇主在该 9 小时内的剩余时间雇佣该儿童是合法的。但不得使该儿童的日劳动时间超过 9 小时，或周劳动时间超过 48 小时。

(11) 如果没有外科医生出具的关于力量和外貌的证明，不得雇佣儿童

从本法通过满 6 个月起，如果没有该儿童具有 9 岁儿童的正常力量和外貌的相应证明，工厂雇佣不满 11 岁者是不合法的；从本法通过后满 18 个月起，雇佣未满 12 岁而无同样形式的证明的儿童，以及从本法通过后满 30 个月起，雇佣未满 13 岁而无同样形式的证明的儿童（此种证明应视为该年龄的充分证据）均不合法。

……

(17) 任命监察员

根据已故的乔治三世在其在位第 42 年通过的名为《保护棉纺厂和其他纺织厂的学徒和其他工人健康和道德的法律》，除其他规定外，每一郡的太平绅士每年应指派两名与本郡内的工厂没有任何利害关系的

人到工厂任监察员。上述法律授权并要求监察员在他们认为适当的时间进入工厂检查，以书面形式报告工厂的管理是否符合王国法律，指导工厂制定卫生方面的规章制度。然而，该法关于任命监察员的规定似乎没有完全得到执行，并且有关规制工厂使用童工的法律被规避，部分原因是没有任命合适的监察员来执行这些规定。兹规定，本法一经通过，国王陛下可依据其签署的手册和意愿，任命四人担任雇佣童工和未满十八岁的年轻人的工厂和场所的监察员，如其中一人死亡或被解雇，可任命另一人代替，上述几位监察员应实施本法的权力、权限和规定。上述监察员，在工厂运作期间，可以随时，不论白天或黑夜，进入工厂及其附属的学校，对工厂及其附属的人员进行检查，对他们的健康状况、就业和教育情况进行调查，并有权在上述检查和调查中采取行动或寻求帮助。

……

(26) 每个工厂的内墙都要涂抹石灰

除非监察员给予相反的书面许可，否则从事生产的每一家工厂或建筑物的内墙，除已粉刷油漆的部分外，均应涂抹石灰，且其上方所有房间或阁楼的天花板，以及所有已涂抹灰泥的天花板，均应每年用石灰水粉刷一次。

(27) 本法的摘要以及监察员选取的劳动规章，应悬挂于工厂内

按监察员的指示，将本法摘要的复制件以及根据本法制定的劳动规章的复制件悬挂并粘贴在每个工厂的明显部位或不同的楼宇中。悬挂并粘贴的摘要和劳动规章的复制件应由工厂的厂长、经理或监督人签字。该副本应由厂长、经理或监督人按照监察员的指示经常更新。

……

(29) 对在法定时间外受雇儿童的父母罚款 20 先令

如果雇佣儿童违反本法的规定，或雇佣时间超过本法限制和允许的时间，或未遵守本法有关儿童教育的规定，或没有外科医生、太平绅士的证明，则该儿童的父母或从该儿童的工资中享有利益的个人，应被处以 20 先令的罚款。除非法官或监察员认为这种非法雇佣并非上述受益的父母或个人故意所为。

(30) 厂长的代理人和雇员应负个人责任

如果犯下了违反本法的罪行，工厂的厂长应对此负有法律责任。但据太平绅士或监察员证实，该项罪行是在未经该厂长本人同意或知情的情况下，由该厂长的代理人、雇员、工人所为，该监察员或法官有权传唤上述代理人、雇员、工人到庭，让其为上述违法行为负责，上述代理人、雇员、工人应承担相应的处罚，该监察员或太平绅士应对上述代理人、雇员、工人定罪而不是对厂长定罪。

(31) 对违反本法的罪行的处罚

如果雇佣童工的雇主本人或他的雇员、工人违反本法规定或者监察员根据本法制定的规章制度，（除另有特别规定的某种处罚或惩罚的违法行为外）监察员或太平绅士可对该违法者酌情处以 1 英镑以上 20 英镑以下的罚款。但是，如果该监察员或太平绅士认为该等违法行为并非故意或重大过失所为，则可以将该等处罚降至 1 英镑以下，或取消对其的违法指控。

(32) 对妨碍监察员的处罚

任何人如果故意阻挠监察员执行本法赋予的权力，则应就每一项此类行为支付不超过十英镑的罚款。

……

……对他们所选择的人进行质询，当场或在其他地方传唤和要求其在调查和质询中提供证据，并让其进行宣誓。

（18）*监察员执行本法的权力和职责

监察员有如下权力：制定执行本法所必需的所有规则、规章和命令，并对所有受本法规定约束的人均具有约束力；根据本法的规定强制工厂雇佣的儿童上学，并订制票证或他们认为合适的其他方式作为这些儿童的就读凭证；规范该票证或凭证的保管，并要求学校和工厂保存该票证或凭证的登记簿；要求工厂保存记录所雇佣童工的性别、上学时间以及因病缺勤的登记簿；根据本法保存的所有登记簿、账簿、条目、账目和文件应始终向监察员开放，且监察员可获取或安排获取其认为适当的副本以供自己使用；制定适当的规则，使本法规定的证书、票据或凭证继续有效，并且继续有效的证书、票据或证书应具有与新证书、票据或凭证相同的作用和效力；如果监察员认为有必要提供此类资料，以便于适当执行本法的规定或他根据本法授权制定的规则，则应命令工厂的所有者登记与劳动过程有关的资料；有权命令工厂的所有者按所指示的方式，提交监察员认为有助于履行其职责或根据本法授权进行调查所必需的，有关该工厂雇佣的人员或从事的劳动的资料。

……

（20）**在工厂工作的儿童上学

自本法通过之日起满六个月后，凡在一周内工作时间限制在48小时内的儿童，只要在上述限制年龄之内，应在其父母或监护人选择的学校就读；如果其父母或监护人未选择任何学校，或者其无父母或监护人，

---

* 序号原文如此。——译者

** 序号原文如此。——译者

则在监察员指定的学校就读。在上述情况下,监察员有权命令儿童的雇主从该儿童的周薪中扣除相应金额以支付学费,但扣除的金额不得超过每先令一便士。雇主应根据监察员的命令和指示支付扣除的数额。

……

(45)监察员作年度报告

监察员应保留其访问和处理程序的全部记录,每年向国王陛下的首席大臣报告两次,必要时须更频繁地报告,并应报告工厂所雇佣儿童的健康状况,以及这些工厂是否按照本法和王国法律的要求经营……

4. 1881年11月17日在国会宣读德意志帝国皇帝的圣旨摘录

"我们已经在今年2月表达了我们的信念,即解决社会动荡的方法不在于镇压社会民主主义的激进行为,而在于为工人提供积极的福利。我们认为,我们的帝国有责任再次向帝国国会提出最强烈的建议;如果我们能在未来的日子里带着这样一种认识,即我们能保证国内新的且持久的和平,以及给予那些需要帮助的人们更大的安全和更多的援助,那么我们会因这些成就获得更大的满足感,并且上帝也会保佑我们的统治。在我们为实现这些目标所作的努力中,我们确信得到了所有相关政府的同意,并依赖于不分党派的国会的支持。有鉴于此,相关政府在上届会议上提出的关于工伤事故保险的法律草案,考虑到在国会就同一主题进行的讨论,首先将进行修改,以便为恢复的讨论作好准备。此外,另一项法案将被提出,以支持第一项法案,其任务是为职业健康保险提供一个类似的计划。但是,即使是那些因年老或伤病而不能工作的人,也将有权向整个社会要求比目前标准更高的国家福利标准。找到实现这种福利的正确途径和方法是一项艰巨的任务,但它是每一个以基督教道德为基础的社会的最重要的任务之一。我们希望,朝着这样一种国家生活的真正力量方向发展的更大趋势，以及将以公司形式成立的最新协会纳入国家保护和国家救助领域，将使前述问题的解决成为可能，而对这些问题通过单独行使类似程度的国家权力来寻求解决方案并不适宜。"

资料来源：译自1881—1882年帝国议会辩论的速记公报。[*]

5. 法国《夏勃里埃法令》，1791年6月14—17日

第1条　捣毁由同一行业或职业的公民组成的任何形式的行会是法国宪法的基础之一。事实上，以任何借口和任何形式重新建立这种行会都是违法的。

第2条　当来自同一行业或职业的公民、商店对公众开放的商人、工人及其在该行业有技术专长的同事，不得联合起来提名会长、秘书或受托人，不得进行任何书面记录，不得作出决定或举行商议，也不能就他们所谓的共同利益制定规则……

第4条　如果与自由原则和《宪法》背道而驰，属于同一职业、行业和从事同一工种的公民相互之间进行商议或达成协议，以便商定一个作为其付出和劳动对价的具体金额，那么上述商议和协议，不论是否宣誓都将被宣布违宪，且是对自由和《人权宣言》的侵犯，因此是无效的……

第6条　如果上述商议或协议……包含任何对来本地工作的商人、手工艺人、工人或外国临时工的威胁，或如果他们与那些低工资的人竞争，所有促进、煽动和签署这些协议或文件的人都将被处以一千法郎罚款和三个月监禁。

第7条　那些利用宪法、劳动和贸易法赋予的自由以暴力威胁反对工人的人，将被视为罪犯，并根据严格的法律以篡夺公共和平的罪名受

---

[*] 原文标注的资料来源为"北德意志联邦国会大厦印刷（1868）第60号，第520页及以下诸页"，似有误。——译者

到惩罚。

第8条 凡是由手工艺人、工人、他们的同事、临时工进行的非法结社，或那些违反工商业自由的人进行的非法结社，都将被视为煽动性集会。

资料来源：译自法国文本。

6. 1810年3月13日《法国刑法典》第414—415条

第414条 凡以不公正和不正当的手段压低劳动者的工资，随后企图或开始执行其计划的组织，应被处以六天以上一个月以下监禁和200法郎以上3000法郎以下的罚款。

第415条 如果工人聚集在一起为了如下目的：停止工作和阻止车间运转，阻碍工人前往车间，阻碍工人在一定时间前后停留在车间，试图暂停或阻碍工作、要求提高劳动价格，或计划执行任何此类决定的，将处以一个月以上三个月以下的监禁。对领导或教唆者，处二年以上五年以下监禁。

资料来源：译自法国文本。

7. 1864年5月25日法律（法国）

第1条

《刑法典》原第414、415和416条被废除，取而代之的是下列条款：

414 任何人以暴力手段、滥用私刑、威胁或欺诈手段，来实现和维持一致停工，以期提高或降低工资，或侵犯自由从事工作的权利，应被处以六天以上三年以下监禁，并处以16法郎以上3000法郎以下的罚款，或单处其中一种罚款。

415 如果前一条规定的应予惩处的行为是由于协同计划而实施的，应逮捕有罪的当事方，并判处将其置于高级警官的监视之下两年至五年。

416 凡根据协同计划实施的罚款、禁令、禁止和明示障碍而侵犯劳动和工作自由的工人、雇主和独立承包商,应处以六天以上三个月以下的徒刑和 16 法郎以上 300 法郎以下的罚款。

第 2 条

上文第 414、415 和 416 条适用于产权所有人和农民,也适用于收割工和农场工人。

资料来源:译自法国文本。

8. 法国 1884 年 3 月 21 日《瓦尔戴克-卢梭法》

第 2 条

由 20 名以上从事相同职业、类似工作或制造特定产品的相关专业的人组成的工会或职业协会,可以在没有政府批准的情况下自由联合。

第 3 条

专业工会的成立完全是为了追求和捍卫经济、工业、商业和农业利益。

第 4 条

每个专业工会的创始成员应提交章程和受托管理、指导的人员的姓名。

上述材料应提交至工会成立地的市政厅和位于巴黎的塞纳省政府办公室。

塞纳省长有权将相关内容告知检察官。

负责管理和指导工作的各专业工会成员应为法国人,并享有相应的公民权利。

第 5 条

根据现行法规定正式成立的专业工会，为追求和捍卫其经济、工业、商业和农业利益，可自由联合。

这些协会（工会）应按照第 4 条第 2 款的规定，披露组成它们的工会的名称。

资料来源：译自法国文本。

9. 法国 1936 年 6 月 7 日《马提尼翁协议》

在 1936 年 6 月的大范围罢工中，莱昂·勃鲁姆总理召集了法国生产协会（CGPF）和法国总工会的代表开会。6 月 7 日晚达成了一项协议，提出关于每周 40 小时工作制、带薪休假和集体谈判协议的法律草案。

在总理作为会议主席和仲裁员的会议上，法国生产协会和法国总工会的代表达成如下协议：

第 1 条

雇主代表同意立即建立集体谈判协议。

第 2 条

这些协议应特别包括本协议中第 3—5 条的内容。

第 3 条

所有公民都应遵守法律。雇主承认言论自由，因此也承认工人有权自由结社和加入根据《劳动法典》第 3 章组建的专业工会。

雇主同意在作出有关招聘、工作的实施和分配、惩戒措施和解雇措施的决定时，不考虑他们是否加入工会的事实。

如果协议一方对解雇工人的动机提出异议，认为该行为侵犯了工会的上述权利，双方应尽力查明事实，并找到公平解决争议案件的方案。这一和解并不妨碍双方就所发生的错误行为在法庭上获得损害赔偿的权利。

第 4 条

从 1936 年 5 月 25 日起，所有工人的实际工资将在他们重返工作岗位时重新调整，调整的幅度高低不一，从最低收入者的 15.6% 到最高收入者的 7% 不等。在任何情况下，每个企业的工资总额的增长不得超过 12%。从上述日期起商定的工资增长将与工资结构调整所带来的工资增长相互抵销。但是，除上述调整外，这些增长仍将得到保证。

为以集体谈判协议方式确定地区和工种的最低工资而进行的谈判将立即生效，其中应特别包括对异常偏低工资的必要调整。

雇主代表同意进行必要的薪资调整，以确保雇员等级和所支付的工资之间维持正常关系。

第 5 条

除法律已有规定的特殊情况外，在员工总数超过十人的机构中，根据工会组织之间的协议，或在没有协议的情况下，在有关各方中，根据机构的重要性指定两名或几名工人代表（无论是被提名人还是被选举人）。这些代表有权向管理层提出未直接得到解决的个人投诉。这些投诉涉及法律、法令、《劳动法典》的规定、工资标准以及健康和安全措施的实施。

在选举工人代表时，所有年满 18 岁、在该机构工作了至少三个月的男女工人，并且没有被剥夺公民权的，均可以参加选举。

上述法国国籍的选民，如果在该机构工作一年不间断，从 25 岁起有资格被选举为工人代表。但如果符合条件的人数少于 5 人，其要求的工作期限可以缩短。

第 6 条

雇主代表承诺，采取罢工行动不会受到制裁。

第 7 条

工人代表团应当指示其罢工成员，一旦公司董事会接受了所达成的总协议，或者一旦相关的发言人与公司董事进行了具有相同效果的会谈，立即返回工作岗位。

资料来源：译自《劳动部公报》，1936 年，第 222 页（*Bullétin du Ministère du Travail*, 1936, p. 222）。

10. 在 1944 年 3 月 13 日的全体会议上获得通过的法国全国抵抗运动委员会议程，被称为《抵抗运动共同纲领》

为了实现迅速解放领土的目标，各运动、团体、政党和政治倾向的代表，以及全国抵抗运动委员会的核心团体，宣布他们决心在解放后保持团结……

为了推进基本改革：

（1）经济计划

——建立真正的民主和社会经济，包括将广泛的、传统的经济和财政权力从经济管理中剥离出来；

——建立一个合理的经济组织，以确保个人利益服从于公共利益，摆脱在法西斯政权阴影下实行的职业独裁；

——按照政府与生产各方代表协商后确定的计划，逐步发展国民生产；

——将一切垄断生产资料、共同劳动成果、一些能源来源、一些底土财富、一些保险公司和一些大银行归还给国家；

——发展和支持生产合作社、采购和销售合作社，以及农业和手工业合作社；

——在商业企业的框架内，具有必要资格的工人有权进行管理和获得行政职位，以及工人有参与经济运行的权利。

（2）社会计划

——劳动权和休息权，特别是通过重建和改进劳动合同组织的方式；

——大幅度调整工资，保证工资和待遇水平，确保每个工人及其家庭享有安全、尊严和完全体面的生活；

——通过有利于货币稳定的政策来保证国家的购买力；

——恢复具有传统自由的独立工会运动，赋予其管理经济和社会生活方面的重要权力；

——建立一个完整的社会保障计划，旨在确保所有人在无法找到工作的情况下都有生存手段，并由政府利益代表控制；

——建立任期保障，规定聘用和解聘条件，重新设立部分工业单位代表；

——通过改善和传播杜布莱办公室（Office du Blé）有关有偿农业价格政策的经验，通过社会立法给予农业薪资劳动者与工业薪资劳动者同样的权利，制定防范农业事故的制度，制定合理的农业和佃农工资率，使年轻的农业家庭更容易拥有住房，以及实现农村设备计划，以提高和保障农业劳动者的生活水平；

——建立让老年人有尊严生活的养老金；

——建立对事故受害者的赔偿，以及对法西斯恐怖受害者的津贴和养老金；

——扩大土著和殖民地人民的政治、社会和经济权利范围；

——对于法国孩子来说，真正的可能性是，不管他们父母的经济状况如何，他们都能从教育中受益，并接受最高等的教育。这样，最有声望的工作实际上可能对所有具备必要能力的人开放。如果一个真正的精英取得了成就，他将不是一个社会精英，而是一个知识精英，精英将不断被向上流动的人口所取代。

资料来源：译自全国抵抗运动委员会的名为《我们的未来》(Les Jours Heureux)的出版物，由南方解放组织(Libération-Sud)编辑出版。

11. 丹麦雇主协会与丹麦劳工联合会之间于 1899 年 9 月 5 日达成的《九月协议》

1. 在停工开始时生效的有关工时、工资条件、价目表和仲裁规则的所有协议应当继续有效，但须作以下条件的修改。

2. 丹麦雇主协会和丹麦劳工联合会承认彼此有权命令和批准停工，但在获得相关会议上至少四分之三的投票批准之前，任何一方均不得命令或批准任何形式的闭厂或罢工。在该会议上提出停工提案的意向，应在停工提案生效前至少 14 天以书面和挂号信方式通知对方执行委员会，而会议的决定内容则应在停工生效前至少七天通知对方。双方都有义务不批准或支持与此条件相冲突的罢工或闭厂。如果工厂或车间通过任何一方（或其附属组织之一）的中央组织的行动，或在另一方适当通知后得到其明示或默许的情况下，被系统地清空或逐步关闭，则认为存在罢工或闭厂。特此商定，如果一方的中央组织在与另一方的中央组织或其附属组织发生争端时支持无关联的工人组织或雇主组织，则应视为违反本协议。

3. 中央组织应负责确保它们之间缔结的协议得到所有附属组织的遵守和执行。

4. 雇主指导和分配工作以及使用他认为合适的劳动力的权利得到工人中央组织的承认，并且在必要时必须得到工人中央组织的支持。对于从事某一特定工作、全部按照商定的计件工资计酬的工人，如果他们正在适当地完成工作，雇主没有理由作出不利于工人的条件改变而不赔偿工人因此遭受的任何经济损失。在这方面发生的争议应通过调解解决，或者在雇主和工人对违反或滥用本协议的所有投诉提交仲裁时，通过仲裁解决。

5. 领薪工头应享有不成为工会会员的自由。领薪工头是指雇主选定的与工人有关的代表，他们不从事计件工作，也不从计件工作中获取收入。

6. 关于价目表和其他劳动条件的协议只有在至少提前三个月通知后才能废止，而在每项协议中必须注明期限（到期期限）。现有协议在到期之前不会受到这种条件的影响。

7. 争议解决后，任何一方都不得进行任何形式的抵制。

8. 争议解决后，所有工人应返回争议开始前他们所从事的工作。人们理所当然地认为，所有车间将同时开放，并且尽可能实现与停工开始时相同程度的开放。同样，所有工人应在条件许可的情况下，在停工前受雇的同一车间恢复工作。

9. 劳工联合会与丹麦雇主协会合作以建立和平、稳定和良好的关系是理所当然的。首先，任何组织在任何情况下都不得试图阻止任何工人行使其天然的权利，从事与其能力和培训许可相当的工作。同样重要的是，中央组织应合作制止可能发生的过度饮酒。雇主和不同职业的工人之间的通知条款被视为符合双方的利益。同样重要的还有加班费的安排、学徒计件工资标准以及为解决各行各业的劳资纠纷制定统一的仲裁规则。因此，中央组织同意共同努力，以便令人满意地解决这些问题。

10. 如果附属组织或单个的产业工人或雇主违反协议，该问题应首先由中央组织的执行委员会处理，除非现有协议规定了处理该问题的其他安排，或者这种安排已经尝试但未获成功。如果这不能解决，中央组织通过其执行委员会，可以在哥本哈根法院提起诉讼。

11. 如果任何一方的中央组织被认为违反了本协议，另一方的执行委员会可以将问题提交同一法院。

12. 上述协议由丹麦劳工联合会执行委员会代表其所有附属组织和某些非附属工人组织签署，对所有这些组织具有约束力；由丹麦雇主协会执行委员会代表其所有附属组织签署，并对所有这些组织具有约束力。

13. 工会或雇主不能通过退出中央组织的方式来逃避本协议规定的义务。它们继续适用，直到有关中央组织终止与该特定雇主或工会相关的协议。

资料来源：丹麦雇主协会。

12. 1919年8月11日《魏玛宪法》

第157条

劳工受到帝国的特别保护。帝国将制定统一的劳动法。

第159条

保证每个人和所有职业的结社自由以维持和改善经济和劳动条件。所有试图限制或阻碍这种自由的协议和措施都是非法的。

第165条

体力劳动者和受薪雇员应与雇主平等参与工资和劳动条件的调节以及生产力的总体经济发展。双方组织及其协议应获得认可。

为了保护自身的社会和经济利益，体力劳动者和受薪雇员应在企业工人代表会以及地区工人代表会（为每个经济区组织）和帝国工人代表会中有法律代表。

为了实现经济的整体任务和参与社会化法律的实施，地区工人代表会和帝国工人代表会应当一起与雇主代表和其他有关群体参加地区经济代表会和帝国经济代表会（帝国议会）。地区经济代表会和帝国经济代表会的组成应使所有重要的职业群体根据其经济和社会意义得到代表。

关于具有根本重要性的社会和经济政策问题的立法草案必须由帝国

政府提交给帝国经济代表会征求专家意见，然后再提交国会。帝国经济代表会自身也有权提出这种立法草案。即使帝国政府不同意某一特定的法规草案，它仍然必须将其提交给国会，表明其观点。帝国经济代表会有权提名自己的一名成员在国会提出立法草案。

相应领域的监督和管理权可以移交给工人代表会和经济代表会。调整工人代表会和经济代表会的结构和任务，以及它们与其他社会自治机构的关系，完全是帝国的一项职能。

资料来源：译自德文版本。

参考文献

Anon (1868a), *Enquête de l'académie de médecine sur l'emploi des femmes dans les travaux souterrains des mines*, Bulletin de l'Académie, 3rd series, vol. III (Brussels)
Anon (1868b), *L'enquête du département des travaux publics en 1869 sur la situation des ouvriers dans les mines et les usines métallurgiques de la Belgique* (Brussels)
Anon (1960), *Geschidenis van de Socialistische Arbeidersbeweging in België* (Antwerp)
Anon (1953), 'The development of labour legislation on young workers in the United Kingdom', *International Labour Review*, vol. 67, pp. 64–91
Anon (1968), 'Sur les notions de contrat', *Archives de Philosophie du Droit*, vol. XII (Paris)
Aaron, B. (ed.) (1971), *Labour courts and grievance settlement in Western Europe* (Berkeley and London)
Aaron, B. & Wedderburn, K. W (eds.) (1972), *Industrial conflict. a comparative legal survey* (London)
Abello, L. (1910), *Della locazione di opere* (Naples and Turin)
Abrams, P (1982), *Historical sociology* (nr Shepton Mallet, Somerset)
Acquarone, A. (1965), *La organizzazione dello stato totalitario* (Turin)
Adan, M. (1898), 'La notion de chômage peut-elle faire l'objet d'une assurance?', *Bulletin de l'Association des Actuaries belges*, no. 4 (15 September)
Adlercreutz, A. (1958), 'The rise and development of the collective agreement', *Scandinavian Legal Studies*, vol. 2, pp. 11–53
Agosti, A. & Bravo, G M (eds.) (1979), *Storia del movimento operaio del socialismo e delle lotte sociali in Piemonte* (Bari), vol. I
Alexander, E., Cornil, M., Ernst-Henrion, M. & Marcelis, F (1963), *Genèse du droit social au cours du XIXe siècle, Travaux et conférences* (Brussels)
Amulree, Lord (1929), *Industrial arbitration in Great Britain* (London)
Anderson, A. (1971), 'The political symbolism of the labour laws', *Bulletin of the Society of Labour History*, no. 23, pp. 13–15
Andreani, E. (1968), *Grèves et fluctuations. la France de 1890 à 1914* (Paris)
Anton, G. K. (1953), *Geschichte der preussischen Fabrikgesetzgebung bis zu ihrer Aufnahme durch die Reich gewerbeordung* (Leipzig, reprinted Berlin, 1953)
Arnaud, A. J (1969), *Les origines doctrinales du Code Civil français* (Paris)
Arrivabene, C. J (1843), *Situation économique de la Belgique exposée d'après les documents officiels* (Brussels)
Arrivabene, C. J (1845), *Sur la condition des laboureurs et des ouvriers belges et sur quelques mesures pour l'améliorer* (Brussels)
Aspinall, A. (ed.) (1949), *The early English trade unions: documents from the Home Office papers in the Public Record Office* (London)

Atiyah, P S. (1979), *The rise and fall of the freedom of contract* (Oxford)
Auge-Laribe, M. (1932), 'Labour conditions in French agriculture', *International Labour Review*, vol. 25, p. 51ff.
Bagwell, P S. (1974), *Industrial relations in 19th century Britain* (Dublin)
Bakels, H. L. & Opheikens, L. (1982), *Schets van het Nederlandse Arbeidsrecht*, 6th edn (Deventer)
Balella, G. (1927), *Lezioni di legislazione del lavoro* (Rome)
Balella, G. (1951), *Cento anni di legislatione sociale 1848–1950* (Milan)
Balfour, A. J (Chairman) (1929), Final Report of the Committee on Trade and Industry (Parliamentary papers, vol. VII (Cmnd 3282), session 1928–29) (London)
Barassi, L. (1901), *Il contratto di lavoro nel diritto positivo Italiano* (Milan)
Barjonnet, A. (1968), *La CGT*, Collection Politique, no 25 (Paris)
Bartrip, P W J & Burman, S. (1983), *The wounded soldiers of industry. industrial compensation policy 1833–97* (Oxford)
—— & Fenn, P T (1980), 'The conventionalisation of factory crime', *International Journal of the Sociology of Law*, vol. 8, pp. 175–86
Baudry-Lacantinerie, G & Wahl, A. (no date), *Del contratto di locazione*, 2 vols. (Milan)
Bauer, S. (1912), *An international labour policy* (London)
—— (1919), *International labor legislation and the society of nations* (Washington)
—— (1924), 'Arbeiterschutzgesetzgebung', *Handwörterbuch der Staatswissenschaften*, ed. L. Elster, A. Weber & F Wieser, 4th edn, vol. 1 (Jena)
Bayliss, F J (1962), *British wages councils* (Oxford)
Beier, A. L. (1983), *The problem of the poor in Tudor and early Stuart England* (London and New York)
Bellet, M. D. (1894), 'Le chômage et son remède', *Le Monde Économique*, 11 August
Benson, J (1974), 'Colliery disaster funds 1860–97', *International Review of Social History*, vol. XIX, pp. 73–85
—— (1975), 'English coal miners' trade union accident funds 1850–1900', *Economic History Review*, 2nd series, vol. xxviii, pp. 401–12
Bercusson, B. (1978), *Fair wages resolutions* (London)
Bernert, G. (1972), *Arbeitsverhältnisse im 19. Jahrhundert Eine kritische dokmatische Analyse der rechtswissenschaftlichen Lehren über die allgemeinen Inhalte der Arbeitsverträge und Arbeitsverhältnisse im 19. Jahrhundert in Deutschland* (Marburg)
Bertrand, L. (1907), *Histoire de la démocratie et du socialisme en Belgique depuis 1830*, 2 vols. (Brussels)
Betocchi, C. (1897), *Il contratto di lavoro nell'economia e nel diritto* (Naples)
Beveridge, W H. (1911), 'Labour exchanges in the United Kingdom', Report no. 26, *Conférence Internationale sur le chômage*, 18–21 September 1910, vol. 3 (Paris)
—— (1930), *Unemployment. a problem of industry* (London; first published 1909)
BIT (ILO) (1927), Études et documents, series A (no. 29), *La liberté syndicale*, vol. II (Geneva)
—— (1933), Études et documents, series A (no. 39), *La conciliation et l'arbitrage des conflits du travail* (Geneva)
Blackstone, W (1765), *Commentaries on the laws of England*, 4 vols. (Oxford; reprinted with errata and annotations, London, 1966)
Bland, A. E. et al. (1950), *English economic history. selected documents* (London)
Blanke, T (1975), *Kollektives Arbeitsrecht* (Reinbek bei Hamburg)
Blanpain, R. (1960) 'De verovering der syndicale vrijheid in België', *Arbeidsblad*, p. 1518ff
—— (ed.) (1979), *International encyclopedia for labour law and industrial relations*, 10 vols.

(Deventer)
Blelloch, D. (1938), 'A historical survey of factory inspection in Great Britain', *International Labour Review*, vol. 38, pp. 614–19
Blomfield, C. [Bishop of London] (Chairman) (1834), 'Administration and operation of the laws for the relief of the poor', Reports of Commissioners, Session 4 February to 15 August 1834, vol. xxvii (London)
Bonenfant, P (1934), *Le problème du paupérisme en Belgique à la fin de l'ancien régime* (Brussels)
Bornhak, C. (1892), *Das deutsche Arbeiterrecht systematisch dargestellt* (München and Leipzig)
Bouchet, – (1908), *Assistance publique en France pendant la Révolution* (Paris)
Bouvier-Ajam, M (1957, 1969), *Histoire du travail en France* (Paris)
Bowley, M. (1937), *Nassau senior and the classical economists* (London)
Braudel, F & Labrousse, E. (1977), *Histoire économique et sociale de la France* (Paris)
Brentano, L. (1870), *On the history and development of guilds, and the origin of trade unions* (London)
—— (1872), *Die Arbeitsgilden der Gegenwart* (Leipzig)
—— (1877), *Das Arbeitsverhältnis gemäss dem heutigen Recht* (Leipzig)
Briggs, A. (1961), 'The welfare state in historical perspective', *European Journal of Sociology*, vol. 2, pp. 221–58
Brown, K. D. (1982), 'Trade unions and the law' in *A history of British industrial relations 1875–1914*, ed. K. D. Brown (Brighton)
Brugmans, I. J (1973), *De arbeidende klasse in Nederland in 19e eeuw*, 9th edn (Utrecht)
Bruhat, J & Piolot, M. (1966), *Esquisse d'une histoire de la CGT (1895–1965)* (Paris)
Bugni, E. (1907), *Massimario della giurisprudenza dei Probiviri, di tribunali e di corti* (Milan)
Bulow, K. (1942), *Laerlingeloven i Praksis* (Copenhagen)
Cafagna, L. (1973), 'The industrial revolution in Italy 1830–1914' in The Fontana Economic History of Europe, vol, 4, *The Emergence of Industrial Societies* Part One, ed. C. M. Cipolla (Glasgow), pp. 279–328
Caire, G. (1971), *Les syndicats ouvriers* (Paris)
Camerlynck, G. H. (ed.) (1968), *Traité de droit du travail* (Paris)
Carlsen, H. G. (1960) *Traek af Funktionaerrettens udvikling* (Copenhagen)
Carpenter, L. P (1976), 'Corporatism in Britain 1930–45', *Journal of Contemporary History*, vol. 11, pp. 3–25
Carson, W G. (1974), 'Symbolic and instrumental dimensions of early factory legislation' in *Crime, criminology and public policy*, ed. R. G. Hood (London)
Charles, R. (1973), *The development of industrial relations in Britain 1911–1939* (London)
Chatelet, F et al. (1978), *Histoire des idéologies* (Paris)
Cherubini, A. (1977), *Storia della previdenza sociale in Italia* (Rome)
Chevaleer, M. L. (1958), *Classes laborieuses, class dangereuses à Paris pendant la première moité du XIXe siècle* (Paris)
Chlepner, B. S. (1956), *Cent ans d'histoire sociale en Belgique* (Brussels)
Churchill, W S. (1909), Speech on Trade Boards Bill, House of Commons Debates, 5th series, vol. 2 (24 March), cols. 1391–92
Cipolla, C. M. (ed.) (1972–76), *The Fontana economic history of Europe*, 6 vols. (Glasgow)
Citrine, N A. (1950), *Trade union law* (London, 3rd edn by M. A. Hickling, 1967)
Clarkson, J D. (1925, reprint 1970), *Labour and nationalism in Ireland* (New York)
Clegg, H. A. (1985), *A history of British trade unions*, vol. 2, 1910–1933 (Oxford)
—— & Chester, T E. (1954), 'Joint consultation' in *The system of industrial relations in Great Britain*, eds. A. Flanders and H. A. Clegg (Oxford)

—— Fox, A. & Thompson, A. F (1964), *A history of British trade unions since 1889*, vol. 1, 1889–1910 (Oxford)
Cocito, F (1918), *Commento alla legge degli infortuni sul lavoro*, 3rd edn (Turin)
Cole, G D. H. (1925–27), *A short history of the British working-class movement 1789–1925*, 3 vols. (London; new edn continued to 1947, published in 1948)
—— (1938), 'A study in legal repression' in his *Persons and periods. studies* (London), Also in W M. Citrine (ed.) (1934) *The Martyrs of Tolpuddle* (London)
Collier, D. & Messick, R. E. (1975), 'Prerequisites versus diffusion: testing alternative explanations of social security adoption', *American Political Science Review* vol. 69, pp. 1299–315
Conseil Supérieur du Travail (1896), *Rapport sur la question du chômage* (Paris)
Cook, C. & Paxton, J (1975), *European political facts 1918–73* (London)
—— & —— (1978), *European political facts 1848–1918* (London)
—— & —— (1981), *European political facts 1789–1848* (London)
Cooper, W M. & Wood, J C. (1947) *Outlines of industrial law* (London; 6th edn, 1972)
Cordie, C. (ed.) (1964), *Benjamin Constant* (Milan)
Cordova, R. (1974), *Le origini dei sindacati fascisti* (Bari)
Cordy, A. (1967), 'Les grandes étapes de développement de la législation sociale 1866–1966', *Revue Belge de Sécurite Sociale* pp. 902–22
Creighton, W B. (1979), *Working women and the law* (London)
Dal Pane, L. (1958), *Storia del lavoro in Italia dagli inizi del sec XVIII al 1815* (Milan)
Daly, M. E. (1981), *Social and economic history of Ireland since 1800* (Dublin)
Dankwardt, H. (1874), 'Der Arbeitervertrag', *Jherings Jahrbuecher*, vol. 14, p. 228
David, M. (1974), 'L'évolution historique des conseils de prud'hommes en France', *Droit social*, special edn, ed. G Lyon-Caen, p. 10ff
Dechesne, L. (1932), *Histoire économique et sociale de la Belgique* (Paris)
de Cluveaux, M. (1894), 'L'assurance contre le chômage', *Le Monde Économique*, 11 August
de Felice, R. (1968), *Mussolini il fascista. L'organizzazione dello stato fascista* (Turin)
Delsinne, L. (1936), *Le mouvement syndical en Belgique* (Brussels)
Deppe, E., Fülberth, G., Harrer, H.-J *et al.* (1977), *Gesichte der deutschen Gewerkschafts bewegung* (Cologne)
de Rosa, A. & di Vittorio, A. (1975), *Il capitale e la rivoluzione industriale* (Messina-Florence)
Derry, T K. (1933), 'The repeal of the apprenticeship clauses of the statute of apprentices', *Economic History Review*, 1st series, vol. IV, pp. 67–87
de Schwenitz, K. (1943), *England's road to social security* (New York)
de Visscher, C. (1911), *Le contrat collectif de travail* (Ghent)
de Vries, C. W & J (eds.) (1949), *Texts concerning early labour legislation*, vol. 1, 1791–1848 (Leiden)
Dicey, A. V (1914), *Lectures on the relation between law and public opinion in England during the nineteenth century*, 2nd edn (London)
Dobb, M. (1946), *Studies in the development of capitalism* (London; 2nd rev edn, 1963)
Dobson, C. R. (1980), *Masters and journeymen. a prehistory of industrial relations 1717–1800* (London)
Dolleans, E. & Dehove, G (1953), *Histoire du travail en France* (Paris)
Dreyer, E. (1957), *Lov om almindelig Arbejderbeskyttelse* (Copenhagen)
Dübeck, I (1979), *Arbejdsretten i Støbeskeen* (Aarhus)
Duboff, R. B. (1966), 'Economic thought in revolutionary France', *French Historical Studies*, vol. 4, p. 437ff

Ducpetiaux, E. (ed.) (1832), *Des moyens de soulager et de prévenir l'indigence et d'éteindre la mendicité* (Brussels)
—— (ed.) (1855), *Budgets économiques des classes ouvrières en Belgique* (Hayez)
—— & Visschers, A. (1870), *L'enquête de 1870 sur le travail des enfants*, 3 vols. (Brussels)
Duguit, L. (1950), *Il diritto sociale, il diritto individuale e la transformazione dello Stato* (Florence)
Dunlop, O. J & Denman, R. D. (1912), *English apprenticeship and child labour· a history* (London)
Dupeyroux, J. J (1966), *Évolution et tendances des systèmes de sécurité sociale des Pays Membres des Communautés Européennes et de la Grand-Bretagne* (Luxembourg) [Study for EEC]
Durand, P & Jaussaud, R. (1947), *Traité de droit du travail* (Paris)
Dutton, M. (1723), *The laws of masters and servants in Ireland* (Dublin)
Ebel, W (1964), *Quellen zur Geschichte des deutschen Arbeits rechts (bis 1849)* (Göttingen, Berlin, Frankfurt am Main)
Eden, F M. (1797), *The state of the poor· or an history of the labouring classes in England* (London)
Einaudi, L. (1972), *Le lotte del lavoro* (Turin)
Elmquist, H. J V (1918), *Den kollektive arbejdsoverenkomst som retligt problem* (Copenhagen)
Elster, L. & Landmann, V (1898), 'Arbeiterschutzgesetzgebung (in Deutschland)', *Handwörterbuch der deutschen Staatswissenschaften*, vol. 1, 2nd edn (Jena)
Emden, C. S. (1923), *The civil servant in the law and constitution* (London)
Engels, F (1892), *The condition of the working-class in England in 1844* (London, first published in German in 1845, and in English in New York in 1886)
Eörsi, G (1979), *Comparative civil (private) law. law types, law groups, the roads of legal development* (Budapest)
Equal Opportunities Commission (1979), *Health and safety legislation—should we distinguish between men and women?* (London and Manchester)
Erdmann, G (1966), *Die deutschen Arbeitgeberverbände im sozialgeschichtlichen Wandel der Zeit* (Neuwied and Berlin)
European Coal and Steel Community (1965), *Le contrat de travail dans le droit des Pays Membres de la CECA* (Luxembourg)
Eusebio, L. (1909), *Dizionario di giurisprudenza probivirale sul contratto di lavoro* (Turin)
Feig, J (1911), *Compte rendu de la Conférence Internationale du chômage*, Rapport présenté à la conférence, 3 vols., 18–21 September 1910 (Paris)
Ferenczi, I (1912), 'Le Chômage et les migrations ouvrières internationales', Rapport présenté au Comité International de l'Association Internationale de la lutte contre le chômage (Ghent)
Finer, H. (1937), *The British civil service* (London)
Fischer, W (1963), 'Government activity and industrialisation in Germany (1815–70)' in *The economics of take-off into sustained growth*, ed W W Rostow, pp. 83–94 (London)
Flinn, M. W (1961–62), 'The Poor Employment Act 1817', *Economic History Review*, 2nd series, vol. 14, p. 82ff
Fohlen, C. & Bedarida, F (1962), 'L'éré des révolutions (1765–1914)' in *Histoire générale du travail*, ed. L-H Parias (Paris)
Follows, J W (1951), *Antecedents of the ILO* (Oxford)
Foot, S. (1980), *The effect of the Elizabethan Statute of Artificers on wages in England* (Exeter)
Forrest, A. (1981), *The French Revolution and the poor* (Oxford)
Fox, A. (1974), *Beyond contract. work, power and trust relations* (London)
—— (1984), *History and heritage: the social origins of the British industrial relations system*

(London)
Francois, L. (1974), *Introduction au droit social* (Liège)
Fraser, D. (1973), *The evolution of the British welfare state* (London)
Fraser, W H. (1974), *Trade unions and society: the struggle for acceptance 1850–1880* (London)
Freedland, M. (1976), *The contract of employment* (Oxford)
Friis, H. (1950), *Scandinavia between East and West* (New York)
Frow, E. and Katanka, M. (1968), *1868: year of the unions a documentary survey* (London)
Fulbrook, J (1978), *Administrative justice and the unemployed* (London)
Gagel, A. & Jülicher, F (1979), *Arbeitsförderungsgesetz (Kommentar)* (Munich)
Galenson, W (1952), *The Danish system of labor relations* (Cambridge, Mass.)
Galgano, F (1976), *Storia del diritto commerciale* (Bologna)
Garraty, J. A. (1979), *Unemployment in history. economic thought and public policy* (New York)
George, M. D. (1927), 'The Combination Laws reconsidered' *Economic History*, vol. 1 (supplement to *Economic Journal*), pp. 214–28
—— (1935–36), 'The Combination Laws', *Economic History Review*, 1st series, vol. VI, pp. 172–8
George, V (1973), *Social security and society* (London)
Gerin, P (1959), *Catholiques liégeois et question sociale, 1844–1914* (Brussels)
Ghera, E. (1979), *Diritto del lavoro* (Bari)
Giannini, M. S. (1970), 'Impiego pubblico (teoria e storia)', in *Enciclopedia del diritto*, vol. XX (Milan), pp. 2931ff
Gibbon, I. G. (1911), *Unemployment Insurance* (London)
Gilbert, B. B. (1966), *The evolution of national insurance in Great Britain* (London)
Giugni, G (1956), *Ideologia e pratica della azione sindacale, La Nuova Italia* (Florence)
Goetz-Girey, R. (1965), *Le mouvement des grèves en France, 1918–1962*, Collection l'économie, no. 3 (Paris)
Gosden, P H. J H. (1961), *The Friendly Societies in England 1815–1875* (Manchester)
Grotius, H. (1919), *De jure belli ac pacis*, ed. P C. Molhuysen (Leiden; first published 1625)
Gurvitch, G (1947), *Sociology of law* (London)
Habbakük, H. J & Postan, M. (1965), *The industrial revolutions and after incomes, population and technological change*, The Cambridge Economic History of Europe, vol. 6 (Cambridge)
Halévy, E. (1929), *Imperialism and the rise of labour 1895–1905* (London, first published in French 1926)
—— (1934), *The rule of democracy 1905–14* (London; first published in French 1932)
Hammond, J L. & B. (1919), *The town labourer 1760–1832* (London)
—— (1923), *Lord Shaftesbury* (London)
Hanbury, H. G. (1948), 'Industrial relations in Crime and Tort', vol. 1 *Current Legal Problems*, pp. 126–39
Harris, J F (1972), *Unemployment and politics 1886–1914* (Oxford)
Hasselbalch, O. (1979), *Arbejdsretlige Funktioner* (Copenhagen)
Hattenhauer, H. (1980), *Geschichte des Beamtentums* (Cologne)
Hatzfeld, H. (1971), *Du paupérisme à la Sécurité sociale 1850–1940* (Paris)
Hay, D. (1977), 'Employers and social policy in Britain: the evolution of welfare legislation 1905–14', *Social History*, vol. 1, no. 4, pp. 435–55
Hay, D., Linebaugh, P., Rule, J G., Thompson, E. P & Winslow, D. (1977), *Albion's fatal tree. crime and society in 18th century England* (Harmondsworth)

Hay, J R. (1975), *The origins of the Liberal Welfare Reforms 1906–1914* (London)
Hedges, R. Y & Winterbottom, A. (1930), *The legal history of trade unionism* (London)
Helmich, U (1977), *Arbeitskampfe in Frankreich. ein Beitrag zur Sozial- und Rechtsgeschichte 1789–1939* (Maisenheim am Glan)
Henderson, W O. (1958), *The state and the industrial revolution in Prussia 1740–1870* (Liverpool)
Henriques, U R. Q. (1971), *The early Factory Acts and their enforcement* (London)
Hepple, B. A. (1981), 'A right to work', *Industrial Law Journal*, vol. 10, pp. 65–83
—— & O'Higgins, P (1971), *Public employee trade unionism in the United Kingdom. the legal framework* (Ann Arbor)
——, —— & Neeson, J (1975), *A bibliography of the literature on British and Irish labour law* (London)
—— & —— (1981), *Employment Law*, 4th edn (London)
——, ——, Hepple, J & Stirling, P (1981), *Labour law in Great Britain and Ireland to 1978: a companion volume to 'A bibliography of the literature on British and Irish labour law'* (London)
Herkner, H. (1921), *Die Arbeiterfrage*, 7th edn (Berlin and Leipzig)
Hetherington, H. J W (1920), *International labour legislation* (London)
Hill, C. (1969), *Reformation to industrial revolution* (Harmondsworth)
Hilton, G. W (1960), *The truck system. including a history of the British Truck Acts, 1465–1960* (Cambridge)
Himmelfarb, G. (1984), *The idea of poverty. England in the early industrial age* (London)
Hobsbawm, E. J. (1962), *The age of revolution—Europe 1789–1848* (London)
—— (1964), *Labouring men. studies in the history of labour* (London)
—— (1969), *Industry and empire* (Harmondsworth)
—— (1977), *The age of capital 1848–1875* (London)
—— & Rude, G (1969), *Captain Swing* (London)
Hollander, S. (1979), *The economics of David Ricardo* (Toronto)
Horion, P (1937), *La durée du travail industriel et commercial et les congés annuels payés* (Brussels)
—— (1965), *Nouveaux précis de droit social belge* (La Naye)
Horn, P (1975), *The rise and fall of the Victorian servant* (London)
Horowitz, D. (1963), *The Italian labour movement* (Cambridge, Mass.)
Hovde, B. J (1943), *The Scandinavian countries, 1720–1865*, 2 vols. (Boston)
Hromadka, W (1979), *Die Arbeitsordnung im Wandel der Zeit* (Cologne)
Hueck, A. & Nipperdey, H C. (1963), *Lehrbuch der Arbeitsrechts*, 7th edn (Berlin and Frankfurt am Main)
Hunt, E. H. (1981), *British labour history 1815–1914* (London)
Hutchins, B. L. & Harrison, A. (1926), *A history of factory legislation*, 3rd edn (London; first published in 1903)
Illum, K. (1938), *Den kollektive arbedjsret* (Copenhagen; 3rd edn 1964)
International Federation of Trade Unions (1944), *Bulletin*, p. 8ff
International Labour Office (ILO) (1938), *Labour courts. An international survey of judicial systems for the settlement of disputes* (Geneva)
—— (1944), 'The mobilisation of foreign labour by Germany', *International Labour Review*, vol. 50, p. 470
Jaccard, P (1960), *Histoire sociale du travail de l'antiquité à nos jours* (Paris)
Jacobi, E. (1927), *Grundlehren des Arbeitsrechts* (Leipzig)
Jacquemyns, G (1929), *Histoire de la crise économique des Flandres (1845–1850)* (Brussels)
Jannaccone, P (1894), 'Il contratto di lavoro', *Archivo giuridico*, vol. 53, p. 131ff.

Jenks, C. W (1970), *Social justice in the law of nations: the ILO impact after fifty years* (London)

Jevons, W S. (1882), *The state in relation to labour* (London, 4th edn published in 1910; Dutch translation published in Haarlem, 1888)

Jocteau, G C. (1978), *La magistratura e i conflitti di lavoro durante il fascismo 1926–1934* (Milan)

Julliard, J (1971), *Fernand Pellouriter et les origines du syndicalisme d'action directe* (Paris)

Kahn-Freund, O. (1954), 'Legal framework' in *The system of industrial relations in Great Britain*, eds. A. Flanders & H. A. Clegg (Oxford), pp. 42–127

—— (1959), 'Labour law' in *Law and opinion in England in the twentieth century*, ed. M. Ginsberg (London), pp. 215–63; reprinted in *Selected Writings*, pp. 1–40

—— (ed.) (1965), *Labour relations and the law* (London)

—— (1966), 'The personal scope of English labour law· "servant", "employee", "workman" ' in *Studi in memoria di Ludovico Barassi* (Milan), p. 211ff

—— (1967), 'A note on status and contract in British labour law', *Modern Law Review*, vol. 30, pp. 635–44; reprinted in *Selected Writings*, pp. 78–86

—— (1974), 'On uses and misuses of comparative law', *Modern Law Review*, vol. 37, pp. 1–27; reprinted in *Selected Writings*, pp. 294–319

—— (1977a), *Labour and the law*, 2nd edn (London; 3rd edn edited and with an introduction by P Davies and M. R. Freedland, 1983)

—— (1977b), 'Blackstone's neglected child. the contract of employment', *Law Quarterly Review*, vol. 93, pp. 508–28

—— (1978a), 'Common law and civil law—imaginary and real obstacles to assimilation' in *New perspectives for a Common Law of Europe*, ed. M. Cappelletti (Leyden), p. 137ff

—— (1978b), *Selected Writings* (London)

—— (1979), *Labour relations heritage and adjustment* (Oxford)

—— (1981), *Labour law and politics in the Weimar Republic*, ed. and with an introduction and appendices by R. Lewis and J Clark (Oxford)

Kaskel, W (1928), *Arbeitsrecht*, 3rd edn (Berlin)

—— & Dersch, H. (1957), *Arbeitsrecht*, 5th edn (Berlin, Göttingen and Heidelberg)

—— & Sitzler, F (1912), *Grundriss des sozialen Versicherungsrechts* (Berlin)

Keeling, F (1914), *Child labour in the United Kingdom. a study in the development and administration of the law relating to the employment of children* (London)

Kendall, W (1975), *The Labour Movement in Europe* (London)

Kerr, C., Dunlop T., Harbison, F & Myers, C. (1960), *Industrialism and industrial man* (Cambridge, Mass.)

Kirk, D. (1946), *Europe's population in the interwar years* (Princeton, NJ)

Koch, H. H. (1936), *The Danish Public Assistance Act* (Copenhagen)

Kofod, L. (1976), *Ferieloven* (Copenhagen)

Köhler, P A., Zacher, H. F & Partington, M. (eds.) (1982), *The evolution of social insurance 1881–1981 Studies of Germany, France, Great Britain, Austria and Switzerland* (London and New York)

Kollmann, H. (1916), *Die Entstehungsgeschichte der deutschen Koalitionsgesetzgebung* (Heidelberg/Breslau)

Kosellek, R. (1967), *Preussen zwischen Reform und Revolution* (Stuttgart)

Kruse, F V (1920), *Den Kollektive Arbejdsaftale* (Stockholm)

Kuborn, H. (1868), *Aperçu historique sur l'hygiène publique en Belgique depuis 1830*, Rapport Académie (Brussels)

Kuczynski, J (1937), *Labour conditions in Western Europe 1820 to 1935* (London)

—— (1958), *Geschichte der Kinderarbeit in Deutschland 1750 bis 1939*, vol. 1 (Berlin)
Kuhnic, S. (1978), 'The beginnings of the Nordic welfare states', *Acta Sociologica*, vol. 21 (Supplement)
Lambert, E. (1933), 'Comparative Law' in *Encyclopedia of the Social Sciences* (New York), pp. 126ff
Landes, D. S. (1969), *The unbound Prometheus. technological change and industrial development in Western Europe from 1750 to the present* (Cambridge)
La Palombara, J C. (1957), *The Italian labour movement. problems and prospects* (New York)
Laroque, P (1938), *Les rapports entre patrons et ouvriers* (Paris)
Lassen, J (1897), *Håndbog. obligationsretten, speciel del* (Copenhagen)
Lefort, J (1913), *L'assurance contre le chômage à l'étranter et en France* (Paris)
Lefranc, G. (1963), *Le mouvement socialiste sous la Troisième République (1875–1940)* (Paris)
—— (1967), *Le mouvement syndical sous la Troisième République* (Paris)
—— (1970), *Grèves d'hier et d'aujourd'hui* (Paris)
—— (1975), *Histoire du travail et des travailleurs* (Paris)
—— (1976), *Les organisations patronales en France. Du passé au présent* (Paris)
Leger, L. & Crokaert, P (1923), *Le contrat d'emploi—Travaux préparatoires et commentaire théorique et pratique de la loi du 7 août 1922* (Brussels)
Legien, C. (1919), Speech on Works Councils published in *Social Praxis*, 3 April 1919
Leroy, M. (1913), *La coutume ouvrière* (Paris)
Levasseur, E. (1903), *Histoire des classes ouvrières et de l'industrie en France de 1789 à 1870*, 2nd edn (Paris)
Levenbach, M. G (1964) 'Arbeid' in *Nederlands Bestuursrecht*, Part III (Alphen aan den Rijn)
—— (1965) 'Il contratto di lavoro nel diritto olandese' in *Il contratto di lavoro nel diritto dei paesi membre della CECA* (Brussels and Milan) [Study for EEC]
Liebman, M. (1979), *Les socialistes belges 1885–1914* (Brussels)
Logan, D. W (1945), 'A civil servant and his pay', *Law Quarterly Review*, vol. 61, pp. 240–67
Lorwin, V R. (1954), *The French labour movement* (Cambridge, Mass.)
Lotmar, P (1900), 'Die Tarifverträge zwischen Arbeitgebern und Arbeitehmern', *Archiv für soziale Gesetzgebung und Statistik*, vol. 15, p. 1ff
—— (1907; 1908), *Der Arbeitsvertrag nach dem Privatrecht der Deutschen Reiches*, 2 vols. (Leipzig)
Louis, P (1904), *L'ouvrier devant l'État* (Paris)
Lyons, F S. L. (1971), *Ireland since the famine* (London)
Macura, M. (1976), 'Population in Europe (1920–70)' in *The Fontana economic history of Europe*, vol. 5, *The Twentieth Century*, Part One, ed. C. M. Cipolla, pp. 1–87
Magrez-Song, G. (1961), 'Les organismes précurseurs du Conseil national du travail, *Revue du Travail*, pp. 1103–1156
Maine, H. S. (1861), *Ancient law* (London)
Malthus, T R. (1960), *On population*, ed. G. Himmelfarb (New York; first published 1798)
Mantoux, P (1928), *The industrial revolution in the 18th century. an outline of the beginnings of the modern factory system in England* (London)
Marchetti, L. (1910), 'L'organisation du placement en Italie', Rapport no. 33 presented to the Conférence Internationale du Chômage (Paris), pp. 18–21
Marquand, H. A. et al. (1939), *Organised labour in four continents* (London)
Marx, K. (1954), *Capital*, vol. 1 (London; first published in German in 1867; in English 1887)

—— (1850) 'The Class Struggles in France: 1848 to 1850' [reprinted in *Surveys from Exile*, ed. D. Fernbach], (Harmondsworth, 1973)
—— (1875), *Critique of the Gotha Programme*, in German in *Marx-Engels-Werke*, vol. 19, Berlin, 1956–64; in English in *The First International and after*, ed. D. Fernbach, (Harmondsworth, 1974)
—— & Engels, F (1848), 'Manifesto of the Communist Party'; English translation by Samuel Moore, 1888, reprinted in *The revolutions of 1848*, ed. D. Fernbach (Harmondsworth, 1973)
—— & —— (1953), *On Britain* (London and Moscow)
Mason, T W (1978), *Sozialpolitik im Dritten Reich*, 2nd edn (Opladen)
McCarthy, C. (1977), *Trade Unions in Ireland 1894–1960* (Dublin)
McGregor, O. R. (1957), 'Social research and social policy in the nineteenth century', *British Journal of Sociology*, vol. 8, pp. 146–57
McLennan, G , Held, D., Hall, S. (1984), *The idea of the modern state* (Milton Keynes and Philadelphia)
Melis, G (1980), *Burocrazia e socialismo nell'Italia liberale* (Bologna)
Menger, A. (1894), *Il diritto civile e il proletariato* (Turin)
Mengoni, L. (1965), 'Contratto e rapporto di lavoro nella recente dottrina italiana', *Rivista della Società*, p. 674ff
—— (1971), *Lezioni sul contratto di lavoro* (Milan)
Merli, S. (1973), *Proletariato di fabbrica e capitalismo industriale*, La Nuova Italia (Florence)
Middlemas, K. (1979), *Politics in industrial society. the experience of the British system since 1911* (London)
Mill, J S. (1965), *Principles of political economy, with some of their applications to social philosophy* (Toronto—text of 7th edn, 1871, first published in 1848)
Millerand, A. (1903), 'Les traités du travail', *La réunion de Bale. revue politique et parlementaire*, vol. XXXVIII (Paris)
Milne-Bailey, W (1929), *Trade union documents* (London)
Minchinton, W E. (ed.) (1972), *Wage regulation in pre-industrial England* (London)
Mitchell, B. R. (1978), *European historical statistics 1750–1970*, abridged edn (London)
Molenaar, A. M. (1953–58), *Arbeidsrecht* (Zwolle)
Mommsen, W. J. (ed.) (1981), *The emergence of the welfare state in Britain and Germany 1850–1950* (London)
Moses, J A. (1982), *Trade unionism in Germany from Bismarck to Hitler 1869–1933*, 2 vols. (London)
Moster, H. & Bernhardt, R. (ed.) (1980), *Beiträge zum ausländischen öffentlichen Recht und Volkenrecht* (Heidelberg)
Mozzarelli, C (1972), *Per una storia del pubblico impiego nello stato moderno. il caso della Lombardia austriaca* (Milan)
Naphtali, F (ed.) (1928), *Wirtschaftsdemocratie Ihr Wesen, Wes und Ziel* (Berlin)
Napier, B. (1975), 'The contract of service: the concept and its application' (unpublished PhD thesis, Cambridge)
Neufeld, M. F (1961), *Italy. school for awakening countries* (Ithaca)
Neumann, F (1942), *The structure and practice of Naional Socialism* (New York)
Neuville, J (1976), *La condition ouvrière au XIXème siècle*, vol. 1 (Brussels)
Nikische, A. (1961), *Arbeitsrecht*, 3rd edn (Tübingen)
Oberschall, A. (1965), *Empirical social research in Germany. 1866–1914* (The Hague)
Peliing, H. (1963), *A history of British trade unionism* (Harmondsworth)
—— (1979), 'The working-class and the origins of the welfare state' in *Popular politics*

and society in Victorian Britain, 2nd edn (London), pp. 1–18
Pera, G. (1969), *Serrata e diritto di sciopero* (Milan)
Perna, C. (1978), *Breve storia del sindacato* (Bari)
Perreau, C. (1912), *La notion du contrat de travail* (Paris)
Perrot, M (1974), *Les ouvriers en grève 1871–1890* (Paris-Haye)
Peters, H. (1978), *Die Gesichte der sozialen Versicherung*, 3rd edn (Sankt Augustin)
Phelps Brown, E. H (1965), *The growth of British industrial relations* (London)
—— (1983), *The origins of trade union power* (Oxford)
Philip, J R. (1934), 'Early labour law in Scotland', *Juridical Review*, vol. 46, p. 121ff
Pic, P (1903), *Les lois ouvrieres—traité élémentaire de législation industrielle* (Paris)
Picard, R. (1926), 'Labour legislation in France during and after the war', *International Labour Review*, vol. 13, p. 889ff
Pigou, A. C. (1913), *Unemployment* (London)
Pilotti, R. (ed.) (1914), *Legislazione operaia in Italia* (Citta di Castello)
Pirenne, H. (1920), *Histoire de Belgique*, vol. V (Brussels)
Planiol, M. (1907), *Traité élémentaire de droit civil* (Paris)
Poggi, G. (1978), *The development of the modern state. a sociological introduction* (London)
Polanyi, K. (1944), *The great transformation* (New York)
Pollard, S. (1981), *Peaceful conquest. the industrialisation of Europe 1760–1970* (Oxford)
Postgate, R. W (1923), *The builders' history* (London)
Pothier, R. J. (1818–23), *Pandectae Justinianeae, in novum ordinem digestae*, 24 vols. (Paris)
Potter, B. (1891), *The cooperative movement in Great Britain* (London)
Poynter, J. R. (1969), *Society and pauperism* (London)
Putnam, B. W. (1908), *The enforcement of the statutes of labourers during the first decade after the Black Death 1349–1359* (New York)
Rameri, S. (1904), *Legge e regolamento per gli infortuni degli operai sul lavoro* (Turin)
Ramm, T (1968), 'Nationalsozialismus und Arbeitsrecht' in *Kritische Justiz*, p. 108ff
—— (1979), 'Die Arbeitsverfassung des Kaiserreichs' in *Festschrift für Walter Mallmann* (Baden-Baden), pp. 191–211
—— (1980), 'Die Arbeitsverfassung der Weimarer Republik' in *In Memoriam Sir Otto Kahn-Freund* (Munich), pp. 225–46
Redenti, E. (1906), *Massimario della giurisprudenza dei probiviri* (Rome)
Redgrave, A. (1878), *The Factory and Workshop Acts 1878* (London); 21st edn by I Fife and A. E. Machin, 1966
Renner, K. (1949), *The institutions of private law and their social functions*, English translation, ed. and with an introduction and notes by O. Kahn-Freund (London) First published 1904 as 'Die Sociale Funktion des Rechtsinstitute' in Marx-Studien, *Blätter zur Theorie und Politik des Wissenschaftlichen Sozialismus*, vol. 1 (Vienna), and revised and republished in 1929 as *Die Rechtsinstitute des Privatrechts und ihre Sozial Funktion* (Vienna)
Reynaud, J D. (1975), *Les syndicats en France* (Paris)
Ricardo, D. (1817), *The principles of political economy and taxation* (London)
Rich, E. E. & Wilson, C. H. (eds.) (1967), *The economy of expanding Europe in the sixteenth and seventeenth centuries*, The Cambridge Economic History of Europe, vol. 4 (Cambridge)
Richards, P (1979), 'The state and early industrial capitalism', *Past and Present*, no. 83, pp. 91–115
Rigola, R. (1946), *Storia del movimento operario italiano* (Milan)
Rimlinger, G V (1971), *Welfare policy and industrialisation in Europe, America and Russia*

(New York)

Ritscher, W (1917), *Koalitionen und Koalitionsrecht in Deutschland* (Stuttgart and Berlin)

Riva Sanseverino, L. (1950), *Il movimento sindacale cristiano dal 1850* (Rome)

Robson, W A. (1935), 'Industrial law', *Law Quarterly Review*, vol. 51, pp. 194–210

—— (1938), 'La législation industrielle en Angleterre au cours des 50 dernières années' in his *Introduction à l'état du droit comparatif*, vol. 3 (Paris), pp. 455–68

Rodota, S. (1981), *Il terribile diritto* (Bologna)

Romagnoli, U (1974), *Lavoratori e sindacati fra vecchio e nuovo diritto* (Bologna)

Romano, R. & Vivanti, C. (ed.) (1976), *Storia di Italia* (Turin)

Roppo, E. (1977), *Il contratto* (Bologna)

Rosenstock Franck, L. (1934), *L'économie corporative fasciste en doctrine et en fait. ses origine historiques et son évolution* (Paris)

Rostow, W W (1956), 'The take-off into sustained growth', *The Economic Journal*, vol. LXVI, no. 261, p. 32ff

—— (ed.) (1963), *The economics of take-off into sustained growth* (London)

Rousseau, J. J (1762), *Du contrat social* (Amsterdam, reprinted with an essay by B. de Jouvenel, Paris, 1978)

Rubin, G R. (1977), 'The origins of industrial tribunals: munitions tribunals during the First World War' *Industrial Law Journal*, vol. 6, pp. 149–64

—— (forthcoming), *War, law and labour, 1915–21* (Oxford)

Rückert, J & Freidrich, W. (1979), *Betriebliche Arbeiterausschusse in Deutschland, Grossbritannien und Frankreich im spaten 19, und fruhen 20 Jahrhundert* (Frankfurt am Main)

Rusciano, M. (1978), *L'impiego pubblico in Italia* (Bologna)

Ryan, W P (1919), *The Irish labour movement from the twenties [1820s] to our own day* (Dublin)

Saitta, A. (1975), *Constituenti e constituzioni della Francia rivoluzionaria e liberale (1789–1875)* (Milan)

Salvemini, G (1936), *Under the axe of fascism* (London)

Scelle, G. (1929), *Le droit ouvrier* (Paris)

Schaeffle, A. (1893), *The theory and policy of labour protection* (London)

Schippel, A. (1902), *Sozialdemokratische Reichstags-Handbuch* (Berlin)

Schloss, D. F (1904), *Unemployment in foreign countries: Report to the Board of Trade on agencies and methods for dealing with unemployment in certain countries* (London)

Schmoller, G. (1918), *Die soziale Frage Klassenbildung, Arbeiterfrage, Klassenkampf* (Munich and Leipzig)

Semmel, B. (1960), *Imperialism and social reform* (London)

Shorter, E. & Tilly, C. (1974), *Strikes in France 1830–1968* (London and New York)

Shotwell, J T (1934), *The origins of the International Labour Organisation*, 2 vols. (New York)

Simitis, S. (1984), 'Zur Verrechtlichung der Arbeitsbezeihungen' in *Verrechtlichung von Wirtschaft, Arbeit und Sozialer Solidarität—Vergleichende Analysen*, eds. Zacher, Simitis, Kübler, Hopt & Teubner (Baden-Baden)

Simon, D. (1954), 'Master and servant' in *Democracy and the Labour Movement*, ed J Saville (London)

Sinay, H. (1965), *La grève. Traité Dalloz de droit du travail*, vol. VI (Paris)

Sinzheimer, H. (1907), *Der korporative Arbeitsnormenvertrag Eine privatrechtliche Untersuchung*, vol. 1, vol. 2 (1908) (Leipzig)

—— (1910–11), 'Die Fortentwicklung des Arbeitsrechts und die Aufgabe der Rechtslehre', *Soziale Praxis*, vol. 20, p. 1237ff

—— (1916), *Ein Arbeitstarifgesetz Die Idee der sozialen Selbsbestimmung im Recht* (Munich and Leipzig)
—— (1927), *Grundzüge des Arbeitsrechts*, 2nd edn (Jena, first edn, 1921)
—— (1928), 'Die Demokratisierung des Arbeitsverhältnisses: Vom Sachenrecht über das Schuldrecht zum Arbeitsrecht' in F Naphtali (ed.) *Wirtschaftsdemokratie. Ihr Wesen, Weg und Ziel* (Berlin), ch. 3
—— (1933), 'Die Krisis des Arbeitsrechts' *Arbeitsrecht*, 20, cols. 1-10
Skidelsky, R. (1970), *Politicians and the slump. the Labour Government of 1929-1931* (London)
Smith, A. (1776), *An inquiry into the nature and causes of the wealth of nations* (London; text of 3rd edn, 1784; reprinted Oxford, 1976)
Solari, G. (1980), *Sozialismo e diritto privato influenza delle oderne dottrine socialiste nel diritto privato* (Milan)
Spaguolo Vigorita, L. (1967), *Subordinazione e diritto del lavoro (problemi storico-critici)* (Naples)
Spitaels, G. (1969), *Le mouvement syndical en Belgique* (Brussels)
Stevns, J P J (1906), *Tyendretten efter dansk Lovgivning* (Copenhagen)
Stolfi, N (1934), *Diritto Civile, I contratti speciali* (Turin)
Stolleis, M. (1976), *Quellen zur Geschichte des Sozialrechts* (Göttingen, Frankfurt am Main and Zurich)
Sugarman, D. (ed.) (1983), *Legality, ideology and the state* (London and New York)
—— & Rubin, G R. (1984), 'Towards a new history of law and material society in England, 1750-1914' in *Law, economy and society 1750-1950: essays in the history of English law*, eds. G. R. Rubin and D. Sugarman (Abingdon), pp. 1-123
Supple, B. (1973), 'The state and the industrial revolution 1700-1914' in *The Fontana economic history of Europe* vol. 3 *The Industrial Revolution*, ed. C. M. Cipolla (Glasgow)
Tarello, G (1973), *La ideologia della codificazione nel secolo XVIII* (Genoa)
Taylor, A. J (1972), *Laissez-faire and state intervention in nineteenth-century Britain* (London)
Teuteberg, H. J (1961), *Geschichte der industriellen Mitbestimmung in Deutschland, Ursprung und Entwicklung ihrer Vorläufer im Denken und in der Wirklichkeit des 19 Jahrhunderts* (Tübingen)
Thomas, M. W (1948), *The early factory legislation: a study in legislative and administrative evolution* (Leigh-on-Sea)
Thompson, E. P (1963), *The making of the English working class* (London)
—— (1977), *Whigs and hunters. the origin of the Black Act* (Harmondsworth)
Thomson, D. (1966), *Europe since Napoleon* (Harmondsworth, revised edn; first published 1957)
Tillyard, F & Robson, W A. (1938), 'The enforcement of the collective bargain in the United Kingdom', *Economic Journal*, vol. 38, pp. 15-25
Tissier, A. (1904), *Le code civil et les classes ouvrières* in *Law Code civil Livre du Centenaire*, ed. Rousseau, vol. 1 (Paris)
Tournerie, J A. (1971), *Le ministère du travail (Origines et premiers développements)* (Paris)
Treu, T (1981), 'Italy' in *International Encyclopedia for Labour Law and Industrial Relations*, ed. R. Blanpain (Deventer)
—— & Romagnoli, U (1977), *I sindacati in Italia. Storia di una strategia (1945-1976)* (Bologna)
Troplong, R. (1841), *Della permuta e della locazione* (Naples)
Turgot, A. R. J (1913-23), *Oeuvres de Turgot et documents le concernant* with biography and notes by G. Schelle 5 vols. (Paris)
Ullmann, P (1977), *Tarifverträge und Tarifpolitik in Deutschland bis 1914. Entstehung und

Entwicklung, interessenpolitische Bedingungen und Bedeutung des Tarifvertragswesens für die sozialistischen Gewerkschaften (Frankfurt am Main and Bern)
Ungari, P (1970), 'In memoria del socialismo giuridico—Le scuole di diritti privato sociale', *Politica del diritto*, vol. 2, p. 241ff
van der Borght, R. & Honigmann, –. (1898), 'Der Arbeiterversicherung (in Deutschland)', *Handwörterbuch der Staatswissenschaften*, vol. 1, 2nd edn (Jena)
Vandervelde, E. (1906), *La Belgique ouvrière* (Paris)
van Esveld, N E. H. & van Aerde, A. J O. M. (1978), *Introduction to Dutch law for foreign lawyers* (Deventer)
Van Houtte, H. (1920), *Histoire économique de la Belgique à la fin de l'ancien régime* (Ghent)
Vardaro, G (1981), 'Il diritto del lavoro nel Laboratorio di Weimar', vol. 2–3, *Politica del diritto*, p. 293ff
Veermersch, A. (1904), *La législation et les oeuvres en Belgique* (Paris)
Veneto, G (1974), *Contrattazione e prassi nei rapporti di lavoro* (Bologna)
Veneziani, B. (1972a), 'La composizione dei conflitti collettivi nel periodo pre-corporativo', *Rivista di diritto del lavoro*, vol. 24, pp. 209–300
—— (1972b), *La mediazione dei pubblici poteri nei conflitti collettivi di lavoro* (Bologna)
Verband Deutscher Arbeitsnachweise (1911), 'Public labour exchanges in Germany', Report no. 3, *Conférence Internationale sur le Chômage*, 18–21 September 1910, vol. 2 (Paris)
Verdier, J M. (1966), *Les syndicats. Traité Dalloz de droit du travail*, vol. V (Paris; revised edns 1976 and 1979)
Verhaegen, B. (1916), *Contribution à l'histoire économique des Flandres* (Louvain)
Villemerme, Dr (1971), *Tableau de l'état physique et moral des ouvriers employés dans les manufactures de coton, de laine et de soie*, Union Générale d'Editions Collection 10/18 no. 582 (Paris)
Vita Levi, M. (1876), *Della locazione di opere e degli appalti* (Turin)
von Humboldt, W (1792), *Ideen zu einem Versuch, die Grenzen der Wirksamkeit des Staates zu bestimmen* (Berlin; partially published 1792, completed 1851)
Wallas, G (1925), *The life of Francis Place 1771–1854*, 4th edn (London, first published 1918)
Wallin, M. (1969), 'Labour administration. origins and development' *International Labour Review*, vol. 100, pp. 51–110
Ward, J T (1970), 'The factory movement' in *Popular movements c.1830–1850*, ed. J T Ward (London)
—— (1971), *The factory system*: vol. 1, 'Birth and growth'; vol. 2; 'The factory system and society (Newton Abbott) [Collection of documents]
Watson, A. (1974), *Legal transplants an approach to comparative law* (Edinburgh)
Webb, S. & Webb, B. (1898), *Industrial democracy* (London)
—— & —— (1920), *The history of trade unionism 1666–1920*, revised edn (London; original edn published in 1894)
—— & —— (1927–29), *English local government*, being volumes 7–9 of *English Poor Law history* (London, reprinted in 2 vols. with a new introduction by W A. Robson, 1963)
Weber, M. (1954), *Law in economy and society*, ed. and with an introduction and annotations by M. Rheinstein (Cambridge, Mass.) [Mainly ch. 7 *'Rechtssoziologie'* of *Wirtschaft und Gesellschaft* (1925) (Tübingen)]
Wechselmann, S. (1936), *The Danish National Insurance Act* (Copenhagen)
—— (1945), *Social Denmark* (Copenhagen)

—— (1948), *Social services in Denmark* (Copenhagen)
Wedderburn, K. W (1971), *The worker and the law*, 2nd edn (Harmondsworth)
Wedderburn of Charlton, Lord (1980), 'Industrial relations and the courts', *Industrial Law Journal*, vol. 9, pp. 65–94
—— (1983), 'Otto Kahn-Freund and British labour law' in *Labour law and industrial relations. building on Kahn-Freund*, eds. Lord Wedderburn, R. Lewis and J Clark (Oxford), pp. 29–80
Weigert, O. (1933), 'The development of unemployment relief in Germany', *International Labour Review*, vol. 8, p. 169ff
Whiteside, N (1979), 'Welfare insurance and casual labour· a study of administrative intervention in industrial employment 1906–26', *Economic History Review*, vol. XXXII, p. 507ff
Wiesser, H. (1915), *British working-class movements and Europe 1815–48* (Manchester)
Wilson, A. & Levy, H. (1939), *Workmen's compensation*, 2 vols. (London)
Windmuller, J P (1969), *Labour relations in the Netherlands* (New York)
Wissell, R. (1971), *Des Alten Handwerks Recht und Gewohnheit*, 2nd edn (Berlin, further edns 1974 and 1981)
Wittert van Hoogland, E. B. F F (1940), *De parlementaire geschiedenis der sociale verzekering 1890–1940* (Haarlem)
Wolf, M. (1981), 'Allgemeine Grundsätze des Kündingungsrechts und des Kündigungsschutzrechts' in *Gemeinschaftskommentar zum Kündigungsschutzgesetz und sonstigen kündigungsschutzrechtlichen Vorschriften, marginal data 1 till 42*, ed. Becker, Friedrich *et al*. (Neuwid and Darmstadt)
Wood, J (1832), *Right of labour to legislative protection demonstrated* (London)
Woodard, C. (1962), 'Reality and social reform: the transition from *laissez-faire* to the welfare state', *Yale Law Journal*, vol. 72, pp. 286–328
Wrigley, C. (1982), *A history of British industrial relations 1875–1914* (Brighton)
Zachariae, C. S. (1868), *Corso di diritto civile francese* (Naples)
Zeldin, T (1973–77), *France, 1848–1945*, vol. 1 'Ambition and love' (Oxford) [Paperback ed. 1979]
Zucchini, C. (1908), 'Note sur la caisse d'Épargne de Bologne', *Actes du Congrès des Assurances sociales de Rome*, vol. III, pp. 667–72
Zumbrunn, W (1974), *Die Anfänge des englischen Gewerkschaftsrechts* (Basle and Stuttgart)
Zweigert, K. & Kötz, H (1977), *An introduction to comparative law*, vol. 1 'The framework', translated by T Weir; originally published in German under the title *Ein Führung in die Rechtsvergleichung auf dem Gebeite des Privatrechts. Band I: Grundlagen* (Tübingen)

索 引

（索引中页码为原书页码，即本书边码）

Abrams, P. 艾布拉姆斯, 4
Accidents and illness 工伤事故与疾病, 124—128, 135, 139, 140, 142—146, 281（并可参见各具体国别相关条目）
Adlercreutz, A. 阿德尔克鲁茨, 234
Aftalion, A. 阿夫塔里昂, 156
Agricultural workers 农业工人, 47—50, 159, 184, 211, 284
Alderson, Baron 奥尔德森男爵, 186
Apprenticeship 学徒制, 38—41
Arbitration 仲裁, 29, 196, 229—232, 287
Asquith, H.H 阿斯奎斯, 87, 139
Atiyah, P.S. 阿蒂亚, 33, 41
Atlantic Charter (1941) 1941 年《大西洋宪章》, 117, 296, 297—298
Aves, E. 欧内斯特·艾夫斯, 87

Baade, F. 弗里茨·巴德, 158
Baden 巴登，参见各国概览之德国部分
Bagwell, P.S. 巴格威尔, 44
Balfour, A.J. 巴尔弗, 140, 244
Barassi, L. 巴拉西, 7
Bartrip, P.W.J. and Burman, S. 巴特里普和伯曼, 128, 152
Bauer, S. 斯蒂芬·鲍尔, 1—2, 75, 112
Bavaria 巴伐利亚，参见各国概览之德国部分
Bebel, A. 倍倍尔, 133, 248, 319
Bedarida, F. 贝达里达, 35
Beier, A.L. 贝尔, 119
Belgium 比利时
　　accidents and illness 工伤事故与疾病, 125, 140, 143—145; agricultural workers 农业工人, 47—50; arbitration 仲裁, 230; bourses du travail 劳动介绍所, 161—162; CGTB 比利时劳工总联盟, 219, 303; child labour 童工, 89, 92—94; Civil Code《民法典》, 2, 31, 57, 62, 125; collective bargaining 集体谈判, 228, 235; conciliation and arbitration 调停与仲裁, 230; conseils de prud'hommes 劳动法庭, 229, 272; constitution 宪法, 17—22, 36, 301; Contract of Employment Act (1900) 1900 年《劳动合同法》, 45, 47, 49—50, 57—59, 65, 68—69, 182, 186, 278; Contract of Employment Act(1922) 1922 年《劳动合

同法》, 68, 182; dismissals 解雇, 181—182, 184, 186, 189; domestic servants 家政工人, 45—47, 64; family support 家庭支持, 150; freedom of association 结社自由, 197, 203—207, 210; guild system 行会制度 37—41; industrial action 产业行动, 212, 214, 237, 239; industrial revolution 工业革命, 13—15; labour exchanges 职业介绍所, 160—162; legal system 法律体系, 301—302; mutual aid 互助, 129—133; Pact of National Solidarity《国民团结契约》, 152, 265, 269; pensions 抚恤金, 146—147; political parties 政党, 302—303; population and emigration 人口和移民, 167—168, 360—362; public servants 公务员, 50—54, 184; public works programmes 公共工程项目, 165—166; representation of labour 劳工代表, 261, 263, 265—266, 269; safety and health 安全与健康, 103—104; sickness pay 疾病待遇, 149; state inspection 国家监察, 110; suffrage 选举权, 20, 301—303; Sunday rest 礼拜日休息, 107; territory 领土范围, 301, 327; trade unions 工会, 207, 210, 219, 220—221, 225, 258—259, 303; unemployment insurance (Ghent system) 失业保险（根特体系）, 2, 172—175, 178—179; wages protection 工资保护, 102; welfare legislation 福利立法, 116—153; women 妇女, 94—96; work-book system 工人手册制度, 42—44; Workers' Party 工人党, 14, 24—25, 45, 130—131, 219, 302—303;

workers' participation at plant level 工厂层面雇员参与, 247, 254, 257—259

Benoiton de Chateauneuf 贝努瓦·德·沙托纳夫, 112

Bentham, J. 杰里米·边沁, 27, 73, 175, 201

Berne, Labour Charter of 伯尔尼,《劳工宪章》, 99, 113, 281—283

Beveridge Report (1942) 1942年《贝弗里奇报告》, 152, 175, 296—297

Beveridge, W.H. 贝弗里奇, 156, 163

Bevin, E. 欧内斯特·贝文, 296

Bismarck, O. von 奥托·冯·俾斯麦, 18, 19, 20, 26, 106, 133—137, 146, 206

Blackstone, Sir W. 布莱克斯通, 55, 60—61, 64, 154

Blanc, L. 路易·勃朗, 23, 28

Blanpain, R. 布朗潘, 203

Blanqui, L.-A. 布朗基, 279

Blum, L. 莱昂·勃鲁姆, 227, 289

Bolshevism 布尔什维克主义, 25, 226, 241, 285

Bornhak, C. 博尔哈克, 7

Brampton, Lord 布兰普顿勋爵, 142

Britain 英国

accidents and illness 工伤事故与疾病, 126—128, 141—146; agricultural workers 农业工人, 6, 157, 184, 305; Amalgamated Society of Engineers 工程师联合会, 216, 244, 308; Apportionment Act (1870) 1870年《分摊法》, 181; Apprentices Act (1814) 1814年《学徒法》, 39; Apprentices and Servants Act (1851) 1851年《学徒与仆

从法》, 47; apprenticeship 学徒制, 39—41; Arbitration Act (1824) 1824 年《仲裁法》, 229; Arbitration (Master and Workmen) Act (1872) 1872 年《仲裁（雇主与雇员）法》, 229; Chartism 宪章运动, 19, 23, 82, 203, 207, 308; Checkweighing in Various Industries Act (1919) 1919 年《各种行业称重法》, 246; child labour 童工, 77—79, 368—376; coal miners 煤矿工人, 85—86, 217, 246; Coal Mines Regulation Act (1860) 1860 年《煤矿规制法》, 85—86, 217, 246; collective bargaining 集体谈判, 193—194, 224—225, 228, 232—233, 236—237, 249; colliery disaster funds 煤矿事故赔偿基金, 131; Combination Acts (1799 and 1800) 1799 年和 1800 年《禁止结社法》, 16, 198—202, 206, 229, 308; Combination Laws Repeal Acts (1824 and 1825) 1824 年和 1825 年《禁止结社法废止法》, 81, 200—202, 206—207, 308; Conciliation Act (1896) 1896 年《调停法》, 229; conciliation and arbitration 调停与仲裁, 229—230, 232; Conference on Industrial Reorganisation 工业再组织大会, 263; Conservative party 保守党, 24, 307—308; Conspiracy and Protection of Property Act (1875) 1875 年《共谋与财产保护法》, 44, 45, 213—215, 238—239; constitution 宪法, 16—22, 304—306; contract of service 劳动合同, 33, 55—56, 58—61, 65—66, 215; Contracts of Employment Act (1963) 1963 年《劳动合同法》, 182; Councils of Arbitration Act (1867) 1867 年《仲裁委员会法》, 229; Criminal Law Amendment Act (1871) 1871 年《刑法》修正案, 212—213; Crown servants 公务员, 50—54, 184, 211, 221; Disabled Persons (Employment) Act (1944) 1944 年《残疾人（就业）法》, 97; dismissals 解雇, 54, 180—186, 189; 'document' "文书", 223, 368; domestic servants 家政工人, 47, 80, 157, 305; Emergency Powers Act (1920) 1920 年《紧急事态权力法》, 215, 285, 288; Employers and Workmen Act (1875) 1875 年《雇主与劳动者法》, 44—45, 47; employers' association 雇主协会, 222—223; Employers' Liability Act (1880) 1880 年《雇主责任法》, 140, 143; Engineering Employers' Federation 工程业雇主联合会, 223; Fabian society 费边社, 218, 307; Factory Acts《工厂法》, 1—2, 20, 27, 47, 61, 77—88, 108—109, 368—376; Fair Wages Resolutions《公平工资决议》, 225, 236; freedom of association 结社自由, 20, 61, 196—203, 205—207, 223, 368; friendly societies 互助组织, 128—133, 198, 207—208; Grand National Consolidated Trade Union 大不列颠和爱尔兰全国工会大联盟, 217, 308; Groves v. Lord Wimborne (1898) 1898 年格罗夫斯诉温伯恩勋爵案, 127; guild system 行会制度, 37—41, 196; Health and Morals of Apprentices Act (1802) 1802 年《学徒

健康与道德法》, 78, 108; homeworkers 家庭手工业者, 87, 98; hours of work 工作时间, 78—88, 104—107; *Hornby v close* (1867) 1867年霍恩比诉科娄斯案, 208, 218; Independent Labour party 独立工人党, 140, 218, 307; industrial action 产业行动, 20, 211—215, 237—240, 296; Industrial Council 产业理事会, 262; Industrial Courts Act (1919) 1919年《劳动法院法》, 230; industrial revolution 工业革命, 13—15; labour exchanges 职业介绍所, 2, 163; Labour party 工党, 24—25, 140, 307; Master and Servant laws《主仆法》, 18, 20, 33, 43—45, 54, 60—61, 183, 213; Miners' Federation 矿工联盟 86—87; Mines Act (1842) 1842年《矿山法》, 82; Mines Act (1860) 1860年《煤矿规制法》, 85; Mines Act (1908) 1908年《矿山法》, 87; Mining Association 英国矿业协会, 222; Molestation of Workmen Act (1859) 1859年《禁止骚扰工人法》, 212—213; Munitions of War Act (1915) 1915年《战争军需品法》, 262—263; munitions of war tribunals 战争军需品裁判庭, 262, 274; National Association for the Protection of Labour 保护劳工全国联合会, 81; National Industrial Conference 全国工业大会, 263; National Insurance Act (1911) 1911年《国民保险法》, 36, 174—175; Ordinance and Statute of Labourers (1349 and 1351) 1349年和1351年《劳工法规》, 35, 48, 60; pensions 抚恤金, 146; Police Act (1919) 1919年《警察法》, 211; political parties 政党, 307—308; Poor laws《济贫法》, 18—19, 34, 60, 74, 78, 118—122, 140, 163, 185; population and emigration 人口和移民, 166, 168—170, 360—362; *Priestley v. Fowler* (1837) 1837年普利斯特利诉弗勒案, 29, 126—128; *R. v. Bunn* (1872) 1872年邦恩案, 212; railways 铁路, 86; Regulation of Chimney Sweepers Act (1788) 1788年《烟囱清扫者规制法》, 78; representation of labour 劳工代表, 262—264; Royal Commission on Labour (1891—1894) 1891年至1894年间劳工问题皇家委员会, 225, 229; Scots law 苏格兰法, 60, 124, 126—127, 236, 306; shops 工厂, 86; Shop Clubs Act (1902) 1902年《工厂俱乐部法》, 129; sickness pay 疾病待遇, 148; Social Democratic Federation 社会民主联盟, 140, 218, 307; state inspection 国家监察, 108—109; Statute of Artificers (1563) 1563年《工匠法》, 34—35, 39, 48, 60, 199, 206; study of labour law 劳动法研究, 6—12; suffrage 选举权, 20, 305—306; 'sweating' system "血汗"体系, 20, 87—88, 225; *Taff Vale* case (1901) 1901年塔甫河谷案, 25, 238, 308; territory 领土范围, 304; Tolpuddle martyrs 托尔普德尔蒙难者, 203, 308; Trade Boards Act (1909) 1909年《劳资协商会法》, 87—88, 98, 225; Trade Disputes Act (1906)

1906年《劳动争议法》, 25, 68—69, 238—239, 308; Trade Disputes and Trade Unions Act (1927) 1927年《劳动争议与工会法》, 24, 211, 228, 239, 285; Trade Union Act (1871) 1871年《工会法》, 208—209, 213, 233—234; Trades Union Congress 英国工会联盟, 25, 81, 208, 218—219, 228, 260, 308; trade unions 工会, 3, 196, 206—207, 216—218, 220—222, 225—226, 238—239, 243—244, 262, 296, 307—309; Truck Acts《实物工资法》, 15, 47, 60—61, 68, 80—81; *Turner v. Mason* (1845) 特纳诉梅森案, 186; Unemployment Bill (1907) 1907年《失业法案》, 36; unemployment insurance 失业保险, 157, 165, 174—175; Unlawful Oaths Act (1797) 1797年《非法宣誓法》, 203; welfare legislation 福利立法, 2, 116—153; Whitley councils 怀特利理事会, 25, 228, 250—251, 263, 296; women 妇女, 82—88, 185, 305; Women's Trade Union League 女性雇员工会联盟, 222; Workmen's Compensation Act (1897) 1897年《工伤赔偿法》, 139, 142—146; workers' participation at plant level 工厂层面雇员参与, 4, 244—245, 249—251, 260

Brunswick 布伦瑞克, 参见各国概览之德国部分

Bugni, E. 布尼, 65

Burman, S. 伯曼, 128, 152

Cafagna, L. 卢西亚诺·卡法尼亚, 171

Carson, W.G. 卡森, 27

Catholicism 天主教, 参见"Christianity, social"条目

Cavour, Count C.B. 加富尔, 123, 324

Chamberlain, J. 约瑟夫·张伯伦, 139, 146

Charles VI (France) 查理六世（法国）, 197

Child labour 童工, 14, 19, 28, 76—79, 89—94, 279—280, 282—283, 368—376

Christianity, social 社会基督教, 27, 29, 66, 112, 130—131, 141, 220, 233

Churchill, W.S. 温斯顿·丘吉尔, 88, 225, 296

Colbert, C. 科尔伯特, 119—120

Collective agreements 集体谈判协议, 3, 232—237

Collective bargaining 集体谈判, 21, 33, 72, 193—241（参见各具体国别部分）

Collier, D. and Messick, R.E. 科利尔与麦塞克, 138

Combinations 结社, 参见"freedom of association"条目

Conciliation 调停, 229—232

Constitutions 宪法, 参见"State"以及各具体国别相关条目

Contract, freedom of 合同自由, 33—41, 62—72, 74, 190, 193

Contract of employment 劳动合同, 11, 31—63, 115, 152—154

Council of Europe 欧洲理事会, 117

David, M. 马赛尔·大卫, 270

De Man, H. 亨利·德·曼, 303

Denmark 丹麦

    accidents and illness 工伤事故与疾病, 143—145; agricultural workers 农业工人, 47, 50; apprenticeship 学徒制, 39—40; August committee (1910) 1910 年八月委员会, 68, 310; child labour 童工, 89, 92; collective bargaining 集体谈判, 194, 224—225, 228, 232, 237; constitution 宪法, 17, 36, 45, 309; *Danske Lov* (1683) 1683 年《丹麦律法汇编》, 34, 48, 30; dismissals 解雇, 182—183; freedom of association 结社自由, 196—198, 202—204, 207, 224; DA (Employers' confederation) 丹麦雇主联合会, 222—224, 310; gulid system 行会制度, 216; homeworkers 家庭手工业者, 99; hours of work 工作时间, 107; industrial action 产业行动, 239; industrial revolution 工业革命, 14; labour exchanges 职业介绍所, 160—161; legal system 法律体系, 309; Liberal party 自由党, 309—310; LO (Workers' confederation) 丹麦工人联合会, 218; pensions 抚恤金, 148; political parties 政党, 309—310; Official Conciliation Act (1910) 1910 年《官方调停法》, 230; poor relief 贫困救济/济贫, 119, 123; population and emigration 人口和移民, 167—170, 360—361, 363; Prevention of Accidents by Machine Work Act (1889) 1889 年《机械工作事故预防法》, 104; public servants 公务员, 50—54; Radical Liberal Party 激进自由党, 309—310; representation of labour 劳工代表, 262; September Agreement (1899) 1899 年《九月协议》, 27, 224—226, 230, 232, 239, 245, 278, 383—385; sick clubs 病友俱乐部, 128, 131—132, 149—150; Social Democratic party 社会民主党, 23—24, 310; state inspection 国家监察, 109—110; study of labour law 劳动法研究, 6—12; suffrage 选举权, 19, 45; territory 领土范围, 309; Trade Union Act (1929) 1929 年《工会法》, 228; trade unions 工会, 207, 217, 218, 220—221, 226, 310; *Tyendeloven* (1854) 1854 年《有关农业工人与家仆的法律》, 42, 45, 57, 59, 182; unemployment insurance 失业保险, 173; welfare legislation 福利立法, 141; women 妇女, 94—96; Women's Labour Union 女性工会, 22; Work in Factories Act (1901) 1901 年《工厂劳动法》, 262; workers' participation at plant level 工厂层面雇员参与, 4, 245

De Visscher, C. 德维丘, 390

Dicey, A.V. 戴雪, 29, 36

Dilke, Sir C.W. 查尔斯·迪尔克, 87—88

Disabled persons 残疾人, 96—97, 113

Discrimination 歧视, 253, 293—294（并可参见"Women"条目）

Dismissals, protection against 解雇保护, 2, 154—155, 180—192（并可参见各具体国别相关条目）

Disraeli, B. 迪斯雷利, 44, 213

Domat 多玛, 57
Domestic servants 家政工人, 45—47, 159, 184 (并可参见各具体国别相关条目)
Dupeyroux, J.J. 迪佩鲁, 115—116, 131—132, 144
Durand, P. and Jaussaud, R. 杜兰德与若索, 38, 200

Economic development and industrialisation 经济发展与工业化, 12—15, 76, 114, 120—121, 128, 133—135, 138, 190
Elmquist, H.J.V. 埃尔姆奎斯特, 7
Emigration 移民, 166—172, 284, 361
Employers 雇主, 22—23, 193—241
Employers' associations 雇主协会, 22—26, 193—241, 222—223, 233
Engels, F. 恩格斯, 23, 29, 82, 133
Erle, Sir W. 威廉·埃勒勋爵, 208
Essential services 关键服务领域, 215 (并可参见"Industrial action"条目)
European Economic Community 欧洲经济共同体, 6

Family support 家庭支持, 150—151
Fellenberg, P.E. von 费伦伯格, 78
Fichte, J.G. 费希特, 34
Fielder, J. 约翰·菲尔德, 81
Fixed-term contracts 固定期限合同, 181, 190
Fohlen, C. and Bedarida, F. 福伦和贝达里达, 35
Force majeure 不可抗力, 180, 190

Foreign workers 外国劳工, 157, 167—172, 284, 294
Fourier, C. 夏尔·傅立叶, 23
France 法国
accidents and illness 工伤事故与疾病, 64, 77, 124—126, 140, 143—145, 281; agricultural workers 农业工人, 47—50, 145, 147; apprenticeship 学徒制, 38—41; arbitration 仲裁, 230—232; *bourses du travail* 劳动介绍所, 130, 160, 164, 217, 219, 262, 314—315; CGT 法国总工会, 25—26, 140—141, 150—151, 219—220, 315; child labour 童工, 77, 89, 92—94; Civil Code《民法典》, 2, 15, 46, 49, 55—59, 62, 64, 68—69, 71, 103, 124—126, 188, 239, 313; *Code de la famille*《家庭法典》, 151; *Code du Travail*《劳动法典》, 9, 68, 102, 182, 272, 279, 313; *Code rural*《农业法典》, 49, 313; collective bargaining 集体谈判, 227—228, 232—235, 237, 258—259; Comité des Forges 铁匠委员会, 23, 222; Comité de Mendicité 消除乞讨委员会, 121; Commercial Code《商法典》, 103, 313; Communist party 共产党, 219, 288, 314—315; *conseils de prud'hommes* 劳动法庭, 9, 61, 64, 101, 229, 270—272, 276, 313; Conseil National de la Résistance (Programme of Action) 法国全国抵抗运动委员会(《共同纲领》), 152, 265, 381—383; constitution 宪法, 17—22, 35—36, 298, 311—312; disabled persons 残疾人, 97; dismissals 解雇, 181—183,

185, 187—189; domestic servants 家政工人, 45—47, 64; employers' associations 雇主协会, 222—223; family support 家庭支持, 151—152; CFTC 基督教工会联盟 220, 315; foreign workers 外国劳工, 157; freedom of association 结社自由, 197—200, 202—208, 210, 223; gulid system 行会制度, 37—41, 196—198; holidays with pay 带薪假期, 113, 227, 279, 288; homeworkers 家庭手工业者, 98; hours of work 工作时间, 21, 105—107, 219, 227, 279, 288; industrial action 产业行动, 211—212, 214—215, 237, 239—240; industrial revolution 工业革命, 13—15; labour exchanges 职业介绍所, 157, 159—160, 164—165; legal system 法律体系, 312; *Loi Le Chapelier*《夏勃里埃法令》, 15, 55, 129, 197—199, 202, 208—210, 376—377; Lyon silk weavers 里昂纺织工人, 19, 232; Matignon agreement《马提尼翁协议》, 9—10, 26, 227—228, 232, 235, 254, 288, 314—315, 380—381; mediation 调解, 230—232; mutual aid 互助, 128—133; National Economic Council 全国经济委员, 264; Penal Code (1810) 1810 年《刑法典》, 129, 197, 202, 208—210, 212, 214, 378—379; pensions 抚恤金, 147; political parties 政党, 313—314; poor relief 贫困救济/济贫, 119—123; Popular Front 人民阵线, 24, 221, 227—228, 232, 254—255, 288—289, 314—315; population and emigration 人口和移民, 166, 168, 360—361, 363; public servants 公务员, 50—54, 183, 211, 288; public works programmes 公共工程项目, 157, 165—166; Radical party 激进党, 45; representation of labour 劳工代表, 261, 265; Requisition Act (1938) 1938 年《征召法》, 215; right to work 劳动权, 21, 23, 29, 35—36, 312; sickness pay 疾病待遇, 149; Socialist parties 社会主义政党, 45, 288, 313—314; state inspection 国家监察, 77, 109—110; study of labour law 劳动法研究, 9—10; suffrage 选举权, 19—20, 311—312; Sunday rest 礼拜日休息, 77, 107; Supreme Council of Labour 最高劳动委员会, 262; territory 领土范围, 311; trade unions 工会, 15, 21, 196, 207, 209—210, 216—217, 219—222, 225—228, 232—233, 239, 258, 262, 294, 314—315; unemployment insurance 失业保险, 2, 173, 178—179; Vichy regime 维希政权, 24, 66, 165, 255—256, 289—290, 294—295, 312, 315; wages protection 工资保护, 102; Waldeck-Rousseau Act (1884) 1884 年《瓦尔戴克-卢梭法》, 15, 209—211, 239, 379; welfare legislation 福利立法, 4, 5, 116—153; women 妇女, 94—96, 148—150, 185; work-book system 工人手册制度, 21, 41—44, 367—368; workers' participation at plant level 工厂层面雇员参与, 21, 246—247, 250, 254—259, 293—294; workmen's compensation 工伤赔偿, 21, 125, 143—145; yellow

unions 黄色工会, 223
Frederick the Great (Prussia) 腓特烈大帝（普鲁士）, 17
Frederick William Ⅲ (Prussia) 腓特烈·威廉三世（普鲁士）, 17
Frederick William Ⅳ (Prussia) 腓特烈·威廉四世（普鲁士）, 248
Freedland, M.R. 弗雷德兰, 66
Freedom of association 结社自由, 15, 19, 27, 194—211, 215—229, 240—241, 282—284, 287, 368, 376—386（并可参见各具体国别相关条目）
Frey, A. 弗雷, 279
Friendly societies 互助组织，参见"Mutual aid"条目
Frustration of contract 合同目的落空, 180, 192

Garraty, J.A. 加拉蒂, 155—158
Germany 德国
accidents and illness 工伤事故与疾病, 124—127, 134—137, 143—145, 281; Act to Order National Labour (1934) 1934 年《国民劳动秩序法》, 66, 255, 290; ADGB 全德工会联盟, 218—219, 256, 320; agricultural workers 农业工人, 47—50, 211; Anti-Socialist Act (1878) 1878 年《反社会主义法》, 15, 19, 129, 134, 160, 196, 218, 319; apprenticeship 学徒制, 38—41; arbitration 仲裁, 230—231; Arbitration decree (1923) 1923 年《仲裁法令》, 227, 230—231; *Beamte* 公务员, 18, 50—54, 71, 135, 184, 211, 221, 244, 288; Central Joint Labour Committee 工商业雇主雇员中央伙伴关系, 226; Centre Party 中央党, 319; child labour 童工, 89—94; Civil Code (1896) 1896 年《民法典》, 11, 31, 56—59, 63, 67—69, 111, 124—127, 182, 210, 239, 278, 319; *Code Napoléon*《拿破仑法典》, 2, 319; Collective Agreements decree (1918) 1918 年《集体谈判协议法令》, 227, 230, 234—235, 237, 287; collective bargaining 集体谈判, 226—227, 232, 234—235, 237, 293; Communist party 共产党, 286, 319—320; Confederation of German Employers' Association 德国雇主协会联合会, 223; constitutions 宪法, 17—22, 36, 133—135, 248, 316—318; *Dienstmiete* 服务租赁合同, 7; disabled persons 残疾人, 96—97; dismissals 解雇, 181—182, 184—185, 188—189; domestic servants 家政工人, 45—47, 55; employers' associations 雇主协会, 222; Employers' Liability Act (1871) 1871 年《雇主责任法》, 135; freedom of association 结社自由, 46, 195—200, 202—207, 210—211, 287; Gesselschaft für Soziale Reform 社会改革学会, 7; *Gesindeordnung*《奴仆规约》, 7, 46, 56, 64; gulid system 行会制度, 37—41, 196—197; Hirsch-Duncker unions 贺希-敦克工会, 320; homeworkers 家庭手工业者, 98—99, 211; hours of work 工作时间, 106—107, 226; Industrial Accident

Insurance Act (1884) 1884年《工伤事故保险法》, 135, 143—145; industrial action 产业行动, 212—215, 237, 239—240; industrial revolution 工业革命, 13—15, 133—135; labour courts 劳动法庭, 273—274, 287, 293; labour exchanges 职业介绍所, 2, 159—160, 162—163, 176; legal system 法律体系, 318—319; Liberal party 自由党, 19; miners 矿工, 55, 134, 142—143, 211, 250; mutual aid 互助, 128; National Liberals 民族自由党, 319; National socialism 纳粹主义, 52, 151, 158, 165—168, 171, 177, 184, 196, 221, 229, 240, 255—257, 259, 274, 289—290, 293—297, 318, 320; pensions 抚恤金, 137, 146—147; poor relief 贫困救济/济贫, 119—124; Patriotic Auxiliary Service Act (1916) 1916年《爱国辅助服务法》, 226, 250—252, 262; political parties 政党, 319—320; population and emigration 人口和移民, 166—169, 171, 360—361, 364; Prussian *Allgemeines Landrecht* (1794) 1794年《普鲁士普通邦法》, 35, 59, 100, 123—124, 134, 319; Prussian Mines Act (1860) 1860年《普鲁士矿山法》, 247; Prussian Mines Act (1865) 1865年普鲁士《矿山法》, 142—143; Prussian Strike Order (1886) 1886年《普鲁士罢工命令》, 214—225; Prussian Trade Act (1845) 1845年《普鲁士贸易法》, 103—104, 134; public works programmes 公共工程项目, 157, 165—166; Reich Act on Associations (1908) 1908年《帝国结社法》, 211; Reich Economic Council 帝国经济委员会, 264, 267—269; Reich Gulid Act (1731) 1731年《帝国行会法》, 197; Reich Insurance Office 帝国社会保险办公室, 135—137; Reich Social Insurance Act (1911) 1911年《帝国社会保险法》, 135, 137; Reich Police Acts《帝国警察法》, 197; Reich Trade Act (1869) 1869年《帝国贸易法》, 43, 46, 77, 102, 182, 207, 211—213, 226; Reich Trade Act (1891) 1891年《帝国贸易法》, 104, 106, 247—249; representation of labour 劳工代表, 262, 264, 266—269; sickness pay 疾病待遇, 135—137, 148; Social Democratic party 社会民主党, 19, 23—25, 73, 158, 160, 218, 248—249, 251, 256, 262—263, 287, 319—320; Socialist Workers' party 社会主义工人党, 133—134, 319; state inspection 国家监察, 109—111; Stinnes-Legien agreement《施廷内斯-莱吉恩协议》, 226—227, 232, 252, 264—265, 267, 287, 297; study of labour law 劳动法研究, 6—12; suffrage 选举权, 19, 316—319; Sunday rest 礼拜日休息, 107; Technical Aid Service 技术救援服务, 288; territory 领土范围, 315—316; trade unions 工会, 3, 196, 207, 210—211, 216, 218—222, 225—227, 244, 248, 253—254, 256—257, 262, 293—294, 320; unemployment insurance 失业保险, 2, 157—158, 173, 175—177;

Vereinigung für Sozialpolitik 社会政策委员会, 7; wages protection 工资保护, 100—102; Weimar constitution《魏玛宪法》, 8—9, 37, 69, 176, 195, 227, 251, 266—269, 287—288, 294; 317—318, 385—386; welfare legislation 福利立法, 4—5, 116—153, 376; women 妇女, 94—96, 148—150, 185, 294; work-book system 工人手册制度, 42—44, 293; workers' participation at plant level 工厂层面雇员参与, 4, 243—260, 266—269, 293—294; Works Constitution Act (1952) 1952 年《工厂组织法》, 256—257; Works Councils Act (1920) 1920 年《工厂委员会法》, 2, 188—189, 191, 252—253; works rules 劳动规章, 7, 106—107, 243, 247, 255

Gierke, O. von 奥托·基尔克, 11, 59
Gilbert, B.B. 吉尔伯特, 139
Giolitti, G. 乔利蒂, 254
Gladstone, W.E. 格莱斯顿, 208, 305
Grotius, H. 格劳秀斯, 124
Gulid system 行会制度, 35, 37—41, 196, 198, 243（并可参见各具体国别相关条目）
Guesde, J. 朱尔斯·盖德, 314

Hale, Sir M. 马修·黑尔勋爵, 118—119
Halévy, E. 哈勒维, 139
Hammond, J.L. and B. 哈蒙德夫妇, 16—17
Hanbury, H.G. 汉伯里, 237
Hanover 汉诺威州, 参见各国概览之德国部分

Hanway, J. 乔纳斯·汉韦, 77
Hauptmann, G. 格哈德·豪普特曼, 98
Hawtrey, R.G. 拉尔夫·霍特里, 156
Henry IV (France) 亨利四世（法国）, 120
Hepple, B.A. 鲍勃·赫普尔, 36, 51
Hesse-Darmstadt 黑森州-达姆斯塔特, 参见各国概览之德国部分
Hill, C. 克里斯多弗·希尔, 16
Himmelfarb, G. 希梅尔法布, 122
Hitler, A. 阿道夫·希特勒, 166, 289—290, 318
Hobsbawm, E.J. 霍布斯鲍姆, 140
Homeworkers 家庭手工业者, 87, 97—99, 211, 283
Horn, Lt. Gen von 冯·霍恩, 90
Hours of work 工作时间, 4, 78—88, 104—107, 113, 280—283, 286（并可参见各具体国别相关条目）
Human Rights, Universal Declaration of《世界人权宣言》, 117, 298
Humboldt, W. von 威廉·冯·洪堡, 73
Hume, J. 约瑟夫·休谟, 80, 201—202

Ideology 思想观念, 26—30, 115, 121—122, 133—135, 139—140, 240
Illum, K. 伊利昂, 7
Individualism 个人主义, 参见"Laissez-faire"条目
Industrial action 产业行动, 211—215, 237—240（并可参见各具体国别相关条目）
Industrial democracy《产业民主》, 参见"Representation of labour" 和"Workers'

participation at plant level"条目

Industrial revolution 工业革命, 参见"Economic development and industrialization"条目

International Association for Statutory Workers' Protection 工人法定保护国际协会, 2, 280—281

International Association on Unemployment 国际失业协会, 156

International Federation of Building and Public Works 建筑与公共工程联合会, 223

International Federation of Christian Trade Unions 国际基督教工会联合会, 221

International Federation of Trade Unions 国际工会联合会, 221, 281

International Labour Conference, conventions and recommendations 国际劳工大会、公约和建议书, 92—96, 99, 107, 145, 183—184, 192

International labour law 国际劳动法, 2, 78, 279—284

International Organisation of Industrial Employers 产业雇主国际组织, 223

International Shipping Federation 国际航运联合会, 223

International trade unions 国际工会, 220—221, 281—283

International Workers' Association 国际工人协会, 113

International Working Men's Association (First International) 国际工人协会（第一国际）, 23, 83, 106, 207, 220, 302

Ireland 爱尔兰

accidents and illness 工伤事故与疾病, 124; collective bargaining 集体谈判, 193—194, 227; constitution 宪法, 321; dismissals 解雇, 189; freedom of association 结社自由, 197, 208, 227; ITGWU 爱尔兰运输工人总工会, 323; legal system 法律体系, 322; political parties 政党, 322; suffrage 选举权, 20, 321; population and emigration 人口和移民, 170, 360—361, 364—365; territory 领土范围, 304, 321; trade unions 工会, 208, 218, 322; Trades Union Congress 爱尔兰工会联盟, 218, 322（并可参见各国概览之 1801—1921 年的英国部分）

Italy 意大利

accidents and illness 工伤事故与疾病, 125—126, 143—145; agricultural workers 农业工人, 47—50, 145; Albertine statute (1848) 1848 年《意大利宪法》, 36, 62; apprenticeship 学徒制, 38—41; *camere del lavoro* 职业联合会, 178, 217, 230, 262; Catholic party 天主教, 324—325; CGdL 意大利总劳联, 219, 230, 325—326; Charter of Labour《劳动宪章》, 66, 161, 290—293; child labour 童工, 82, 92—94; CIL 天主教意大利工人联合会, 220, 325—326; Civil Code (1865) 1865 年《民法典》, 31, 45—46, 49, 55—56, 59, 62—63, 68, 125, 273, 324; Civil Code (1942) 1942 年《民法典》, 66, 125—126, 187, 324; *Code Napoléon*《拿破仑法

典》, 2, 324; collective bargaining 集体谈判, 225, 235—236; Commercial Code (1882) 1882年《商法典》, 64, 69—70; commissioni interne 内部委员会（参见以下"workers' participation"条目）; Communist party 共产党, 324—325; Consiglio Superiore del Lavoro 高级劳动委员会, 262; constitutions 宪法, 17—22, 36, 259, 266, 298, 323—324; contract of employment law (1924) 1924年《劳动合同法》, 68—69, 70; disabled persons 残疾人, 96—97; dismissals 解雇, 182, 184—187, 189; domestic servants 家政工人, 45—47, 64; employers' associations 雇主协会, 223; Fascism 法西斯主义, 24—25, 52, 113, 147, 151, 161, 171—172, 178, 184, 187, 196, 221, 229, 236, 239, 240, 255—256, 259—260, 289—295, 324—325; family support 家庭支持, 150—151; freedom of association 结社自由, 196—197, 200, 203—204, 207, 210; gulid system 行会制度, 37—41; homeworkers 家庭手工业者, 99; hours of work 工作时间, 107; Industrial Accidents law《工伤事故法》, 65; industrial action 产业行动, 212—215, 237, 239—240; labour exchanges 职业介绍所, 160—161, 178, 291; legal system 法律体系, 324; Liberal party 自由党, 324—325; mutual aid 互助, 130—133; pensions 抚恤金, 147; political parties 政党, 324—325; population and emigration 人口和移民, 168—172, 360—361, 365; probiviri 劳动仲裁, 39, 47, 61, 65, 182, 187, 229, 239, 272—273; public servants 公务员, 50—54, 184, 215; representation of labour 劳工代表, 262, 266; Republican party 共和党, 325; rice-field workers 稻田工人, 49, 68; sickness pay 疾病待遇, 149; Socialist party 社会主义党, 24—25, 178, 219, 324—325; state inspection 国家监察, 110; study of labour law 劳动法研究, 6—12; suffrage 选举权, 20, 323—324; Sunday rest 礼拜日休息, 107; territory 领土范围, 323; trade unions 工会, 207, 210, 216—217, 219—220, 225, 233, 299—301, 325—326; unemployment insurance 失业保险, 2, 157, 173, 177—178; Vidoni Palace pact《维多尼宫协议》, 290—293; welfare legislation 福利立法, 116—153; women 妇女, 94—96, 185; work-book system 工人手册制度, 41—44; workers' participation at plant level 工厂层面雇员参与, 249, 254—255, 259—260; Zanardelli Penal Code (1889) 1889年《札那尔德利刑法典》, 207, 212

Jaures, J. 让·饶勒斯, 314
Jaussaud, R. 若索, 38, 200
Jews 犹太人, 168, 293—294
Juglar, C. 朱格拉, 156

Kahn-Freund, O. 卡恩-弗罗因德, 1, 3, 8—11, 27, 30, 35, 61, 64, 66—67, 86, 88,

193—194, 231—232, 234, 274
Kendall, W. 肯德尔, 24
Kötz, H. 克茨, 3, 5
Kirk, D. 柯克, 166
Kruse, F.V. 克鲁泽, 7

Labour courts 劳动法庭, 9, 29—30, 270—276, 287（并可参见各具体国别相关条目）

Labour exchanges 职业介绍所, 2, 156, 159—165（并可参见各具体国别相关条目）

Labour law 劳动法
    chronology 年表, 13, 330—359; codification 汇编, 60—61, 68—69, 278—279; comparative method 比较法, 1—6; definition and scope 定义和范围, 6—12, 67; harmonization 统一, 6; ideology 思想观念, 26—30; social security law, and 社会保障法, 75; social structure, and 社会结构, 6—30; transplantation of 法律移植, 1—6, 81, 84, 111—112, 138—142

Labour movements 劳工运动, 22—26, 140—141（可参见"Trade unions"和各具体国别相关条目）

Labour statistics 劳工统计学, 112

Laissez-faire 自由放任
    collective 集体自治, 27—28, 88, 140, 193—194, 205, 225, 276—278, 287; individual 个体自由放任, 4—5, 18, 27—28, 39, 73—113, 121, 167, 193, 205, 277

Lambert, E. 爱德华·兰贝赫, 3
Landes, D. 兰德斯, 12—13

Lassalle, F. 斐迪南·拉萨尔, 28, 73, 133—134, 207, 276, 319
Lefort, J. 勒福特, 156
Legien, C. 莱吉恩, 252, 281（并可参见德国条目部分"《施廷内斯-莱吉恩协议》"条目）
Le Grand, A. 勒格兰德, 279
Lescure J. 让·莱斯屈尔, 156
Levasseur, E. 勒瓦瑟, 41
Levenbach, M.G. 利文巴赫, 10, 67
Liebknecht, K. 李卜克内西, 133
Lloyd, George D. 劳合·乔治, 138—139, 174—175
Locatio conductio 租赁, 2—3, 31—33, 40, 47, 49, 53—59, 62—65, 67—69, 71—72, 191
Lock-outs 闭厂，参见"Industrial action"条目
Lotmar, P. 菲利普·洛玛, 8, 11, 234
Louis, P. 路易斯, 209
Louis-Philippe 路易·菲力浦, 17, 311
Luther, M. 路德, 119
Luxembourg 卢森堡
    accidents and illness 工伤事故与疾病, 144—145, 281; child labour 童工, 89, 92; constitution 宪法, 326; contract of employment laws 劳动合同法, 68; freedom of association 结社自由, 207, 210; homeworkers 家庭手工业者, 99; hours of work 工作时间, 107; industrial action 产业行动, 212, 214, 237—240; legal system 法律体系, 326; pensions 抚恤金, 146; political parties 政党, 326;

poor relief 贫困救济/济贫, 119—120, 123; population 人口, 360; representation of labour 劳工代表, 264; state inspection 国家监察, 110; suffrage 选举权, 20, 326; territory 领土范围, 326; trade unions 工会, 326; wages protection 工资保护, 102; welfare legislation 福利立法, 2, 116—153; women 妇女, 95; workers' participation at plant level 工厂层面雇员参与, 3, 254

Macdonald, J.R. 麦克唐纳, 287
Macura, M. 米洛斯·马楚拉, 167
Maine, Sir H. 亨利·梅因勋爵, 3, 54
Maitland, H. 梅特兰, 6
Malthus, T.R. 马尔萨斯, 120, 122—123
Marx, K. 马克思, 11, 23, 29, 83, 133—134, 207, 246
Maternity 怀孕, 参见"Women"条目
McCulloch, J.R. 麦克库洛赫, 201
Mediation 调解, 参见"Conciliation"条目
Menger, A. 安托·门格尔, 11
Mengoni, L. 曼哥尼, 32
Mill, J.S. 约翰·密尔, 3, 79, 83, 205
Millerand, A. 米勒兰, 110
Mitchell, W.C. 韦斯利·克莱尔·米切尔, 156
Mond, Sir A. 艾尔弗雷德·蒙德勋爵, 286
Movement, freedom of 迁徙自由, 33—37
Mundella, A.J. 芒代拉, 224—225
Mussolini, B. 墨索里尼, 259, 289—290, 292, 325
Mutual aid 互助 28, 115, 128—133, 140, 216

(并可参见各具体国别相关条目)

Napier, B.W. 布莱恩·纳皮尔, 60
Napoleon Ⅰ 拿破仑一世, 15, 123, 270, 276, 311, 313, 319, 323, 327
Napoleon Ⅲ 拿破仑三世, 134, 206, 312
Nassau Senior 纳索·西尼尔, 115, 122
Netherlands 荷兰
    accidents and illness 工伤事故与疾病, 125, 140, 143—145, 281; agricultural workers 农业工人, 47—50, 145; Anti-Revolutionary Party 反对革命党, 328—329; apprenticeship 学徒制, 40; Catholic party 天主教政党, 328—329; Chambers of Labour Act (1897) 1897年《劳动委员会法》, 261, 265, 269; child labour 童工, 89, 92—94; Children's Protection Act (1889) 1889年《儿童保护法》, 110; Civil Code (1838) 1838年《民法典》, 44, 46, 56—59, 62—63, 103, 125, 181, 186, 235, 328; CNV 新教教徒工会, 220, 329; Code Napoléon《拿破仑法典》, 2, 328; Commercial Code (1838) 1838年《商法典》, 248, 328; collective bargaining 集体谈判, 3, 228, 235, 237, 278—279; conciliation and arbitration 调停与仲裁, 230; constitution 宪法, 16—22, 35, 37, 327; Contracts of Employment Act (1907) 1907年《劳动合同法》, 62—63, 65, 67—69, 102—103, 182, 184, 186, 278—279, 328; disabled persons 残疾人, 97; dismissals 解雇, 181—182,

184, 186, 189; domestic servants 家政工人, 45—47, 64; employers' associations 雇主协会, 223; Extraordinary Decree on Labour Relations (1945) 1945 年《劳动关系特别法令》, 295—296; family support 家庭支持, 150—151; freedom of association 结社自由, 197, 200, 203, 207; Foundation of Labour 劳动基金, 265; German occupation 德国占领, 295—296; homeworkers 家庭手工业者, 99; Hooge Raad van Arbeid 高等劳动委员会, 263; hours of work 工作时间, 107; industrial action 产业行动, 212—215, 237, 239; Industrial Disputes Act (1923) 1923 年《劳动争议法》, 230, 295; Industrial Injuries Insurance Act (1901) 1901 年《工伤保险法》, 144; industrial revolution 工业革命, 14; kamers van arbeid 劳动局 (参见以下 "representation of labour"条目); labour exchanges 职业介绍所, 160—161, 163—164; legal system 法律体系, 328, Liberal party 自由党, 328—329; merchant marine 船舶委员会, 248; NAS 全国劳工秘书处, 219; NVV 荷兰工会联合会, 219, 329; Organisation of Economic Life Act (1950) 1950 年《经济生活组织法》, 265, 269; political parties 政党, 328—329; population and emigration 人口和移民, 167—170, 360—361, 366; public servants 公务员, 50—54, 184, 215; public works programmes 公共工程项目, 165—166; representation of labour 劳工代表, 28, 230, 261, 263, 265—266, 269; sickness pay 疾病待遇, 149; Social Democratic Workers' party 社会民主工人党, 24, 219, 328—329; state inspection 国家监察, 110; study of labour law 劳动法研究, 10; suffrage 选举权, 20, 327; territory 领土范围, 327; Trade Councils Act (1933) 1933 年《行业委员会法》, 263, 265, 269; trade unions 工会, 196, 207, 217—221, 226, 258, 295, 328—329; unemployment insurance 失业保险, 2, 173, 177; wages protection 工资保护, 102—103; welfare legislation 福利立法, 2, 116—153; workbook system 工人手册制度, 41—44; workers' participation at plant level 工厂层面雇员参与, 246—248, 254, 257—259

Oastler, R. 理查德·奥斯特勒, 81
O'Higgins, P. 保罗·奥希金斯, 51
Old-age pensions 养老金, 146—148
Ollivier, E. 奥利维耶, 205, 207, 212
Owen, R. 罗伯特·欧文, 23, 78—79, 105, 217, 279, 308

Papal Encyclicals 教皇通谕
Casti Conubii (1930) 1930 年《圣洁婚姻通谕》, 151; *Quadragesimo Anno* (1931) 1931 年《四十年通谕》, 151; *Rerum Novarum* (1891) 1891 年《新事物通谕》, 131, 141, 151, 220, 269, 326

Peel, Sir R. 罗伯特·皮尔勋爵, 78, 202

Pelling, H. 佩林, 140

Pétain, Field-Marshal 贝当，陆军元帅, 289, 290

Petsalozzi, J.H. 裴斯泰洛齐, 78

Phelps Brown, H. 菲尔普斯·布朗, 245

Pic, P. 皮克, 41, 69—70

Picketing 纠察行为, 参见 "industrial action" 条目

Piedmont-Savoy 皮埃蒙特-萨伏依地区, 参见各国概览之意大利部分

Pigou, A.C. 庇古, 156

Pirenne, H. 皮雷纳, 14

Place, F. 弗朗西斯·普莱斯, 200—202, 205—206

Poggi, G. 波吉, 8, 19

Poor relief 贫困救济/济贫, 18—19, 34, 60, 74, 78, 115—124, 278（并可参见各具体国别相关条目）

Pothier, R.J. 波蒂埃, 57—58, 59—60, 63—64

Potter, B. 碧翠丝·波特, 232（并可参见 "Webb, S. & B." 条目）

Potthoff 波特霍夫, 9, 240

Protective legislation 保护性立法, 参见 "State" 和 "protection of labour" 以及与各具体国别相关条目

Proudhon, P-J. 蒲鲁东, 206

Prussia 普鲁士, 参见各国概览之德国部分

Pryor, F. 普赖尔 138

Public servants 公务员, 50—54, 183—184, 211, 221（并可参见各具体国别相关条目）

Public works programmes 公共工程项目, 156, 165—166

Puttkamer, von, 冯·普特卡莫, 214

Rameri, S. 拉梅里, 125

Red International of Labour Unions 红色工会国际, 221

Redgrave, A. 雷德格雷夫, 108

Renner, K. 勒内, 2, 11, 152

Representation of labour 劳工代表, 260—269, 274—276（并可参见各具体国别相关条目）

Ricardo, D. 大卫·李嘉图, 73, 80, 202

Right to Work 劳动权, 21, 23, 29, 33—37, 154—155, 284, 287, 298

Rimlinger, G.V. 里姆林格, 118, 138

Ritscher, W. 里彻, 201

Roman law 罗马法, 32—33, 59, 68, 124, 318, 324

Roosevelt, F.D. 罗斯福, 298

Rossoni, E. 埃德蒙多·罗西尼, 290, 293

Rostow, W.W. 罗斯托, 13

Rousseau, J.J. 卢梭, 198

Rubin, G. 格里·鲁宾, 10

Sadler, M. 迈克尔·萨德勒, 81

Safety and health standards 安全与健康标准, 103—104, 246—248, 280（并可参见 "Accidents and illness" "State" 和 "protection of labour" 条目）

Saint-Simon, H. 圣西门, 23

Saxe-Weimar 萨克森-魏玛，参见各国概览之德国部分

Schumpeter, J. 约瑟夫·熊彼特, 156

Self-help 自助, 27—28, 76, 116, 139—140, 227—229（并可参见"Mutual aid"条目）

Self-regulation, collective 集体自治, 193—241

Shaftesbury (Anthony Ashley Cooper), 7th Earl of 沙夫茨伯里伯爵（安东尼·阿什利·库珀）, 81—82

Sickness pay 疾病待遇, 148—150（并可参见各具体国别相关条目）

Simitis, S. 西米蒂斯, 3

Simon, D. 西蒙, 44

Sinzheimer, H. 辛茨海默, 8—12, 55, 234

Skidelsky, R. 斯基德尔斯基, 157—158

Smith, A. 亚当·斯密, 19, 58, 73—74, 80, 120, 122, 200

Snowden, P. 斯诺登, 287

Social insurance 社会保险，参见"welfare legislation"条目

Social question, the 社会问题, 6—12, 18, 21

Social security 社会保障, 75, 116—117, 152—153, 298（并可参见"Welfare legislation"条目）

Socialism 社会主义, 5, 23—27, 29, 66, 133—134, 140—141, 218—219, 278, 285—287（并可参见各具体国别相关条目）

Solari, G. 索拉里, 62

State 国家

    autocratic 独裁, 15—22, 133—135; democratic 民主, 285—289; inspection of labour 劳动监察, 29, 85, 107—111; help for self-help 为自助提供国家帮助, 116, 131—133; liberal 自由国家, 15—22, 26—27; modernisation of 国家的现代化 15—22; neutrality 中立 214—215; protection of labour 劳工保护, 4, 5, 73—113, 155, 277—279; welfare 福利, 22, 138—139

Status 身份，参见"Contract of employment"条目

Stolfi, N. 斯托尔菲, 68

Strikes 罢工，参见"Industrial action"条目

Subordination 依附/从属性, 11, 63—66, 71—72

Suffrage 选举权, 19, 113, 286—287, 297（并可参见各具体国别相关条目）

Sugarman, D. 休格曼, 10, 14

Stumm-Halbert, G.F.F. von 施图姆男爵, 248

Tarnow, F. 弗里茨·塔尔诺, 158

Thomas, A. 托马斯, 250

Thomas, J.H. 托马斯, 287

Thompson, E.P. 汤普森, 206

Thomson, D. 汤姆森, 17

Trade unions 工会, 22—26, 131, 157—158, 193—241, 244, 248, 253—254, 256—259, 262, 274—275, 281, 283, 287, 290—291, 293—294, 296（并可参见各具体国别相关条目）

Treu, T. 特鲁, 126

Tripartism 三方机制, 278, 296

Tugan-Baranowski, M. 杜冈-巴拉诺夫斯基, 156

Turgot, A.R.J. 杜尔哥, 34—35, 121, 197

Turner, B. 特纳, 286

Unemployment 失业, 24, 154—192, 284

Unemployment insurance 失业保险, 2, 15, 156—157, 172—179, 180（并可参见各具体国别相关条目）

Ussing, C. 卡尔·乌辛, 7

Versailles, Treaty of (Part XIII)《凡尔赛和约》第13章, 25, 107, 112, 282—284, 289, 298（并可参见"International Labour Organisation"条目）

Villermé, Dr. 维莱姆博士, 112

Vita Levi, M. 维达莱维, 47

Wages 工资

minimum 最低工资, 27, 87—88; protection of 工资保护, 80—81, 100—103, 282（并可参见各具体国别相关条目）

Wahl, R. 瓦尔, 240

Waldeck-Rousseau, R. 瓦尔戴克-卢梭, 246（并可参见法国条目部分"Waldeck-Rousseau Act"条目）

Wallas, G. 瓦拉斯, 201

Watson, A. 沃森, 2, 3

Webb, S. & B. 韦伯夫妇, 118, 156, 216, 242

Weber, M. 韦伯, 26, 51, 52

Wedderburn, K.W. (Lord) 韦德伯恩, 186, 195, 213

Welfare legislation 福利立法, 2, 15, 27—29, 33—37, 114—153, 275, 278, 296—297, 276

Wells, O. 奥托·威尔斯, 158

Whitley, J.H. 怀特利, 228, 250（并可参见英国条目部分"Whitley councils"条目）

Widows' pensions 寡妇抚恤金, 146—148

William II (Germany) 威廉二世（德国）, 135, 279—280, 376

Women 妇女

conditions of 条件, 82, 157; dismissal of 解雇, 184—185; equal pay for 同工同酬, 282, 294; maternity pay and leave 产假工资和产假, 148—150, 185, 280, 283—284; state protection of 国家保护, 19, 28—29, 82—88, 94—96, 280—283; status of 地位, 74, 297; trade unions, in 工会, 222

Woodard, C. 伍达德, 138

Work-book system 工人手册制度, 4, 18, 41—44, 213, 293, 367—368（并可参见各具体国别相关条目）

Workers' participation at plant level 工厂层面雇员参与, 4, 243—260, 266—269, 274, 294—295

Works rules 劳动规章, 7, 243—244, 247—248, 255

World War I "一战", 21—22, 24—26, 28—29, 95—97, 141, 156—157, 164, 177, 219, 221, 225—226, 241, 249, 262, 285—286

World War II "二战", 30, 96—97, 152—153, 158, 165, 167—168, 171—172, 189, 264—265, 289, 296—298

Woytinsky, W.S. 弗拉基米尔·沃伊廷斯基, 158

Würtemburg 符腾堡,参见各国概览之德国部分

Young persons 年轻人,参见"Child labour"条目

Zeldin, T. 泽尔丁, 26, 209—210, 232, 314

Zweigert, K. 茨威格特, 3, 5

图书在版编目（CIP）数据

欧洲劳动法的形成：欧洲九国1945年前的发展轨迹比较/（英）鲍勃·赫普尔主编；李满奎译. -- 北京：商务印书馆，2025. --（社会法名著译丛）. -- ISBN 978-7-100-24628-6

Ⅰ. D950.25

中国国家版本馆CIP数据核字第2024VG4597号

权利保留，侵权必究。

社会法名著译丛
欧洲劳动法的形成
欧洲九国1945年前的发展轨迹比较
〔英〕鲍勃·赫普尔　主编
李满奎　译

商 务 印 书 馆 出 版
（北京王府井大街36号　邮政编码100710）
商 务 印 书 馆 发 行
北京市艺辉印刷有限公司印刷
ISBN 978-7-100-24628-6

2025年3月第1版　　开本 880×1240　1/32
2025年3月北京第1次印刷　印张 14¾

定价：108.00元